Ludwig Wittgenstein
Ein Reader

Ludwig Wittgenstein
Ein Reader

Herausgegeben
von Anthony Kenny

Philipp Reclam jun.
Stuttgart

Dieser Ausgabe liegt zugrunde:
The Wittgenstein Reader. Edited by Anthony Kenny.
Oxford / Cambridge (Mass.): Blackwell, 1994

Universal-Bibliothek Nr. 9470

Erste Auflage dieser Ausgabe 1996
Gesamtherstellung: Reclam, Ditzingen. Printed in Germany 1996
RECLAM und UNIVERSAL-BIBLIOTHEK sind eingetragene Marken
der Philipp Reclam jun. GmbH & Co., Stuttgart
ISBN 3-15-009470-4

Inhalt

Vorwort

Ludwig Wittgenstein wurde am 26. April 1889 in Wien geboren. Nach seiner Ausbildung in Linz und Berlin ging er zum Studium der Ingenieurwissenschaften nach Manchester (1908–1911). Von 1912 bis 1913 studierte er Philosophie am Trinity College in Cambridge als Schüler von Bertrand Russell. Während des Ersten Weltkrieges diente er in der österreichischen Armee; als Soldat und später als Kriegsgefangener bei Monte Cassino schrieb er ein Meisterwerk, den *Tractatus logico-philosophicus*, das einzige philosophische Werk, das er zu seinen Lebzeiten veröffentlichte (nach einer ersten, fehlerhaften Publikation 1921 unter dem Titel »Logisch-philosophische Abhandlung« in Wilhelm Ostwalds *Annalen der Naturphilosophie*, Bd. 14, H. 3–4, erschien 1922 der *Tractatus* als zweisprachige Ausgabe mit einem Vorwort von Bertrand Russell bei Routledge & Kegan Paul in London).

Eine Zeitlang gab er die Philosophie auf zugunsten einer Tätigkeit zunächst als Gärtner, dann als Volksschullehrer. Später kamen ihm jedoch ernsthafte Zweifel, ob die im *Tractatus* dargestellte Philosophie haltbar sei, und so wandte er sich erneut dem philosophischen Denken zu. 1929 kehrte er nach Cambridge zurück und wurde Fellow am Trinity College (von 1930 an). 1939 wurde er zum Professor für Philosophie ernannt; im Zweiten Weltkrieg tat er jedoch Dienst als Arzthelfer, so daß er den Lehrstuhl praktisch nur von 1945 bis 1947 innehatte. Philosophische Notizbücher und Vorlesungen aus der Vorkriegszeit wurden posthum als *Philosophische Grammatik* und *Das Blaue Buch* und *Eine philosophische Betrachtung* veröffentlicht.

Nachdem er die Professur in Cambridge aufgegeben hatte, lebte er eine Zeitlang in Irland; dort arbeitete er an den *Philosophischen Untersuchungen*, einem Werk, das den Kern seines reifen Denkens enthält und das er posthumer Veröffentlichung vorbehielt. 1949 hielt er sich einige Zeit in Amerika auf, kehrte aber noch im selben Jahr nach England zurück. Unheilbar an Krebs erkrankt, starb er 1951 in Cambridge. Einige der Schriften aus den letzten eineinhalb Jahren seines Lebens wurden 1969 unter dem Titel *Über Gewißheit* publiziert. Nach seinem Tod gaben seine literarischen Nachlaßverwalter Teile seiner Notizbücher in Auswahl heraus, darunter die *Bemerkungen über die Grundlagen der Mathematik* (1956), *Zettel* (1967) und *Vermischte Bemerkungen* (1977). In jüngerer Zeit erschienen die *Bemerkungen über die Philosophie der Psychologie* (1982) und andere nachgelassene Schriften.

Der vorliegende Band bietet eine Auswahl aus den genannten Werken. Der *Tractatus* nimmt eine besondere Stellung in Wittgensteins Œuvre ein: Er war nicht nur das einzige von ihm selbst veröffentlichte Werk, sondern legte auch die Richtung fest für fast alles, was er später schrieb, mochte er sich auch noch so weit von seinen ersten theoretischen Positionen entfernen. Dementsprechend beginnt der Reader mit einer Kurzfassung des *Tractatus*. Die anschließenden Texte sind thematisch geordnet; allerdings entspricht diese Ordnung nur sehr grob der zeitlichen Entwicklung von Wittgensteins zentralen philosophischen Interessen. Die Quellen, aus denen die Texte entnommen sind, werden am Ende des Buches angegeben. Ich danke Peter Hacker für viele hilfreiche Vorschläge, die sich in der Textauswahl widerspiegeln.

Anthony Kenny

1

Tractatus logico-philosophicus

1 Die Welt ist alles, was der Fall ist.

1.1 Die Welt ist die Gesamtheit der Tatsachen, nicht der Dinge.

1.11 Die Welt ist durch die Tatsachen bestimmt und dadurch, daß es *alle* Tatsachen sind.

1.12 Denn, die Gesamtheit der Tatsachen bestimmt, was der Fall ist und auch, was alles nicht der Fall ist.

1.13 Die Tatsachen im logischen Raum sind die Welt.

1.2 Die Welt zerfällt in Tatsachen.

1.21 Eines kann der Fall sein oder nicht der Fall sein und alles übrige gleich bleiben.

2 Was der Fall ist, die Tatsache, ist das Bestehen von Sachverhalten.

2.01 Der Sachverhalt ist eine Verbindung von Gegenständen (Sachen, Dingen).

2.011 Es ist dem Ding wesentlich, der Bestandteil eines Sachverhaltes sein zu können.

2.012 In der Logik ist nichts zufällig: Wenn das Ding im Sachverhalt vorkommen *kann*, so muß die Möglichkeit des Sachverhaltes im Ding bereits präjudiziert sein.

2.013 Jedes Ding ist, gleichsam, in einem Raume möglicher Sachverhalte. Diesen Raum kann ich mir leer denken, nicht aber das Ding ohne den Raum.

2.014 Die Gegenstände enthalten die Möglichkeit aller Sachlagen.

2.0141 Die Möglichkeit seines Vorkommens in Sachverhalten ist die Form des Gegenstandes.

2.02 Der Gegenstand ist einfach.

2.0201 Jede Aussage über Komplexe läßt sich in eine Aussage über deren Bestandteile und in diejenigen Sätze zerlegen, welche die Komplexe vollständig beschreiben.

2.021 Die Gegenstände bilden die Substanz der Welt. Darum können sie nicht zusammengesetzt sein.

2.022 Es ist offenbar, daß auch eine von der wirklichen noch so verschieden gedachte Welt Etwas – eine Form – mit der wirklichen gemein haben muß.

2.023 Diese feste Form besteht eben aus den Gegenständen.

2.024 Die Substanz ist das, was unabhängig von dem, was der Fall ist, besteht.

2.025 Sie ist Form und Inhalt.

2.0251 Raum, Zeit und Farbe (Färbigkeit) sind Formen der Gegenstände.

2.026 Nur wenn es Gegenstände gibt, kann es eine feste Form der Welt geben.

2.027 Das Feste, das Bestehende und der Gegenstand sind Eins.

2.03 Im Sachverhalt hängen die Gegenstände ineinander, wie die Glieder einer Kette.

2.031 Im Sachverhalt verhalten sich die Gegenstände in bestimmter Art und Weise zueinander.

2.032 Die Art und Weise, wie die Gegenstände im Sachverhalt zusammenhängen, ist die Struktur des Sachverhaltes.

2.033 Die Form ist die Möglichkeit der Struktur.

2.034 Die Struktur der Tatsache besteht aus den Strukturen der Sachverhalte.

2.04 Die Gesamtheit der bestehenden Sachverhalte ist die Welt.

2.05 Die Gesamtheit der bestehenden Sachverhalte bestimmt auch, welche Sachverhalte nicht bestehen.

2.06 Das Bestehen und Nichtbestehen von Sachverhalten ist die Wirklichkeit.

(Das Bestehen von Sachverhalten nennen wir auch eine positive, das Nichtbestehen eine negative Tatsache.)

2.061 Die Sachverhalte sind von einander unabhängig.

2.062 Aus dem Bestehen oder Nichtbestehen eines Sachverhaltes kann nicht auf das Bestehen oder Nichtbestehen eines anderen geschlossen werden.

2.063 Die gesamte Wirklichkeit ist die Welt.

2.1 Wir machen uns Bilder der Tatsachen.

2.11 Das Bild stellt die Sachlage im logischen Raume, das Bestehen und Nichtbestehen von Sachverhalten, vor.

2.12 Das Bild ist ein Modell der Wirklichkeit.

2.13 Den Gegenständen entsprechen im Bilde die Elemente des Bildes.

2.131 Die Elemente des Bildes vertreten im Bild die Gegenstände.

2.14 Das Bild besteht darin, daß sich seine Elemente in bestimmter Art und Weise zu einander verhalten.

2.141 Das Bild ist eine Tatsache.

2.15 Daß sich die Elemente des Bildes in bestimmter Art und Weise zu einander verhalten, stellt vor, daß sich die Sachen so zu einander verhalten.

Dieser Zusammenhang der Elemente des Bildes heiße seine Struktur und ihre Möglichkeit seine Form der Abbildung.

2.151 Die Form der Abbildung ist die Möglichkeit, daß sich die Dinge so zu einander verhalten, wie die Elemente des Bildes.

2.1511 Das Bild ist *so* mit der Wirklichkeit verknüpft; es reicht bis zu ihr.

2.1512 Es ist wie ein Maßstab an die Wirklichkeit angelegt.

2.15121 Nur die äußersten Punkte der Teilstriche *berühren* den zu messenden Gegenstand.

2.1513 Nach dieser Auffassung gehört also zum Bilde auch noch die abbildende Beziehung, die es zum Bild macht.

2.1514 Die abbildende Beziehung besteht aus den Zuordnungen der Elemente des Bildes und der Sachen.

2.1515 Diese Zuordnungen sind gleichsam die Fühler der Bildelemente, mit denen das Bild die Wirklichkeit berührt.

2.16 Die Tatsache muß, um Bild zu sein, etwas mit dem Abgebildeten gemeinsam haben.

2.161 In Bild und Abgebildetem muß etwas identisch sein, damit das eine überhaupt ein Bild des anderen sein kann.

2.17 Was das Bild mit der Wirklichkeit gemein haben muß, um sie auf seine Art und Weise – richtig oder falsch – abbilden zu können, ist seine Form der Abbildung.

2.171 Das Bild kann jede Wirklichkeit abbilden, deren Form es hat.

Das räumliche Bild alles Räumliche, das farbige alles Farbige, etc.

2.172 Seine Form der Abbildung aber kann das Bild nicht abbilden; es weist sie auf.

2.173 Das Bild stellt sein Objekt von außerhalb dar (sein Standpunkt ist seine Form der Darstellung), darum stellt das Bild sein Objekt richtig oder falsch dar.

2.174 Das Bild kann sich aber nicht außerhalb seiner Form der Darstellung stellen.

2.18 Was jedes Bild, welcher Form immer, mit der Wirklichkeit gemein haben muß, um sie überhaupt – richtig oder falsch – abbilden zu können, ist die logische Form, das ist, die Form der Wirklichkeit.

2.181 Ist die Form der Abbildung die logische Form, so heißt das Bild das logische Bild.

2.182 Jedes Bild ist *auch* ein logisches. (Dagegen ist z. B. nicht jedes Bild ein räumliches.)

2.19 Das logische Bild kann die Welt abbilden.

2.2 Das Bild hat mit dem Abgebildeten die logische Form der Abbildung gemein.

2.201 Das Bild bildet die Wirklichkeit ab, indem es eine Möglichkeit des Bestehens und Nichtbestehens von Sachverhalten darstellt.

2.202 Das Bild stellt eine mögliche Sachlage im logischen Raume dar.

2.203 Das Bild enthält die Möglichkeit der Sachlage, die es darstellt.

2.21 Das Bild stimmt mit der Wirklichkeit überein oder nicht; es ist richtig oder unrichtig, wahr oder falsch.

2.22 Das Bild stellt dar, was es darstellt, unabhängig von seiner Wahr- oder Falschheit, durch die Form der Abbildung.

2.221 Was das Bild darstellt, ist sein Sinn.

2.222 In der Übereinstimmung oder Nichtübereinstimmung seines Sinnes mit der Wirklichkeit besteht seine Wahrheit oder Falschheit.

2.223 Um zu erkennen, ob das Bild wahr oder falsch ist, müssen wir es mit der Wirklichkeit vergleichen.

2.224 Aus dem Bild allein ist nicht zu erkennen, ob es wahr oder falsch ist.

2.225 Ein a priori wahres Bild gibt es nicht.

3 Das logische Bild der Tatsachen ist der Gedanke.

3.01 Die Gesamtheit der wahren Gedanken sind ein Bild der Welt.

3.02 Der Gedanke enthält die Möglichkeit der Sachlage, die er denkt. Was denkbar ist, ist auch möglich.

3.03 Wir können nichts Unlogisches denken, weil wir sonst unlogisch denken müßten.

3.04 Ein a priori richtiger Gedanke wäre ein solcher, dessen Möglichkeit seine Wahrheit bedingte.

3.05 Nur so könnten wir a priori wissen, daß ein Gedanke wahr ist, wenn aus dem Gedanken selbst (ohne Vergleichsobjekt) seine Wahrheit zu erkennen wäre.

3.1 Im Satz drückt sich der Gedanke sinnlich wahrnehmbar aus.

3.11 Wir benützen das sinnlich wahrnehmbare Zeichen (Laut- oder Schriftzeichen etc.) des Satzes als Projektion der möglichen Sachlage.

Die Projektionsmethode ist das Denken des Satz-Sinnes.

3.12 Das Zeichen, durch welches wir den Gedanken ausdrücken, nenne ich das Satzzeichen. Und der Satz ist das Satzzeichen in seiner projektiven Beziehung zur Welt.

3.13 Zum Satz gehört alles, was zur Projektion gehört; aber nicht das Projizierte.

Also die Möglichkeit des Projizierten, aber nicht dieses selbst.

Im Satz ist also sein Sinn noch nicht enthalten, wohl aber die Möglichkeit, ihn auszudrücken.

(»Der Inhalt des Satzes« heißt der Inhalt des sinnvollen Satzes.)

Im Satz ist die Form seines Sinnes enthalten, aber nicht dessen Inhalt.

3.14 Das Satzzeichen besteht darin, daß sich seine Elemente, die Wörter, in ihm auf bestimmte Art und Weise zueinander verhalten.

Das Satzzeichen ist eine Tatsache.

3.142 Nur Tatsachen können einen Sinn ausdrücken, eine Klasse von Namen kann es nicht.

3.1432 Nicht: »Das komplexe Zeichen ›aRb‹ sagt, daß a in der Beziehung R zu b steht«, sondern: *Daß* »a« in einer gewissen Beziehung zu »b« steht, sagt, *daß* aRb.

3.144 Sachlagen kann man beschreiben, nicht *benennen.*

(Namen gleichen Punkten, Sätze Pfeilen, sie haben Sinn.)

3.2 Im Satze kann der Gedanke so ausgedrückt sein, daß den Gegenständen des Gedankens Elemente des Satzzeichens entsprechen.

3.201 Diese Elemente nenne ich »einfache Zeichen« und den Satz »vollständig analysiert«.

3.202 Die im Satze angewandten einfachen Zeichen heißen Namen.

3.203 Der Name bedeutet den Gegenstand. Der Gegenstand ist seine Bedeutung. (»A« ist dasselbe Zeichen wie »A«.)

3.21 Der Konfiguration der einfachen Zeichen im Satzzeichen entspricht die Konfiguration der Gegenstände in der Sachlage.

3.22 Der Name vertritt im Satz den Gegenstand.

3.221 Die Gegenstände kann ich nur *nennen.* Zeichen vertreten sie. Ich kann nur *von* ihnen sprechen, *sie aussprechen kann ich nicht.* Ein Satz kann nur sagen, *wie* ein Ding ist, nicht *was* es ist.

3.23 Die Forderung der Möglichkeit der einfachen Zeichen ist die Forderung der Bestimmtheit des Sinnes.

3.24 Der Satz, welcher vom Komplex handelt, steht in interner Beziehung zum Satze, der von dessen Bestandteil handelt.

Der Komplex kann nur durch seine Beschreibung gegeben sein, und diese wird stimmen oder nicht stimmen. Der Satz, in welchem von einem Komplex die Rede ist, wird, wenn dieser nicht existiert, nicht unsinnig, sondern einfach falsch sein.

Daß ein Satzelement einen Komplex bezeichnet, kann man aus einer Unbestimmtheit in den Sätzen sehen, worin es vorkommt. Wir *wissen*, durch diesen Satz ist noch nicht alles bestimmt. (Die Allgemeinheitsbezeichnung *enthält* ja ein Urbild.)
Die Zusammenfassung des Symbols eines Komplexes in ein einfaches Symbol kann durch eine Definition ausgedrückt werden.

3.25 Es gibt eine und nur eine vollständige Analyse des Satzes.

3.251 Der Satz drückt auf bestimmte, klar angebbare Weise aus, was er ausdrückt: Der Satz ist artikuliert.

3.26 Der Name ist durch keine Definition weiter zu zergliedern: er ist ein Urzeichen.

3.3 Nur der Satz hat Sinn; nur im Zusammenhange des Satzes hat ein Name Bedeutung.

3.31 Jeden Teil des Satzes, der seinen Sinn charakterisiert, nenne ich einen Ausdruck (ein Symbol).
(Der Satz selbst ist ein Ausdruck.)
Ausdruck ist alles, für den Sinn des Satzes Wesentliche, was Sätze miteinander gemein haben können.
Der Ausdruck kennzeichnet eine Form und einen Inhalt.

3.32 Das Zeichen ist das sinnlich Wahrnehmbare am Symbol.

3.321 Zwei verschiedene Symbole können also das Zeichen (Schriftzeichen oder Lautzeichen etc.) miteinander gemein haben – sie bezeichnen dann auf verschiedene Art und Weise.

3.322 Es kann nie das gemeinsame Merkmal zweier Gegenstände anzeigen, daß wir sie mit demselben Zeichen, aber durch zwei verschiedene *Bezeichnungsweisen* bezeichnen. Denn das Zeichen ist ja willkürlich. Man könnte also auch zwei verschiedene Zeichen wählen, und wo bliebe dann das Gemeinsame in der Bezeichnung?

3.323 In der Umgangssprache kommt es ungemein häufig vor, daß dasselbe Wort auf verschiedene Art und Weise bezeichnet – also verschiedenen Symbolen angehört –, oder, daß zwei Wörter, die auf verschiedene Art und Weise bezeichnen, äußerlich in der gleichen Weise im Satze angewandt werden.

So erscheint das Wort »ist« als Kopula, als Gleichheitszeichen und als Ausdruck der Existenz; »existieren« als intransitives Zeitwort wie »gehen«; »identisch« als Eigenschaftswort; wir reden von *Etwas*, aber auch davon, daß *etwas* geschieht.

(Im Satze »Grün ist grün« – wo das erste Wort ein Personenname, das letzte ein Eigenschaftswort ist – haben diese Worte nicht einfach verschiedene Bedeutung, sondern es sind *verschiedene Symbole*.)

3.324 So entstehen leicht die fundamentalsten Verwechslungen (deren die ganze Philosophie voll ist).

3.325 Um diesen Irrtümern zu entgehen, müssen wir eine Zeichensprache verwenden, welche sie ausschließt, indem sie nicht das gleiche Zeichen in verschiedenen Symbolen, und Zeichen, welche auf verschiedene Art bezeichnen, nicht äußerlich auf die gleiche Art verwendet. Eine Zeichensprache also, die der *logischen* Grammatik – der logischen Syntax – gehorcht.

(Die Begriffsschrift Freges und Russells ist eine solche Sprache, die allerdings noch nicht alle Fehler ausschließt.)

3.326 Um das Symbol am Zeichen zu erkennen, muß man auf den sinnvollen Gebrauch achten.

3.327 Das Zeichen bestimmt erst mit seiner logisch-syntaktischen Verwendung zusammen eine logische Form.

3.328 Wird ein Zeichen *nicht gebraucht*, so ist es bedeutungslos. Das ist der Sinn der Devise Occams.
(Wenn sich alles so verhält als hätte ein Zeichen Bedeutung, dann hat es auch Bedeutung.)

3.33 In der logischen Syntax darf nie die Bedeutung eines Zeichens eine Rolle spielen; sie muß sich aufstellen lassen, ohne daß dabei von der *Bedeutung* eines Zeichens die Rede wäre, sie darf *nur* die Beschreibung der Ausdrücke voraussetzen.

3.34 Der Satz besitzt wesentliche und zufällige Züge.
Zufällig sind die Züge, die von der besonderen Art der Hervorbringung des Satzzeichens herrühren. Wesentlich diejenigen, welche allein den Satz befähigen, seinen Sinn auszudrücken.

3.341 Das Wesentliche am Satz ist also das, was allen Sätzen, welche den gleichen Sinn ausdrücken können, gemeinsam ist.
Und ebenso ist allgemein das Wesentliche am Symbol das, was alle Symbole, die denselben Zweck erfüllen können, gemeinsam haben.

3.342 An unseren Notationen ist zwar etwas willkürlich, aber *das* ist nicht willkürlich: Daß, *wenn* wir etwas willkürlich bestimmt haben, dann etwas anderes der Fall sein muß. (Dies hängt von dem *Wesen* der Notation ab.)

3.343 Definitionen sind Regeln der Übersetzung von einer Sprache in eine andere. Jede richtige Zeichensprache muß sich in jede andere nach solchen Regeln übersetzen lassen: *Dies* ist, was sie alle gemeinsam haben.

3.344 Das, was am Symbol bezeichnet, ist das Gemeinsame aller jener Symbole, durch die das erste den

Regeln der logischen Syntax zufolge ersetzt werden kann.

3.4 Der Satz bestimmt einen Ort im logischen Raum. Die Existenz dieses logischen Ortes ist durch die Existenz der Bestandteile allein verbürgt, durch die Existenz des sinnvollen Satzes.

3.41 Das Satzzeichen und die logischen Koordinaten: Das ist der logische Ort.

3.411 Der geometrische und der logische Ort stimmen darin überein, daß beide die Möglichkeit einer Existenz sind.

3.42 Obwohl der Satz nur einen Ort des logischen Raumes bestimmen darf, so muß doch durch ihn schon der ganze logische Raum gegeben sein.
(Sonst würden durch die Verneinung, die logische Summe, das logische Produkt, etc. immer neue Elemente – in Koordination – eingeführt.)
(Das logische Gerüst um das Bild herum bestimmt den logischen Raum. Der Satz durchgreift den ganzen logischen Raum.)

3.5 Das angewandte, gedachte, Satzzeichen ist der Gedanke.

4 Der Gedanke ist der sinnvolle Satz.

4.01 Der Satz ist ein Bild der Wirklichkeit.
Der Satz ist ein Modell der Wirklichkeit, so wie wir sie uns denken.

4.011 Auf den ersten Blick scheint der Satz – wie er etwa auf dem Papier gedruckt steht – kein Bild der Wirklichkeit zu sein, von der er handelt. Aber auch die Notenschrift scheint auf den ersten Blick kein Bild der Musik zu sein, und unsere Lautzeichen-(Buchstaben-)Schrift kein Bild unserer Lautsprache.
Und doch erweisen sich diese Zeichensprachen auch im gewöhnlichen Sinne als Bilder dessen, was sie darstellen.

4.012 Offenbar ist, daß wir einen Satz von der Form »aRb« als Bild empfinden. Hier ist das Zeichen offenbar ein Gleichnis des Bezeichneten.

4.02 Dies sehen wir daraus, daß wir den Sinn des Satzzeichens verstehen, ohne daß er uns erklärt wurde.

4.021 Der Satz ist ein Bild der Wirklichkeit: Denn ich kenne die von ihm dargestellte Sachlage, wenn ich den Satz verstehe. Und den Satz verstehe ich, ohne daß mir sein Sinn erklärt wurde.

4.022 Der Satz *zeigt* seinen Sinn.

Der Satz *zeigt*, wie es sich verhält, *wenn* er wahr ist. Und er *sagt, daß* es sich so verhält.

4.023 Die Wirklichkeit muß durch den Satz auf ja oder nein fixiert sein.

Dazu muß sie durch ihn vollständig beschrieben werden.

Der Satz ist die Beschreibung eines Sachverhaltes.

Wie die Beschreibung einen Gegenstand nach seinen externen Eigenschaften, so beschreibt der Satz die Wirklichkeit nach ihren internen Eigenschaften.

Der Satz konstruiert eine Welt mit Hilfe eines logischen Gerüstes und darum kann man am Satz auch sehen, wie sich alles Logische verhält, *wenn* er wahr ist. Man kann aus einem falschen Satz *Schlüsse ziehen.*

4.024 Einen Satz verstehen, heißt, wissen was der Fall ist, wenn er wahr ist.

(Man kann ihn also verstehen, ohne zu wissen, ob er wahr ist.)

Man versteht ihn, wenn man seine Bestandteile versteht.

4.025 Die Übersetzung einer Sprache in eine andere geht nicht so vor sich, daß man jeden *Satz* der einen in einen *Satz* der anderen übersetzt, sondern nur die Satzbestandteile werden übersetzt.

(Und das Wörterbuch übersetzt nicht nur Substantiva, sondern auch Zeit-, Eigenschafts- und Bindewörter etc.; und es behandelt sie alle gleich.)

4.026 Die Bedeutungen der einfachen Zeichen (der Wörter) müssen uns erklärt werden, daß wir sie verstehen.

Mit den Sätzen aber verständigen wir uns.

4.027 Es liegt im Wesen des Satzes, daß er uns einen *neuen* Sinn mitteilen kann.

4.03 Ein Satz muß mit alten Ausdrücken einen neuen Sinn mitteilen.

Der Satz teilt uns eine Sachlage mit, also muß er *wesentlich* mit der Sachlage zusammenhängen.

Und der Zusammenhang ist eben, daß er ihr logisches Bild ist.

Der Satz sagt nur insoweit etwas aus, als er ein Bild ist.

4.031 Im Satz wird gleichsam eine Sachlage probeweise zusammengestellt.

Man kann geradezu sagen – statt: dieser Satz hat diesen und diesen Sinn –: Dieser Satz stellt diese und diese Sachlage dar.

4.0311 Ein Name steht für ein Ding, ein anderer für ein anderes Ding und untereinander sind sie verbunden, so stellt das Ganze – wie ein lebendes Bild – den Sachverhalt vor.

4.0312 Die Möglichkeit des Satzes beruht auf dem Prinzip der Vertretung von Gegenständen durch Zeichen.

Mein Grundgedanke ist, daß die »logischen Konstanten« nicht vertreten. Daß sich die *Logik* der Tatsachen nicht vertreten läßt.

4.032 Nur insoweit ist der Satz ein Bild der Sachlage, als er logisch gegliedert ist.

(Auch der Satz: »Ambulo«, ist zusammengesetzt, denn sein Stamm ergibt mit einer anderen Endung, und seine Endung mit einem anderen Stamm, einen anderen Sinn.)

4.04 Am Satz muß gerade soviel zu unterscheiden sein, als an der Sachlage, die er darstellt.

Die beiden müssen die gleiche logische (mathematische) Mannigfaltigkeit besitzen. (Vergleiche Hertz' »Mechanik«, über dynamische Modelle.)

4.041 Diese mathematische Mannigfaltigkeit kann man natürlich nicht selbst wieder abbilden. Aus ihr kann man beim Abbilden nicht heraus.

4.05 Die Wirklichkeit wird mit dem Satz verglichen.

4.06 Nur dadurch kann der Satz wahr oder falsch sein, indem er ein Bild der Wirklichkeit ist.

4.1 Der Satz stellt das Bestehen und Nichtbestehen der Sachverhalte dar.

4.11 Die Gesamtheit der wahren Sätze ist die gesamte Naturwissenschaft (oder die Gesamtheit der Naturwissenschaften).

4.111 Die Philosophie ist keine der Naturwissenschaften.

(Das Wort »Philosophie« muß etwas bedeuten, was über oder unter, aber nicht neben den Naturwissenschaften steht.)

4.112 Der Zweck der Philosophie ist die logische Klärung der Gedanken.

Die Philosophie ist keine Lehre, sondern eine Tätigkeit.

Ein philosophisches Werk besteht wesentlich aus Erläuterungen.

Das Resultat der Philosophie sind nicht »philosophische Sätze«, sondern das Klarwerden von Sätzen.

Die Philosophie soll die Gedanken, die sonst, gleichsam, trübe und verschwommen sind, klar machen und scharf abgrenzen.

4.113 Die Philosophie begrenzt das bestreitbare Gebiet der Naturwissenschaft.

4.114 Sie soll das Denkbare abgrenzen und damit das Undenkbare.

Sie soll das Undenkbare von innen durch das Denkbare begrenzen.

4.115 Sie wird das Unsagbare bedeuten, indem sie das Sagbare klar darstellt.

4.116 Alles was überhaupt gedacht werden kann, kann klar gedacht werden. Alles, was sich aussprechen läßt, läßt sich klar aussprechen.

4.12 Der Satz kann die gesamte Wirklichkeit darstellen, aber er kann nicht das darstellen, was er mit der Wirklichkeit gemein haben muß, um sie darstellen zu können – die logische Form.

Um die logische Form darstellen zu können, müßten wir uns mit dem Satze außerhalb der Logik aufstellen können, das heißt außerhalb der Welt.

4.121 Der Satz kann die logische Form nicht darstellen, sie spiegelt sich in ihm.

Was sich in der Sprache spiegelt, kann sie nicht darstellen.

Was *sich* in der Sprache ausdrückt, können *wir* nicht durch sie ausdrücken.

Der Satz *zeigt* die logische Form der Wirklichkeit.

Er weist sie auf.

4.2 Der Sinn des Satzes ist seine Übereinstimmung und Nichtübereinstimmung mit den Möglichkeiten des Bestehens und Nichtbestehens der Sachverhalte.

4.21 Der einfachste Satz, der Elementarsatz, behauptet das Bestehen eines Sachverhaltes.

4.211 Ein Zeichen des Elementarsatzes ist es, daß kein Elementarsatz mit ihm in Widerspruch stehen kann.

4.22 Der Elementarsatz besteht aus Namen. Er ist ein Zusammenhang, eine Verkettung, von Namen.

4.23 Der Name kommt im Satz nur im Zusammenhange des Elementarsatzes vor.

4.24 Die Namen sind die einfachen Symbole, ich deute sie durch einzelne Buchstaben (»x«, »y«, »z«) an.

Den Elementarsatz schreibe ich als Funktion der Namen in der Form: »fx«, »φ(x,y,)«, etc.

Oder ich deute ihn durch die Buchstaben p, q, r an.

4.25 Ist der Elementarsatz wahr, so besteht der Sachverhalt; ist der Elementarsatz falsch, so besteht der Sachverhalt nicht.

4.26 Die Angabe aller wahren Elementarsätze beschreibt die Welt vollständig. Die Welt ist vollständig beschrieben durch die Angaben aller Elementarsätze plus der Angabe, welche von ihnen wahr und welche falsch sind.

4.27 Bezüglich des Bestehens und Nichtbestehens von n Sachverhalten gibt es $K_n = \sum_{\nu=0}^{n} \binom{n}{\nu}$ Möglichkeiten.

Es können alle Kombinationen der Sachverhalte bestehen, die andern nicht bestehen.

4.28 Diesen Kombinationen entsprechen ebenso viele Möglichkeiten der Wahrheit – und Falschheit – von n Elementarsätzen.

4.3 Die Wahrheitsmöglichkeiten der Elementarsätze bedeuten die Möglichkeiten des Bestehens und Nichtbestehens der Sachverhalte.

4.31 Die Wahrheitsmöglichkeiten können wir durch Schemata folgender Art darstellen (»W« bedeutet »wahr«, »F« »falsch«. Die Reihen der »W« und »F« unter der Reihe der Elementarsätze bedeuten in leichtverständlicher Symbolik deren Wahrheitsmöglichkeiten):

p	q	r
W	W	W
F	W	W
W	F	W
W	W	F
F	F	W
F	W	F
W	F	F
F	F	F

p	q
W	W
F	W
W	F
F	F

p
W
F

4.4 Der Satz ist der Ausdruck der Übereinstimmung und Nichtübereinstimmung mit den Wahrheitsmöglichkeiten der Elementarsätze.

4.41 Die Wahrheitsmöglichkeiten der Elementarsätze sind die Bedingungen der Wahrheit und Falschheit der Sätze.

4.411 Es ist von vornherein wahrscheinlich, daß die Einführung der Elementarsätze für das Verständnis aller anderen Satzarten grundlegend ist. Ja, das Verständnis der allgemeinen Sätze hängt *fühlbar* von dem der Elementarsätze ab.

4.42 Bezüglich der Übereinstimmung und Nichtübereinstimmung eines Satzes mit den Wahrheitsmöglichkeiten von n Elementarsätzen gibt es

$\sum_{\varkappa=0}^{K_n} \binom{K_n}{\varkappa} = L_n$ Möglichkeiten.

4.45 Für n Elementarsätze gibt es L_n mögliche Gruppen von Wahrheitsbedingungen.

Die Gruppen von Wahrheitsbedingungen, welche zu den Wahrheitsmöglichkeiten einer Anzahl von Elementarsätzen gehören, lassen sich in eine Reihe ordnen.

4.46 Unter den möglichen Gruppen von Wahrheitsbedingungen gibt es zwei extreme Fälle.

In dem einen Fall ist der Satz für sämtliche Wahrheitsmöglichkeiten der Elementarsätze wahr. Wir sagen, die Wahrheitsbedingungen sind *tautologisch*.

Im zweiten Fall ist der Satz für sämtliche Wahrheitsmöglichkeiten falsch: Die Wahrheitsbedingungen sind *kontradiktorisch*.

Im ersten Fall nennen wir den Satz eine Tautologie, im zweiten Fall eine Kontradiktion.

4.461 Der Satz zeigt was er sagt, die Tautologie und die Kontradiktion, daß sie nichts sagen.

Die Tautologie hat keine Wahrheitsbedingungen, denn sie ist bedingungslos wahr; und die Kontradiktion ist unter keiner Bedingung war.

Tautologie und Kontradiktion sind sinnlos.

(Wie der Punkt, von dem zwei Pfeile in entgegengesetzter Richtung auseinandergehen.)

(Ich weiß z. B. nichts über das Wetter, wenn ich weiß, daß es regnet oder nicht regnet.)

4.5 Nun scheint es möglich zu sein, die allgemeinste Satzform anzugeben: das heißt, eine Beschreibung der Sätze *irgendeiner* Zeichensprache zu geben, so daß jeder mögliche Sinn durch ein Symbol, auf welches die Beschreibung paßt, ausgedrückt werden kann, und daß jedes Symbol, worauf die Beschreibung paßt, einen Sinn ausdrücken kann, wenn die Bedeutungen der Namen entsprechend gewählt werden.

Es ist klar, daß bei der Beschreibung der allgemeinsten Satzform *nur* ihr Wesentliches beschrieben werden darf, – sonst wäre sie nämlich nicht die allgemeinste.

Daß es eine allgemeine Satzform gibt, wird dadurch bewiesen, daß es keinen Satz geben darf, dessen Form man nicht hätte voraussehen (d. h. konstruieren) können. Die allgemeine Form des Satzes ist: Es verhält sich so und so.

4.51 Angenommen, mir wären *alle* Elementarsätze gegeben: Dann läßt sich einfach fragen: Welche Sätze kann ich aus ihnen bilden? Und das sind *alle* Sätze und *so* sind sie begrenzt.

4.52 Die Sätze sind alles, was aus der Gesamtheit aller Elementarsätze folgt (natürlich auch daraus, daß es die *Gesamtheit aller* ist). (So könnte man in gewissem Sinne sagen, daß *alle* Sätze Verallgemeinerungen der Elementarsätze sind.)

4.53 Die allgemeine Satzform ist eine Variable.

5 Der Satz ist eine Wahrheitsfunktion der Elementarsätze.

(Der Elementarsatz ist eine Wahrheitsfunktion seiner selbst.)

5.01 Die Elementarsätze sind die Wahrheitsargumente des Satzes.

5.1 Die Wahrheitsfunktionen lassen sich in Reihen ordnen.

Das ist die Grundlage der Wahrscheinlichkeitslehre.

5.101 Die Wahrheitsfunktionen jeder Anzahl von Elementarsätzen lassen sich in einem Schema folgender Art hinschreiben:

(W W W W)	(p, q)	Tautologie	(Wenn p, so p; und wenn q, so q). (p ⊃ p . q ⊃ q)
(F W W W)	(p, q)	in Worten:	Nicht beides p und q. (∼ (p . q))
(W F W W)	(p, q)	» »	Wenn q, so p. (q ⊃ p)
(W W F W)	(p, q)	» »	Wenn p, so q. (p ⊃ q)
(W W W F)	(p, q)	» »	p oder q. (pvq)
(F F W W)	(p, q)	» »	Nicht q. (∼ q)
(F W F W)	(p, q)	» »	Nicht p. (∼ p)
(F W W F)	(p, q)	» »	p, oder q, aber nicht beide. (p . ∼ q : v : q . ∼ p)

(W F F W)	(p, q)	in Worten:	Wenn p, so q; und wenn q, so p. $(p \equiv q)$
(W F W F)	(p, q)	» »	p
(W W F F)	(p, q)	» »	q
(F F F W)	(p, q)	» »	Weder p noch q. $(\sim p . \sim q)$ oder $(p \mid q)$
(F F W F)	(p, q)	» »	p und nicht q. $(p . \sim q)$
(F W F F)	(p, q)	» »	q und nicht p. $(q . \sim p)$
(W F F F)	(p, q)	» »	q und p. $(q . p)$
(F F F F)	(p, q)	Kontradiktion	(p und nicht p; und q und nicht q.) $(p . \sim p . q . \sim q)$

Diejenigen Wahrheitsmöglichkeiten seiner Wahrheitsargumente, welche den Satz bewahrheiten, will ich seine *Wahrheitsgründe* nennen.

5.11 Sind die Wahrheitsgründe, die einer Anzahl von Sätzen gemeinsam sind, sämtlich auch Wahrheitsgründe eines bestimmten Satzes, so sagen wir, die Wahrheit dieses Satzes folge aus der Wahrheit jener Sätze.

5.12 Insbesondere folgt die Wahrheit eines Satzes »p« aus der Wahrheit eines anderen »q«, wenn alle Wahrheitsgründe des zweiten Wahrheitsgründe des ersten sind.

5.121 Die Wahrheitsgründe des einen sind in denen des anderen enthalten; p folgt aus q.

5.122 Folgt p aus q, so ist der Sinn von »p« im Sinne von »q« enthalten.

5.123 Wenn ein Gott eine Welt erschafft, worin gewisse Sätze wahr sind, so schafft er damit auch schon eine Welt, in welcher alle ihre Folgesätze stimmen. Und ähnlich könnte er keine Welt schaffen, worin der Satz »p« wahr ist, ohne seine sämtlichen Gegenstände zu schaffen.

5.124 Der Satz bejaht jeden Satz, der aus ihm folgt.

5.13 Daß die Wahrheit eines Satzes aus der Wahrheit

anderer Sätze folgt, ersehen wir aus der Struktur der Sätze.

5.133 Alles Folgern geschieht a priori.

5.134 Aus einem Elementarsatz läßt sich kein anderer folgern.

5.135 Auf keine Weise kann aus dem Bestehen irgendeiner Sachlage auf das Bestehen einer von ihr gänzlich verschiedenen Sachlage geschlossen werden.

5.136 Einen Kausalnexus, der einen solchen Schluß rechtfertigte, gibt es nicht.

5.14 Folgt ein Satz aus einem anderen, so sagt dieser mehr als jener, jener weniger als dieser.

5.141 Folgt p aus q und q aus p, so sind sie ein und derselbe Satz.

5.142 Die Tautologie folgt aus allen Sätzen: sie sagt nichts.

5.143 Die Kontradiktion ist das Gemeinsame der Sätze, was *kein* Satz mit einem anderen gemein hat. Die Tautologie ist das Gemeinsame aller Sätze, welche nichts miteinander gemein haben.

Die Kontradiktion verschwindet sozusagen außerhalb, die Tautologie innerhalb aller Sätze.

Die Kontradiktion ist die äußere Grenze der Sätze, die Tautologie ihr substanzloser Mittelpunkt.

5.15 Ist W_r die Anzahl der Wahrheitsgründe des Satzes »r«, W_{rs} die Anzahl derjenigen Wahrheitsgründe des Satzes »s«, die zugleich Wahrheitsgründe von »r« sind, dann nennen wir das Verhältnis: $W_{rs} : W_r$ das Maß der *Wahrscheinlichkeit*, welche der Satz »r« dem Satz »s« gibt.

5.2 Die Strukturen der Sätze stehen in internen Beziehungen zu einander.

5.21 Wir können diese internen Beziehungen dadurch

in unserer Ausdrucksweise hervorheben, daß wir einen Satz als Resultat einer Operation darstellen, die ihn aus anderen Sätzen (den Basen der Operation) hervorbringt.

5.22 Die Operation ist der Ausdruck einer Beziehung zwischen den Strukturen ihres Resultats und ihrer Basen.

5.23 Die Operation ist das, was mit dem einen Satz geschehen muß, um aus ihm den anderen zu machen.

5.24 Die Operation zeigt sich in einer Variablen; sie zeigt, wie man von einer Form von Sätzen zu einer anderen gelangen kann.

Sie bringt den Unterschied der Formen zum Ausdruck.

(Und das Gemeinsame zwischen den Basen und dem Resultat der Operation sind eben die Basen.)

5.25 Das Vorkommen der Operation charakterisiert den Sinn des Satzes nicht.

Die Operation sagt ja nichts aus, nur ihr Resultat, und dies hängt von den Basen der Operation ab.

(Operation und Funktion dürfen nicht miteinander verwechselt werden.)

5.251 Eine Funktion kann nicht ihr eigenes Argument sein, wohl aber kann das Resultat einer Operation ihre eigene Basis werden.

5.3 Alle Sätze sind Resultate von Wahrheitsoperationen mit den Elementarsätzen.

Die Wahrheitsoperation ist die Art und Weise, wie aus den Elementarsätzen die Wahrheitsfunktion entsteht.

Nach dem Wesen der Wahrheitsoperation wird auf die gleiche Weise, wie aus den Elementarsätzen ihre Wahrheitsfunktion, aus Wahrheitsfunktionen eine neue. Jede Wahrheitsoperation erzeugt aus Wahrheitsfunktionen von Elementarsätzen wieder eine Wahrheitsfunktion von Elementarsätzen, einen Satz. Das Resultat jeder Wahrheitsoperation mit den Resultaten von Wahrheitsoperationen mit Elementarsätzen ist wieder das Resultat *Einer* Wahrheitsoperation mit Elementarsätzen.

Jeder Satz ist das Resultat von Wahrheitsoperationen mit Elementarsätzen.

5.31 Die Schemata No. 4.31 haben auch dann eine Bedeutung, wenn »p«, »q«, »r«, etc. nicht Elementarsätze sind.

Und es ist leicht zu sehen, daß das Satzzeichen in No. 4.442, auch wenn »p« und »q« Wahrheitsfunktionen von Elementarsätzen sind, Eine Wahrheitsfunktion von Elementarsätzen ausdrückt.

5.32 Alle Wahrheitsfunktionen sind Resultate der successiven Anwendung einer endlichen Anzahl von Wahrheitsoperationen auf die Elementarsätze.

5.4 Hier zeigt es sich, daß es »logische Gegenstände«, »logische Konstante« (im Sinne Freges und Russells) nicht gibt.

5.41 Denn: Alle Resultate von Wahrheitsoperationen mit Wahrheitsfunktionen sind identisch, welche eine und dieselbe Wahrheitsfunktion von Elementarsätzen sind.

5.42 Daß v, ⊃, etc. nicht Beziehungen im Sinne von rechts und links etc. sind, leuchtet ein.

Die Möglichkeit des kreuzweisen Definierens der logischen »Urzeichen« Freges und Russells zeigt schon, daß diese keine Urzeichen sind, und schon erst recht, daß sie keine Relationen bezeichnen.

Und es ist offenbar, daß das »⊃«, welches wir durch »~« und »v« definieren, identisch ist mit dem, durch welches wir »v« mit »~« definieren, und daß dieses »v« mit dem ersten identisch ist. Usw.

5.43 Daß aus einer Tatsache p unendlich viele *andere*

folgen sollten, nämlich ~ ~ p, ~ ~ ~ ~ p, etc., ist doch von vornherein kaum zu glauben. Und nicht weniger merkwürdig ist, daß die unendliche Anzahl der Sätze der Logik (der Mathematik) aus einem halben Dutzend »Grundgesetzen« folgen.

Alle Sätze der Logik sagen aber dasselbe. Nämlich nichts.

5.46 Wenn man die logischen Zeichen richtig einführte, so hätte man damit auch schon den Sinn aller ihrer Kombinationen eingeführt; also nicht nur »pvq« sondern auch schon »~ (p v ~ q)« etc. etc. Man hätte damit auch schon die Wirkung aller nur möglichen Kombinationen von Klammern eingeführt. Und damit wäre es klar geworden, daß die eigentlichen allgemeinen Urzeichen nicht die »pvq«, »(∃x) . fx«, etc. sind, sondern die allgemeinste Form ihrer Kombinationen.

5.47 Es ist klar, daß alles, was sich überhaupt *von vornherein* über die Form aller Sätze sagen läßt, sich *auf einmal* sagen lassen muß.

Sind ja schon im Elementarsatze alle logischen Operationen enthalten. Denn »fa« sagt dasselbe wie

»(∃x) . fx . x = a«.

Wo Zusammengesetztheit ist, da ist Argument und Funktion, und wo diese sind, sind bereits alle logischen Konstanten.

Man könnte sagen: Die Eine logische Konstante ist das, was *alle* Sätze, ihrer Natur nach, mit einander gemein haben.

Das aber ist die allgemeine Satzform.

5.471 Die allgemeine Satzform ist das Wesen des Satzes.

5.5 Jede Wahrheitsfunktion ist ein Resultat der suc-

cessiven Anwendung der Operation
(-----W) (ξ, ...)
auf Elementarsätze.
Diese Operation verneint sämtliche Sätze in der rechten Klammer, und ich nenne sie die Negation dieser Sätze.

5.51 Hat ξ nur einen Wert, so ist $N(\bar{\xi}) = \sim p$ (nicht p), hat es zwei Werte, so ist $N(\bar{\xi}) = \sim p \,.\, \sim p$ (weder p noch q).

5.511 Wie kann die allumfassende, weltspiegelnde Logik so spezielle Haken und Manipulationen gebrauchen? Nur, indem sich alle diese zu einem unendlich feinen Netzwerk, zu dem großen Spiegel, verknüpfen.

5.512 »∼ p« ist wahr, wenn »p« falsch ist. Also in dem wahren Satz »∼ p« ist »p« ein falscher Satz. Wie kann ihn nun der Strich »∼ « mit der Wirklichkeit zum Stimmen bringen?
Das, was in »∼ p« verneint, ist aber nicht das »∼ «, sondern dasjenige, was allen Zeichen dieser Notation, welche p verneinen, gemeinsam ist.
Also die gemeinsame Regel, nach welcher »∼ p«, »∼∼∼ p«, »∼ pv ∼ p«, »∼ p . ∼ p«, etc. etc. (ad inf.) gebildet werden. Und dies Gemeinsame spiegelt die Verneinung wider.

5.513 Man könnte sagen: Das Gemeinsame aller Symbole, die sowohl p als q bejahen, ist der Satz »p . q«. Das Gemeinsame aller Symbole, die entweder p oder q bejahen, ist der Satz »pvq«.
Und so kann man sagen: Zwei Sätze sind einander entgegengesetzt, wenn sie nichts miteinander gemein haben, und: Jeder Satz hat nur ein Negativ, weil es nur einen Satz gibt, der ganz außerhalb seiner liegt.
Es zeigt sich so auch in Russells Notation, daß

»$q : p \vee \sim p$« dasselbe sagt wie »q«; daß »$p \vee \sim p$« nichts sagt.

5.52 Sind die Werte von ξ sämtliche Werte einer Funktion fx für alle Werte von x, so wird $N(\bar{\xi}) = \sim (\exists x) . fx$.

5.521 Ich trenne den Begriff *Alle* von der Wahrheitsfunktion.

Frege und Russell haben die Allgemeinheit in Verbindung mit dem logischen Produkt oder der logischen Summe eingeführt. So wurde es schwer, die Sätze »$(\exists x) . fx$« und »$(x) . fx$«, in welchen beide Ideen beschlossen liegen, zu verstehen.

5.522 Das Eigentümliche der Allgemeinheitsbezeichnung ist erstens, daß sie auf ein logisches Urbild hinweist, und zweitens, daß sie Konstante hervorhebt.

5.523 Die Allgemeinheitsbezeichnung tritt als Argument auf.

5.524 Wenn die Gegenstände gegeben sind, so sind uns damit auch schon *alle* Gegenstände gegeben.

Wenn die Elementarsätze gegeben sind, so sind damit auch *alle* Elementarsätze gegeben.

5.53 Gleichheit des Gegenstandes drücke ich durch Gleichheit des Zeichens aus, und nicht mit Hilfe eines Gleichheitszeichens. Verschiedenheit der Gegenstände durch Verschiedenheit der Zeichen.

5.531 Ich schreibe also nicht »$f(a,b) . a = b$«, sondern »$f(a,a)$« (oder »$f(b,b)$«). Und nicht »$f(a,b) . \sim a = b$«, sondern »$f(a,b)$«.

5.533 Das Gleichheitszeichen ist also kein wesentlicher Bestandteil der Begriffsschrift.

5.54 In der allgemeinen Satzform kommt der Satz im Satze nur als Basis der Wahrheitsoperationen vor.

5.541 Auf den ersten Blick scheint es, als könne ein Satz

in einem anderen auch auf andere Weise vorkommen.

Besonders in gewissen Satzformen der Psychologie, wie »A glaubt, daß p der Fall ist«, oder »A denkt p«, etc.

Hier scheint es nämlich oberflächlich, als stünde der Satz p zu einem Gegenstand A in einer Art von Relation.

(Und in der modernen Erkenntnistheorie (Russell, Moore, etc.) sind jene Sätze auch so aufgefaßt worden.)

5.542 Es ist aber klar, daß »A glaubt, daß p«, »A denkt p«, »A sagt p« von der Form »›p‹ sagt p« sind: Und hier handelt es sich nicht um eine Zuordnung von einer Tatsache und einem Gegenstand, sondern um die Zuordnung von Tatsachen durch Zuordnung ihrer Gegenstände.

5.5421 Dies zeigt auch, daß die Seele – das Subjekt etc. – wie sie in der heutigen oberflächlichen Psychologie aufgefaßt wird, ein Unding ist.

Eine zusammengesetzte Seele wäre nämlich keine Seele mehr.

5.5422 Die richtige Erklärung der Form des Satzes »A urteilt p« muß zeigen, daß es unmöglich ist, einen Unsinn zu urteilen. (Russells Theorie genügt dieser Bedingung nicht.)

5.5423 Einen Komplex wahrnehmen heißt wahrnehmen, daß sich seine Bestandteile so und so zu einander verhalten. [...]

5.55 Wir müssen nun die Frage nach allen möglichen Formen der Elementarsätze a priori beantworten.

Der Elementarsatz besteht aus Namen. Da wir aber die Anzahl der Namen von verschiedener Bedeutung nicht angeben können, so können wir auch nicht die Zusammensetzung des Elementarsatzes angeben.

5.551 Unser Grundsatz ist, daß jede Frage, die sich überhaupt durch die Logik entscheiden läßt, sich ohne weiteres entscheiden lassen muß.
(Und wenn wir in die Lage kommen, ein solches Problem durch Ansehen der Welt beantworten zu müssen, so zeigt dies, daß wir auf grundfalscher Fährte sind.)

5.552 Die »Erfahrung«, die wir zum Verstehen der Logik brauchen, ist nicht die, daß sich etwas so und so verhält, sondern, daß etwas *ist*: aber das ist eben *keine* Erfahrung.
Die Logik ist *vor* jeder Erfahrung – daß etwas *so* ist.
Sie ist vor dem Wie, nicht vor dem Was.

5.6 *Die Grenzen meiner Sprache* bedeuten die Grenzen meiner Welt.

5.61 Die Logik erfüllt die Welt; die Grenzen der Welt sind auch ihre Grenzen.
Wir können also in der Logik nicht sagen: Das und das gibt es in der Welt, jenes nicht.
Das würde nämlich scheinbar voraussetzen, daß wir gewisse Möglichkeiten ausschließen, und dies kann nicht der Fall sein, da sonst die Logik über die Grenzen der Welt hinaus müßte; wenn sie nämlich diese Grenzen auch von der anderen Seite betrachten könnte.
Was wir nicht denken können, das können wir nicht denken; wir können also auch nicht *sagen*, was wir nicht denken können.

5.62 Diese Bemerkung gibt den Schlüssel zur Entscheidung der Frage, inwieweit der Solipsismus eine Wahrheit ist.
Was der Solipsismus nämlich *meint*, ist ganz richtig, nur läßt es sich nicht *sagen*, sondern es zeigt sich.

Daß die Welt *meine* Welt ist, das zeigt sich darin, daß die Grenzen *der* Sprache (der Sprache, die allein ich verstehe) die Grenzen *meiner* Welt bedeuten.

5.621 Die Welt und das Leben sind Eins.

5.63 Ich bin meine Welt. (Der Mikrokosmos.)

5.631 Das denkende, vorstellende, Subjekt gibt es nicht.

Wenn ich ein Buch schriebe »Die Welt, wie ich sie vorfand«, so wäre darin auch über meinen Leib zu berichten und zu sagen, welche Glieder meinem Willen unterstehen und welche nicht, etc., dies ist nämlich eine Methode, das Subjekt zu isolieren, oder vielmehr zu zeigen, daß es in einem wichtigen Sinne kein Subjekt gibt: Von ihm allein nämlich könnte in diesem Buche *nicht* die Rede sein. –

5.64 Hier sieht man, daß der Solipsismus, streng durchgeführt, mit dem reinen Realismus zusammenfällt. Das Ich des Solipsismus schrumpft zum ausdehnungslosen Punkt zusammen, und es bleibt die ihm koordinierte Realität.

5.641 Es gibt also wirklich einen Sinn, in welchem in der Philosophie nichtpsychologisch vom Ich die Rede sein kann.

Das Ich tritt in die Philosophie dadurch ein, daß »die Welt meine Welt ist«.

Das philosophische Ich ist nicht der Mensch, nicht der menschliche Körper, oder die menschliche Seele, von der die Psychologie handelt, sondern das metaphysische Subjekt, die Grenze – nicht ein Teil – der Welt.

6 Die allgemeine Form der Wahrheitsfunktion ist: $[\bar{p}, \bar{\xi}, N(\bar{\xi})]$.

Dies ist die allgemeine Form des Satzes.

6.001 Dies sagt nichts anderes, als daß jeder Satz ein Resultat der successiven Anwendung der Operation $N(\bar{\xi})$ auf die Elementarsätze ist.

6.1 Die Sätze der Logik sind Tautologien.

6.11 Die Sätze der Logik sagen also nichts. (Sie sind die analytischen Sätze.)

6.111 Theorien, die einen Satz der Logik gehaltvoll erscheinen lassen, sind immer falsch. Man könnte z. B. glauben, daß die Worte »wahr« und »falsch« zwei Eigenschaften unter anderen Eigenschaften bezeichnen, und da erschiene es als eine merkwürdige Tatsache, daß jeder Satz eine dieser Eigenschaften besitzt. Das scheint nun nichts weniger als selbstverständlich zu sein, ebensowenig selbstverständlich, wie etwa der Satz: »Alle Rosen sind entweder gelb oder rot« klänge, auch wenn er wahr wäre. Ja, jener Satz bekommt nun ganz den Charakter eines naturwissenschaftlichen Satzes, und dies ist das sichere Anzeichen dafür, daß er falsch aufgefaßt wurde.

6.112 Die richtige Erklärung der logischen Sätze muß ihnen eine einzigartige Stellung unter allen Sätzen geben.

6.113 Es ist das besondere Merkmal der logischen Sätze, daß man am Symbol allein erkennen kann, daß sie wahr sind, und diese Tatsache schließt die ganze Philosophie der Logik in sich. Und so ist es auch eine der wichtigsten Tatsachen, daß sich die Wahrheit oder Falschheit der nichtlogischen Sätze *nicht* am Satz allein erkennen läßt.

6.12 Daß die Sätze der Logik Tautologien sind, das *zeigt* die formalen – logischen – Eigenschaften der Sprache, der Welt.

Daß ihre Bestandteile *so* verknüpft eine Tautologie ergeben, das charakterisiert die Logik ihrer Bestandteile.

Damit Sätze, auf bestimmte Art und Weise verknüpft, eine Tautologie ergeben, dazu müssen sie bestimmte Eigenschaften der Struktur haben. Daß sie *so* verbunden eine Tautologie ergeben, zeigt also, daß sie diese Eigenschaften der Struktur besitzen.

6.121 Die Sätze der Logik demonstrieren die logischen Eigenschaften der Sätze, indem sie sie zu nichtssagenden Sätzen verbinden.
Diese Methode könnte man auch eine Nullmethode nennen. Im logischen Satz werden Sätze miteinander ins Gleichgewicht gebracht und der Zustand des Gleichgewichts zeigt dann an, wie diese Sätze logisch beschaffen sein müssen.

6.122 Daraus ergibt sich, daß wir auch ohne die logischen Sätze auskommen können, da wir ja in einer entsprechenden Notation die formalen Eigenschaften der Sätze durch das bloße Ansehen dieser Sätze erkennen können.

6.13 Die Logik ist keine Lehre, sondern ein Spiegelbild der Welt.
Die Logik ist transzendental.

6.2 Die Mathematik ist eine logische Methode.
Die Sätze der Mathematik sind Gleichungen, also Scheinsätze.

6.21 Der Satz der Mathematik drückt keinen Gedanken aus.

6.211 Im Leben ist es ja nie der mathematische Satz, den wir brauchen, sondern wir benützen den mathematischen Satz *nur*, um aus Sätzen, welche nicht der Mathematik angehören, auf andere zu schließen, welche gleichfalls nicht der Mathematik angehören.
(In der Philosophie führt die Frage: »Wozu gebrauchen wir eigentlich jenes Wort, jenen Satz?« immer wieder zu wertvollen Einsichten.)

6.22 Die Logik der Welt, die die Sätze der Logik in den Tautologien zeigen, zeigt die Mathematik in den Gleichungen.

6.23 Wenn zwei Ausdrücke durch das Gleichheitszeichen verbunden werden, so heißt das, sie sind durch einander ersetzbar. Ob dies aber der Fall ist, muß sich an den beiden Ausdrücken selbst zeigen.

Es charakterisiert die logische Form zweier Ausdrücke, daß sie durch einander ersetzbar sind.

6.24 Die Methode der Mathematik, zu ihren Gleichungen zu kommen, ist die Substitutionsmethode.

Denn die Gleichungen drücken die Ersetzbarkeit zweier Ausdrücke aus, und wir schreiten von einer Anzahl von Gleichungen zu neuen Gleichungen vor, indem wir, den Gleichungen entsprechend, Ausdrücke durch andere ersetzen.

6.3 Die Erforschung der Logik bedeutet die Erforschung *aller Gesetzmäßigkeit*. Und außerhalb der Logik ist alles Zufall.

6.31 Das sogenannte Gesetz der Induktion kann jedenfalls kein logisches Gesetz sein, denn es ist offenbar ein sinnvoller Satz. – Und darum kann es auch kein Gesetz a priori sein.

6.32 Das Kausalitätsgesetz ist kein Gesetz, sondern die Form eines Gesetzes.

6.33 Wir *glauben* nicht a priori an ein Erhaltungsgesetz, sondern wir *wissen* a priori die Möglichkeit einer logischen Form.

6.34 Alle jene Sätze, wie der Satz vom Grunde, von der Kontinuität in der Natur, vom kleinsten Aufwande in der Natur etc. etc., alle diese sind Einsichten a priori über die mögliche Formgebung der Sätze der Wissenschaft.

6.36 Wenn es ein Kausalitätsgesetz gäbe, so könnte es lauten: »Es gibt Naturgesetze«.

Aber freilich kann man das nicht sagen: es zeigt sich.

6.361 In der Ausdrucksweise Hertz' könnte man sagen: Nur *gesetzmäßige* Zusammenhänge sind *denkbar.*

6.362 Was sich beschreiben läßt, das kann auch geschehen, und was das Kausalitätsgesetz ausschließen soll, das läßt sich auch nicht beschreiben.

6.363 Der Vorgang der Induktion besteht darin, daß wir das *einfachste* Gesetz annehmen, das mit unseren Erfahrungen in Einklang zu bringen ist.

6.3631 Dieser Vorgang hat aber keine logische, sondern nur eine psychologische Begründung.

Es ist klar, daß kein Grund vorhanden ist, zu glauben, es werde nun auch wirklich der einfachste Fall eintreten.

6.36311 Daß die Sonne morgen aufgehen wird, ist eine Hypothese; und das heißt: wir *wissen* nicht, ob sie aufgehen wird.

6.37 Einen Zwang, nach dem Eines geschehen müßte, weil etwas anderes geschehen ist, gibt es nicht. Es gibt nur eine *logische* Notwendigkeit.

6.371 Der ganzen modernen Weltanschauung liegt die Täuschung zugrunde, daß die sogenannten Naturgesetze die Erklärungen der Naturerscheinungen seien.

6.372 So bleiben sie bei den Naturgesetzen als bei etwas Unantastbarem stehen, wie die Älteren bei Gott und dem Schicksal.

Und sie haben ja beide Recht, und Unrecht. Die Alten sind allerdings insofern klarer, als sie einen klaren Abschluß anerkennen, während es bei dem neuen System scheinen soll, als sei *alles* erklärt.

6.373 Die Welt ist unabhängig von meinem Willen.

6.374 Auch wenn alles, was wir wünschen, geschähe, so wäre dies doch nur, sozusagen, eine Gnade des Schicksals, denn es ist kein *logischer* Zusammenhang zwischen Willen und Welt, der dies verbürgte, und den angenommenen physikalischen Zusammenhang könnten wir doch nicht selbst wieder wollen.

6.375 Wie es nur eine *logische* Notwendigkeit gibt, so gibt es auch nur eine *logische* Unmöglichkeit.

6.3751 Daß z. B. zwei Farben zugleich an einem Ort des Gesichtsfeldes sind, ist unmöglich, und zwar logisch unmöglich, denn es ist durch die logische Struktur der Farbe ausgeschlossen.

Denken wir daran, wie sich dieser Widerspruch in der Physik darstellt: Ungefähr so, daß ein Teilchen nicht zu gleicher Zeit zwei Geschwindigkeiten haben kann; das heißt, daß es nicht zu gleicher Zeit an zwei Orten sein kann; das heißt, daß Teilchen an verschiedenen Orten zu Einer Zeit nicht identisch sein können.

(Es ist klar, daß das logische Produkt zweier Elementarsätze weder eine Tautologie noch eine Kontradiktion sein kann. Die Aussage, daß ein Punkt des Gesichtsfeldes zu gleicher Zeit zwei verschiedene Farben hat, ist eine Kontradiktion.)

6.4 Alle Sätze sind gleichwertig.

6.41 Der Sinn der Welt muß außerhalb ihrer liegen. In der Welt ist alles, wie es ist, und geschieht alles, wie es geschieht; es gibt *in* ihr keinen Wert – und wenn es ihn gäbe, so hätte er keinen Wert.

Wenn es einen Wert gibt, der Wert hat, so muß er außerhalb alles Geschehens und So-Seins liegen. Denn alles Geschehen und So-Sein ist zufällig.

Was es nichtzufällig macht, kann nicht *in* der Welt liegen, denn sonst wäre dies wieder zufällig.

Es muß außerhalb der Welt liegen.

6.42 Darum kann es auch keine Sätze der Ethik geben.

Sätze können nichts Höheres ausdrücken.

6.421 Es ist klar, daß sich die Ethik nicht aussprechen läßt.

Die Ethik ist transzendental.
(Ethik und Ästhetik sind Eins.)

6.423 Vom Willen als dem Träger des Ethischen kann nicht gesprochen werden.
Und der Wille als Phänomen interessiert nur die Psychologie.

6.43 Wenn das gute oder böse Wollen die Welt ändert, so kann es nur die Grenzen der Welt ändern, nicht die Tatsachen; nicht das, was durch die Sprache ausgedrückt werden kann.
Kurz, die Welt muß dann dadurch überhaupt eine andere werden. Sie muß sozusagen als Ganzes abnehmen oder zunehmen.
Die Welt des Glücklichen ist eine andere als die des Unglücklichen.

6.431 Wie auch beim Tod die Welt sich nicht ändert, sondern aufhört.

6.4311 Der Tod ist kein Ereignis des Lebens. Den Tod erlebt man nicht.
Wenn man unter Ewigkeit nicht unendliche Zeitdauer, sondern Unzeitlichkeit versteht, dann lebt der ewig, der in der Gegenwart lebt.
Unser Leben ist ebenso endlos, wie unser Gesichtsfeld grenzenlos ist.

6.4312 Die zeitliche Unsterblichkeit der Seele des Menschen, das heißt also ihr ewiges Fortleben auch nach dem Tode, ist nicht nur auf keine Weise verbürgt, sondern vor allem leistet diese Annahme gar nicht das, was man immer mit ihr erreichen wollte. Wird denn dadurch ein Rätsel gelöst, daß ich ewig fortlebe? Ist denn dieses ewige Leben dann nicht ebenso rätselhaft wie das gegenwärtige? Die Lösung des Rätsels des Lebens in Raum und Zeit liegt *außerhalb* von Raum und Zeit.
(Nicht Probleme der Naturwissenschaft sind ja zu lösen.)

6.432 *Wie* die Welt ist, ist für das Höhere vollkommen gleichgültig. Gott offenbart sich nicht *in* der Welt.

6.4321 Die Tatsachen gehören alle nur zur Aufgabe, nicht zur Lösung.

6.44 Nicht *wie* die Welt ist, ist das Mystische, sondern *daß* sie ist.

6.45 Die Anschauung der Welt sub specie aeterni ist ihre Anschauung als – begrenztes – Ganzes.

Das Gefühl der Welt als begrenztes Ganzes ist das mystische.

6.5 Zu einer Antwort, die man nicht aussprechen kann, kann man auch die Frage nicht aussprechen.

Das Rätsel gibt es nicht.

Wenn sich eine Frage überhaupt stellen läßt, so *kann* sie auch beantwortet werden.

6.51 Skeptizismus ist *nicht* unwiderleglich, sondern offenbar unsinnig, wenn er bezweifeln will, wo nicht gefragt werden kann.

Denn Zweifel kann nur bestehen, wo eine Frage besteht; eine Frage nur, wo eine Antwort besteht, und diese nur, wo etwas *gesagt* werden *kann.*

6.52 Wir fühlen, daß, selbst wenn alle *möglichen* wissenschaftlichen Fragen beantwortet sind, unsere Lebensprobleme noch gar nicht berührt sind. Freilich bleibt dann eben keine Frage mehr; und eben dies ist die Antwort.

6.521 Die Lösung des Problems des Lebens merkt man am Verschwinden dieses Problems.

(Ist nicht dies der Grund, warum Menschen, denen der Sinn des Lebens nach langen Zweifeln klar wurde, warum diese dann nicht sagen konnten, worin dieser Sinn bestand?)

6.522 Es gibt allerdings Unaussprechliches: Dies *zeigt* sich, es ist das Mystische.

6.53 Die richtige Methode der Philosophie wäre eigentlich die: Nichts zu sagen, als was sich sagen läßt, also Sätze der Naturwissenschaft – also etwas, was mit Philosophie nichts zu tun hat –, und dann immer, wenn ein anderer etwas Metaphysisches sagen wollte, ihm nachzuweisen, daß er gewissen Zeichen in seinen Sätzen keine Bedeutung gegeben hat. Diese Methode wäre für den anderen unbefriedigend – er hätte nicht das Gefühl, daß wir ihn Philosophie lehrten – aber *sie* wäre die einzig streng richtige.

6.54 Meine Sätze erläutern dadurch, daß sie der, welcher mich versteht, am Ende als unsinnig erkennt, wenn er durch sie – auf ihnen – über sie hinausgestiegen ist. (Er muß sozusagen die Leiter wegwerfen, nachdem er auf ihr hinaufgestiegen ist.)
Er muß diese Sätze überwinden, dann sieht er die Welt richtig.

7 Wovon man nicht sprechen kann, darüber muß man schweigen.

2
Widerlegung des Logischen Atomismus

Begriff und Gegenstand, Eigenschaft und Substrat

Begriff und Gegenstand, das ist bei Russell und Frege eigentlich Eigenschaft und Ding; und zwar denke ich hier an einen räumlichen Körper und seine Farbe. Man kann auch sagen: Begriff und Gegenstand, – das ist Prädikat und Subjekt. Und das Subjekt-Prädikat Form ist eine Ausdrucksform menschlicher Sprachen. Es ist die Form »x ist y« (»x ε y«): »mein Bruder ist groß«, »das Gewitter ist nahe«, »dieser Kreis ist rot«, »August ist stark«, »2 ist eine Zahl«, »dieses Ding ist ein Stück Kohle«.

Wie nun die Physik von Körpern der Erfahrung den Begriff des materiellen Punktes abgezogen hat, ähnlich hat man von der Subjekt-Prädikat Form unserer Sprachen die Subjekt-Prädikat Form der Logik abgezogen. Die reine Subjekt-Prädikat Form soll nun a ε f(x) sein, wo »a« der Name eines Gegenstandes ist. Sehen wir uns nun nach einer Anwendung dieses Schemas um. Bei »Name eines Gegenstandes« denkt man zuerst an Namen von Personen und andern räumlichen Gegenständen (der Diamant Koh-I-Noor). So ein Name wird dem Ding durch eine hinweisende Erklärung gegeben (»das ↗ heißt ›N‹«). Diese Definition könnte aufgefaßt werden als eine Regel zur Ersetzung der auf den Gegenstand hinweisenden Geste durch das Wort »N«; so zwar, daß man statt des Namens »N« immer wieder jene Geste setzen kann. Ich hätte also z. B. erklärt, »dieser Mann heißt ›N‹«, und sage nun: »›N‹ ist ein Mathematiker«, »N ist faul«, etc., und hätte in jedem dieser Sätze statt ›N‹ ›dieser Mann‹ (mit der hinweisenden Geste) setzen können. (Dann wäre es übrigens besser gewesen, die hinweisende Erklärung lauten zu lassen: »dieser Mann heißt ›N‹«, oder »diesen Mann will ich ›N‹ nennen«, denn die frühere Fassung ist auch der Satz, daß dieser Mann so genannt wird.)

Dies ist aber nicht die normale Art der Anwendung eines Namens; für die ist es wesentlich, daß ich nicht vom Namen auf ein Zeichen der Gebärdensprache zurückgreifen kann. Wenn nämlich N aus dem Zimmer geht und später ein Mann ins Zimmer tritt, so hat – wie wir den Namen »N« gebrauchen – die Frage Sinn, ob dieser Mann N ist, ob dieser Mann derselbe ist, der vorher das Zimmer verlassen hat. Und der Satz »N ist wieder ins Zimmer getreten« hat nur Sinn, wenn ich die Frage entscheiden kann. Und es wird einen andern Sinn haben, je nachdem, was das Kriterium dafür ist, daß dies der Gegenstand ist, den ich früher ›N‹ genannt habe. Je nach der Art dieses Kriteriums werden also für das Zeichen ›N‹ andere Regeln gelten, es wird in anderem Sinne des Wortes ein ›Name‹ sein. Und so kommt es, daß das Wort ›Name‹ und das ihm entsprechende ›Gegenstand‹ die Überschrift einer Unzahl verschiedener Regelverzeichnisse ist.

Geben wir räumlichen Gegenständen Namen, so beruht unsere Verwendung dieser Namen auf einem Kriterium der Identität, das die Kontinuität der Bewegung der Körper und ihre Undurchdringlichkeit zur Voraussetzung hat. Könnte ich also mit zwei Körpern A und B das tun, was ich mit ihren Schattenbildern an der Wand tun kann, aus ihnen Eins machen und aus dem einen wieder zwei, so wäre die Frage sinnlos, welcher von den beiden nach der Trennung A und welcher B ist. Es sei denn, daß ich nun ein ganz neues Kriterium der Identität einführe, etwa die Form ihrer Bahn (für den Namen eines Flusses, der aus dem Zusammenfluß zweier Flüsse entsteht, gibt es so eine Regel:

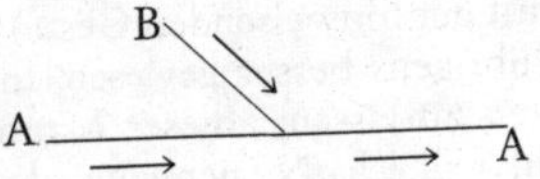

der resultierende Fluß erhält den Namen desjenigen Quellflusses, in dessen Richtung annähernd er weiterfließt).

Denken wir an die möglichen Kriterien der Identität, etwa von Farbflecken in meinem Gesichtsfeld (oder den Figuren auf der Leinwand des Kinos) und an die verschiedenen Verwendungsarten eines Namens, den ich einem solchen Fleck oder einer Figur gebe.

Gehen wir nun zur Schreibweise »(∃x) . fx« über, so ist klar, daß dies eine Sublimierung der Ausdrucksform unserer Sprache ist: »es gibt Menschen auf dieser Insel«, »es gibt Sterne, die wir nicht sehen«. Und einem Satz »(∃x) . fx« soll nun immer ein Satz »fa« entsprechen, und »a« soll ein Name sein. Man soll also sagen können: »(∃x) . fx, nämlich a und b« (»es gibt einen Wert von x, der fx befriedigt, nämlich a und b«), oder »(∃x) . fx, z. B., a«, etc. Und dies ist auch möglich in einem Falle wie: »es gibt Menschen auf dieser Insel, nämlich die Herrn A, B, C, D.« Aber ist es denn für den Sinn des Satzes »es gibt Menschen auf dieser Insel« wesentlich, daß wir sie benennen können, also ein bestimmtes Kriterium für die Identifizierung festlegen? Das ist es nur dann, wenn der Satz »(∃x) . fx« als eine Disjunktion von Sätzen von der Form »f(x)« definiert wird, wenn also z. B. festgelegt wird: »Es gibt Menschen auf dieser Insel« heiße »Auf dieser Insel ist entweder Herr A oder B oder C oder D oder E«; wenn man also den Begriff ›Mensch‹ als eine Extension bestimmt (was natürlich ganz gegen die normale Verwendung dieses Wortes wäre). (Dagegen bestimmt man z. B. den Begriff »primäre Farbe« wirklich als eine Extension.)

Es hat also auf den Satz »(∃x) . fx« nicht in allen Fällen die Frage einen Sinn, »*welche* x befriedigen f«. »Welcher rote Kreis vom Durchmesser 1 cm befindet sich in der Mitte dieses Vierecks?« – Man darf die Frage »Welcher Gegenstand befriedigt f?« nicht mit der Frage verwechseln, »*Was für ein Gegenstand* etc.?« Auf die erste Frage müßte ein Name zur Antwort kommen, die Antwort müßte also die Form »f(a)« annehmen können; auf die Frage »*was für ein* ...« aber ist die Antwort »$(\exists x) . fx \cdot \varphi x$«. So kann es sinnlos sein, zu fragen, »Welchen roten Fleck siehst Du?« aber Sinn haben, zu fragen: »Was für einen roten Fleck siehst Du (einen runden, viereckigen, etc.)?«

Ich möchte sagen: die alte Logik hat viel mehr Konvention und Physik in sich als man geglaubt hat. Wenn das Substantiv der Name eines *Körpers* ist, das Verbum etwa zur Bezeichnung einer Bewegung, das Adjektiv der Eigenschaft eines Körpers dient, dann sieht man wohl, wie voraussetzungsvoll diese Logik ist und kann annehmen, daß diese ursprünglichen Voraussetzungen auch noch tiefer in die Anwendung dieser Worte, in die Logik der Sätze reicht.

(Es wäre unsere Aufgabe, Figuren verschiedener Gestalt, die sich in einer Ebene I befänden, in eine Ebene II zu projizieren. Wir könnten dann eine Projektionsmethode bestimmen (etwa die der orthogonalen Projektion) und nach ihr die Abbildung führen. Wir könnten dann auch leicht von den Bildern auf der Ebene II auf die Figuren in I Schlüsse ziehen. Wir können aber auch diesen Weg einschlagen: Wir bestimmen etwa (vielleicht weil uns diese Darstellung am bequemsten ist), daß die Bilder in der zweiten Ebene sämtlich Kreise sein sollen, – was immer die abgebildeten Figuren in der ersten Ebene sein mögen. Das heißt, verschiedene Figuren der ersten Ebene werden durch verschiedene Projektionsmethoden in die zweite abgebildet. Um dann die Kreise in II als Bilder der Figuren in I zu deuten, werde ich zu jedem Kreis die Projektionsmethode angeben müssen; die bloße Tatsache aber, daß sich eine Figur in I als ein Kreis in II darstellt, sagt nun allein noch nichts über die Gestalt der abgebildeten Figur. Daß das Bild in II ein Kreis ist, ist ja die festgesetzte Norm unserer Abbildung. – Dasselbe geschieht nun, wenn wir die Wirklichkeit nach der Subjekt-Prädikat Norm in unsere Sprache abbilden. Das Subjekt-Prädikat Schema dient als Projektion unzähliger verschiedener logischer Formen.

»Begriff und Gegenstand« Freges, das ist nichts anderes als Subjekt und Prädikat.

Wenn ein Tisch braun angestrichen ist, so ist es leicht, sich das Holz als den Träger der Eigenschaft Braun zu denken und man kann sich das vorstellen, was gleichbleibt, wenn die Farbe wechselt. Ja, auch im Falle *eines* bestimmten Kreises, der einmal rot, einmal blau erscheint. Es ist also leicht, sich vorzustellen, *was* rot ist, aber schwer, was kreisförmig ist. Was *bleibt* hier, wenn Form und Farbe wechseln? Denn die Lage ist ein Teil der Form und es ist willkürlich, wenn ich festsetze, der Mittelpunkt soll festbleiben und die Form sich nur durch den Radius ändern.

Wir werden uns wieder an die gewöhnliche Sprache halten müssen, und die sagt, daß ein *Fleck* kreisförmig ist.

Es ist klar, daß hier das Wort »Träger der Eigenschaft« eine ganz falsche – unmögliche – Vorstellung gibt. – Wenn ich einen Klumpen Ton habe, so kann ich mir den als Träger einer Form denken und daher, ungefähr, kommt auch diese Vorstellung.

»Der Fleck ändert seine Form« und »Der Tonklumpen ändert seine Form« sind verschiedene Satzformen.

Man kann sagen »miß nach, ob *das* ein Kreis ist« oder »sieh nach, ob *das*, was dort liegt, ein Hut ist«. Man kann auch sagen »miß nach, ob das ein Kreis ist oder eine Ellipse«, aber nicht ». . . ob das ein Kreis ist oder ein Hut«; auch nicht, »sieh nach, ob das ein Hut ist oder rot«.

Wenn ich auf eine Linie zeige und sage »das ist ein Kreis«, so kann man einwenden, daß, wenn es kein Kreis wäre, es auch nicht mehr *das* wäre. Das heißt: was ich mit dem Wort »das« meine, muß unabhängig von dem sein, was davon ausgesagt wird.

(»War *das* Donner, oder ein Schuß?« Man kann aber in diesem Falle nicht fragen, »War das ein Lärm?«)

Worin unterscheiden sich zwei gleichgroße Kreise? Diese Frage klingt so, als wären sie ja doch ungefähr Eines und nur durch eine Kleinigkeit unterschieden.

In der Darstellungsart durch Gleichungen drückt sich das Gemeinsame durch die Form der Gleichung aus und die Verschiedenheit durch die Verschiedenheit der Mittelpunktskoordinaten.

So ist es, als ob hier die Mittelpunktskoordinaten das wären, was den unter den Begriff fallenden Gegenständen entspräche.

Könnte man denn nicht, statt »dies ist ein Kreis«, sagen, »dieser Punkt ist Mittelpunkt eines Kreises«? Denn, Mittelpunkt eines Kreises zu sein, ist eine externe Eigenschaft des Punktes.

Was braucht es zu einer Beschreibung, daß – sagen wir – ein Buch an einer bestimmten Stelle ist? Die interne Beschreibung des Buches, d. i. des Begriffes und die Beschreibung seiner Lage, und die wäre durch Angabe der Koordinaten dreier Punkte möglich. Der Satz »Ein solches Buch ist *hier*« würde dann heißen, es hat *diese* drei Bestimmungskoordinaten. Die Angabe des Hier darf eben nicht präjudizieren, *was* hier ist.

Ist es nun aber nicht dasselbe, ob ich sage »*dies* ist ein Buch« und »hier ist ein Buch«? Der Satz würde dann etwa darauf hinauskommen, zu sagen, »das sind drei Eckpunkte eines solchen Buches«:

Man kann ähnlich auch sagen »dieser Kreis ist die Projektion einer Kugel« oder »dies ist die Erscheinung eines Menschen«.

Alles was ich sage kommt darauf hinaus, daß Φ(x) eine *externe* Beschreibung von x sein muß.

Wenn ich nun in diesem Sinne im dreidimensionalen Raum sage, »hier ist ein Kreis«, und ein andermal, »hier ist eine Kugel«, sind die beiden *Hier* von gleicher Art? Ich will fragen: Kann man von demselben ›Gegenstand‹ sinnvoll sagen: er sei ein Kreis, und: er sei eine Kugel? Ist das Subjekt dieser Prädikate von der gleichen Type? Beide könnten doch die drei Koordinaten des betreffenden Mittelpunktes sein. Aber die Lage des Kreises im dreidimensionalen Raum ist ja durch seine Mittelpunktskoordinaten nicht bestimmt.

Andererseits kann man freilich sagen: »Was mich nervös macht, ist nicht der Lärm, sondern die Farbe« und hier könnte es scheinen, als ob eine Variable eine Farbe und einen Lärm als Werte annähme. (»Laute und Farben können als sprachliche Ausdrucksmittel dienen.«) Es ist klar, daß jener Satz von der Art ist: »Wenn Du einen Schuß hörst, oder mich winken siehst, laufe davon.« Denn dieser Art ist die Vereinbarung, auf der die Funktion der gehörten oder gesehenen Sprache beruht.

»Ist es denkbar, daß zwei Dinge alle Eigenschaften miteinander gemein haben?« – Wenn es nicht denkbar ist, so ist auch das Gegenteil nicht denkbar.

Ja, wir sprechen vom Kreis, seinem Durchmesser, etc., etc. wie von einem Begriff, dessen Eigenschaften wir beschreiben, gleichgültig, welche Gegenstände unter diesen Begriff fallen. – Dabei ist aber ›Kreis‹ gar kein Prädikat im ursprünglichen Sinn. Und überhaupt ist die Geometrie der Ort, wo die Begriffe der verschiedensten Gebiete miteinander vermischt werden.

* * *

Elementarsatz

A.

Kann ein logisches Produkt in einem Satz verborgen sein? Und wenn, wie erfährt man das, und was für Methoden haben wir, das im Satz Verborgene ans Licht zu ziehen? Haben wir noch keine Methode, dann können wir auch nicht davon reden, daß etwas verborgen ist, oder verborgen sein könnte. Und haben wir eine Methode des Suchens, so kann das logische Produkt, z. B., im Satz nur so verborgen sein, wie es etwa der Quotient 753 : 3 ist, solange die Division noch nicht ausgeführt ist.

Die Frage, ob ein logisches Produkt in einem Satz versteckt sei, ist ein mathematisches Problem.

Also ist Elementarsatz ein solcher, der sich in dem Kalkül, wie ich ihn jetzt benütze, nicht als Wahrheitsfunktion anderer Sätze darstellt.

Die Idee, Elementarsätze zu konstruieren (wie dies z. B. Carnap versucht hat), beruht auf einer falschen Auffassung der logischen Analyse. Das Problem dieser Analyse ist nicht: es sei eine *Theorie* der Elementarsätze zu finden. Als seien Prinzipien der Mechanik zu finden.

Meine Auffassung in der *Logisch-philosophischen Abhandlung* war falsch: 1) weil ich mir über den Sinn der Worte »in einem Satz ist ein logisches Produkt *versteckt*« (und ähnlicher) nicht klar war, 2) weil auch ich dachte, die logische Analyse müsse verborgene Dinge an den Tag bringen (wie es die chemische und physikalische tut).

Man kann den Satz »dieser Ort ist jetzt rot« (oder »dieser Kreis ist jetzt rot«, etc.) einen Elementarsatz nennen, wenn man damit sagen will, daß er weder eine Wahrheitsfunktion anderer Sätze ist, noch als solche definiert ist. (Ich sehe hier von Verbindungen der Art p · : qv ∼ q und analogen ab.)

Aus »a ist jetzt rot« folgt aber »a ist jetzt nicht grün« und die Elementarsätze in diesem Sinn sind also nicht von einander unabhängig, wie die Elementarsätze in meinem seinerzeit beschriebenen Kalkül, von dem ich annahm, der ganze Gebrauch der Sätze müsse sich auf ihn zurückführen lassen; – verleitet durch einen falschen Begriff von dieser Zurückführung.

B.

Wenn man die Bezeichnung »Elementarsatz« gebrauchen will, wie ich es in der *Logisch-philosophischen Abhandlung* getan habe, also wie »atomic proposition« bei Russell, so kann man den Satz »hier steht eine rote Rose« Elementarsatz nennen. D. h., er enthält keine Wahrheitsfunktion und ist nicht durch einen Ausdruck definiert, der eine enthält. Soll aber gesagt werden, der Satz sei nur dann ein Elementarsatz, wenn auch seine vollständige logische Analyse zeigt, daß er nicht mittels Wahrheitsfunktionen aus anderen Sätzen zusammengesetzt ist, so setzt das voraus, daß man eine Vorstellung von so einer ›Analyse‹ habe. Ich habe selbst in früheren Zeiten von der ›vollständigen Analyse‹ geredet, in dem Gedanken, die Philosophie müßte alle Sätze endgültig zergliedern, um so alle Zusammenhänge klarzustellen und jede Möglichkeit des Mißverständnisses zu beseitigen. Als gäbe es einen Kalkül, in dem diese Zergliederung möglich wäre. Mir schwebte dabei etwas vor von der Art der Definition, die Russell für den bestimmten Artikel gegeben hatte. Ähnlich, dachte ich einmal, könnte man auch etwa den Begriff einer Kugel mit Hilfe von Gesichtsbildern, etc., definieren und so würde ein für allemal der Zusammenhang der Begriffe gezeigt, die Quelle aller Mißverständnisse, etc. Es lag dem allen ein falsch und idealisiertes Bild der Verwendung der Sprache zugrunde. Freilich kann man in gewissen Fällen durch eine Definition den Zusammenhang der Arten des Gebrauchs von Ausdrücken klarstellen. Und auch im Falle des Zusammenhangs von ›Gesichtsbild‹ und ›Kugel‹ kann eine solche Definition helfen. Aber nicht, indem man den Begriff der physikalischen Kugel definiert, wohl aber indem man ein unserm Sprachspiel verwandtes oder vielmehr eine ganze Reihe ihm verwandter Sprachspiele beschreibt, und in diesen mögen solche Definitionen vorkommen. Es werden durch diese Gegenüberstellung grammatische Vorurteile zerstört und es wird uns dadurch ermöglicht, die Verwendung eines Worts zu sehen wie sie wirklich ist, statt dem Wort die Verwendung *anzudichten.*

Es kann unter Umständen einen Kalkül geben, der Sätze zerlegt und es ist nicht schwer sich so einen vorzustellen. Es ist dann eine Rechenaufgabe, zu finden, ob ein Satz ein Elementarsatz ist, oder nicht.

Die Frage, ob ein logisches Produkt (z. B.) in einem Satz versteckt sei, ist ein mathematisches Problem. – Was hier »versteckt« heißt, wird durch die Methode des Suchens definiert (beziehungsweise durch den Mangel einer Methode).

. . . .

Was kann uns glauben machen, es bestehe eine Art Übereinstimmung zwischen Gedanken und Wirklichkeit? – Statt »Übereinstimmung« könnte man hier ruhig sagen: »Bildhaftigkeit«.

Ist aber die Bildhaftigkeit eine Übereinstimmung? In der *Logisch-philosophischen Abhandlung* habe ich so etwas gesagt, wie: sie sei eine Übereinstimmung der Form. Das ist aber ein Irrtum.

Vor allem ist »Bild« hier zweideutig. Man will sagen: ein

Befehl sei ein Bild der Handlung, die nach ihm ausgeführt wurde; aber auch, ein Bild der Handlung, die nach ihm ausgeführt werden *soll*.

Man kann sagen: eine Werkzeichnung *dient als Bild* des Gegenstandes, den der Arbeiter nach ihr anfertigen soll.

Und man könnte hier »Projektionsmethode« die Art und Weise nennen, wie der Arbeiter so eine Zeichnung in die Arbeit umzusetzen hat. Man könnte sich nun so ausdrükken: die Projektionsmethode vermittle zwischen der Zeichnung und dem Objekt, sie reiche von der Zeichnung zum Werkstück. Man vergleicht da die Projektionsmethode mit Projektionsstrahlen, die von einer Figur zu einer andern reichen. – Wenn aber die Projektionsmethode eine Brücke ist, dann ist sie eine, die nicht geschlagen ist, so lange die Anwendung nicht gemacht ist. – Dieser Vergleich läßt es erscheinen, daß das Bild *mitsamt* den Projektionsstrahlen nun nicht noch verschiedene Anwendungsarten zuläßt, sondern daß durch Bild und Projektionsstrahlen das Abgebildete, auch wenn es tatsächlich nicht vorhanden, ätherisch bestimmt ist, so bestimmt nämlich, als *sei* es vorhanden. (Es ist ›auf ja und nein bestimmt‹.)

»Bild« kann man dann die Werkzeichnung *mit* der Methode ihrer Anwendung nennen. Und unter der Methode stellt man sich nun etwas vor, was sich an die Werkzeichnung anschließt, auch wenn sie nicht verwendet wird. (Man kann eine Anwendung ›*beschreiben*‹, auch wenn es sie nicht gibt.)

Ich möchte nun fragen: »Wie könnte denn die Werkzeichnung als Darstellung verwendet werden, wenn nicht schon eine Übereinstimmung, mit dem, was gemacht werden soll, da ist?« – Aber was heißt das? Nun, etwa dies: Wie könnte ich nach Noten Klavier spielen, wenn sie nicht schon irgend eine Beziehung zu Handbewegungen gewisser Art hätten? Und eine solche Beziehung besteht freilich *manchmal* in einer gewissen Übereinstimmung, manchmal aber nicht in einer Übereinstimmung, sondern nur darin, daß wir die Zeichen so und so anzuwenden gelernt haben. Um aber diese Fälle alle gleich zu machen – denn *dazu* reizt es uns – dient die Verwechslung zwischen Projektionsstrahlen, die das Bild mit dem Gegenstand verbinden, und der Projektionsmethode. Man kann sagen: die Projektionsstrahlen rechne ich noch zum Bild – aber nicht die Projektionsmethode. Man könnte freilich auch sagen: Eine *Beschreibung* der Projektionsmethode rechne ich noch zum Bild.

Ich stelle mir also vor, die Verschiedenheit zwischen Satz und Wirklichkeit werde durch die Projektionsstrahlen ausgeglichen, die zum Bild, zum Gedanken, gehören, und die keinen Raum mehr für eine Methode der Anwendung lassen. Es gibt nur noch Übereinstimmung und Nichtübereinstimmung.

Ist die Zeit den Sätzen wesentlich? Vergleich von: Zeit und Wahrheitsfunktionen

Die Grammatik, wenn sie uns in der Form eines Buches vorläge, bestünde nicht aus einer Reihe bloß nebengeordneter Artikel, sondern würde eine andere Struktur zeigen. Und in dieser müßte man – wenn ich Recht habe – auch den Unterschied zwischen Phänomenologischem und Nicht-Phänomenologischem sehen. Es wäre da etwa ein Kapitel von den Farben, worin der Gebrauch der Farbwörter geregelt wäre; aber dem vergleichbar wäre nicht, was über die Wörter »nicht«, »oder« etc. (die »logischen Konstanten«) in der Grammatik gesagt würde.

Es würde, z. B., aus den Regeln hervorgehen, daß diese letzteren Wörter in jedem Satz anzuwenden seien (nicht aber die Farbwörter). Und dieses »jedem« hätte nicht den Charakter einer erfahrungsmäßigen Allgemeinheit; sondern der inappellablen Allgemeinheit einer obersten Spielregel.

Wie offenbart sich die Zeitlichkeit der Tatsachen, wie drückt sie sich aus, als dadurch, daß gewisse Ausdrücke in unsern Sätzen vorkommen müssen? Das heißt: Wie drückt sich die Zeitlichkeit der Tatsachen aus, als grammatisch? – »Zeitlichkeit«, damit ist nicht gemeint, daß ich um 5 Uhr komme, sondern daß ich irgendwann komme, d. h. daß mein Satz die Struktur hat, die er hat.

Negation und Disjunktion, möchten wir sagen, hat mit dem Wesen des Satzes zu tun, die Zeit aber nicht, sondern mit seinem Inhalt.

Wie aber kann es sich in der Grammatik zeigen, daß etwas mit dem Wesen des Satzes zusammenhängt und etwas anderes nicht, wenn sie beide gleich allgemein sind?

Oder sollte ich sagen, die geringere Allgemeinheit wäre auf seiten der Zeit, da die mathematischen Sätze negiert und disjungiert werden können, aber nicht zeitlich sind? Ein Zusammenhang ist wohl da, wenn auch diese Form, die Sache darzustellen, irreführend ist. –

Das zeigt aber, was ich unter »Satz« oder dem »Wesen des Satzes« verstehe.

Woher – möchte ich fragen – die Allgemeinheit der Zeitlichkeit der Sätze?

Könnte man auch so fragen: »Wie kommt es, daß man alle Erfahrungstatsachen mit dem, was eine Uhr zeigt, in Verbindung bringen kann?«

Jene zweifache Art der Allgemeinheit wäre so seltsam, wie wenn von zwei Regeln eines Spiels, die beide ausnahmslos gelten, die eine als die fundamentalere ausgesprochen würde. Als könnte man also fragen, ob der König oder das Schachbrett für das Schachspiel essentieller wäre. Welches von beiden das Wesentlichere, welches das Zufälligere wäre.

Zum mindesten scheint eine Frage berechtigt: Wenn ich die Grammatik aufgeschrieben hätte und die verschiedenen Kapitel, über die Farbwörter, etc., etc. der Reihe nach da stünden, wie Regeln über alle die Figuren des Schachspiels, wie wüßte ich dann, daß dies nun *alle* Kapitel sind? Und wenn sich nun in allen vorhandenen Kapiteln eine gemeinsame Eigentümlichkeit findet, so haben wir es hier scheinbar mit einer logischen Allgemeinheit, aber keiner wesentlichen, d. h. voraussehbaren Allgemeinheit zu tun. Man kann aber doch nicht sagen, daß die Tatsache, daß das Schachspiel mit 16 Figuren gespielt wird, ihm weniger wesentlich ist, als, daß es auf dem Schachbrett gespielt wird.

Da Zeit und Wahrheitsfunktionen so verschieden schmecken und da sie ihr Wesen allein und ganz in der Grammatik offenbaren, so muß die Grammatik den verschiedenen Geschmack erklären.

Das eine schmeckt nach Inhalt, das andere nach Darstellungsform.

Sie schmecken so verschieden, wie der Plan und der Strich durch den Plan.

Es kommt mir so vor, als wäre die Gegenwart, wie sie in dem Satz »der Himmel ist blau« steht (wenn dieser Satz nicht-hypothetisch gemeint ist), keine Form der Zeit. Als ob also die Gegenwart in *diesem* Sinne unzeitlich wäre.

Tritt die Zeit in ein Landschaftsbild ein? oder in ein Stillleben?

Literatur, die aus Landschaftsschilderungen besteht.

Es ist merkwürdig, daß die Zeit, von der ich hier rede, nicht die im physikalischen Sinne ist. Es handelt sich hier nicht um eine Zeitmessung. Und es ist verdächtig, daß etwas, was mit einer solchen Messung nichts zu tun hat, in den Sätzen eine ähnliche Rolle spielen soll, wie die physikalische Zeit in den Hypothesen der Physik.

Diskutiere:
Der Unterschied zwischen der Logik des Inhalts und der Logik der Satzform überhaupt. Das eine erscheint gleichsam bunt, das andere matt. Das eine scheint von dem zu handeln, was das Bild darstellt, das andere wie der Rahmen des Bildes ein Charakteristikum der Bildform zu sein.

Daß alle Sätze die Zeit in irgendeiner Weise enthalten, scheint uns zufällig, im Vergleich damit, daß auf alle Sätze die Wahrheitsfunktionen anwendbar sind.

Das scheint mit ihrem Wesen als Sätzen zusammenzuhängen, das andere mit dem Wesen der vorgefundenen Realität.

((Am Rande später hinzugefügt:))
Ein Satz kann in sehr verschiedenem Sinne die Zeit enthalten.

Du tust mir weh!
Es ist herrliches Wetter draußen.
Der Inn fließt in die Donau.
Wasser gefriert bei 0°.
Ich verschreibe mich oft.
Vor einiger Zeit ...
Ich hoffe, er wird kommen.
Um 5-Uhr ...
Diese Stahlsorte ist sehr gut.
Unsere Erde war einmal ein Gasball.

* * *

Wenn wir sagen, daß Denken wesentlich ein Operieren mit Zeichen ist, dann könnte deine erste Frage sein: »Was sind Zeichen?« – Statt dir irgendeine allgemeine Antwort auf diese Frage zu geben, werde ich dir vorschlagen, bestimmte Fälle, die wir »Operieren mit Zeichen« nennen würden, unter die Lupe zu nehmen. Betrachten wir ein einfaches Beispiel für das Operieren mit Wörtern. Ich gebe jemandem den Befehl: »Hol mir sechs Äpfel vom Kaufmann«, und ich will ein Verfahren beschreiben, nach dem man von einem solchen Befehl Gebrauch machen kann: Die Wörter »sechs Äpfel« stehen auf einem Stück Papier, das Papier wird dem Kaufmann ausgehändigt, der Kaufmann vergleicht das Wort »Apfel« mit Schildern an verschiedenen Laden. Er stellt fest, daß es mit einem der Schilder übereinstimmt, zählt von eins bis zu der Zahl, die auf dem Stück Papier steht, und bei jeder Zahl nimmt er einen Apfel aus der Lade und tut ihn in eine Tüte. – Und hier hast du einen Fall vom Gebrauch von Wörtern. Ich werde in Zukunft immer wieder deine Aufmerksamkeit auf das lenken, was ich Sprachspiele nennen werde. Das sind einfachere Verfahren zum Gebrauch von Zeichen als jene, nach denen wir Zeichen in unserer äußerst komplizierten Alltagssprache gebrauchen. Sprachspiele sind die Sprachformen, mit denen ein Kind anfängt, Gebrauch von Wörtern zu machen. Das Studium von Sprachspielen ist das Studium primitiver Sprachformen oder primitiver Sprachen. Wenn wir die Probleme von Wahrheit und Falschheit, von der Übereinstimmung oder Nichtübereinstimmung von Sätzen mit der Wirklichkeit, von der Beschaffenheit von Behauptung, Annahme und Frage studieren wollen, dann wird es von Vorteil sein, primitive Sprachformen zu untersuchen, in denen diese Denkformen ohne den verwirrenden Hintergrund äußerst komplizierter Denkprozesse auftreten. Wenn wir solche einfachen Sprachformen untersuchen, dann verschwindet der geistige Nebel, der unsern gewöhnlichen Sprachgebrauch einzuhüllen scheint. Wir sehen Tätigkeiten und Reaktionen, die klar und durchsichtig sind. Andrerseits erkennen wir in diesen einfachen Vorgängen Sprachformen, die von unseren komplizierteren Sprachformen keineswegs durch einen Einschnitt getrennt sind. Wir sehen, daß wir die komplizierten Formen aus den primitiven zusammensetzen können, indem wir nach und nach neue Formen hinzufügen.

Was nun diese Untersuchungsmethode erschwert, ist unser Streben nach Allgemeinheit.

* * *

Denken wir uns ein Bild, einen Boxer in bestimmter Kampfstellung darstellend. Dieses Bild kann nun dazu gebraucht werden, um jemand mitzuteilen, wie er stehen, sich halten soll; oder, wie er sich nicht halten soll; oder, wie ein bestimmter Mann dort und dort gestanden hat; oder etc. etc. Man könnte dieses Bild (chemisch gesprochen) ein Satzradikal nennen. Ähnlich dachte sich wohl Frege die »Annahme«.

Wieviele Arten der Sätze gibt es aber? Etwa Behauptung, Frage und Befehl? – Es gibt *unzählige* solcher Arten: unzählige verschiedene Arten der Verwendung alles dessen, was wir »Zeichen«, »Worte«, »Sätze«, nennen. Und diese Mannigfaltigkeit ist nichts Festes, ein für allemal Gegebenes; sondern neue Typen der Sprache, neue Sprachspiele, wie wir sagen können, entstehen und andre veralten und werden vergessen. (Ein *ungefähres Bild* davon können uns die Wandlungen der Mathematik geben.)

Das Wort »Sprach*spiel*« soll hier hervorheben, daß das Sprechen der Sprache ein Teil ist einer Tätigkeit, oder einer Lebensform.

Führe dir die Mannigfaltigkeit der Sprachspiele an diesen Beispielen, und anderen, vor Augen:

Befehlen, und nach Befehlen handeln –

Beschreiben eines Gegenstands nach dem Ansehen, oder nach Messungen –

Herstellen eines Gegenstands nach einer Beschreibung (Zeichnung) –
Berichten eines Hergangs –
Über den Hergang Vermutungen anstellen –
Eine Hypothese aufstellen und prüfen –
Darstellen der Ergebnisse eines Experiments durch Tabellen und Diagramme –
Eine Geschichte erfinden; und lesen –
Theater spielen –
Reigen singen –
Rätsel raten –
Einen Witz machen; erzählen –
Ein angewandtes Rechenexempel lösen –
Aus einer Sprache in die andere übersetzen –
Bitten, Danken, Fluchen, Grüßen, Beten.

– Es ist interessant, die Mannigfaltigkeit der Werkzeuge der Sprache und ihrer Verwendungsweisen, die Mannigfaltigkeit der Wort- und Satzarten, mit dem zu vergleichen, was Logiker über den Bau der Sprache gesagt haben. (Und auch der Verfasser der *Logisch-Philosophischen Abhandlung.*)

* * *

Hier stoßen wir auf die große Frage, die hinter allen diesen Betrachtungen steht. – Denn man könnte mir einwenden: »Du machst dir's leicht! Du redest von allen möglichen Sprachspielen, hast aber nirgends gesagt, was denn das Wesentliche des Sprachspiels, und also der Sprache, ist. Was allen diesen Vorgängen gemeinsam ist und sie zur Sprache, oder zu Teilen der Sprache macht. Du schenkst dir also gerade den Teil der Untersuchung, der dir selbst seinerzeit das meiste Kopfzerbrechen gemacht hat, nämlich den, die *allgemeine Form des Satzes* und der Sprache betreffend.«

Und das ist wahr. – Statt etwas anzugeben, was allem, was wir Sprache nennen, gemeinsam ist, sage ich, es ist diesen Erscheinungen garnicht Eines gemeinsam, weswegen wir für alle das gleiche Wort verwenden, – sondern sie sind miteinander in vielen verschiedenen Weisen *verwandt*. Und dieser Verwandtschaft, ob dieser Verwandtschaften wegen nennen wir sie alle »Sprachen«. Ich will versuchen, dies zu erklären.

Betrachte z. B. einmal die Vorgänge, die wir »Spiele« nennen. Ich meine Brettspiele, Kartenspiele, Ballspiel, Kampfspiele, usw. Was ist allen diesen gemeinsam? – Sag nicht: »Es *muß* ihnen etwas gemeinsam sein, sonst hießen sie nicht ›Spiele‹« – sondern *schau*, ob ihnen allen etwas gemeinsam ist. – Denn wenn du sie anschaust, wirst du zwar nicht etwas sehen, was *allen* gemeinsam wäre, aber du wirst Ähnlichkeiten, Verwandtschaften, sehen, und zwar eine ganze Reihe. Wie gesagt: denk nicht, sondern schau! – Schau z. B. die Brettspiele an, mit ihren mannigfachen Verwandtschaften. Nun geh zu den Kartenspielen über: hier findest du viele Entsprechungen mit jener ersten Klasse, aber viele gemeinsame Züge verschwinden, andere treten auf. Wenn wir nun zu den Ballspielen übergehen, so bleibt manches Gemeinsame erhalten, aber vieles geht verloren. – Sind sie alle ›*unterhaltend*‹? Vergleiche Schach mit dem Mühlfahren. Oder gibt es überall ein Gewinnen und Verlieren, oder eine Konkurrenz der Spielenden? Denk an die Patiencen. In den Ballspielen gibt es Gewinnen und Verlieren; aber wenn ein Kind den Ball an die Wand wirft und wieder auffängt, so ist dieser Zug verschwunden. Schau, welche Rolle Geschick und Glück spielen. Und wie verschieden ist Geschick im Schachspiel und Geschick im Tennisspiel. Denk nun an die Reigenspiele: Hier ist das Element der Unterhaltung, aber wie viele der anderen Charakterzüge sind verschwunden! Und so können wir durch die vielen, vielen anderen Gruppen von Spielen gehen. Ähnlichkeiten auftauchen und verschwinden sehen.

Und das Ergebnis dieser Betrachtung lautet nun: Wir

sehen ein kompliziertes Netz von Ähnlichkeiten, die einander übergreifen und kreuzen. Ähnlichkeiten im Großen und Kleinen.

Ich kann diese Ähnlichkeiten nicht besser charakterisieren als durch das Wort »Familienähnlichkeiten«; denn so übergreifen und kreuzen sich die verschiedenen Ähnlichkeiten, die zwischen den Gliedern einer Familie bestehen: Wuchs, Gesichtszüge, Augenfarbe, Gang, Temperament, etc. etc. – Und ich werde sagen: die ›Spiele‹ bilden eine Familie.

Und ebenso bilden z. B. die Zahlenarten eine Familie. Warum nennen wir etwas »Zahl«? Nun etwa, weil es eine – direkte – Verwandtschaft mit manchem hat, was man bisher Zahl genannt hat; und dadurch, kann man sagen, erhält es eine indirekte Verwandtschaft zu anderem, was wir auch *so* nennen. Und wir dehnen unseren Begriff der Zahl aus, wie wir beim Spinnen eines Fadens Faser an Faser drehen. Und die Stärke des Fadens liegt nicht darin, daß irgend eine Faser durch seine ganze Länge läuft, sondern darin, daß viele Fasern einander übergreifen.

Wenn aber Einer sagen wollte: »Also ist allen diesen Gebilden etwas gemeinsam, – nämlich die Disjunktion aller dieser Gemeinsamkeiten« – so würde ich antworten: hier spielst du nur mit einem Wort. Ebenso könnte man sagen: es läuft ein Etwas durch den ganzen Faden, – nämlich das lückenlose Übergreifen dieser Fasern.

3
Bedeutung und Verstehen

Augustinus, in den Confessiones I/8:

> cum ipsi (majores homines) appellabant rem aliquam, et cum secundum eam vocem corpus ad aliquid movebant, videbam, et tenebam hoc ab eis vocari rem illam, quod sonabant, cum eam vellent ostendere. Hoc autem eos velle ex motu corporis aperiebatur: tamquam verbis naturalibus omnium gentium, quae fiunt vultu et nutu oculorum, ceterorumque membrorum actu, et sonitu vocis indicante affectionem animi in petendis, habendis, rejiciendis, fugiendisve rebus. Ita verba in variis sententiis locis suis posita, et crebro audita, quarum rerum signa essent, paulatim colligebam, measque iam voluntates, edomito in eis signis ore, per haec enuntiabam.
>
> [Nannten die Erwachsenen irgend einen Gegenstand und wandten sie sich dabei ihm zu, so nahm ich das wahr und ich begriff, daß der Gegenstand durch die Laute, die sie aussprachen, bezeichnet wurde, da sie auf *ihn* hinweisen wollten. Dies aber entnahm ich aus ihren Gebärden, der natürlichen Sprache aller Völker, der Sprache, die durch Mienen- und Augenspiel, durch die Bewegungen der Glieder und den Klang der Stimme die Empfindungen der Seele anzeigt, wenn diese irgend etwas begehrt, oder festhält, oder zurückweist, oder flieht. So lernte ich nach und nach verstehen, welche Dinge die Wörter bezeichneten, die ich wieder und wieder, an ihren bestimmten Stellen in verschiedenen Sätzen, aussprechen hörte. Und ich brachte, als nun mein Mund sich an diese Zeichen gewöhnt hatte, durch sie meine Wünsche zum Ausdruck.]

In diesen Worten erhalten wir, so scheint es mir, ein bestimmtes Bild von dem Wesen der menschlichen Sprache. Nämlich dieses: Die Wörter der Sprache benennen Gegenstände – Sätze sind Verbindungen von solchen Benennungen. – In diesem Bild von der Sprache finden wir die Wurzeln der Idee: Jedes Wort hat eine Bedeutung. Diese Bedeutung ist dem Wort zugeordnet. Sie ist der Gegenstand, für welchen das Wort steht.

Von einem Unterschied der Wortarten spricht Augustinus nicht. Wer das Lernen der Sprache so beschreibt, denkt, so möchte ich glauben, zunächst an Hauptwörter, wie »Tisch«, »Stuhl«, »Brot«, und die Namen von Personen, erst in zweiter Linie an die Namen gewisser Tätigkeiten und Eigenschaften, und an die übrigen Wortarten als etwas, was sich finden wird. [...]

Man meint, das Lernen der Sprache bestehe darin, daß man Gegenstände benennt. Und zwar: Menschen, Formen, Farben, Schmerzen, Stimmungen, Zahlen etc. Wie gesagt – das Benennen ist etwas Ähnliches, wie, einem Ding ein Namentäfelchen anheften. Man kann das eine Vorbereitung zum Gebrauch eines Wortes nennen. Aber *worauf* ist es eine Vorbereitung?

»Wir benennen die Dinge und können nun über sie reden. Uns in der Rede auf sie beziehen.« – Als ob mit dem Akt des Benennens schon das, was wir weiter tun, gegeben wäre. Als ob es nur Eines gäbe, was heißt: »von Dingen reden«. Während wir doch das Verschiedenartigste mit unsern Sätzen tun. Denken wir allein an die Ausrufe. Mit ihren ganz verschiedenen Funktionen.

Wasser!
Fort!
Au!
Hilfe!
Schön!
Nicht!

Bist du nun noch geneigt, diese Wörter »Benennungen von Gegenständen« zu nennen? [...]

Man kann nun einen Personennamen, ein Farbwort, einen Stoffnamen, ein Zahlwort, den Namen einer Himmelsrichtung, etc. hinweisend definieren. Die Definition der Zahl Zwei »Das heißt ›zwei‹« – wobei man auf zwei Nüsse zeigt – ist vollkommen exakt. – Aber wie kann man denn die Zwei so definieren? Der, dem man die Definition gibt, weiß ja dann nicht, *was* man mit »zwei« benennen will; er wird annehmen, daß du *diese* Gruppe von Nüssen »zwei« nennst! – Er *kann* dies annehmen; vielleicht nimmt er es aber nicht an. Er könnte ja auch, umgekehrt, wenn ich dieser Gruppe von Nüssen einen Namen beilegen will, ihn als Zahlnamen mißverstehen. Und ebensogut, wenn ich einen Personennamen hinweisend erkläre, diesen als Farbnamen, als Bezeichnung der Rasse, ja als Namen einer Himmelsrichtung auffassen. Das heißt, die hinweisende Definition kann in *jedem* Fall so und anders gedeutet werden.

Vielleicht sagt man: die Zwei kann nur *so* hinweisend definiert werden: »Diese *Zahl* heißt ›zwei‹«. Denn das Wort »Zahl« zeigt hier an, an welchen *Platz* der Sprache, der Grammatik, wir das Wort setzen. Das heißt aber, es muß das Wort »Zahl« erklärt sein, ehe jene hinweisende Definition verstanden werden kann. – Das Wort »Zahl« in der Definition zeigt allerdings diesen Platz an; den Posten, an den wir das Wort stellen. Und wir können so Mißverständnissen vorbeugen, indem wir sagen: »Diese *Farbe* heißt so und so«, »Diese *Länge* heißt so und so«, usw. Das heißt: Mißverständnisse werden manchmal so vermieden. Aber läßt sich denn das Wort »Farbe«, oder »Länge« nur so auffassen? – Nun, wir müssen sie eben erklären. – Also erklären durch andere Wörter! Und wie ist es mit der letzten Erklärung in dieser Kette? (Sag nicht »Es gibt keine ›letzte‹ Erklärung«. Das ist gerade so, als wolltest du sagen: »Es gibt kein letztes Haus in dieser Straße; man kann immer noch eines dazubauen.«)

Ob das Wort »Zahl« in der hinweisenden Definition der Zwei nötig ist, das hängt davon ab, ob er sie ohne dieses Wort anders auffaßt, als ich es wünsche. Und das wird wohl von den Umständen abhängen, unter welchen sie gegeben wird, und von dem Menschen, dem ich sie gebe.

Und wie er die Erklärung ›auffaßt‹, zeigt sich darin, wie er von dem erklärten Wort Gebrauch macht.

Man könnte also sagen: Die hinweisende Definition erklärt den Gebrauch – die Bedeutung – des Wortes, wenn es schon klar ist, welche Rolle das Wort in der Sprache überhaupt spielen soll. Wenn ich also weiß, daß Einer mir ein Farbwort erklären will, so wird mir die hinweisende Erklärung »Das heißt ›Sepia‹« zum Verständnis des Wortes verhelfen. – Und dies kann man sagen, wenn man nicht vergißt, daß sich nun allerlei Fragen an das Wort »wissen«, oder »klar sein« anknüpfen.

Man muß schon etwas wissen (oder können), um nach der Benennung fragen zu können. Aber was muß man wissen?

Wenn man jemandem die Königsfigur im Schachspiel zeigt und sagt »Das ist der Schachkönig«, so erklärt man ihm dadurch nicht den Gebrauch dieser Figur, – es sei denn, daß er die Regeln des Spiels schon kennt, bis auf diese letzte Bestimmung: die Form einer Königsfigur. Man kann sich denken, er habe die Regeln des Spiels gelernt, ohne daß ihm je eine wirkliche Spielfigur gezeigt wurde. Die Form der Spielfigur entspricht hier dem Klang, oder der Gestalt eines Wortes.

Man kann sich aber auch denken, Einer habe das Spiel gelernt, ohne je Regeln zu lernen, oder zu formulieren. Er hat etwa zuerst durch Zusehen ganz einfache Brettspiele gelernt und ist zu immer komplizierteren fortgeschritten. Auch diesem könnte man die Erklärung geben: »Das ist der König« – wenn man ihm z. B. Schachfiguren von einer ihm ungewohnten Form zeigt. Auch diese Erklärung lehrt ihn den Gebrauch der Figur nur darum, weil, wie wir sagen könnten, der Platz schon vorbereitet war, an den sie gestellt wurde. Oder auch: Wir werden nur dann sagen, sie lehre ihn den Gebrauch, wenn der Platz schon vorbereitet ist. Und er ist es hier nicht dadurch, daß der, dem wir die Erklärung geben, schon Regeln weiß, sondern dadurch, daß er in anderm Sinne schon ein Spiel beherrscht.

Betrachte noch diesen Fall: Ich erkläre jemandem das Schachspiel; und fange damit an, indem ich auf eine Figur zeige und sage: »Das ist der König. Er kann so und so ziehen, etc. etc.«. – In diesem Fall werden wir sagen: die Worte »Das ist der König« (oder »Das heißt ›König‹«) sind nur dann eine Worterklärung, wenn der Lernende schon ›weiß, was eine Spielfigur ist‹. Wenn er also etwa schon andere Spiele gespielt hat, oder dem Spielen Anderer ›mit Verständnis‹ zugesehen hat – *und dergleichen*. Auch nur dann wird er beim Lernen des Spiels relevant fragen können: »Wie heißt das?« – nämlich, diese Spielfigur.

Wir können sagen: Nach der Benennung fragt nur der sinnvoll, der schon etwas mit ihr anzufangen weiß.

Wir können uns ja auch denken, daß der Gefragte antwortet: »Bestimm die Benennung selber« – und nun müßte, der gefragt hat, für alles selber aufkommen.

Wer in ein fremdes Land kommt, wird manchmal die Sprache der Einheimischen durch hinweisende Erklärungen lernen, die sie ihm geben; und er wird die Deutung dieser Erklärungen oft *raten* müssen und manchmal richtig, manchmal falsch raten.

Und nun können wir, glaube ich, sagen: Augustinus beschreibe das Lernen der menschlichen Sprache so, als käme das Kind in ein fremdes Land und verstehe die Sprache des Landes nicht; das heißt: so als habe es bereits eine Sprache, nur nicht diese. Oder auch: als könne das Kind schon *denken*, nur noch nicht sprechen. Und »denken« hieße hier etwas, wie: zu sich selber reden.

* * *

Was ist die Bedeutung eines Wortes?

Wir wollen diese Frage angreifen, indem wir zuerst fragen, was eine Erklärung der Bedeutung eines Wortes ist; wie sieht die Erklärung eines Wortes aus?

Die Weise, in der uns diese Frage hilft, ist analog zu der Weise, in der uns die Frage »Wie messen wir eine Länge?« hilft, die Frage »Was ist Länge?« zu verstehen.

Die Fragen »Was ist Länge?«, »Was ist Bedeutung?«, »Was ist die Zahl Eins?« etc. verursachen uns einen geistigen Krampf. Wir spüren, daß wir auf nichts zeigen können, um sie zu beantworten, und daß wir gleichwohl auf etwas zeigen sollten. (Wir haben es hier mit einer der großen Quellen philosophischer Verwirrung zu tun: ein Substantiv läßt uns nach einem Ding suchen, das ihm entspricht.)

Wenn du zuerst fragst »Was ist eine Erklärung der Bedeutung?«, so hat das zwei Vorteile. Du holst die Frage »Was ist Bedeutung?« gewissermaßen auf die Erde herunter. Denn sicherlich mußt du, um die Bedeutung von »Bedeutung« zu verstehen, auch die Bedeutung von »Erklärung der Bedeutung« verstehen. Etwa: »Laßt uns fragen, was die Erklärung der Bedeutung ist, denn was immer dadurch erklärt wird, wird die Bedeutung sein.« Das Studium der Grammatik des Ausdruckes »Erklärung der Bedeutung« wird dich über die Grammatik des Wortes »Bedeutung« aufklären und dich von der Versuchung heilen, dich nach einem Gegenstand umzusehen, den du »Bedeutung« nennen kannst.

Was man im allgemeinen »Erklärungen der Bedeutung eines Wortes« nennt, kann *sehr grob* in verbale und hinweisende Definitionen unterteilt werden. Wir werden später sehen, in welchem Sinn diese Unterteilung nur grob und provisorisch ist (und daß sie so ist, ist ein wichtiger Punkt). Die Verbaldefinition bringt uns, indem sie uns von einem verbalen Ausdruck zum andern führt, in gewissem Sinne nicht weiter. Mit der hinweisenden Definition jedoch scheinen wir einen viel wesentlicheren Schritt zum Lernen der Bedeutung zu tun.

Eine Schwierigkeit fällt uns auf, nämlich die, daß es für viele Wörter in unserer Sprache keine hinweisenden Definitionen zu geben scheint; z. B. für solche Wörter wie »eins«, »Zahl«, »nicht« etc.

Frage: Muß die hinweisende Definition selbst verstanden werden? – Kann die hinweisende Definition nicht mißverstanden werden?

Wenn die Definition die Bedeutung eines Wortes erklärt, kann es sicherlich nicht wesentlich sein, daß du das Wort vorher gehört hast. Es ist die Aufgabe der hinweisenden Definition, ihm eine Bedeutung zu *geben*. Laßt uns dann das Wort »TOFF« erklären, indem wir auf einen Bleistift zeigen und sagen »Das ist TOFF«. (Anstelle von »Das ist TOFF« hätte ich hier sagen können »Das wird TOFF genannt«. Ich hebe das hervor, um ein für allemal die Vorstellung zu beseitigen, daß die Wörter der hinweisenden Definition etwas über das Definierte aussagen; die Verwechslung des Satzes »Das ist rot«, der einem Gegenstand die Farbe rot zuschreibt, mit der hinweisenden Definition »Das wird ›rot‹ genannt«.) Nun kann die hinweisende Definition »Das ist TOFF« auf alle mögliche Weisen gedeutet werden. Ich will ein paar solcher Definitionen geben und dabei gebräuchliche deutsche Wörter verwenden. Die Definition kann folgendermaßen gedeutet werden:

Das ist ein Bleistift.
Das ist rund.
Das ist Holz.
Das ist eines.
Das ist hart. etc. etc.

Man könnte diesem Argument entgegenhalten, daß jede dieser Deutungen eine andere Wortsprache voraussetzt. Und dieser Einwand ist bedeutsam, wenn wir mit »Deutung« nur meinen: »Übersetzung in eine Wortsprache.« – Ich will einige Hinweise geben, die das klären könnten. Fragen wir uns, was unser Kriterium ist, wenn wir sagen, daß jemand die hinweisende Definition in bestimmter Weise gedeutet hat. Angenommen, ich gebe einem Deutschen die hinweisende Definition »Das ist das, was die Engländer ›book‹ nennen«. Dann wird dem Deutschen, zumindest in den meisten Fällen, das Wort »Buch« einfallen. Wir können sagen, daß er »book« als »Buch« gedeutet hat. Der Fall wird anders sein, wenn wir z. B. auf einen Gegenstand zeigen, den er nie zuvor gesehen hat, und sagen: »Das ist ein Banjo.« Möglicherweise fällt ihm dann das Wort »Guitarre« ein, oder möglicherweise überhaupt kein Wort, sondern das Bild eines ähnlichen Instrumentes; oder es fällt ihm vielleicht gar nichts ein. Angenommen, ich gebe ihm dann den Befehl »Suche nun unter diesen Gegenständen ein Banjo hervor«. Wenn er das wählt, was wir »ein Banjo« nennen, könnten wir sagen »Er hat dem Wort ›Banjo‹ die korrekte Deutung gegeben«; wenn er irgendein anderes Instrument wählt – »er hat ›Banjo‹ als ›Saiteninstrument‹ gedeutet«.

Wir sagen »Er hat dem Wort ›Banjo‹ diese oder jene Deutung gegeben«, und wir sind geneigt anzunehmen, daß er neben dem Akt des Wählens einen definitiven Akt des Deutens ausgeführt hat.

Unser Problem ist analog zu dem folgenden:

Wenn ich jemandem den Befehl gebe: »Hole mir eine rote Blume von dieser Wiese«, woher soll er dann wissen, was für eine Blume er mir bringen soll, da ich ihm nur ein *Wort* gegeben habe?

Zuerst könnten wir folgende Antwort vorschlagen: Er trug ein rotes Bild in seinem Geist, als er ging, um nach einer roten Blume zu suchen, und er verglich es mit den Blumen, um zu sehen, welche die Farbe des Bildes hatte. Nun, es gibt eine solche Art des Suchens, und es ist keineswegs wesentlich, daß das Bild, das wir gebrauchen, ein geistiges ist. Tatsächlich könnte auch folgender Vorgang ablaufen: Ich trage eine Tabelle bei mir, auf der Namen und farbige Quadrate koordiniert sind. Wenn ich den Befehl »Hole mir usw.« höre, gehe ich mit dem Finger über die Tabelle von dem Wort »rot« bis zu einem bestimmten Quadrat, und dann gehe ich und suche nach einer Blume, die dieselbe Farbe wie das Quadrat hat. Doch das ist nicht die einzige und nicht die gewöhnliche Art zu suchen. Wir gehen, sehen uns um, gehen auf eine Blume zu und pflücken sie, ohne sie mit irgendetwas zu vergleichen. Um zu sehen, daß der Vorgang, dem Befehl zu gehorchen, so sein kann, betrachte den Befehl »*Stelle* dir einen roten Fleck *vor*«. In diesem Fall bist du nicht versucht zu denken, daß du dir, bevor du dem Befehl gehorchst, einen roten Fleck vorgestellt haben mußt, der dir als Muster für den roten Fleck dient, den du dir auf Grund des Befehls vorzustellen hast.

Nun könntest du fragen: deuten wir die Wörter, bevor wir dem Befehl gehorchen? Und in einigen Fällen wirst du finden, daß du etwas tust, was als Deuten vor dem Gehorchen bezeichnet werden könnte, und in einigen Fällen nicht.

Es scheint, daß es *gewisse definitive* geistige Vorgänge gibt, die mit dem Arbeiten der Sprache verbunden sind, Vorgänge, durch die allein die Sprache funktionieren kann. Ich meine die Vorgänge des Verstehens und Meinens. Die Zeichen unserer Sprache erscheinen tot ohne diese geistigen Vorgänge; und es könnte der Eindruck entstehen, daß es die einzige Funktion der Zeichen ist, solche Vorgänge hervorzurufen, und daß diese Vorgänge eigentlich das sind, wofür wir uns interessieren sollten. Wenn du gefragt wirst, was die Beziehung zwischen einem Namen und dem Ding, das er benennt, ist, wirst du demnach geneigt sein zu antworten, daß die Beziehung eine psychologische ist, und vielleicht denkst du besonders an den Assoziationsmechanismus, wenn du das sagst. – Wir sind versucht zu denken, daß die Aktion der Sprache aus zwei Teilen besteht; einem inorganischen Teil, dem Handhaben von Zeichen, und einem organischen Teil, den wir als Verstehen, Meinen, Deuten und Denken dieser Zeichen bezeichnen können. Diese letzteren Tätigkeiten scheinen in einer seltsamen Art von Medium stattzufinden, dem Geist; und der Mechanismus des Geistes, dessen Beschaffenheit wir, wie es scheint, nicht ganz verstehen, kann Wirkungen erzielen, die kein körperlicher Mechanismus erzielen kann. So kann z. B. ein Gedanke (der solch ein geistiger Vorgang ist) mit der Wirklichkeit übereinstimmen oder nicht mit ihr übereinstimmen; ich bin fähig, an einen Menschen zu denken, der nicht anwesend ist; ich bin fähig, ihn mir vorzustellen, ihn mit einer Bemerkung, die ich über ihn mache, zu »meinen«, auch wenn er Tausende von Meilen entfernt oder gar tot ist. »Was für ein seltsamer Mechanismus der Mechanismus des Wünschens sein muß, wenn ich etwas wünschen kann, das niemals geschehen wird«, könnte man sagen.

Es gibt einen Weg, auf dem man zumindest teilweise den geheimnisvollen Nimbus der Denkvorgänge vermeiden kann, indem man nämlich in diesen Vorgängen jede Vorstellungstätigkeit durch Schauen auf reale Gegenstände ersetzt. So mag es zumindest in gewissen Fällen wesentlich erscheinen, daß ich ein rotes Bild vor meinem geistigen Auge habe, wenn ich das Wort »rot« verstehend höre. Aber warum sollte ich nicht ein rotes Stück Papier ansehen, anstatt mir einen roten Fleck vorzustellen? Das visuelle Bild wird lediglich lebendiger sein. Stell dir Einen vor, der ständig ein Stück Papier in seiner Tasche trägt, auf dem Namen von Farben mit farbigen Flecken koordiniert sind. Du magst sagen, daß es Unfug ist, eine solche Mustertabelle mit sich zu tragen, und daß wir statt dessen immer den Assoziationsmechanismus gebrauchen. Aber das ist irrelevant; und in vielen Fällen ist es nicht einmal wahr. Wenn du zum Beispiel den Befehl erhieltest, eine bestimmte Schattierung von

Blau, »Preußisch Blau« genannt, zu malen, dann könnte es sein, daß du eine Tabelle gebrauchen müßtest, die dich von dem Wort »Preußisch Blau« zu einem Muster der Farbe führt, die dir als Vorwurf dienen würde.

Für unsere Zwecke könnten wir sehr wohl jeden Vorstellungsvorgang durch den Vorgang, einen Gegenstand anzuschauen, oder durch Malen, Zeichnen oder Modellieren ersetzen; und den Vorgang, mit sich selbst zu sprechen, könnte man durch den Vorgang, laut zu sprechen oder zu schreiben, ersetzen.

Frege spottete über die formalistische Konzeption der Mathematik, indem er sagte, daß die Formalisten das Unwichtige, nämlich das Zeichen, mit dem Wichtigen, der Bedeutung, verwechseln. Gewiß, möchte man sagen, handelt Mathematik nicht von Strichen auf einem Stück Papier. Freges Idee kann folgendermaßen ausgedrückt werden: wenn die Sätze der Mathematik nur Kombinationen von Strichen wären, wären sie tot und äußerst uninteressant, während sie doch offensichtlich eine Art Leben haben. Und dasselbe kann natürlich von jedem Satz gesagt werden: Ohne Sinn oder ohne den Gedanken wäre ein Satz ein ganz und gar lebloses und triviales Ding. Und weiter scheint es klar zu sein, daß das Hinzufügen von inorganischen Zeichen den Satz keineswegs lebendig machen kann. Und der Schluß, den man daraus zieht, ist folgender: was zu den toten Zeichen hinzugefügt werden muß, um einen lebendigen Satz aus ihnen zu machen, ist etwas Unkörperliches, das sich in seinen Eigenschaften von allen bloßen Zeichen unterscheidet.

Wenn wir jedoch irgendetwas, das das Leben des Zeichens ausmacht, benennen sollten, so würden wir sagen müssen, daß es sein *Gebrauch* ist.

Wenn die Bedeutung eines Zeichens (beiläufig gesprochen, das, was in bezug auf das Zeichen wichtig ist) ein Bild ist, das in unserm Geist entsteht, wenn wir das Zeichen sehen oder hören, dann wollen wir zuerst die eben beschriebene Methode anwenden, nach der wir dieses geistige Bild durch irgendeinen äußeren Gegenstand ersetzen, den wir sehen, z. B. ein gemaltes oder modelliertes Bild. Warum sollte dann das geschriebene Zeichen mit dem gemalten Bild lebendig sein, wenn das geschriebene Zeichen allein tot war? – Sobald du daran denkst, das geistige Bild durch, sagen wir, ein gemaltes zu ersetzen und sobald das Bild dadurch seinen geheimnisvollen Charakter verliert, erscheint es in der Tat nicht mehr so, als ob es dem Satz irgendwelches Leben verleihen könnte. (Es war ja gerade der geheimnisvolle Charakter des geistigen Vorganges, den du für deine Zwecke nötig hattest.)

Der Fehler, zu dem wir neigen, könnte folgendermaßen ausgedrückt werden: Wir suchen nach dem Gebrauch eines Zeichens, aber wir suchen nach ihm, als ob er ein Gegenstand wäre, der mit dem Zeichen in Koexistenz ist. (Einer der Gründe für diesen Fehler ist wiederum, daß wir nach einem »Ding« suchen, »das dem Substantiv entspricht«.)

Das Zeichen (der Satz) erhält seine Bedeutung von dem System der Zeichen, von der Sprache, zu dem es gehört. Kurz: Einen Satz verstehen, heißt, eine Sprache verstehen.

Als ein Teil des Sprachsystems, so kann man sagen, hat der Satz Leben. Jedoch ist man versucht, sich das, was dem Satz Leben gibt, als etwas in einer geheimnisvollen Sphäre vorzustellen, das den Satz begleitet. Aber was es auch sei, das ihn begleitet, es wäre für uns nur ein anderes Zeichen.

* * *

Es ist eine häufig erscheinende Auffassung, daß man sein Verständnis nur unvollkommen *zeigen* kann. Daß man gleichsam nur immer aus der Ferne darauf deuten, auch sich ihm nähern, es aber nie mit der Hand berühren kann. Und das Letzte immer ungesagt bleiben muß. – Man sagt: »Das Verständnis ist doch etwas *Anderes* als der Ausdruck des Verstehens. Das *Verständnis* kann man nicht zeigen; es ist etwas Inneres, Seelisches. –« Oder auch: »Was immer ich zum Zeichen des Verständnisses tue, ob ich die Erklärung eines Wortes wiederhole, oder einen Befehl ausführe zum Zeichen, daß ich ihn verstanden habe, so *müssen* diese Handlungen doch nicht als Beweise des Verständnisses gedeutet werden.« Das ist ähnlich, wie man auch sagt: »ich kann einem Andern nicht meine Zahnschmerzen zeigen; und ich kann ihm nicht *beweisen*, daß ich Zahnschmerzen habe.« Aber die Unmöglichkeit von der hier die Rede ist, soll doch eine logische sein. »Ist es nicht so, daß der Ausdruck des Verständnisses eben ein unvollkommener Ausdruck ist?« Das heißt doch wohl, ein Ausdruck dem etwas fehlt, – was aber wesentlich *unausdrückbar* ist; denn sonst könnte ich ja eben einen bessern finden. Und »wesentlich unausdrückbar« bedeutet, daß es keinen Sinn hat von einem vollkommenern Ausdruck zu reden.

Uns interessieren die psychischen Vorgänge, die einen Satz erfahrungsgemäß begleiten, nicht. Wohl aber das Verstehen, in einer Erklärung des Sinnes niedergelegt.

Die Grammatik des Wortes »meinen« zu verstehn, muß man sich fragen, was ist das Kriterium dafür, daß ein Ausdruck *so* gemeint ist. Was soll als Kriterium der Meinung betrachtet werden? –

Die Antwort auf die Frage »wie ist das gemeint« stellt die Verbindung zwischen zwei sprachlichen Ausdrücken her. Also fragt auch die Frage nach dieser Verbindung.

Der Vorgang, den wir das Verstehn eines Satzes, einer Beschreibung, nennen ist manchmal ein Übertragen aus einem Symbolismus in einen andern; ein Nachziehen des Bildes, ein Kopieren, oder ein Übertragen in eine andere Darstellungsart.

Die Beschreibung verstehen heißt dann, sich ein Bild des

Beschriebenen machen. Und der Vorgang ist mehr oder weniger ähnlich dem: nach einer Beschreibung eine Zeichnung anfertigen.

Wir sagen auch: »ich verstehe dieses Bild genau, ich könnte es in Ton kneten.«

Wir reden vom Verstehen eines Satzes als Bedingung dafür, daß wir ihn anwenden können. Wir sagen: »ich kann einen Befehl nicht befolgen, wenn ich ihn nicht verstehe«, oder auch: »ich kann ihn nicht befolgen, ehe ich ihn verstehe.«

Muß ich wirklich einen Satz verstehen, um nach ihm handeln zu können? – »Gewiß, sonst wüßtest Du ja nicht, was Du zu tun hast.« – Aber was nützt mich dieses Wissen; vom Wissen zum Tun ist ja wieder ein Sprung.

»Ich muß aber doch einen Befehl verstehn, um nach ihm handeln zu können« – hier ist das »muß« verdächtig. Wenn das ein logisches Muß ist, so ist der Satz eine grammatische Anmerkung.

Man könnte da fragen: Wie lange vor dem Befolgen *mußt* Du den Befehl verstehn? – Aber der Satz »ich muß den Befehl verstehn, ehe ich nach ihm handeln kann« hat natürlich einen guten Sinn. Nur keinen metalogischen. – Und ›verstehen‹, ›meinen‹ sind keine metalogischen Begriffe.

Wenn »einen Satz verstehen« heißt: in irgend einer Weise nach ihm handeln, dann kann das Verständnis nicht die Bedingung dafür sein, daß wir nach ihm handeln. Wohl aber kann die besondere Handlung des Verstehns erfahrungsgemäß die Vorbedingung zur Befolgung des Befehls sein.

»Ich kann den Befehl nicht ausführen, weil ich nicht verstehe, was Du meinst. – Ja, jetzt verstehe ich Dich.« – Was ging da vor, als ich auf einmal den Andern verstand? Da sind *viele* Möglichkeiten. Z. B.: der Befehl konnte in einer mir geläufigen Sprache, aber mit falscher Betonung gegeben worden sein, und es fiel mir plötzlich die richtige Betonung ein. Einem Dritten würde ich dann etwa sagen: »jetzt verstehe ich ihn; er meint ...« und nun würde ich den Befehl in der richtigen Betonung wiederholen. Und mit dem Erfassen des wohlbekannten Satzes hätte ich den Befehl verstanden. Ich meine: ich müßte nun nicht erst einen abstrakten Sinn erfassen. – Oder: ich hätte den Befehl in *diesem* Sinn verstanden, er wäre also ein richtiger deutscher Satz; er erschiene mir aber ungereimt. Ich würde in so einem Fall sagen: »Ich verstehe Dich nicht; denn *das* kannst Du doch nicht meinen.« Dann aber wäre mir eine begreiflichere Deutung eingefallen. Es konnten mir vor dem Verstehen mehrere Deutungen, d. h., mehrere Erklärungen vorschweben, für deren eine ich mich dann entschied.

* * *

»Ein Wort verstehen« kann heißen: *Wissen*, wie es gebraucht wird; es anwenden *können*.

»Kannst Du diese Kugel heben?« – »Ja.« Dann versuche ich's und es gelingt mir nicht. Da werde ich vielleicht sagen: »*ich habe mich geirrt*, ich kann es nicht.« Vielleicht aber: »Jetzt kann ich es nicht, weil ich zu müde bin; aber als ich sagte, ich könnte es, da konnte ich es.« Ähnlich: »Ich dachte ich könnte Schach spielen, aber ich habe es schon vergessen«, aber anderseits: »Als ich sagte ›ich kann Schach spielen‹ da konnte ich's auch, aber jetzt ist mir alles entfallen.« – Was ist aber das Kriterium dessen, daß man es damals konnte? – Wie wußte ich, daß ich es konnte? Darauf würde man antworten: »ich konnte so ein Gewicht immer heben«, »ich hatte es gerade zuvor gehoben«, »ich habe vor noch nicht langer Zeit Schach gespielt und mein Gedächtnis ist gut«, »ich hatte gerade die Regeln rekapituliert«, u. s. w. Was ich als eine Antwort auf jene Frage ansehe, das wird mir zeigen, in welcher Weise ich das Wort »Können« gebrauche.

Das Wissen, das Können, die Fähigkeit, wird man einen *Zustand* nennen wollen. Vergleichen wir Sätze mit einander, deren jeder in anderm Sinn einen Zustand beschreibt:

»ich habe seit gestern Zahnschmerzen«
»ich habe mich seit gestern nach ihm gesehnt«
»ich habe ihn seit gestern erwartet«
»ich wußte seit gestern, daß er kommen werde«
»ich kann seit gestern Schach spielen«.

Kann man sagen: »ich wußte seit gestern ununterbrochen, daß er kommen werde«? In welche dieser Sätze kann man mit Sinn das Wort »ununterbrochen« einsetzen?

Wenn man das Wissen einen »Zustand« nennt, dann in dem Sinn, in welchem man vom Zustand eines Körpers, eines physikalischen Modells redet. Also auch im physiologischen Sinn, oder auch in dem einer Psychologie, die von unbewußten Zuständen eines Seelenmodells redet. Und das würde freilich auch jeder zugeben; aber nun muß man sich noch darüber klar sein, daß man sich aus dem grammatischen Gebiet der ›bewußten Zustände‹ heraus in ein anderes grammatisches Gebiet begeben hat. Ich kann wohl von unbewußten Zahnschmerzen reden, wenn der Satz »ich habe unbewußte Zahnschmerzen« etwa heißen soll: »ich habe einen schlechten Zahn, der nicht schmerzt«. Aber der Ausdruck »bewußter Zustand« (im früheren Sinne) steht nun zum Ausdruck »unbewußter Zustand« nicht in dem grammatischen Verhältnis, wie der Ausdruck »ein Sessel den ich sehe« zu dem: »ein Sessel den ich nicht sehe, weil er hinter mir steht«.

»Etwas wissen«, statt dessen können wir sagen: »einen Zettel bei sich haben auf dem es aufgeschrieben steht«.

Wenn »die Bedeutung eines Worts verstehen« heißt, die grammatischen Möglichkeiten seiner Anwendung kennen, dann kann ich fragen: »Wie kann ich dann gleich wissen, was ich mit einem Wort meine, das ich ausspreche; ich kann dann doch nicht die ganze Anwendungsart des Wortes auf einmal im Kopf haben?«

Ich kann die Möglichkeiten der Anwendung eines Worts im Kopf haben in dem Sinn, in welchem der Schachspieler alle Regeln des Schachspiels im Kopf hat; aber zugleich auch das ABC und das Einmaleins. Das Wissen ist das hypothetische Reservoir, woraus das gesehene Wasser fließt.

Man darf also nicht denken, es handle sich beim Verstehen, Meinen eines Worts um einen Akt des momentanen, sozusagen nicht-diskursiven Erfassens der Grammatik. Als könnte man sie gleichsam auf einmal hinunterschlucken.

Es ist, wie wenn ich mir im Werkzeugkasten der Sprache Werkzeuge zum künftigen Gebrauch herrichtete.

»Ich kann das Wort ›gelb‹ anwenden«, dem ist analog: »ich kann mit dem König im Schachspiel ziehen«.

Und hier im Schachspiel können wir wieder den Doppelsinn des Wortes »verstehen« finden. Wenn Einer, der das Spiel kennt, einer Schachpartie zusieht, so hat er bei einem Zug des Spiels im Allgemein ein anderes Erlebnis als der, welcher zusieht ohne das Spiel zu verstehn. (Und auch wieder ein anderes Erlebnis als Einer, der gar nicht weiß, daß es ein Spiel ist.) Man kann auch sagen, daß es die Kenntnis der Schachregeln ist, die den ersten Zuschauer vom zweiten unterscheidet, und also auch, daß es die Kenntnis der Regeln ist, durch die der erste den Schachzug in seiner besondern Weise erlebt. Aber dieses Erlebnis ist nicht die Kenntnis der

Regeln. Beides aber sind wir geneigt »Verständnis« zu nennen.

Das Verständnis der Sprache, quasi des Spiels, scheint wie ein Hintergrund, auf dem der einzelne Satz erst Bedeutung gewinnt. – Aber dieses Verständnis, die Kenntnis der Sprache, ist nicht ein Bewußtseinszustand, der die Sätze der Sprache begleitet. Selbst wenn es einen solchen Zustand im Gefolge hätte. Vielmehr ist es von der gleichen Art wie das Verstehen, Beherrschen eines Kalküls, also wie: multiplizieren *können*.

Wie, wenn man fragte: Wann kannst Du Schach spielen? Immer? Oder während Du sagst, daß Du es kannst? Oder während eines Schachzuges? – Und wie seltsam, daß Schachspielen-können so kurze Zeit braucht und eine Schachpartie so viel länger!
(Augustinus: »*Wann* messe ich einen Zeitraum?«)

Es kann uns scheinen, als wären die grammatischen Regeln in irgend einem Sinne die Auseinanderlegung dessen, was wir beim Gebrauch des Wortes auf einmal erleben.

Um uns über die Grammatik des Worts »verstehen« klarer zu werden, fragen wir: *Wann* verstehen wir den Satz? – Wenn wir ihn ganz ausgesprochen haben? Oder während wir ihn aussprechen? – Ist das Verstehen ein artikulierter Vorgang wie das Sprechen des Satzes; und entspricht seine Artikulation der des Satzes? Oder ist es unartikuliert und begleitet den Satz wie ein Orgelpunkt ein Thema?

Wielange braucht es: einen Satz verstehen?
Und wenn wir den Satz eine Stunde lang verstehen, beginnen wir da immer wieder vom frischen?

Das Schachspiel ist durch seine Regeln (sein Regelverzeichnis) charakterisiert. Wenn ich das Spiel durch seine Regeln definiere (vom Damespiel unterscheide), so gehören diese Regeln zur Grammatik des Wortes »Schach«. Muß nun dem, der das Wort »Schach« sinnvoll gebraucht, eine Definition des Wortes vorschweben? Gewiß nicht. – Gefragt, was er unter »Schach« versteht, wird er erst eine geben.

Wenn ich nun fragte: »Wie Du das Wort ausgesprochen hast, was hast Du damit gemeint?« – Wenn er mir darauf antwortet: »Ich habe das Spiel gemeint, das wir so oft gespielt haben etc., etc.« so weiß ich, daß ihm diese Erklärung in keiner Weise beim Gebrauch des Wortes vorgeschwebt hatte; und daß seine Antwort meine Frage nicht in *dem* Sinn beantwortet, daß sie mir sagt, was »in ihm vorgegangen ist«, als er das Wort aussprach.

Was der macht, der ein Zeichen in dem und dem Sinne deutet, versteht, ist ein Schritt eines Kalküls (quasi einer Rechnung). Er *tut* ungefähr was er tut, wenn er seiner Deutung Ausdruck gibt.

Unter »Gedanken« versteht man einen besondern psychischen Vorgang, der etwa das Aussprechen des Satzes begleitet; aber auch: den Satz selbst im System der Sprache.

»Er hat diese Worte gesagt, sich aber dabei nichts gedacht.« – »Doch, ich habe mir etwas dabei gedacht.« – »Und *was* denn?« – »Nun, was ich gesagt habe.«

Auf die Aussage »dieser Satz hat Sinn« kann man nicht wesentlich fragen: »welchen?« Wie man auch auf den Satz »diese Zusammenstellung von Worten ist ein Satz« nicht fragen kann: »welcher?«

4

Intentionalität

»Das soll *er* sein« (dieses Bild stellt *ihn* vor), darin liegt das ganze Problem der Darstellung.

Was ist das Kriterium dafür, wie ist es zu verifizieren, daß dieses Bild das Porträt dieses Gegenstandes ist – d. h., ihn darstellen *soll*? Die Ähnlichkeit macht das Bild nicht zum Porträt (es könnte dem Einen täuschend ähnlich und dabei das Porträt eines Andern sein, dem es weniger ähnlich sieht).

Wie kann ich wissen, daß er das Bild als Porträt des N meint? – Nun, etwa indem er's sagt, oder drunter schreibt.

Welchen Zusammenhang hat das Porträt des N mit ihm? Etwa den, daß der Name darunter steht mit dem er angeredet wird.

Wenn ich mich an meinen Freund erinnere, ihn »vor mir sehe«, was ist hier der Zusammenhang des Erinnerungsbildes mit seinem Gegenstand? Die Ähnlichkeit?

Nun die Vorstellung *als Bild* kann ihm nur ähnlich sein.

Die Vorstellung von ihm ist ein ungemaltes Porträt.

Ich mußte auch in der Vorstellung seinen Namen unter das Bild schreiben, damit es zur Vorstellung von ihm wurde.

Ich habe den Vorsatz eine bestimmte Handlung auszuführen, ich hege einen Plan aus. Der Plan in meiner Seele soll darin bestehen, daß ich mich das und das tun sehe. Aber wie weiß ich, daß *ich* es bin den ich sehe? Nun ich bin es ja nicht, sondern etwa ein Bild. Aber warum nenne ich es *mein* Bild?

»Wie weiß ich, daß *ich* es bin«: die Frage hat Sinn, wenn es z. B. heißt: »wie weiß ich, daß ich es bin, den ich dort sehe«. Und die Antwort gibt Merkmale, nach denen ich zu erkennen bin.

Daß aber mein Vorstellungsbild mich vertritt ist meine eigene Bestimmung. Und ich könnte ebensogut fragen: »woher weiß ich, daß das Wort ›ich‹ mich vertritt?«, denn meine Gestalt im Bild war nur ein anderes Wort »ich«.

»Ich kann mir vorstellen, daß Du zur Türe hinausgehen wirst.« Wir unterliegen einer seltsamen Täuschung, daß im Satz, im Gedanken, die Gegenstände das tun, was der Satz von ihnen aussagt. Es ist, als ob im Befehl ein Schatten der Ausführung läge. Aber ein Schatten eben *dieser* Ausführung. *Du* gehst im Befehl dort und dort hin. – Sonst wäre es aber eben ein *andrer* Befehl.

Gewiß diese Identität ist die, die der Diversität zweier verschiedener Befehle entgegengesetzt ist.

»Ich dachte Napoleon sei im Jahre 1805 gekrönt worden.« – Was hat dein Gedanke mit Napoleon zu tun? Welche Verbindung besteht zwischen deinem Gedanken und Napoleon? – Es kann, z. B., die sein, daß das Wort »Napoleon« in dem Ausdruck meines Gedankens vorkommt, plus dem Zusammenhang, den dieses Wort mit seinem Träger hatte; also etwa, daß er sich so unterschrieb, so angeredet wurde etc., etc.

»Aber mit dem Wort ›Napoleon‹ bezeichnest Du doch, wenn Du es aussprichst, eben diesen Menschen«. – »Wie geht denn, Deiner Meinung nach, dieser Akt des Bezeichnens vor sich? Momentan? oder braucht er Zeit?« – »Ja aber, wenn man Dich fragt: ›hast Du jetzt eben den Mann gemeint, der die Schlacht von Austerlitz gewonnen hat‹, wirst Du doch sagen: ›ja‹. Also hast Du diesen Mann gemeint, *als*

Du den Satz aussprachst!« – Wohl, aber nur etwa in dem Sinn, in welchem ich damals auch wußte, daß 6 × 6 = 36 ist.

Die Antwort »ich habe den Sieger von Austerlitz gemeint« ist ein neuer Schritt in unserm Kalkül. Täuschend ist an ihm die vergangene Form, die eine Beschreibung zu geben scheint, was »in mir« während des Aussprechens vorging.

(»Aber ich habe *ihn* gemeint.« Sonderbarer Vorgang, dieses Meinen! Kann man in Europa jemanden meinen, auch der in Amerika ist? Und auch, wenn er nicht mehr existiert?)

* * *

Ich kann ihn suchen, wenn er nicht da ist, aber ihn nicht aufhängen, wenn er nicht da ist.

Man könnte sagen wollen: »da muß er doch auch dabei sein, wenn ich ihn suche«. – Dann muß er auch dabei sein, wenn ich ihn nicht finde, und auch, wenn es ihn nicht gibt.

Ihn (etwa meinen Stock) suchen, ist eine Art des Suchens und unterscheidet sich davon, daß man etwas andres sucht, durch das, was man beim Suchen tut (sagt, denkt), nicht durch das was man findet.

Und trage ich beim Suchen ein Bild mit mir oder eine Vorstellung, – nun gut. Und sage ich, das Bild sei das Bild des Gesuchten, so sagt das nur, welchen Platz das Bild im Vorgang des Suchens einnimmt. Und finde ich ihn und sage »da ist er! *den* habe ich gesucht«, so sind diese Worte nicht etwa eine Worterklärung für die Bezeichnung des gesuchten Gegenstands (etwa für die Worte »mein Stock«), die erst jetzt, wo er gefunden ist, gegeben werden könnte.

»*Den* hast du gesucht? Du konntest ja nicht einmal wissen, ob er da ist!« (Vergleiche dagegen das Suchen nach der Dreiteilung des Winkels.)

Man kann vom Träger eines Namens sagen, daß er nicht existiert; und das ist natürlich keine Tätigkeit, obwohl man es mit einer vergleichen könnte und sagen: er müsse doch dabei sein, wenn er nicht existiert. (Und das ist von einem Philosophen bestimmt schon einmal geschrieben worden.)

Der Gedanke, daß uns erst das Finden zeigt, was wir gesucht, erst die Erfüllung des Wunsches was wir gewünscht haben, heißt den Vorgang so beurteilen, wie die Symptome der Erwartung oder des Suchens bei einem Andern. Ich sehe ihn unruhig in seinem Zimmer auf und ab gehen; da kommt jemand zur Tür herein und er wird ruhig und gibt Zeichen der Befriedigung; und nun sage ich: »er hat offenbar diesen Menschen erwartet«.

Die Symptome der Erwartung sind nicht der Ausdruck der Erwartung.

Man hat vielleicht das Gefühl, daß man sich im Satz »ich erwarte, daß er kommt« der Worte »er kommt« in anderem Sinne bedient, als in der Behauptung »er kommt«. Aber wäre es so, wie könnte ich davon reden, daß meine Erwartung in Erfüllung gegangen ist? Und die Worte »er kommt« bedeuten dasselbe im Ausdruck der Erwartung und in der Beschreibung der Erfüllung, denn wenn ich die beiden Worte erklären wollte, etwa durch hinweisende Erklärungen, so würden die gleichen Erklärungen für beide Sätze gelten.

Nun könnte man aber fragen: Wie schaut das aus, wenn er kommt? – Es geht die Tür auf, ein Mann tritt ein, etc. Wie schaut das aus, wenn ich erwarte, daß er kommt? – Ich gehe im Zimmer auf und ab, sehe zuweilen auf die Uhr, etc. – Aber der eine Vorgang hat ja mit dem andern nicht die geringste Ähnlichkeit! Wie kann man dann dieselben Worte zu ihrer Beschreibung gebrauchen? Wo ist denn hier Hohlform und Vollform?

Aber nun sage ich vielleicht beim auf und ab gehen »Ich erwarte, daß er herein kommt«. – Nun ist eine Ähnlichkeit vorhanden! Aber welcher Art ist sie?!

Aber in meinem Zimmer auf und ab gehen konnte ich doch auch ohne zu erwarten, daß er kommen werde, und auch auf die Uhr sehen, etc. Diese Vorgänge würde ich nicht mit den Worten »ich erwarte, daß er kommt« beschreiben. Worin läge es denn z. B., daß ich gerade *ihn* erwarte?

Ich kann wohl sagen: In meinem Zimmer unruhig auf und abgehen, zur Tür schauen, bei einem Geräusch aufhorchen heißt: den N erwarten. – Das ist eben eine Definition des Ausdrucks »den N erwarten«. Freilich ist es keine Definition des Wortes »erwarten«, denn es ist ja damit z. B. nicht erklärt was es heißt »den M erwarten«. Nun, dafür können wir sorgen; wir sagen etwa: den X erwarten heißt die angegebenen Handlungen ausführen und dabei den Namen »X« aussprechen. Nach dieser Definition ist der den ich erwarte, der, welcher den ausgesprochenen Namen hat. Oder ich definiere: den Menschen X erwarten heißt: das tun was ich im zweiten Beispiel angegeben habe und die Zeichnung eines Menschen anfertigen. Der Erwartete ist nun, wer den Namen X trägt und der Zeichnung entspricht. – Damit wäre natürlich nicht erklärt, was es heißt, »das *Gehen* des N erwarten« und ich müßte dafür entweder eine unabhängige Definition geben, oder eine allgemeine Erklärung die Gehen und Kommen umschließt. Und mit der wäre etwa nicht erklärt, was es heißt »ein Gewitter erwarten«; etc., etc.

Was alle diese Fälle charakterisiert ist, daß, was erwartet wird, aus der erwartenden Handlung mittels der Definition abgelesen werden kann. Nicht eine spätere Erfahrung entscheidet darüber, *was* wir erwarten.

Und ich kann sagen: In der Sprache berühren sich Erwartung und Erfüllung.

Die Handlung des Erwartenden ist *hier* also eine, die ich nach gegebenen Regeln in den Satz »er erwartet, daß p geschieht« übertragen kann. Und also ist das einfachste typische Beispiel für diesen Gebrauch des Wortes »erwarten«, daß die Erwartung des Eintreffens von p darin besteht, daß der Erwartende *sagt*: »ich erwarte, daß p geschieht«. Daher klärt es in sovielen Fällen die grammatische Situation, zu sagen: Setzen wir statt der Erwartung den Ausdruck der Erwartung. Den Ausdruck des Gedankens statt des Gedankens.

* * *

Wenn ich jemanden erwarte, – was geschieht? – Ich finde etwa in meinem Kalender beim heutigen Datum seinen Namen und den Vermerk »5^h«. Ich sage zu jemand anderem »ich kann heute nicht zu dir kommen, weil ich N erwarte«. Ich mache Vorbereitungen wie zum Empfang eines Gastes. Ich überlege: »raucht N?« erinnere mich ihn rauchen gesehen zu haben und stelle Zigarren zurecht. Nahe an 5^h sage ich zu mir: »jetzt wird er gleich kommen«, und dabei stelle ich mir einen Menschen vor, der aussieht wie N; dann stelle ich mir vor, wie er ins Zimmer tritt und wie ich ihn begrüße und beim Namen nenne. So ein Vorgang und vieles mehr oder weniger *Ähnliche* heißt: »das Kommen des N erwarten«.

Ich werde aber vielleicht auch dann sagen »ich habe den N erwartet«, wenn die einzige Verbindung meiner erwartenden Tätigkeiten mit ihm, die ist, daß ich z. B. an einem bestimmten Tage Vorbereitungen für eine Mahlzeit für mich und eine andere Person treffe und daß sich N für diese Mahlzeit bei mir angesagt hat.

Worin besteht der Vorgang oder Zustand des Wunsches einen Apfel zu essen? Vielleicht empfinde ich Hunger oder Durst oder beides, und stelle mir dabei einen Apfel vor oder erinnere mich, daß mir gestern einer geschmeckt hat, vielleicht sage ich: »ich möchte einen Apfel essen«, vielleicht gehe ich und schaue in einen Schrank wo gewöhnlich Äpfel liegen. Vielleicht verbinden sich alle diese Zustände und Tätigkeiten und andere.

Das Gleiche ist von der Intention zu sagen. Wenn eine Vorrichtung als Bremse wirken *soll*, tatsächlich aber aus irgendwelchen Ursachen den Gang der Maschine nicht verzögert, so ist die Absicht, der die Vorrichtung dienen soll, aus ihr und ihrer Wirkungsweise nicht *unmittelbar* zu erkennen. Wenn man sagt »das ist eine Bremse, sie funktioniert aber nicht«, so spricht man von der Absicht. – Wenn es nun aber so wäre, daß immer dann, wenn die Vorrichtung nicht als Bremse funktioniert, eine bestimmte Person ärgerlich würde, wäre nun in dieser Wirkungsweise die Intention der Vorrichtung nicht ausgesprochen? Nein, denn nun könnte man sagen, daß der Hebel einmal diese, einmal den Ärger betätigt. Denn wie drückt es sich aus, daß jener Mensch *darüber* ärgerlich wird, daß der Hebel die Bremse nicht betätigt? »Sich darüber ärgern, daß die Vorrichtung nicht so funktioniert«, heißt nämlich wieder etwas ähnliches wie, »wünschen, daß sie so funktioniert«. – Und wir haben hier das alte Problem, welches wir so ausdrücken möchten: »daß der Gedanke, daß p der Fall ist, nicht voraussetzt, daß es der Fall sei; daß aber anderseits doch etwas an der Tatsache für den Gedanken selbst Voraussetzung sein muß (ich kann nicht denken, daß etwas rot ist, wenn die Farbe Rot nicht existiert)«. Es ist das Problem der Harmonie zwischen Welt und Gedanken. – Man kann darauf antworten, daß die Gedanken im selben Raum sind wie das Zweifelhafte und an diesem anliegen wie der Maßstab an dem gemessenen.

Denn eigentlich will ich doch sagen: daß der Wunsch, ›er möchte kommen‹, der Wunsch ist, daß wirklich *er* wirklich *kommen* möge. Und wollte man eine weitere Erklärung dieser Versicherung haben, so würden wir sagen: »und unter ›er‹ verstehe ich diesen da, und mit ›kommen‹ meine ich die Handlung ...« Aber das sind eben Erklärungen der Grammatik, Erklärungen, die die Sprache *schaffen.*

In der Sprache wird alles ausgetragen.

Der Satz »ich könnte nicht denken, daß etwas rot ist, wenn Rot nicht existierte« meint wirklich die Vorstellung von etwas Rotem, oder die Existenz eines roten Musters, *als Teil unserer Sprache*. Aber natürlich kann man auch nicht sagen, unsere Sprache *müsse* ein solches Muster enthalten. Enthält sie es nicht, so ist sie eben eine andere. Aber man kann sagen und betonen, daß sie es enthält.

Es scheint nun irgendwie, als würde man die Intention von außen betrachtet nie als *Intention* erkennen; als müßte man sie selbst meinen um sie als Meinung zu verstehen. Das hieße aber, sie nicht als Erscheinung, nicht als Tatsache zu betrachten; sondern als etwas Intendiertes, – dem eine Richtung gegeben wurde. Und was diese Richtung ist, das wissen wir nicht. Es ist etwas, was der Erscheinung als solcher fehlt. –

Das ist natürlich wieder das vorige Problem; denn der Witz ist, daß man es dem Gedanken ansehen muß, daß er der Gedanke ist, daß das und das der Fall ist. Kann man es ihm nicht ansehen (sowenig wie den Magenschmerzen woher sie rühren) so hat er kein logisches Interesse.

Meine Auffassung scheint unsinnig, wenn man sie *so* ausdrückt: Man soll sehen können, worüber Einer denkt, wenn man ihm den Kopf aufmacht; wie ist denn das möglich? die Gegenstände, über die er denkt, sind ja gar nicht in seinem Kopf (ebensowenig wie in seinen Gedanken)!

Man muß die Gedanken, Intentionen, etc. »von außen betrachtet« als solche verstehen, *ohne* über eine Bedeutung von etwas unterrichtet zu werden. Denn das Bedeuten gehört dann eben mit zum Phänomen des Gedankens.

Wenn man den Gedanken betrachtet, so kann also von einem Verstehen keine Rede mehr sein; denn, sieht man ihn, so muß man ihn als den Gedanken dieses Inhalts erkennen! es ist nichts zu deuten. – Aber so ist es ja wirklich; wenn wir denken, da wird nichts gedeutet. –

* * *

Mit »Intention« meine ich hier das, was das Zeichen im Gedanken verwendet. Die Intention scheint zu interpretieren, die endgültige Interpretation zu geben; aber nicht ein weiteres Zeichen oder Bild, sondern etwas Anderes, das, was man nicht wieder interpretieren kann. Aber ein psychologisches Ende ist erreicht, kein logisches.

Denken wir eine Zeichensprache, eine ›abstracte‹, ich meine eine, die uns fremd ist, in der wir nicht heimisch fühlen, in der, wie wir sagen würden, wir nicht *denken* (wir haben früher einmal so ein Beispiel erwähnt), und denken wir uns diese Sprache interpretiert durch eine Übersetzung in eine, wie wir sagen möchten, unzweideutige Bildersprache, eine Sprache, die aus perspektivisch gemalten Bildern des Darzustellenden besteht. Es ist ganz klar, daß es viel leichter ist, sich verschiedene *Deutungen* der Schriftzeichen zu denken, als eines in gewohnter Art gemalten Bildes, das etwa ein Zimmer mit gewöhnlichen Möbeln darstellt. Hier werden wir auch geneigt sein zu denken, es gebe hier keine Möglichkeiten der Deutung mehr.

Wir könnten da auch sagen, wir lebten nicht in der Zeichensprache, wohl aber im gemalten Bilde.

(Das hängt auch damit zusammen, daß, was wir ein ›ähnliches Porträt‹ nennen, nicht ein Bild nach irgendeiner festgesetzten Projektionsart ist. »Ähnlichkeit« bedeutet hier etwas Ähnliches wie »Verwechselbarkeit«.)

»Nur das intendierte Bild reicht als Maßstab an die Wirklichkeit heran. Von außen betrachtet steht es gleich tot und isoliert da.« Es ist als hätten wir ein Bild erst so angeschaut, daß wir in ihm leben und die Gegenstände in ihm uns als wirkliche umgeben, und dann träten wir zurück und wären nun außerhalb, sähen den Rahmen und das Bild wäre eine bemalte Fläche. So, wenn wir intendieren, umgeben uns die Bilder der Intention und wir leben unter ihnen. Aber wenn wir aus der Intention heraustreten, so sind es bloße Flecke auf einer Leinwand, ohne Leben und ohne Interesse für uns. Wenn wir intendieren leben wir unter den Bildern (Schatten) der Intention zugleich mit den wirklichen Dingen. Denken wir, wir sitzen im verdunkelten Kino und leben im Vorgang des Films. Der Saal werde nun erhellt aber das Lichtspiel auf der Leinwand gehe weiter. Aber jetzt sehen wir es plötzlich »von außen« als Bewegungen von lichten und dunkeln Flecken auf einer Leinwand.

(Im Traum geschieht es manchmal, daß wir eine Geschichte erst lesen, und auf einmal in ihr selbst agieren. Und nach dem Aufwachen aus einem Traum ist es manchmal als wären wir aus dem Traum heraus zurück getreten und sehen ihn jetzt, als ein fremdes Bild, vor uns.) Und es heißt auch etwas »in den Seiten eines Buches leben«. Das hängt damit zusammen, daß unser Körper für das Dasein unserer Erfahrung ganz unwesentlich ist. (Siehe: Auge und Gesichtsraum.)

(Damit vergleiche man auch die Bemerkung: Wenn wir einen Satz verstehen, erhält er für uns Tiefe.)

Nicht das findet statt, daß sich dieses Symbol nicht mehr deuten läßt, sondern: ich deute nicht. Ich deute nicht, weil ich mich in dem gegenwärtigen Bild natürlich fühle. Wenn ich deute, so schreite ich auf meinem Gedankenweg von Stufe zu Stufe.

Sehe ich das gedachte Symbol »von außen« an, so kommt es mir zum Bewußtsein, daß es so und so gedeutet werden *könnte*; ist es eine Stufe meines Gedankenweges, so ist es ein mir natürlicher Aufenthalt und es beschäftigt (und beunruhigt) mich seine weitere Deutbarkeit nicht. – Wie ich die Tabelle, den Eisenbahnfahrplan, bei mir habe ohne, daß es mich beschäftigt, daß eine Tabelle auf verschiedene Art deutbar ist.

Wenn ich davon redete, daß meine Vorstellung, um ein Porträt zu sein auch den Namen des Dargestellten tragen muß, so meinte ich nicht, daß ich mir ihn mit seinem Namen zugleich vorstellen muß. Denn wenn ich etwa sage: »ich sehe doch nicht bloß ein Bild vor mir, das dem N (aber vielleicht auch andern Leuten) ähnlich sieht, sondern ich weiß doch, daß er es ist, ihn darstellt«, so könnte ich fragen: *wann* weiß ich das, und was heißt es das zu wissen? Aber es muß auch während des Vorstellens gar nichts statthaben was ich dieses »Wissen« nennen könnte. So etwas kann etwa nach der Vorstellung vor sich gehen, indem ich dann vom Bild zum Namen übergehe, vielleicht sage ich hätte mir den N vorgestellt, während zur Zeit der Vorstellung nichts sie als die Vorstellung des N charakterisierte, als etwa eine Ähnlichkeit. Auch könnte der Vorstellung etwas vorangehen, welches den Bezug auf N ausmachte. Und so begleitet die Interpretation die Vorstellung nicht, sondern der *Weg*, auf dem die Vorstellung liegt, gibt ihr die Interpretation.

Das Alles wird klarer wenn man sich das Vorstellen ersetzt denkt durch ein Zeichnen von Bildern, wenn man sich etwa Menschen denkt bei denen das Vorstellen durch so einen Vorgang vertreten wird.

Wenn ich den Vorgang der Intention beschreiben will, so fühle ich vor allem, daß sie noch am ehesten leisten kann, was sie soll, wenn sie ein äußerst getreues Bild von dem enthält, was sie intendiert. Aber ferner, daß auch das nicht ausreicht, weil ja das Bild, was immer es ist, sich verschieden deuten läßt; daß also dieses Bild doch wieder isoliert dasteht. Wie man das Bild allein ins Auge faßt, ist es plötzlich tot und es ist, als wäre ihm etwas genommen worden, was es zuvor belebt hatte. Es ist kein Gedanke, keine Intention und wie immer wir es uns begleitet denken, durch artikulierte oder inartikulierte Vorgänge und durch welche Empfindungen immer, es bleibt isoliert, weist nicht aus sich heraus auf eine Realität außer ihm.

Nun sagt man: »Freilich intendiert das Bild nicht, sondern wir müssen mit ihm intendieren.« Aber wenn dieses Intendieren, Meinen, etwas ist was mit dem Bild geschieht, so sehe ich nicht ein, warum das an einen Menschen gebunden sein soll. Man kann ja auch den Vorgang der Verdauung als chemischen Prozeß studieren unabhängig davon, ob er in einem Lebewesen stattfindet. Wir wollen sagen: »Das Meinen ist doch wesentlich ein geistiger Vorgang, ein Vorgang des Bewußtseins, Lebens, nicht der toten Materie.« Aber was soll einen solchen ausmachen, als die spezifische Art dessen, was vorgeht – solange wir eben von einem Vorgang reden. Und nun kommt es uns so vor, als ob gar kein Vorgang, welcher Art immer, das Intendieren sein kann. – Wir sind eben hier mit der Grammatik des *Vorgangs* nicht zufrieden und nicht mit der spezifischen Art eines Vorgangs. – Man könnte sagen: jeden Vorgang würden wir in diesem Sinne ›tot‹ nennen!

Sagen wir, der Wunsch, daß dieser Tisch um ein Stück höher wäre, sei der Akt, daß ich meine Hand über den Tisch halte, so hoch als ich ihn wünschte. Nun ist der Einspruch: »Die Hand über dem Tisch kann nicht der Wunsch sein: sie drückt nicht aus, daß der Tisch höher sein sollte; sie ist wo sie ist und der Tisch ist wo er ist. Und es würde auch nichts ändern, wenn ich *irgend eine andere* Geste machte.« –

(Fast könnte man sagen: »die Meinung *geht*, während jeder Vorgang steht.«)

Nun aber: Denke ich mir das Aussprechen des Wunsches als den Akt des Wunsches, so erscheint mir das Problem als gelöst; weil ich im System der Sprache das Medium zu haben scheine, worin der Satz nicht tot ist.

Wenn wir uns den Ausdruck des Wunsches als Wunsch denken, so ist das beinahe, wie wenn wir uns, in gewissen Überlegungen, Lebewesen vorstellen, die sich etwa nur entlang den Linien eines gewissen Netzes auf der Erde fortbewegen, oder dergleichen.

Nun aber würde man sagen: Auch wenn das *Aussprechen* des Wunsches der Wunsch ist, so ist doch nicht die ganze Sprache bei diesem Ausdruck zugegen, und ist es dann der Wunsch!

Wie hilft dann die Sprache? Nun es ist eben nicht nötig, daß etwas außer dem Ausdruck *zugegen sei.*

* * *

Eine Menge philosophischer Schwierigkeiten hängen mit dem Sinn der Ausdrücke »wünschen«, »denken« etc. zusammen, den wir im Augenblick untersuchen. All diese Schwierigkeiten können in der Frage zusammengefaßt werden: »Wie kann man etwas denken, was nicht der Fall ist?«

Das ist ein schönes Beispiel für eine philosophische Frage. Es wird gefragt »Wie kann man ...?«, und während uns diese Frage verwirrt, müssen wir zugeben, daß nichts leichter ist als etwas zu denken, was nicht der Fall ist. Ich meine, hier zeigt es sich wieder, daß unsere Schwierigkeit nicht aus unserer Unfähigkeit, uns vorzustellen, *wie* man etwas denkt, entsteht; ebensowenig, wie die philosophische Schwierigkeit der Zeitmessung aus unserer Unfähigkeit, uns vorzustellen, wie man in Wirklichkeit Zeit mißt, entstand. Ich sage das, weil es manchmal fast so scheint, als ob unsere Schwierigkeit darin bestände, sich genau dessen zu erinnern, was geschah, als wir etwas dachten, – eine Schwierigkeit der Introspektion oder so etwas; während sie in Wirklichkeit entsteht, wenn wir die Tatsachen durch das Medium einer irreführenden Ausdrucksform betrachten.

»Wie kann man denken, was nicht der Fall ist? Wenn ich denke, daß King's College brennt, wenn es nicht brennt, dann existiert die Tatsache, daß es brennt, nicht. Wie kann ich sie dann denken? Wie können wir einen Dieb, der nicht existiert, hängen?« Unsere Antwort könnte folgendermaßen formuliert werden: »Ich kann ihn nicht hängen, wenn er nicht existiert, aber ich kann nach ihm suchen, wenn er nicht existiert.«

Wir werden hier von den Substantiven »Gegenstand« und »Tatsache« und von den verschiedenen Bedeutungen des Wortes »existieren« irregeführt.

* * *

Kehren wir zu der Frage »Was ist der Gegenstand eines Gedankens?« zurück (z. B. wenn wir sagen: »Ich denke, daß King's College brennt«).

Die Frage, so wie wir sie stellen, ist schon ein Ausdruck mehrerer Verwirrungen. Die bloße Tatsache, daß sie fast wie eine Frage aus der Physik klingt, beweist das; als ob man fragte: »Was sind die kleinsten Bestandteile von Materie?« (Es ist eine typisch metaphysische Frage; denn charakteristisch für eine metaphysische Frage ist, daß wir eine Unklarheit über die Grammatik von Wörtern in der *Form* einer naturwissenschaftlichen Frage ausdrücken.)

Einer der Ursprünge unserer Frage ist der zweifache Gebrauch der Satzfunktion »Ich denke *x*«. Wir sagen »Ich denke, daß so-und-so geschehen wird« oder »daß das-und-das der Fall ist«, und wir sagen auch »Ich denke genau *dasselbe* wie er«; und wir sagen »Ich erwarte ihn«, und wir sagen auch »Ich erwarte, daß er kommen wird«. Vergleiche »Ich erwarte ihn« mit »Ich erschieße ihn«. Wir können ihn nicht erschießen, wenn er nicht anwesend ist. Auf diese Weise entsteht die Frage: »Wie können wir etwas erwarten, das nicht der Fall ist?« »Wie können wir eine Tatsache erwarten, die nicht existiert?«

Der Ausweg aus dieser Schwierigkeit scheint dieser zu sein: was wir erwarten, ist nicht die Tatsache, sondern ein Schatten der Tatsache; gleichsam das, was der Tatsache am nächsten kommt. Wir haben gesagt, daß man damit die Frage nur einen Schritt weiter zurückführt. Diese Idee eines Schattens hat mehrere Ursprünge. Einer davon ist dieser: wir sagen: »Gewiß können zwei Sätze aus verschiedenen Sprachen denselben Sinn haben«; und wir argumentieren: »deshalb ist der Sinn nicht dasselbe wie der Satz«, und fragen: »Was ist der Sinn?« Und wir machen aus »ihm« ein Schattenwesen, eines der vielen, die wir erschaffen, wenn wir den Substantiven, denen kein körperlicher Gegenstand entspricht, Bedeutung geben wollen.

Ein anderer Ursprung der Idee, daß ein Schatten der Gegenstand unseres Gedankens ist, ist dieser: Wir stellen uns vor, daß der Schatten ein Bild ist, dessen Intention *nicht in Frage gestellt werden kann*, das heißt ein Bild, das wir nicht deuten, um es zu verstehen, sondern das wir verstehen, ohne es zu deuten. Nun gibt es Bilder, von denen wir sagen würden, daß wir sie deuten, das heißt, wir übersetzen sie in eine andere Art von Bild, um sie zu verstehen; und es gibt Bilder, von denen wir sagen würden, daß wir sie unmittelbar verstehen, ohne jede weitere Deutung. Wenn du ein

Telegramm in Chiffre siehst und du den Schlüssel kennst, so wirst du im allgemeinen nicht sagen, daß du das Telegramm verstehst, bevor du es in die Umgangssprache übersetzt hast. Natürlich hast du nur eine Art von Symbolen durch eine andere Art von Symbolen ersetzt; und doch, wenn du nun das Telegramm in deiner Sprache liest, wird kein weiterer Deutungsvorgang stattfinden. – Oder in gewissen Fällen könntest du nun dieses Telegramm aufs neue übersetzen, etwa in ein Bild; aber dann hast du wieder nur eine Gruppe von Symbolen durch eine andere Gruppe von Symbolen ersetzt.

Der Schatten, wie wir ihn uns vorstellen, ist eine Art Bild; er ist in der Tat einem Vorstellungsbild, das sich vor unser geistiges Auge schiebt, sehr ähnlich; und dies wiederum ist einer gemalten Wiedergabe im gewöhnlichen Sinne nicht unähnlich. Einer der Ursprünge der Idee vom Schatten ist gewiß die Tatsache, daß in einigen Fällen das Sagen, Hören oder Lesen eines Satzes Vorstellungen vor unser geistiges Auge bringt; Vorstellungen, die dem Satz mehr oder weniger deutlich entsprechen, und die deshalb in einem gewissen Sinne Übersetzungen dieses Satzes in eine Bildersprache sind. – Aber es ist absolut wesentlich, daß das Bild, als das wir uns den Schatten denken, das ist, was ich ein »Bild auf Grund von Ähnlichkeit« nennen werde. Ich meine damit nicht, daß das Bild dem ähnlich ist, was es einer Absicht entsprechend darstellen soll, sondern daß es ein korrektes Bild nur dann ist, wenn es dem ähnlich ist, was es darstellt. Für diese Art Bild könnte man das Wort »Kopie« gebrauchen. Beiläufig gesagt sind Kopien gute Bilder, wenn sie leicht mit dem verwechselt werden können, was sie darstellen. Eine ebene Projektion einer Hemisphäre unseres Erdballs ist kein Bild auf Grund von Ähnlichkeit noch eine Kopie in diesem Sinn. Es wäre denkbar, daß ich jemandes Gesicht portraitiere, indem ich es unter Anwendung der üblichen Projektionsregel dennoch in seltsamer Weise auf ein Stück Papier projiziere, so daß niemand normalerweise diese Projektion »ein gutes Portrait von So-und-so« nennen würde, weil es ihm nicht im geringsten ähnlich wäre.

Wenn wir die Möglichkeit eines Bildes im Auge behalten, das, obwohl es korrekt ist, keine Ähnlichkeit mit seinem Gegenstand hat, dann wird es völlig sinnlos, einen Schatten zwischen Satz und Wirklichkeit zu schieben. Denn nun kann der Satz selbst als so ein Schatten dienen. Der Satz ist gerade ein solches Bild, das nicht die geringste Ähnlichkeit mit dem, was es darstellt, hat. Wenn wir Zweifel haben, in welcher Weise der Satz »King's College brennt« ein Bild vom brennenden King's College sein kann, dann brauchen wir uns nur zu fragen: »Wie würden wir erklären, was der Satz bedeutet?« Solch eine Erklärung könnte aus hinweisenden Definitionen bestehen. Wir würden z. B. sagen »Das ist King's College« (und auf das Gebäude zeigen), »Das brennt« (und auf ein Feuer zeigen). Das zeigt dir die Weise, in der Wörter und Dinge verbunden sein können.

Die Vorstellung, daß das, was wir uns wünschen, in unserem Wunsch als ein Schatten gegenwärtig sein muß, ist tief in unseren Ausdrucksformen verwurzelt. Jedoch könnten wir tatsächlich sagen, daß dies nur die nächstbeste Absurdität ist im Vergleich mit der, die wir in Wirklichkeit aussprechen möchten. Wenn es nicht zu absurd wäre, würden wir sagen, daß die Tatsache, die wir uns wünschen, in unserem Wunsch gegenwärtig sein muß. Denn wie können wir uns wünschen, daß *genau dieses* geschehe, wenn dieses nicht in unserem Wunsch gegenwärtig ist? Es ist völlig richtig zu sagen: Der bloße Schatten reicht nicht aus; denn er macht vor dem Gegenstand halt; und wir wollen, daß der Wunsch den Gegenstand selbst enthält. – Wir wollen, daß der Wunsch, Herr Schmidt möge in dieses Zimmer kommen, enthalten soll, daß eben *Herr Schmidt* (und nichts und niemand anders) *in mein Zimmer* (und nichts anderes) *kommen* (und nichts anderes als kommen) soll. Aber das ist genau das, was wir sagten.

Unsere Verwirrung kann folgendermaßen beschrieben werden: In völliger Übereinstimmung mit unserer gewöhnlichen Ausdrucksweise denken wir an die Tatsache, die wir uns wünschen, als eine Sache, die noch nicht hier ist und auf die wir deshalb nicht zeigen können. Um nun die Grammatik unseres Ausdruckes »Gegenstand unseres Wunsches« zu verstehen, wollen wir die Antwort, die wir auf die Frage »Was ist der Gegenstand deines Wunsches?« geben, betrachten. Die Antwort auf diese Frage ist natürlich »Ich wünsche, daß das-und-das geschehen möge«. Was wäre nun die Antwort, wenn wir weiterfragten: »Und was ist der Gegenstand dieses Wunsches?« Sie könnte nur in einer Wiederholung unseres vorhergehenden Ausdrucks des Wunsches bestehen, oder sonst in einer Übersetzung in einen andern Ausdruck. Wir könnten z. B. das, was wir uns wünschen, in andern Worten angeben oder es mit einem Bild illustrieren, etc., etc. Wenn wir unter dem Eindruck stehen, daß das, was wir als den Gegenstand unseres Wunsches bezeichnen, gleichsam ein Mann ist, der das Zimmer noch nicht betreten hat und deshalb noch nicht gesehen werden kann, dann bilden wir uns ein, daß jede Erklärung dessen, was wir uns wünschen, der Erklärung, die uns die *wirkliche Tatsache* zeigen würde, um einiges nachsteht; – die wirkliche Tatsache, die leider nicht gezeigt werden kann, da sie noch nicht aufgetreten ist. – Es ist, als ob ich zu jemandem sage: »Ich erwarte Herrn Schmidt« und er mich fragt: »Wo ist Herr Schmidt« und ich antworte: »Ich kann ihn dir jetzt nicht zeigen, da er nicht hier ist. Alles was ich dir zeigen kann, ist ein Bild von ihm.« Demnach scheint es, als könnte ich niemals vollständig erklären, was ich wünsche, bis es wirklich geschehen ist. Aber dies ist natürlich ein Irrtum. In Wahrheit brauche ich nach der Erfüllung des Wunsches keine bessere Erklärung dessen, was ich mir wünsche, zu geben, als vorher; denn ich hätte selbstverständlich Herrn Schmidt meinem Freund zeigen können, und ich hätte ihm zeigen können, was »hereinkommen« bedeutet, und was mein Zimmer ist, bevor Herr Schmidt mein Zimmer betrat.

Unsere Schwierigkeit kann folgendermaßen formuliert werden: Wir denken an Dinge – aber wie kommen diese Dinge in unsere Gedanken? Wir denken an Herrn Schmidt, aber Herr Schmidt braucht nicht gegenwärtig zu sein. Ein Bild von ihm ist unzureichend; denn woher sollen wir wissen, wen es darstellt? In der Tat ist jeder Ersatz für ihn unzureichend. Wie kann er selbst dann ein Gegenstand unserer Gedanken sein? (Ich gebrauche hier den Ausdruck »Gegenstand unserer Gedanken« anders, als ich ihn vorher gebraucht habe. Ich meine nun ein Ding, *an* das ich denke, nicht »das, was ich denke«.)

Wir sagten, daß die Verbindung zwischen unseren Gedanken an einen Mann oder unseren Worten über einen Mann und dem Mann selbst hergestellt wurde, als wir auf Herrn Schmidt zeigten und dabei sagten: »Das ist Herr Schmidt«, um die Bedeutung des Wortes »Herr Schmidt« zu erklären. Und da ist nichts Geheimnisvolles an dieser Verbindung. Ich meine, es vollzieht sich kein seltsamer geistiger Akt, der irgendwie Herrn Schmidt in unsern Geist befördert, wenn er in Wirklichkeit nicht hier ist. Eine eigentümliche Ausdrucksform in unserer gewöhnlichen Sprache erschwert uns die Einsicht, daß das die Verbindung ist, und sie erweckt den Anschein, daß die Verbindung zwischen unserem Gedanken (oder dem Ausdruck unseres Gedankens) und dem Ding, an das wir denken, *während* des Denkaktes bestanden haben muß.

»Ist es nicht seltsam, daß wir in Europa jemanden meinen können, der in Amerika ist?« – Wenn jemand sagt: »Napoleon wurde im Jahre 1804 gekrönt« und wir ihn fragen: »Meintest du den Mann, der die Schlacht von Austerlitz gewonnen hat?«, dann könnte er sagen: »Ja, den meinte ich.« Und der Gebrauch der Vergangenheitsform »meinte« könnte den Anschein erwecken, als ob die Vorstellung von Napoleon als dem Sieger in der Schlacht von Austerlitz im Geist des Mannes gegenwärtig gewesen sein muß, als er sagte, daß Napoleon im Jahre 1804 gekrönt wurde.

Jemand sagt: »Herr N wird mich heute nachmittag besuchen.« Ich frage ihn »Meinst du den?« und zeige dabei auf jemanden, der gegenwärtig ist, und er antwortet: »Ja.« In dieser Unterhaltung wurde eine Verbindung zwischen »Herr N« und Herrn N hergestellt. Aber wir sind versucht zu denken, daß der Geist meines Freundes die Verbindung hergestellt haben muß, während dieser sagte »Herr N wird mich besuchen« und meinte, was er sagte.

Dies ist es zum Teil, was uns veranlaßt zu denken, Meinen oder Denken sei eine eigentümliche *geistige Tätigkeit*; und das Wort »geistig« deute dabei an, daß wir nicht erwarten dürfen zu verstehen, wie diese Dinge funktionieren.

Was wir vom Denken sagten, kann auch auf Vorstellung angewendet werden. Jemand sagt, er stellt sich vor, daß King's College brennt. Wir fragen ihn: »Woher weißt du, daß es *King's College* ist, das in deiner Vorstellung brennt? Könnte es nicht ein anderes, sehr ähnliches Gebäude sein? Ist deine Vorstellung tatsächlich so absolut genau, daß dein Vorstellungsbild nicht einem jeden aus einem Dutzend von Gebäuden entsprechen könnte?« – Und doch sagst du: »Es besteht kein Zweifel, ich stelle mir King's College und kein anderes Gebäude vor.« Aber kann man, indem man *das* sagt, nicht genau den Zusammenhang herstellen, den wir wollen? Denn das zu sagen ist so ähnlich wie die Wörter »Portrait von Mr. So-und-so« unter ein Bild zu schreiben. Es könnte sein, daß du, *während* du dir das brennende King's College vorstelltest, die Worte »King's College brennt« sagtest. Aber in sehr vielen Fällen sagst du sicherlich keine erklärenden Worte im Geiste, während du das Vorstellungsbild hast. Und bedenke, daß selbst, wenn du das tust, du nicht den ganzen Weg von deinem Vorstellungsbild bis zum King's College gehst, sondern nur bis zu den Wörtern »King's College«. Die Verbindung zwischen diesen Wörtern und King's College wurde vielleicht zu einer andern Zeit hergestellt.

Der Fehler, den wir in all unseren Erörterungen über diese Angelegenheiten zu machen geneigt sind, ist dieser: zu denken, daß Vorstellungsbilder und Erfahrungen aller Art, die in einem gewissen Sinne dicht miteinander zusammenhängen, gleichzeitig in unserm Geist gegenwärtig sein müssen.

5

Regelfolgen

Betrachten wir nun diese Art von Sprachspiel: B soll auf den Befehl des A Reihen von Zeichen niederschreiben nach einem bestimmten Bildungsgesetz.

Die erste dieser Reihen soll die sein der natürlichen Zahlen im Dezimalsystem. – Wie lernt er dieses System verstehen? – Zunächst werden ihm Zahlenreihen vorgeschrieben und er wird angehalten, sie nachzuschreiben. (Stoß dich nicht an dem Wort »Zahlenreihen«, es ist hier nicht unrichtig verwendet!) Und schon hier gibt es eine normale und eine abnormale Reaktion des Lernenden. – Wir führen ihm etwa zuerst beim Nachschreiben der Reihe 0 bis 9 die Hand; dann aber wird die *Möglichkeit der Verständigung* daran hängen, daß er nun selbständig weiterschreibt. – Und hier können wir uns, z. B., denken, daß er nun zwar selbständig Ziffern kopiert, aber nicht nach der Reihe, sondern regellos einmal die, einmal die. Und dann hört *da* die Verständigung auf. – Oder aber er macht ›*Fehler*‹ in der Reihenfolge. – Der Unterschied zwischen diesem und dem ersten Fall ist natürlich einer der Häufigkeit. – Oder: er macht einen *systematischen* Fehler, er schreibt z. B. immer nur jede zweite Zahl nach; oder er kopiert die Reihe 0, 1, 2, 3, 4, 5, ... so: 1, 0, 3, 2, 5, 4 .... Hier werden wir beinahe versucht sein zu sagen, er habe uns *falsch* verstanden.

Aber merke: Es gibt keine scharfe Grenze zwischen einem regellosen und einem systematischen Fehler. D. h., zwischen dem, was du einen »regellosen«, und dem, was du einen »systematischen Fehler« zu nennen geneigt bist.

Man kann ihm nun vielleicht den systematischen Fehler abgewöhnen (wie eine Unart). Oder, man läßt seine Art des Kopierens gelten und trachtet, ihm die normale Art als eine Abart, Variation, der seinigen beizubringen. – Und auch hier kann die Lernfähigkeit unseres Schülers abbrechen.

* * *

Der Schüler schreibe nun die Reihe 0 bis 9 zu unsrer Zufriedenheit. – Und dies wird nur der Fall sein, wenn ihm dies *oft* gelingt, nicht, wenn er es einmal unter hundert Versuchen richtig macht. Ich führe ihn nun weiter in der Reihe und lenke seine Aufmerksamkeit auf die Wiederkehr der ersten Reihe in den Einern; dann auf diese Wiederkehr in den Zehnern. (Was nur heißt, daß ich gewisse Betonungen anwende, Zeichen unterstreiche, in der und der Weise untereinander schreibe, und dergleichen.) – Und nun setzt er einmal die Reihe selbständig fort, – oder er tut es nicht. – Aber warum sagst du das; *das* ist selbstverständlich! – Freilich; ich wollte nur sagen: die Wirkung jeder weiteren *Erklärung* hänge von seiner *Reaktion* ab.

Aber nehmen wir nun an, er setzt, nach einigen Bemühungen des Lehrers, die Reihe richtig fort, d. h. so, wie wir es tun. Nun können wir also sagen: er beherrscht das System. – Aber wic weit muß er die Reihe richtig fortsetzen, damit wir das mit Recht sagen können? Es ist klar: du kannst hier keine Begrenzung angeben.

Wenn ich nun frage: »Hat er das System verstanden, wenn er die Reihe hundert Stellen weit fortsetzt?« Oder – wenn ich in unserm primitiven Sprachspiel nicht von ›verstehen‹ reden soll: Hat er das System inne, wenn er die Reihe bis *dorthin* richtig fortsetzt? – Da wirst du vielleicht sagen: Das System innehaben (oder auch: verstehen) kann nicht darin bestehen, daß man die Reihe bis zu *dieser*, oder bis zu *jener* Zahl fortsetzt; *das* ist nur die Anwendung des

Verstehens. Das Verstehen selbst ist ein Zustand, *woraus* die richtige Verwendung entspringt.

Und an was denkt man da eigentlich? Denkt man nicht an das Ableiten einer Reihe aus ihrem algebraischen Ausdruck? Oder doch an etwas Analoges? – Aber da waren wir ja schon einmal. Wir können uns ja eben mehr als *eine* Anwendung eines algebraischen Ausdrucks denken; und jede Anwendungsart kann zwar wieder algebraisch niedergelegt werden, aber dies führt uns selbstverständlich nicht weiter. – Die Anwendung bleibt ein Kriterium des Verständnisses.

»Aber wie kann sie das sein? Wenn *ich* sage, ich verstehe das Gesetz einer Reihe, so sage ich es doch nicht auf Grund der *Erfahrung*, daß ich bis jetzt den algebraischen Ausdruck so und so angewandt habe! Ich weiß doch von mir selbst jedenfalls, daß ich die und die Reihe meine; gleichgültig, wieweit ich sie tatsächlich entwickelt habe.« –

Du meinst also: du weißt die Anwendung des Gesetzes der Reihe, auch ganz abgesehen von einer Erinnerung an die tatsächlichen Anwendungen auf bestimmte Zahlen. Und du wirst vielleicht sagen: »Selbstverständlich! denn die Reihe ist ja unendlich und das Reihenstück, das ich entwickeln konnte, endlich.«

Worin aber besteht dies Wissen? Laß mich fragen: *Wann* weißt du diese Anwendung? Immer? Tag und Nacht? Oder nur während du gerade an das Gesetz der Reihe denkst? D. h.: Weißt du sie, wie du auch das ABC und das Einmaleins weißt; oder nennst du ›Wissen‹ einen Bewußtheitszustand oder Vorgang – etwa ein An-etwas-denken, oder dergleichen?

Wenn man sagt, das Wissen des ABC sei ein Zustand der Seele, so denkt man an den Zustand eines Seelenapparats (etwa unsres Gehirns), mittels welches wir die *Äußerungen* dieses Wissens erklären. Einen solchen Zustand nennt man eine Disposition. Es ist aber nicht einwandfrei, hier von einem Zustand der Seele zu reden, insofern es für den Zustand zwei Kriterien geben sollte; nämlich ein Erkennen der Konstruktion des Apparates, abgesehen von seinen Wirkungen. (Nichts wäre hier verwirrender als der Gebrauch der Wörter »bewußt« und »unbewußt« für den Gegensatz von Bewußtseinszustand und Disposition. Denn jenes Wortpaar verhüllt einen grammatischen Unterschied.)

Die Grammatik des Wortes »wissen« ist offenbar eng verwandt der Grammatik der Worte »können«, »imstande sein«. Aber auch eng verwandt der des Wortes »verstehen«. (Eine Technik ›beherrschen‹.)

Nun gibt es aber auch *diese* Verwendung des Wortes »wissen«: wir sagen »Jetzt weiß ich's!« – und ebenso »Jetzt kann ich's!« und »Jetzt versteh ich's!«

Stellen wir uns dieses Beispiel vor: A schreibt Reihen von Zahlen an; B sieht ihm zu und trachtet, in der Zahlenfolge ein Gesetz zu finden. Ist es ihm gelungen, so ruft er: »Jetzt kann ich fortsetzen!« – Diese Fähigkeit, dieses Verstehen ist also etwas, was in einem Augenblick eintritt. Schauen wir also nach: Was ist es, was hier eintritt? – A habe die Zahlen 1, 5, 11, 19, 29 hingeschrieben; da sagt B, jetzt wisse er weiter. Was geschah da? Es konnte verschiedenerlei geschehen sein; z. B.: Während A langsam eine Zahl nach der andern hinsetzte, ist B damit beschäftigt, verschiedene algebraische Formeln an den angeschriebenen Zahlen zu versuchen. Als A die Zahl 19 geschrieben hatte, versuchte B die Formel $a_n = n^2 + n - 1$; und die nächste Zahl bestätigte seine Annahme.

Oder aber: B denkt nicht an Formeln. Er sieht mit einem gewissen Gefühl der Spannung zu, wie A seine Zahlen hinschreibt; dabei schwimmen ihm allerlei unklare Gedanken im Kopf. Endlich fragt er sich »Was ist die Reihe der Differenzen?« Er findet: 4, 6, 8, 10 und sagt: Jetzt kann ich weiter.

Oder er sieht hin und sagt: »Ja, *die* Reihe kenn' ich« – und setzt sie fort; wie er's etwa auch getan hätte, wenn A die Reihe 1, 3, 5, 7, 9 hingeschrieben hätte. – Oder er sagt garnichts und schreibt bloß die Reihe weiter. Vielleicht hatte er eine Empfindung, die man »das ist leicht!« nennen kann. (Eine solche Empfindung ist z. B. die eines leichten, schnellen Einziehens des Atems, ähnlich wie bei einem gelinden Schreck.)

Aber sind denn diese Vorgänge, die ich da beschrieben habe, das *Verstehen*?

»B versteht das System der Reihe« heißt doch nicht einfach: B fällt die Formel »$a_n = \ldots.$« ein! Denn es ist sehr wohl denkbar, daß ihm die Formel einfällt und er doch nicht versteht. »Er versteht« muß mehr beinhalten als: ihm fällt die Formel ein. Und ebenso auch mehr, als irgendeiner jener, mehr oder weniger charakteristischen, *Begleitvorgänge*, oder Äußerungen, des Verstehens.

Wir versuchen nun, den seelischen Vorgang des Verstehens, der sich, scheint es, hinter jenen gröbern und uns daher in die Augen fallenden Begleiterscheinungen versteckt, zu erfassen. Aber das gelingt nicht. Oder, richtiger gesagt: es kommt garnicht zu einem wirklichen Versuch. Denn auch angenommen, ich hätte etwas gefunden, was in allen jenen Fällen des Verstehens geschähe, – warum sollte *das* nun das Verstehen sein? Ja, wie konnte denn der Vorgang des Verstehens versteckt sein, wenn ich doch sagte »Jetzt verstehe ich«, *weil* ich verstand?! Und wenn ich sage, er ist versteckt, – wie weiß ich denn, wonach ich zu suchen habe? Ich bin in einem Wirrwarr.

Aber halt! – wenn »jetzt verstehe ich das System« nicht das Gleiche sagt, wie »mir fällt die Formel .... ein« (oder »ich spreche die Formel aus«, »ich schreibe sie auf«, etc.) –

folgt daraus, daß ich den Satz »jetzt verstehe ich ....«, oder »jetzt kann ich fortsetzen«, als Beschreibung eines Vorgangs verwende, der hinter, oder neben dem des Aussprechens der Formel besteht?

Wenn etwas ›hinter dem Aussprechen der Formel‹ stehen muß, so sind es *gewisse Umstände*, die mich berechtigen, zu sagen, ich könne fortsetzen, – wenn mir die Formel einfällt.

Denk doch einmal garnicht an das Verstehen als ›seelischen Vorgang‹! – Denn *das* ist die Redeweise, die dich verwirrt. Sondern frage dich: in was für einem Fall, unter was für Umständen sagen wir denn »Jetzt weiß ich weiter«? ich meine, wenn mir die Formel eingefallen ist. –

In dem Sinne, in welchem es für das Verstehen charakteristische Vorgänge (auch seelische Vorgänge) gibt, ist das Verstehen kein seelischer Vorgang.

(Das Ab- und Zunehmen einer Schmerzempfindung, das Hören einer Melodie, eines Satzes: seelische Vorgänge.)

Ich wollte also sagen: Wenn er plötzlich weiter wußte, das System verstand, so hatte er vielleicht ein besonderes Erlebnis – welches er etwa beschreiben wird, wenn man ihn fragt »Wie war das, was ging da vor, als du das System plötzlich begriffst?«, ähnlich wie wir es oben beschrieben haben – das aber, was ihn für uns berechtigt, in so einem Fall zu sagen, er verstehe, er wisse weiter, sind die *Umstände*, unter denen er ein solches Erlebnis hatte. [...]

Kehren wir zu unserm Fall [S. 109, zweiter Absatz] zurück. Es ist klar: wir würden nicht sagen, B habe ein Recht, die Worte »Jetzt weiß ich weiter« zu sagen, weil ihm die Formel eingefallen ist, – wenn nicht erfahrungsmäßig ein Zusammenhang bestünde zwischen dem Einfallen – Aussprechen, Anschreiben – der Formel und dem tatsächlichen Fortsetzen der Reihe. Und so ein Zusammenhang besteht ja offenbar. – Und nun könnte man meinen, der Satz »Ich kann fortsetzen« sage soviel wie: »Ich habe ein Erlebnis, welches erfahrungsgemäß zum Fortsetzen der Reihe führt«. Aber meint das B, wenn er sagt, er könne fortsetzen? Schwebt ihm jener Satz dabei im Geiste vor, oder ist er bereit, ihn als Erklärung dessen, was er meint, zu geben?

Nein. Die Worte »Jetzt weiß ich weiter« waren richtig angewandt, wenn ihm die Formel eingefallen war: nämlich unter gewissen Umständen. Z. B., wenn er Algebra gelernt, solche Formeln schon früher benützt hatte. – Das heißt aber nicht, jene Aussage sei nur eine Abkürzung für die Beschreibung sämtlicher Umstände, die den Schauplatz unseres Sprachspiels bilden. – Denke daran, wie wir jene Ausdrücke, »jetzt weiß ich weiter«, »jetzt kann ich fortsetzen«, u. a., gebrauchen lernen; in welcher Familie von Sprachspielen wir ihren Gebrauch lernen.

Wir können uns auch den Fall vorstellen, daß im Geist des B garnichts anderes vorfiel, als daß er plötzlich sagte »Jetzt weiß ich weiter« – etwa mit einem Gefühl der Erleichterung; und daß er nun die Reihe tatsächlich fortrechnet, ohne die Formel zu benützen. Und auch in diesem Fall würden wir – unter gewissen Umständen – sagen, er habe weiter gewußt.

So werden diese Worte gebraucht. Es wäre in diesem letzteren Fall z. B. ganz irreleitend, die Worte eine »Beschreibung eines seelischen Zustandes« zu nennen. – Eher könne man sie hier ein »Signal« nennen; und ob es richtig angewendet war, beurteilen wir nach dem, was er weiter tut.

Um dies zu verstehen, müssen wir uns auch folgendes überlegen: Angenommen, B sagt, er wisse weiter – wenn er aber nun fortsetzen will, stockt er und kann es nicht: Sollen wir dann sagen, er habe mit Unrecht gesagt, er könne fortsetzen, oder aber: er hätte damals fortsetzen können, nur jetzt könne er es nicht? – Es ist klar, daß wir in verschiedenen Fällen Verschiedenes sagen werden. (Überlege dir beide Arten von Fällen.)

Die Grammatik von »passen«, »können« und »verstehen«. Aufgaben: 1) Wann sagt man, ein Zylinder Z passe in einen Hohlzylinder H? Nur solange Z in H steckt? 2) Man sagt manchmal: Z hat um die und die Zeit aufgehört, in H zu passen. Welche Kriterien verwendet man in so einem Fall dafür, daß es um diese Zeit geschah? 3) Was betrachtet man als Kriterien dafür, daß ein Körper sein Gewicht um eine bestimmte Zeit geändert hat, wenn er damals nicht auf der Waage lag? 4) Gestern wußte ich das Gedicht auswendig; heute weiß ich's nicht mehr. In was für Fällen hat die Frage Sinn: »Wann habe ich aufgehört, es auswendig zu wissen«? 5) Jemand fragt mich: »Kannst du dieses Gewicht heben?« Ich antworte »Ja«. Nun sagt er »Tu's!« – da kann ich es nicht. Unter was für Umständen würde man die Rechtfertigung gelten lassen: »Als ich antwortete ›Ja‹, da *konnte* ich's, nur jetzt kann ich's nicht«?

Die Kriterien, die wir für das ›Passen‹, ›Können‹, ›Verstehen‹ gelten lassen, sind viel kompliziertere, als es auf den ersten Blick scheinen möchte. D. h., das Spiel mit diesen Worten, ihre Verwendung im sprachlichen Verkehr, dessen Mittel sie sind, ist verwickelter – die Rolle dieser Wörter in unsrer Sprache eine andere, als wir versucht sind, zu glauben.

(Diese Rolle ist es, die wir verstehen müssen, um philosophische Paradoxe aufzulösen. Und darum genügt dazu gewöhnlich nicht eine Definition; und schon erst recht nicht die Feststellung, ein Wort sei ›undefinierbar‹.)

Wie aber, – hat nun der Satz »Jetzt kann ich fortsetzen« im Fall [S. 109, zweiter Absatz] das Gleiche geheißen, wie »Jetzt ist mir die Formel eingefallen«, oder etwas anderes? Wir können sagen, daß dieser Satz, unter diesen Umständen, den gleichen Sinn habe (das Gleiche leiste) wie jener.

Aber auch, daß, *allgemein*, diese beiden Sätze nicht den gleichen Sinn haben. Wir sagen auch: »Jetzt kann ich fortsetzen, ich meine, ich weiß die Formel«; wie wir sagen: »Ich kann gehen, d.h., ich habe Zeit«; aber auch: »Ich kann gehen, d.h., ich bin schon stark genug«; oder: »Ich kann gehen, was den Zustand meines Beins anbelangt«, wenn wir nämlich *diese* Bedingung des Gehens andern Bedingungen entgegensetzen. Hier müssen wir uns aber hüten, zu glauben, es gebe, entsprechend der Natur des Falles, eine *Gesamtheit* aller Bedingungen (z.B. dafür daß Einer geht), so daß er, sozusagen, nicht anders als gehen *könnte*, wenn sie alle erfüllt sind.

Ich will mich an eine Melodie erinnern und sie fällt mir nicht ein; plötzlich sage ich »Jetzt weiß ich's!«, und singe sie. Wie war es, als ich sie plötzlich wußte? Sie konnte mir doch nicht in diesem Moment *ganz* eingefallen sein! – Du sagst vielleicht: »Es ist ein bestimmtes Gefühl, als wäre sie jetzt *da*« – aber *ist* sie jetzt da? Wie, wenn ich nun anfange, sie zu singen und stecken bleibe? – Ja aber konnte ich nicht doch in diesem Moment *sicher* sein, daß ich sie wüßte? Sie war also eben doch in irgendeinem Sinne *da*! – Aber in welchem Sinne? Du sagst wohl, die Melodie sei da, wenn er sie etwa durchsingt, oder von Anfang zu Ende vor dem innern Ohr hört. Ich leugne natürlich nicht, daß der Aussage, die Melodie sei da, auch ein ganz anderer Sinn gegeben werden kann – z.B. der, ich hätte einen Zettel, auf dem sie aufgeschrieben steht. – Und worin besteht es denn, daß er ›sicher‹ ist, er wisse sie? – Man kann natürlich sagen: Wenn jemand mit Überzeugung sagt, jetzt wisse er die Melodie, so steht sie in diesem Augenblick (irgendwie) ganz vor seinem Geist – und dies ist eine Erklärung der Worte: »die Melodie steht ganz vor seinem Geist«.

Gehen wir nun zu unserm Beispiel [S. 106] zurück. Der Schüler beherrscht jetzt – nach den gewöhnlichen Kriterien beurteilt – die Grundzahlenreihe. Wir lehren ihn, nun auch andere Reihen von Kardinalzahlen anschreiben und bringen ihn dahin, daß er z. B. auf Befehle von der Form »+ n« Reihen der Form

0, n, 2n, 3n,

etc. anschreibt; auf den Befehl »+ 1« also die Grundzahlenreihe. – Wir hätten unsre Übungen und Stichproben seines Verständnisses im Zahlenraum bis 1000 gemacht.

Wir lassen nun den Schüler einmal eine Reihe (etwa »+ 2«) über 1000 hinaus fortsetzen, – da schreibt er: 1000, 1004, 1008, 1012.

Wir sagen ihm: »Schau, was du machst!« – Er versteht uns nicht. Wir sagen: »Du solltest doch *zwei* addieren; schau, wie du die Reihe begonnen hast!« – Er antwortet: »Ja! Ist es denn nicht richtig? Ich dachte, so *soll* ich's machen.« – Oder nimm an, er sagte, auf die Reihe weisend: »Ich bin doch auf die gleiche Weise fortgefahren!« – Es würde uns nun nichts nützen, zu sagen »Aber siehst du denn nicht ....?« – und ihm die alten Erklärungen und Beispiele zu wiederholen. – Wir könnten in so einem Falle etwa sagen: Dieser Mensch versteht von Natur aus jenen Befehl, auf unsre Erklärungen hin, so, wie *wir* den Befehl: »Addiere bis 1000 immer 2, bis 2000 4, bis 3000 6, etc.«.

Dieser Fall hätte Ähnlichkeit mit dem, als reagierte ein Mensch auf eine zeigende Gebärde der Hand von Natur damit, daß er in der Richtung von der Fingerspitze zur Handwurzel blickt, statt in der Richtung zur Fingerspitze.

»Was du sagst, läuft also darauf hinaus, es sei zum richtigen Befolgen des Befehls ›+ n‹ auf jeder Stufe eine neue Einsicht – Intuition – nötig.« – Zur richtigen Befolgung! Wie wird denn entschieden, welches an einem bestimmten Punkt der richtige Schritt ist? – »Der richtige Schritt ist der, welcher mit dem Befehl – wie er *gemeint* war – übereinstimmt.« – Du hast also zur Zeit, als du den Befehl »+ 2« gabst, gemeint, er solle auf 1000 1002 schreiben – und hast du damals auch gemeint, er solle auf 1866 1868 schreiben, und auf 100034 100036, usf. – eine unendliche Anzahl solcher Sätze? – »Nein; ich habe gemeint, er solle nach *jeder* Zahl, die er schreibt, die zweitnächste schreiben; und daraus folgen ihres Orts alle jene Sätze.« – Aber es ist ja gerade die Frage, was, an irgendeinem Ort, aus jenem Satz folgt. Oder auch – was wir an irgendeinem Ort »Übereinstimmung« mit jenem Satz nennen sollen (und auch mit der *Meinung*, die du damals dem Satz gegeben hast, – worin immer diese bestanden haben mag). Richtiger, als zu sagen, es sei an jedem Punkt eine Intuition nötig, wäre beinah, zu sagen: es sei an jedem Punkt eine neue Entscheidung nötig.

»Ich habe aber doch auch damals, als ich den Befehl gab, schon gewußt, daß er auf 1000 1002 schreiben soll!« – Gewiß; und du kannst sogar sagen, du habest es damals *gemeint*; nur sollst du dich nicht von der Grammatik der Wörter »wissen« und »meinen« irreführen lassen. Denn du meinst ja nicht, daß du damals an den Übergang von 1000 auf 1002 gedacht hast – und wenn auch an diesen Übergang, so doch an andre nicht. Dein »Ich habe damals schon gewußt ....« heißt etwa: »Hätte man mich damals gefragt, welche Zahl er nach 1000 schreiben soll, so hätte ich geantwortet ›1002‹.« Und daran zweifle ich nicht. Es ist das eine Annahme etwa von der Art dieser: »Wenn er damals ins Wasser gefallen wäre, so wäre ich ihm nachgesprungen.« – Worin lag nun das Irrige deiner Idee?

Da möchte ich zuerst sagen: Deine Idee sei die gewesen, jenes Meinen des Befehls habe auf seine Weise alle jene Übergänge doch schon gemacht: deine Seele fliege beim Meinen, gleichsam, voraus und mache alle Übergänge, ehe du körperlich bei dem oder jenem angelangt bist.

Du warst also zu Ausdrücken geneigt, wie: »Die Übergänge sind *eigentlich* schon gemacht; auch ehe ich sie schriftlich, mündlich, oder in Gedanken mache.« Und es schien, als wären sie in einer *einzigartigen* Weise vorausbestimmt, antizipiert – wie nur das Meinen die Wirklichkeit antizipieren könne.

»Aber sind die Übergänge also durch die algebraische Formel *nicht* bestimmt?« – In der Frage liegt ein Fehler.

Wir verwenden den Ausdruck: »die Übergänge sind durch die Formel .... bestimmt«. *Wie* wird er verwendet? – Wir können etwa davon reden, daß Menschen durch Erziehung (Abrichtung) dahin gebracht werden, die Formel $y = x^2$ so zu verwenden, daß Alle, wenn sie die gleiche Zahl für x einsetzen, immer die gleiche Zahl für y herausrechnen. Oder wir können sagen: »Diese Menschen sind so abgerichtet, daß sie alle auf den Befehl ›+ 3‹ auf der gleichen Stufe den gleichen Übergang machen. Wir könnten dies so ausdrücken: Der Befehl ›+ 3‹ bestimmt für diese Menschen jeden Übergang von einer Zahl zur nächsten völlig.« (Im Gegensatz zu andern Menschen, die auf diesen Befehl nicht wissen, was sie zu tun haben; oder die zwar mit völliger Sicherheit, aber ein jeder in anderer Weise, auf ihn reagieren.)

Wir können anderseits verschiedene Arten von Formeln, und zu ihnen gehörige verschiedene Arten der Verwendung (verschiedene Arten der Abrichtung) einander entgegensetzen. Wir *nennen* dann Formeln einer bestimmten Art (und der dazugehörigen Verwendungsweise) »Formeln, welche eine Zahl y für ein gegebenes x bestimmen«, und Formeln, welche eine Zahl y für ein gegebenes x bestimmen«, und Formeln anderer Art solche, »die die Zahl y für ein gegebenes x nicht bestimmen«. ($y = x^2$ wäre von der ersten Art, $y \neq x^2$ von der zweiten.) Der Satz »Die Formel .... bestimmt eine Zahl y« ist dann eine Aussage über die Form der Formel – und es ist nun zu unterscheiden ein Satz wie dieser: »Die Formel, die ich hingeschrieben habe, bestimmt y« oder »Hier steht eine Formel, die y bestimmt« – von einem Satz der Art: »Die Formel $y = x^2$ bestimmt die Zahl y für ein gegebenes x«. Die Frage »Steht dort eine Formel, die y bestimmt?« heißt dann dasselbe wie: »Steht dort eine Formel dieser Art, oder jener Art?« – was wir aber mit der Frage anfangen sollen »Ist $y = x^2$ eine Formel, die y für ein gegebenes x bestimmt?« ist nicht ohne weiteres klar. Diese Frage könnte man etwa an einen Schüler richten, um zu prüfen, ob er die Verwendung des Wortes »bestimmen« versteht; oder es könnte eine mathematische Aufgabe sein, in einem bestimmten System zu beweisen, daß x nur ein Quadrat besitzt.

Man kann nun sagen: »Wie die Formel gemeint wird, das bestimmt, welche Übergänge zu machen sind.« Was ist das Kriterium dafür, wie die Formel gemeint ist? Etwa die Art und Weise, wie wir sie ständig gebrauchen, wie uns gelehrt wurde, sie zu gebrauchen.

Wir sagen z. B. Einem, der ein uns unbekanntes Zeichen gebraucht: »Wenn du mit ›x!2‹ meinst x^2, so erhältst du *diesen* Wert für y, wenn du 2x damit meinst, *jenen*.« – Frage dich nun: Wie macht man es, mit »x!2« das eine, oder das andere *meinen*?

So kann also das Meinen die Übergänge zum voraus bestimmen.

»Es ist, als könnten wir die ganze Verwendung des Wortes mit einem Schlage erfassen.« – Wie *was* z. B.? – *Kann* man sie nicht – in gewissem Sinne – mit einem Schlag erfassen? Und in *welchem* Sinne kannst du dies nicht? – Es ist eben, als könnten wir sie in einem noch viel direkteren Sinne ›mit einem Schlag erfassen‹. – Aber hast du dafür ein Vorbild? Nein. Es bietet sich uns nur diese Ausdrucksweise an. Als das Resultat sich kreuzender Bilder.

Du hast kein Vorbild dieser übermäßigen Tatsache, aber

du wirst dazu verführt, einen Über-Ausdruck zu gebrauchen. (Man könnte das einen philosophischen Superlativ nennen.)

* * *

»Aber ich meine nicht, daß, was ich jetzt (beim Erfassen) tue, die künftige Verwendung *kausal* und erfahrungsmäßig bestimmt, sondern daß, in einer *seltsamen* Weise, diese Verwendung selbst in irgendeinem Sinne, gegenwärtig ist.« – Aber ›in *irgend*einem Sinne‹ ist sie es ja! Eigentlich ist an dem, was du sagst, falsch nur der Ausdruck »in seltsamer Weise«. Das Übrige ist richtig; und seltsam erscheint der Satz nur, wenn man sich zu ihm ein anderes Sprachspiel vorstellt als das, worin wir ihn tatsächlich verwenden. (Jemand sagte mir, er habe sich als Kind darüber gewundert, daß der Schneider *›ein Kleid nähen könne‹* – er dachte, dies heiße, es werde durch bloßes Nähen ein Kleid erzeugt, indem man Faden an Faden näht.)

Die unverstandene Verwendung des Wortes wird als Ausdruck eines seltsamen *Vorgangs* gedeutet. (Wie man sich die Zeit als seltsames Medium, die Seele als seltsames Wesen denkt.)

»Es ist, als könnten wir die ganze Verwendung des Wortes mit einem Schlag erfassen.« – Wir sagen ja, daß wir es tun. D. h., wir beschreiben ja manchmal, was wir tun, mit diesen Worten. Aber es ist an dem, was geschieht, nichts Erstaunliches, nichts Seltsames. Seltsam wird es, wenn wir dazu geführt werden, zu denken, daß die künftige Entwicklung auf irgendeine Weise schon im Akt des Erfassens gegenwärtig sein muß und doch nicht gegenwärtig ist. – Denn wir sagen, es sei kein Zweifel, daß wir dies Wort verstehen, und anderseits liegt seine Bedeutung in seiner Verwendung. Es ist kein Zweifel, daß ich jetzt Schach spielen will; aber das Schachspiel ist dies Spiel durch alle seine Regeln (usf.).

Weiß ich also nicht, was ich spielen wollte, ehe ich gespielt *habe*? oder aber, sind alle Regeln in meinem Akt der Intention enthalten? Ist es nun Erfahrung, die mich lehrt, daß auf diesen Akt der Intention für gewöhnlich diese Art des Spielens folgt? kann ich also doch nicht sicher sein, was ich zu tun beabsichtigte? Und wenn dies Unsinn ist, – welcherlei überstarre Verbindung besteht zwischen dem Akt der Absicht und dem Beabsichtigten? – Wo ist die Verbindung gemacht zwischen dem Sinn der Worte »Spielen wir eine Partie Schach!« und allen Regeln des Spiels? – Nun, im Regelverzeichnis des Spiels, im Schachunterricht, in der täglichen Praxis des Spielens.

»Aber wie kann mich eine Regel lehren, was ich an *dieser* Stelle zu tun habe? Was immer ich tue, ist doch durch irgendeine Deutung mit der Regel zu vereinbaren.« – Nein, so sollte es nicht heißen. Sondern so: Jede Deutung hängt, mitsamt dem Gedeuteten, in der Luft; sie kann ihm nicht als Stütze dienen. Die Deutungen allein bestimmen die Bedeutung nicht.

»Also ist, was immer ich tue, mit der Regel vereinbar?« – Laß mich so fragen: Was hat der Ausdruck der Regel – sagen wir, der Wegweiser – mit meinen Handlungen zu tun? Was für eine Verbindung besteht da? – Nun, etwa diese: ich bin zu einem bestimmten Reagieren auf dieses Zeichen abgerichtet worden, und so reagiere ich nun.

Aber damit hast du nur einen kausalen Zusammenhang angegeben, nur erklärt, wie es dazu kam, daß wir uns jetzt nach dem Wegweiser richten; nicht, worin dieses Dem-Zeichen-Folgen eigentlich besteht. Nein; ich habe auch noch angedeutet, daß sich Einer nur insofern nach einem Wegweiser richtet, als es einen ständigen Gebrauch, eine Gepflogenheit, gibt.

Ist, was wir »einer Regel folgen« nennen, etwas, was nur *ein* Mensch, nur *einmal* im Leben, tun könnte? – Und das ist natürlich eine Anmerkung zur *Grammatik* des Ausdrucks »der Regel folgen«.

Es kann nicht ein einziges Mal nur ein Mensch einer Regel gefolgt sein. Es kann nicht ein einziges Mal nur eine Mitteilung gemacht, ein Befehl gegeben, oder verstanden worden sein, etc. – Einer Regel folgen, eine Mitteilung machen, einen Befehl geben, eine Schachpartie spielen sind *Gepflogenheiten* (Gebräuche, Institutionen).

Einen Satz verstehen, heißt, eine Sprache verstehen. Eine Sprache verstehen, heißt, eine Technik beherrschen.

Es ist natürlich denkbar, daß in einem Volke, das Spiele nicht kennt, zwei Leute sich an ein Schachbrett setzen und die Züge einer Schachpartie ausführen; ja auch mit allen seelischen Begleiterscheinungen. Und sähen *wir* dies, so würden wir sagen, sie spielten Schach. Aber nun denk dir eine Schachpartie nach gewissen Regeln in eine Reihe von Handlungen übersetzt, die wir nicht gewöhnt sind, mit einem *Spiel* zu assoziieren, – etwa ein Ausstoßen von Schreien und Stampfen mit den Füßen. Und jene Beiden sollen nun, statt die uns geläufige Form des Schach zu spielen, schreien und stampfen; und zwar so, daß diese Vorgänge sich nach geeigneten Regeln in eine Schachpartie übersetzen ließen. Wären wir nun noch geneigt, zu sagen, sie spielten ein Spiel; und mit welchem Recht könnte man das sagen?

Unser Paradox war dies: eine Regel könnte keine Handlungsweise bestimmen, da jede Handlungsweise mit der Regel in Übereinstimmung zu bringen sei. Die Antwort war: Ist jede mit der Regel in Übereinstimmung zu bringen, dann auch zum Widerspruch. Daher gäbe es hier weder Übereinstimmung noch Widerspruch.

Daß da ein Mißverständnis ist, zeigt sich schon darin, daß wir in diesem Gedankengang Deutung hinter Deutung setzen; als beruhige uns eine jede wenigstens für einen Augenblick, bis wir an eine Deutung denken, die wieder hinter dieser liegt. Dadurch zeigen wir nämlich, daß es eine Auffassung einer Regel gibt, die *nicht* eine *Deutung* ist; sondern sich, von Fall zu Fall der Anwendung, in dem äußert, was wir »der Regel folgen«, und was wir »ihr entgegenhandeln« nennen.

Darum besteht eine Neigung, zu sagen: jedes Handeln nach der Regel sei ein Deuten. »Deuten« aber sollte man nur nennen: einen Ausdruck der Regel durch einen anderen ersetzen.

Darum ist ›der Regel folgen‹ eine Praxis. Und der Regel zu folgen *glauben* ist nicht: der Regel folgen. Und darum kann man nicht der Regel ›privatim‹ folgen, weil sonst der Regel zu folgen glauben dasselbe wäre, wie der Regel folgen.

Die Sprache ist ein Labyrinth von Wegen. Du kommst von *einer* Seite und kennst dich aus; du kommst von einer andern zur selben Stelle, und kennst dich nicht mehr aus.

Ich kann etwa, wie die Sachen stehen, ein Spiel erfinden, das nie von jemandem gespielt wird. – Wäre aber auch dies möglich: Die Menschheit habe nie Spiele gespielt; einmal aber hat Einer ein Spiel erfunden, – das dann allerdings nie gespielt wurde?

»Das ist ja das Merkwürdige an der *Intention*, am seelischen Vorgang, daß für ihn das Bestehen der Gepflogenheit, der Technik, nicht nötig ist. Daß es z. B. denkbar ist, zwei Leute spielten in einer Welt, in der sonst nicht gespielt wird, eine Schachpartie, ja auch nur den Anfang einer Schachpartie, – und würden dann gestört.«

Ist aber das Schachspiel nicht durch seine Regeln definiert? Und wie sind diese Regeln im Geist dessen gegenwärtig, der beabsichtigt, Schach zu spielen?

Einer Regel folgen, das ist analog dem: einen Befehl befolgen. Man wird dazu abgerichtet und man reagiert auf ihn in bestimmter Weise. Aber wie, wenn nun der Eine *so*, der Andere *anders* auf Befehl und Abrichtung reagiert? Wer hat dann Recht?

Denke, du kämst als Forscher in ein unbekanntes Land mit einer dir gänzlich fremden Sprache. Unter welchen Umständen würdest du sagen, daß die Leute dort Befehle geben, Befehle verstehen, befolgen, sich gegen Befehle auflehnen, usw.?

Die gemeinsame menschliche Handlungsweise ist das Bezugssystem, mittels dessen wir uns eine fremde Sprache deuten.

Denken wir uns, die Leute in jenem Land verrichteten gewöhnliche menschliche Tätigkeiten und bedienen sich dabei, wie es scheint, einer artikulierten Sprache. Sieht man ihrem Treiben zu, so ist es verständlich, erscheint uns ›logisch‹. Versuchen wir aber, ihre Sprache zu erlernen, so finden wir, daß es unmöglich ist. Es besteht nämlich bei ihnen kein regelmäßiger Zusammenhang des Gesprochenen, der Laute, mit den Handlungen; dennoch aber sind diese Laute nicht überflüssig; denn knebeln wir z. B. einen dieser Leute, so hat dies die gleichen Folgen, wie bei uns: ohne jene Laute geraten ihre Handlungen in Verwirrung – wie ich mich ausdrücken will.

Sollen wir sagen, diese Leute hätten eine Sprache; Befehle, Mitteilungen, usw.?

Zu dem, was wir »Sprache« nennen, fehlt die Regelmäßigkeit.

So erkläre ich also, was »Befehl« und was »Regel« heißt, durch »Regelmäßigkeit«? – Wie erkläre ich jemandem die Bedeutung von »regelmäßig«, »gleichförmig«, »gleich«? – Einem der, sagen wir, nur Französisch spricht, werde ich diese Wörter durch die entsprechenden französischen erklären. Wer aber diese *Begriffe* noch nicht besitzt, den werde ich die Worte durch *Beispiele* und durch *Übung* gebrauchen lehren. – Und dabei teile ich ihm nicht weniger mit, als ich selber weiß.

Ich werde ihm also in diesem Unterricht gleiche Farben, gleiche Längen, gleiche Figuren zeigen, ihn sie finden und herstellen lassen, usw. Ich werde ihn etwa dazu anleiten, Reihenornamente auf einen Befehl hin ›gleichmäßig‹ fortzusetzen. – Und auch dazu, Progressionen fortzusetzen. Also etwa auf . . . . . . so fortzufahren: . . . .

Ich mach's ihm vor, er macht es mir nach; und ich beeinflusse ihn durch Äußerungen der Zustimmung, der Ablehnung, der Erwartung, der Aufmunterung. Ich lasse ihn gewähren, oder halte ihn zurück; usw.

Denke, du wärest Zeuge eines solchen Unterrichts. Es würde darin kein Wort durch sich selbst erklärt, kein logischer Zirkel gemacht.

Auch die Ausdrücke »und so weiter« und »und so weiter ad infinitum« werden in diesem Unterricht erklärt werden. Es kann dazu unter anderem auch eine Gebärde dienen. Die Gebärde, die bedeutet »fahr so fort!«, oder »und so weiter« hat eine Funktion, vergleichbar der des Zeigens auf einen Gegenstand, oder auf einen Ort.

Es ist zu unterscheiden: das »usw.«, das eine Abkürzung der Schreibweise ist, von demjenigen, welches dies *nicht* ist. Das »usw. ad inf.« ist *keine* Abkürzung der Schreibweise. Daß wir nicht alle Stellen von π anschreiben können, ist nicht eine menschliche Unzulänglichkeit, wie Mathematiker manchmal glauben.

Ein Unterricht, der bei den vorgeführten Beispielen stehen bleiben will, unterscheidet sich von einem, der über sie ›*hinausweist*‹.

»Aber reicht denn nicht das Verständnis weiter als alle Beispiele?« – Ein sehr merkwürdiger Ausdruck, und ganz natürlich! –

Aber ist das *alles*? Gibt es nicht eine noch tiefere Erklärung; oder muß nicht doch das *Verständnis* der Erklärung tiefer sein? – Ja, habe ich denn selbst ein tieferes Verständnis? *Habe* ich mehr, als ich in der Erklärung gebe? – Woher aber dann das Gefühl, ich hätte mehr?

Ist es, wie wenn ich das nicht Begrenzte als Länge deute, die über jede Länge hinausreicht?

»Aber erklärst du ihm wirklich, was du selber verstehst? Läßt du ihn das Wesentliche nicht *erraten*? Du gibst ihm Beispiele, – er aber muß ihre Tendenz erraten, also deine Absicht.« – Jede Erklärung, die ich mir selbst geben kann, gebe ich auch ihm. – »Er errät, was ich meine« würde heißen: ihm schweben verschiedene Deutungen meiner Erklärung vor, und er rät auf eine von ihnen. Er könnte also in diesem Falle fragen; und ich könnte, und würde, ihm antworten.

»Wie immer du ihn im Fortführen des Reihenornaments unterrichtest, – wie kann er *wissen*, wie er selbständig fortzusetzen hat?« – Nun, wie weiß *ich's*? – Wenn das heißt »Habe ich Gründe?«, so ist die Antwort: die Gründe werden mir bald ausgehen. Und ich werde dann, ohne Gründe, handeln.

Wenn jemand, den ich fürchte, mir den Befehl gibt, die Reihe fortzusetzen, so werde ich schleunig, mit völliger Sicherheit, handeln, und das Fehlen der Gründe stört mich nicht.

»Aber dieser Reihenanfang konnte offenbar verschieden gedeutet werden (z. B. durch algebraische Ausdrücke) und du mußtest also erst *eine* solche Deutung wählen.« – Durchaus nicht! Es war, unter Umständen, ein Zweifel möglich. Aber das sagt nicht, daß ich gezweifelt habe, oder auch nur zweifeln konnte. (Damit steht im Zusammenhang, was über die psychologische ›Atmosphäre‹ eines Vorgangs zu sagen ist.)

Nur Intuition konnte diesen Zweifel heben? – Wenn sie eine innere Stimme ist, – wie weiß ich, *wie* ich ihr folgen soll? Und wie weiß ich, daß sie mich nicht irreleitet? Denn, kann sie mich richtig leiten, dann kann sie mich auch irreleiten.

((Die Intuition eine unnötige Ausrede.))

Ist eine Intuition zum Entwickeln der Reihe 1 2 3 4 . . . . nötig, dann auch zum Entwickeln der Reihe 2 2 2 2 . . . .

Aber ist nicht wenigstens gleich: *gleich*?

Für die Gleichheit scheinen wir ein unfehlbares Paradigma zu haben in der Gleichheit eines Dinges mit sich selbst. Ich will sagen: »Hier kann es doch nicht verschiedene Deutungen geben. Wenn er ein Ding vor sich sieht, so sieht er auch Gleichheit.«

Also sind zwei Dinge gleich, wenn sie so sind, wie *ein* Ding? Und wie soll ich nun das, was mir das *eine* Ding zeigt, auf den Fall der zwei anwenden?

»Ein Ding ist mit sich selbst identisch.« – Es gibt kein schöneres Beispiel eines nutzlosen Satzes, der aber doch mit einem Spiel der Vorstellung verbunden ist. Es ist, als legten wir das Ding, in der Vorstellung, in seine eigene Form hinein, und sähen, daß es paßt.

Wir könnten auch sagen: »Jedes Ding paßt in sich selbst.« – Oder anders: »Jedes Ding paßt in seine eigene Form hinein.« Man schaut dabei ein Ding an und stellt sich vor, daß der Raum dafür ausgespart war und es nun genau hineinpaßt.

›*Paßt*‹ dieser Fleck  in seine weiße Umgebung? – *Aber genau so würde es aussehen*, wenn statt seiner erst ein Loch gewesen wäre, und er nun hineinpaßte. Mit dem Ausdruck »er paßt« wird eben nicht einfach dies Bild beschrieben. Nicht einfach diese *Situation*.

»Jeder Farbfleck paßt genau in seine Umgebung« ist ein etwas spezialisierter Satz der Identität.

»Wie kann ich einer Regel folgen?« – wenn das nicht eine Frage nach den Ursachen ist, so ist es eine nach der Rechtfertigung dafür, daß ich *so* nach ihr handle.

Habe ich die Begründungen erschöpft, so bin ich nun auf dem harten Felsen angelangt, und mein Spaten biegt sich zurück. Ich bin dann geneigt zu sagen: »So handle ich eben.«

(Erinnere dich, daß wir manchmal Erklärungen fordern nicht ihres Inhalts wegen, sondern der Form der Erklärung wegen. Unsere Forderung ist eine architektonische; die Erklärung eine Art Scheingesims, das nichts trägt.)

Woher die Idee, es wäre die angefangene Reihe ein sichtbares Stück unsichtbar bis ins Unendliche gelegter Geleise? Nun, statt der Regel könnten wir uns Geleise denken. Und der nicht begrenzten Anwendung der Regel entsprechen unendlich lange Geleise.

»Die Übergänge sind eigentlich alle schon gemacht« heißt: ich habe keine Wahl mehr. Die Regel, einmal mit einer bestimmten Bedeutung gestempelt, zieht die Linien ihrer Befolgung durch den ganzen Raum. – Aber wenn so etwas wirklich der Fall wäre, was hülfe es mir?

Nein; meine Beschreibung hatte nur Sinn, wenn sie symbolisch zu verstehen war. – *So kommt es mir vor* – sollte ich sagen.

Wenn ich der Regel folge, wähle ich nicht.

Ich folge der Regel *blind.*

* * *

Was heißt es: Man kann eine gerade Strecke beliebig verlängern? Gibt es hier nicht ein »Und so weiter ad inf.«, das ganz verschieden ist von dem der mathematischen Induktion? Nach dem Bisherigen bestünde der Ausdruck für die Möglichkeit des Verlängerns, im Sinn der Beschreibung des verlängerten Stückes, oder des Verlängerns. Hier scheint es sich nun zunächst gar nicht um Zahlen zu handeln. Ich kann mir denken, daß der Bleistift, der die Strecke zeichnet, seine Bewegung fortsetzt und nun immer so weiter geht. Ist es aber auch denkbar, daß die Möglichkeit nicht besteht, diesen Vorgang mit einem zählbaren Vorgang zu begleiten? Ich glaube nicht.

Wann sagen wir: »Die Linie gibt mir das *als Regel* ein – immer das Gleiche.«? Und anderseits: »Sie gibt mir immer wieder ein, was ich zu tun habe – sie ist keine Regel.«?

Im ersten Fall heißt es: ich habe keine weitere Instanz dafür, was ich zu tun habe. Die Regel tut es ganz allein; ich brauche ihr nur zu folgen (und folgen ist eben *eins*). Ich fühle nicht z. B.: es ist seltsam, daß mir die Linie immer etwas sagt. – Der andre Satz sagt: Ich weiß nicht, was ich tun werde; die Linie wird's mir sagen.

Man könnte sich denken, daß Einer mit solchen Gefühlen multipliziert, richtig multipliziert; immer wieder sagt »Ich weiß nicht – jetzt gibt mir die Regel auf einmal *das* ein!« – und daß wir antworten: »Freilich; du gehst ja ganz nach der Regel vor.«

* * *

Ich gebe die Regeln eines Spiels. Der Andere macht, diesen Regeln ganz entsprechend, einen Zug, dessen Möglichkeit ich nicht vorausgesehen hatte, und der das Spiel stört, so wie ich's nämlich wollte. Ich muß nun sagen: »Ich habe schlechte Regeln gegeben«; ich muß meine Regeln ändern, oder vielleicht ergänzen.

So habe ich also schon zum Voraus ein Bild des Spiels? In gewissem Sinne: ja!

Es war doch z. B. möglich, daß ich nicht voraussah, daß eine quadratische Gleichung nicht reelle Lösungen haben muß.

Die Regel führt mich also zu etwas, wovon ich sage: »dieses Bild hatte ich nicht erwartet; ich stellte mir eine Lösung immer *so* vor: . . .«

Im einen Fall machen wir den Zug eines bestehenden Spiels, im andern setzen wir eine Spielregel fest. Man könnte auch das Ziehen mit einer Spielfigur auf diese beiden Arten auffassen: als Paradigma für künftige Züge, und als Zug einer Partie (des Spiels).

Du mußt bedenken, daß es ein Sprachspiel geben kann, ›eine Reihe von Ziffern fortsetzen‹, in dem keine Regel, kein Regelausdruck je gegeben wird, sondern das Lernen *nur* durch Beispiele geschieht. So daß die Idee, jeder Schritt sei durch ein Etwas – eine Art Vorbild – in unserm Geiste zu rechtfertigen, diesen Leuten fremd wäre.

Wie seltsam: Es scheint, als ob zwar eine physische (mechanische) Führung versagen, Unvorhergesehenes zulassen könnte, aber eine Regel nicht! Sie wäre sozusagen die einzig verläßliche Führung. Aber worin besteht es, daß eine Führung eine Bewegung nicht zuläßt, und worin, daß eine Regel sie nicht zuläßt? – Wie weiß man das eine, und wie das andere?

»Wie mach ich's denn, um ein Wort immer richtig, d. h., sinnvoll anzuwenden; schau ich immer in der Grammatik nach? Nein; daß ich etwas meine – was ich meine, hindert mich, Unsinn zu sagen.« – »Ich meine etwas mit den Worten« heißt hier: Ich *weiß*, daß ich sie anwenden kann.

Ich kann aber glauben, sie anwenden zu können, und es zeigt sich, daß ich im Irrtum war.

Daraus folgt nicht, daß Verstehen die Tätigkeit ist, durch die wir unser Verständnis zeigen. Die Frage, ob es diese Tätigkeit ist, ist irreführend. Sie darf nicht *so* aufgefaßt werden: »Ist also das Verstehen *diese* Tätigkeit – ist es nicht doch eine *andere*?« – Sondern so: »Wird ›Verstehen‹ zur Bezeichnung dieser Tätigkeit gebraucht – wird es nicht *anders* gebraucht?«

Wir sagen: »Wenn ihr beim Multiplizieren wirklich der Regel folgt, MUSS das Gleiche herauskommen.« Nun, wenn dies nur die etwas hysterische Ausdrucksweise der Universitätssprache ist, so braucht sie uns nicht sehr zu interessieren. Es ist aber der Ausdruck einer Einstellung zu der Technik des Rechnens, die sich überall in unserm Leben zeigt. Die Emphase des Muß entspricht nur der Unerbittlichkeit dieser Einstellung, sowohl zur Technik des Rechnens, als auch zu unzähligen verwandten Übungen.

Mit den Worten »*Diese* Zahl ist die folgerechte Fortsetzung dieser Reihe« könnte ich Einen dazu bringen, daß er in Zukunft das und das »folgerechte Fortsetzung« nennt. Was ›das und das‹ ist, kann ich nur an Beispielen zeigen. D. h., ich lehre ihn eine Reihe (Grundreihe) fortsetzen, ohne einen Ausdruck des ›Gesetzes der Reihe‹ zu verwenden; vielmehr, um ein Substrat zu erhalten für die Bedeutung algebraischer Regeln, oder was ihnen ähnlich ist.

Er muß *ohne Grund* so fortsetzen. Aber nicht, weil man ihm den Grund noch nicht begreiflich machen kann, sondern weil es – in *diesem* System – keinen Grund gibt. (»Die Kette der Gründe hat ein Ende.«)

Und das *so* (in »so fortsetzen«) ist durch eine Ziffer, einen Wert, bezeichnet. Denn auf *dieser* Stufe wird der Regelausdruck durch den Wert erklärt, nicht der Wert durch die Regel.

Denn dort, wo es heißt »Aber *siehst* du denn nicht ...?« nützt ja eben die Regel nichts, sie ist Erklärtes, nicht Erklärendes.

»Er erfaßt die Regel intuitiv.« – Warum aber die Regel? und nicht, wie er jetzt fortsetzen soll?

»Hat er nur das Richtige gesehen, diejenige der unendlich vielen Beziehungen, die ich ihm nahezubringen trachte, – hat er sie nur einmal erfaßt, so wird er jetzt ohne weiteres die Reihe richtig fortsetzen. Ich gebe zu, er kann diese Beziehung, die ich meine, nur erraten (intuitiv erraten) – ist es aber gelungen, dann ist das Spiel gewonnen.« – Aber dieses ›Richtige‹ von mir Gemeinte, gibt es gar nicht. Der Vergleich ist falsch. Es gibt hier nicht quasi ein Rädchen, das er erfassen soll, die richtige Maschine, die ihn, einmal gewählt, automatisch weiterbringt. Es könnte ja sein, daß sich in unserm Gehirn so etwas abspielt, aber das interessiert uns nicht.

»Tu dasselbe!« Aber dabei muß ich ja auf die Regel zeigen. Die muß er also schon *anzuwenden* gelernt haben. Denn was bedeutet ihr Ausdruck sonst für ihn?

Die Bedeutung der Regel erraten, sie intuitiv zu erfassen, könnte doch nur heißen: ihre *Anwendung* erraten. Und das kann nun nicht heißen: die *Art*, die *Regel* ihrer Anwendung erraten. Und vom Erraten ist hier überhaupt keine Rede.

Ich könnte z. B. erraten, welche Fortsetzung dem Andern *Freude* machen wird (etwa nach seinem Gesicht). Die Anwendung der Regel erraten könnte man nur, sofern man bereits unter verschiedenen Anwendungen wählen kann.

Man könnte sich ja dann auch denken, daß er, statt die

›Anwendung der Regel zu erraten‹, sie *erfindet*. Nun, wie sähe das aus? – Soll er etwa sagen: »Der Regel + 1« folgen, möge einmal heißen, zu schreiben: 1, 1 + 1, 1 + 1 + 1, usw.«? Aber was meint er damit? Das »usw.« setzt ja eben schon das Beherrschen einer Technik voraus.

Statt »usw.« hätte er auch sagen können: »Du weißt schon, was ich meine.« Und seine Erklärung wäre einfach eine *Definition* des Ausdrucks »Der Regel +1 folgen« gewesen. *Das* wäre seine »Erfindung« gewesen.

Wir kopieren die Ziffern von 1 bis 100 etwa, und *schließen, denken*, auf diese Weise.

Ich könnte es so sagen: Wenn ich die Ziffern von 1 bis 100 kopiere, – wie weiß ich, daß ich eine Ziffernreihe erhalten werde, die beim Zählen stimmt? Und *was* ist hier eine Kontrolle *wofür*? Oder wie soll ich hier die wichtige Erfahrungstatsache beschreiben? Soll ich sagen, die Erfahrung lehrt, daß ich immer gleich zähle? oder, daß beim Kopieren keine Ziffer verlorengeht? oder, daß die Ziffern auf dem Papier stehen bleiben, wie sie sind, auch wenn ich nicht hinschaue? Oder *alle* diese Tatsachen? Oder soll ich sagen, daß wir einfach nicht in Schwierigkeiten kommen? Oder daß uns fast immer alles in Ordnung zu sein scheint?

So denken wir. *So* handeln wir. *So* reden wir darüber.

Denke, du solltest beschreiben, wie Menschen das Zählen (im Dezimalsystem z. B.) lernen. Du beschreibst, was der Lehrer sagt und tut, und wie der Schüler darauf reagiert. In dem, was der Lehrer sagt und tut, werden sich z. B. Worte und Gebärden finden, die den Schüler zum Fortsetzen einer Reihe aufmuntern sollen; auch Worte wie »Er kann jetzt zählen«. Soll nun die Beschreibung, die ich von dem Vorgang des Lehrens und Lernens gebe, außer den Worten des Lehrers auch mein eigenes Urteil enthalten: der Schüler könne jetzt zählen, oder: der Schüler habe nun das System der Zahlworte verstanden? Wenn ich so ein Urteil nicht in die Beschreibung aufnehme, – ist sie dann unvollständig? und wenn ich es aufnehme, gehe ich über die bloße Beschreibung hinaus? – Kann ich mich jener Urteile enthalten mit der Begründung: *»Das ist alles, was geschieht«?*

Muß ich nicht vielmehr fragen: »Was tut die Beschreibung überhaupt? wozu dient sie?« – Was eine vollständige und eine unvollständige Beschreibung ist, wissen wir allerdings in anderem Zusammenhang. Frage dich: wie verwendet man die Ausdrücke »vollständige« und »unvollständige Beschreibung«?

Eine Rede vollständig (oder unvollständig) wiedergeben. Gehört dazu auch die Wiedergabe des Tonfalls, des Mienenspiels, der Echtheit oder Unechtheit der Gefühle, der Absichten des Redners, der Anstrengung des Redens? Ob das, oder jenes für uns zur vollständigen Beschreibung gehört, wird vom Zweck der Beschreibung abhängen, davon, was der Empfänger mit der Beschreibung anfängt.

Der Ausdruck »Das ist alles, was *geschieht*« grenzt ab, was wir »geschehen« nennen.

Hier ist die Versuchung überwältigend, noch etwas zu sagen, wenn schon alles beschrieben ist. – Woher dieser Drang? Welche Analogie, welche falsche Interpretation erzeugt ihn?

Hier stoßen wir auf eine merkwürdige und charakteristische Erscheinung in philosophischen Untersuchungen: Die Schwierigkeit – könnte ich sagen – ist nicht, die Lösung zu finden, sondern, etwas als die Lösung anzuerkennen, was aussieht, als wäre es erst eine Vorstufe zu ihr. »Wir haben schon alles gesagt. – Nicht etwas, was daraus folgt, sondern eben *das* ist die Lösung!«

Das hängt, glaube ich, damit zusammen, daß wir fälschlich eine Erklärung erwarten; während eine Beschreibung die Lösung der Schwierigkeit ist, wenn wir sie richtig in unsere Betrachtung einordnen. Wenn wir bei ihr verweilen, nicht versuchen, über sie hinauszukommen.

Die Schwierigkeit ist hier: Halt zu machen.

6

Denken

Um über die Bedeutung des Wortes »denken« klar zu werden, schauen wir uns selbst beim Denken zu: Was wir da beobachten, werde das sein, was das Wort bedeutet! – Aber so wird dieser Begriff eben nicht gebraucht. (Es wäre ähnlich, wenn ich, ohne Kenntnis des Schachspiels, durch genaues Beobachten des letzten Zuges einer Schachpartie herausbringen wollte, was das Wort »mattsetzen« bedeutet.)

Irreführende Parallele: Der Schrei, ein Ausdruck des Schmerzes – der Satz, ein Ausdruck des Gedankens!

Als wäre es der Zweck des Satzes, Einen wissen zu lassen, wie es dem Andern zu Mute ist: Nur, sozusagen, im Denkapparat und nicht im Magen.

Wenn wir denkend sprechen, oder auch schreiben – ich meine, wie wir es gewöhnlich tun – so werden wir, im allgemeinen, nicht sagen, wir dächten schneller, als wir sprechen; sondern der Gedanke erscheint hier vom Ausdruck *nicht abgelöst*. Anderseits aber redet man von der Schnelle des Gedankens; wie ein Gedanke uns blitzartig durch den Kopf geht, wie Probleme uns mit einem Schlage klar werden, etc. Da liegt es nahe, zu fragen: Geschieht beim blitzartigen Denken das gleiche, wie beim nicht gedankenlosen Sprechen, – nur äußerst beschleunigt? So daß also im ersten Fall das Uhrwerk gleichsam mit einem Ruck abläuft, im zweiten aber, durch die Worte gehemmt, Schritt für Schritt.

Ich kann in demselben Sinn blitzartig einen Gedanken ganz vor mir sehen, oder verstehen, wie ich ihn mit wenigen Worten oder Strichen notieren kann.

Was macht diese Notiz zu einer Zusammenfassung dieses Gedankens?

Der blitzartige Gedanke kann sich zum ausgesprochenen verhalten wie die algebraische Formel zu einer Zahlenfolge, die ich aus ihr entwickle.

Wird mir z. B. eine algebraische Funktion gegeben, so bin ich SICHER, ich werde ihre Werte für die Argumente 1, 2, 3, bis 10 berechnen können. Man wird diese Sicherheit ›wohlbegründet‹ nennen, denn ich habe gelernt, solche Funktionen zu berechnen, usw. In andern Fällen wird sie nicht begründet sein, – aber durch den Erfolg dennoch gerechtfertigt.

»Was geschieht, wenn ein Mensch plötzlich versteht?« – Die Frage ist schlecht gestellt. Fragt sie nach der Bedeutung des Ausdrucks »plötzlich verstehen«, so ist die Antwort nicht das Hinweisen auf einen Vorgang, den wir so nennen. – Die Frage könnte bedeuten: Was sind Anzeichen dafür, daß Einer plötzlich versteht; welches sind die charakteristischen psychischen Begleiterscheinungen des plötzlichen Verstehens?

(Es ist kein Grund, anzunehmen, daß ein Mensch die Ausdrucksbewegungen seines Gesichts, z. B., oder die für eine Gemütsbewegung charakteristischen Veränderungen in seiner Atmung, fühle. Auch wenn er sie fühlt, sobald er seine Aufmerksamkeit auf sie lenkt.) ((Positur.))

Daß die Antwort auf die Frage nach der Bedeutung des Ausdrucks mit dieser Beschreibung nicht gegeben ist, verleitet dann zu der Folgerung, das Verstehen sei eben ein spezifisches, undefinierbares, Erlebnis. Man vergißt aber, daß, was uns interessieren muß, die Frage ist: Wie *verglei-*

chen wir diese Erlebnisse; was *legen wir fest* als Kriterium der Identität des Geschehnisses?

»Jetzt weiß ich weiter!« ist ein Ausruf; er entspricht einem Naturlaut, einem freudigen Aufzucken. Aus meiner Empfindung folgt natürlich nicht, daß ich nicht stecken bleibe, sowie ich versuche, weiterzugehen. – Es gibt da Fälle, in denen ich sagen werde: »Als ich sagte, ich wisse weiter, da *war* es so.« Das wird man z. B. sagen, wenn eine unvorhergesehene Störung eingetreten ist. Aber das Unvorhergesehene dürfte nicht einfach das sein, daß ich steckenblieb.

Es wäre auch denkbar, daß Einer immer wieder Scheinerleuchtungen hätte, – ausriefe »Jetzt hab ich's!« und es dann nie durch die Tat rechtfertigen könnte. – Es könnte ihm scheinen, als vergäße er augenblicklich wieder die Bedeutung des Bildes, das ihm vorschwebte.

Wäre es richtig zu sagen, es handle sich hier um Induktion, und ich sei so sicher, daß ich die Reihe werde fortsetzen können, wie ich es bin, daß dieses Buch zur Erde fallen wird, wenn ich es auslasse; und ich wäre nicht erstaunter, wenn ich plötzlich ohne offenbare Ursache im Entwickeln der Reihe steckenbliebe, als ich es wäre, wenn das Buch, statt zu fallen, in der Luft schweben bliebe? – Darauf will ich antworten, daß wir eben auch zu *dieser* Sicherheit keiner Gründe bedürfen. Was könnte die Sicherheit *mehr* rechtfertigen als der Erfolg?

»Die Gewißheit, daß ich werde fortsetzen können, nachdem ich dies Erlebnis gehabt habe – z. B. diese Formel gesehen habe – gründet sich einfach auf Induktion.« Was heißt das? – »Die Gewißheit, daß das Feuer mich brennen wird, gründet sich auf Induktion.« Heißt dies, daß ich bei mir schließe »Ich habe mich immer an einer Flamme verbrannt, also wird es auch jetzt geschehen«? Oder ist die frühere Erfahrung die *Ursache* meiner Gewißheit, nicht ihr Grund?

Ist die frühere Erfahrung die Ursache der Gewißheit? – das kommt auf das System von Hypothesen, Naturgesetzen an, in welchem wir das Phänomen der Gewißheit betrachten.

Ist die Zuversicht gerechtfertigt? – Was die Menschen als Rechtfertigung gelten lassen, – zeigt, wie sie denken und leben.

Wir erwarten *dies* und werden von *dem* überrascht; aber die Kette der Gründe hat ein Ende.

»Kann man denken, ohne zu reden?« – Und was ist *Denken*? – Nun, denkst du nie? Kannst du dich nicht beobachten und sehen, was da vorgeht? Das sollte doch einfach sein. Du mußt ja darauf nicht, wie auf ein astronomisches Ereignis warten und dann etwa in Eile deine Beobachtung machen.

Nun, was nennt man noch »denken«? Wofür hat man gelernt, das Wort zu benützen? – Wenn ich sage, ich habe gedacht, – muß ich da immer recht haben? – Was für eine *Art* des Irrtums gibt es da? Gibt es Umstände, unter denen man fragen würde: »War, was ich da getan habe, wirklich ein Denken; irre ich mich nicht?« Wenn jemand, im Verlauf eines Gedankengangs, eine Messung ausführt: hat er das Denken unterbrochen, wenn er beim Messen nicht zu sich selbst spricht?

Wenn ich in der Sprache denke, so schweben mir nicht neben dem sprachlichen Ausdruck noch ›Bedeutungen‹ vor; sondern die Sprache selbst ist das Vehikel des Denkens.

Ist Denken eine Art Sprechen? Man möchte sagen, es ist das, was denkendes Sprechen vom gedankenlosen Sprechen unterscheidet. – Und da scheint es eine Begleitung des Sprechens zu sein. Ein Vorgang, der vielleicht auch etwas anderes begleiten, oder selbständig ablaufen kann.

Sprich die Zeile: »Die Feder ist wohl stumpf. Nu, nu, sie geht.« Einmal denkend; dann gedankenlos; dann denk nur den Gedanken, aber ohne die Worte. – Nun, ich könnte, im Laufe einer Handlung, die Spitze meiner Feder prüfen, mein Gesicht verziehen, – dann mit einer Gebärde der Resignation weiterschreiben. – Ich könnte auch, mit irgendwelchen Messungen beschäftigt, so handeln, daß, wer mir zusieht, sagen würde, ich habe – ohne Worte – gedacht: Sind zwei Größen einer dritten gleich, so sind sie untereinander gleich. – Aber was hier das Denken ausmacht, ist nicht ein Vorgang, der die Worte begleiten muß, wenn sie nicht gedankenlos ausgesprochen sein sollen.

Stell dir Menschen vor, die nur laut denken könnten! (Wie es Menschen gibt, die nur laut lesen können.)

»Denken« nennen wir wohl manchmal, den Satz mit einem seelischen Vorgang begleiten, aber »Gedanke« nennen wir nicht jene Begleitung. – Sprich einen Satz und denke ihn; sprich ihn mit Verständnis! – Und nun sprich ihn nicht, und tu nur das, womit du ihn beim verständnisvollen Sprechen begleitet hast! – (Sing dies Lied mit Ausdruck! Und nun sing es nicht, aber wiederhole den Ausdruck! – Und man könnte auch hier etwas wiederholen; z. B. Schwingungen des Körpers, langsameres und schnelleres Atmen, etc.)

»Das kann nur Einer sagen, der davon *überzeugt* ist.« – Wie hilft ihm die Überzeugung, wenn er es sagt? – Ist sie dann neben dem gesprochenen Ausdruck vorhanden? (Oder wird sie von diesem zugedeckt, wie ein leiser Ton von einem lauten, sodaß sie gleichsam nicht mehr gehört werden kann, wenn man sie laut ausdrückt?) Wie, wenn Einer sagte: »Damit man eine Melodie nach dem Gedächtnis singen kann, muß man sie im Geiste hören und sie nachsingen«?

»Du wolltest also eigentlich sagen ....« – Mit dieser Redeweise leiten wir Jemand von einer Ausdrucksform zu einer andern. Man ist versucht, das Bild zu gebrauchen: das, was er eigentlich ›sagen wollte‹, was er ›meinte‹, sei, noch ehe wir es aussprachen, in seinem Geist vorhanden gewesen. Was uns dazu bewegt, einen Ausdruck aufzugeben und an seiner Stelle einen andern anzunehmen, kann von mannigfacher Art sein. Das zu verstehen, ist es nützlich, das Verhältnis zu betrachten, in welchem Lösungen mathematischer Probleme zum Anlaß und Ursprung ihrer Fragestellung stehen. Der Begriff ›Dreiteilung des Winkels mit Lineal und Zirkel‹, wenn Einer nach der Dreiteilung sucht, und anderseits, wenn bewiesen ist, daß es sie nicht gibt.

Was geschieht, wenn wir uns bemühen – etwa beim Schreiben eines Briefes – den richtigen Ausdruck für unsere Gedanken zu finden? – Diese Redeweise vergleicht den Vorgang dem einer Übersetzung, oder Beschreibung: Die Gedanken sind da (etwa schon vorher), und wir suchen nur noch nach ihrem Ausdruck. Dieses Bild trifft für verschiedene Fälle mehr oder weniger zu. – Aber was kann hier nicht alles geschehen? – Ich gebe mich einer Stimmung hin, und der Ausdruck *kommt*. Oder: es schwebt mir ein Bild vor, das ich zu beschreiben trachte. Oder: es fiel mir ein englischer Ausdruck ein, und ich will mich auf den entsprechenden deutschen besinnen. Oder: ich mache eine Gebärde, und frage mich: »Welches sind die Worte, die dieser Gebärde entsprechen?« Etc.

Wenn man nun fragte »Hast du den Gedanken, ehe du den Ausdruck hattest?« – was müßte man da antworten? Und was auf die Frage: »Worin bestand der Gedanke, wie er vor dem Ausdruck vorhanden war?«

Es liegt hier ein Fall vor, ähnlich dem, wenn jemand sich vorstellt, man könne einen Satz mit der merkwürdigen Wortstellung der deutschen oder lateinischen Sprache nicht einfach denken, wie er dasteht. Man müsse ihn zuerst denken, und dann bringt man die Wörter in jene seltsame Ordnung. (Ein französischer Politiker schrieb einmal, es sei eine Eigentümlichkeit der französischen Sprache, daß in ihr die Worte in der Ordnung stehen, in welcher man sie denkt.)

Aber habe ich nicht die Gesamtform des Satzes, z. B., schon an seinem Anfang beabsichtigt? Also war er mir doch schon im Geiste, ehe er noch ausgesprochen war! – Wenn er mir im Geiste war, dann, im allgemeinen, nicht mit anderer Wortstellung. Aber wir machen uns hier wieder ein irreführendes Bild vom ›Beabsichtigen‹; d. h., vom Gebrauch dieses Worts. Die Absicht ist eingebettet in der Situation, den menschlichen Gepflogenheiten und Institutionen. Gäbe es nicht die Technik des Schachspiels, so könnte ich nicht beabsichtigen, eine Schachpartie zu spielen. Soweit ich die Satzform im voraus beabsichtige, ist dies dadurch ermöglicht, daß ich deutsch sprechen kann.

Man kann doch nur etwas sagen, wenn man sprechen gelernt hat. Wer also etwas sagen *will*, muß dazu auch gelernt haben, eine Sprache beherrschen; und doch ist es klar, daß er beim Sprechenwollen nicht sprechen mußte. Wie er auch beim Tanzenwollen nicht tanzt.

Und wenn man darüber nachdenkt, so greift der Geist nach der *Vorstellung* des Tanzens, Redens, etc.

Denken ist kein unkörperlicher Vorgang, der dem Reden Leben und Sinn leiht, und den man vom Reden ablösen könnte, gleichsam wie der Böse den Schatten Schlemihls vom Boden abnimmt. – Aber wie: »kein unkörperlicher Vorgang«? Kenne ich also unkörperliche Vorgänge, das Denken aber ist nicht einer von ihnen? Nein; das Wort »unkörperlicher Vorgang« nahm ich mir zu Hilfe, in meiner Verlegenheit, da ich die Bedeutung des Wortes »denken« auf primitive Weise erklären wollte.

Man könnte aber sagen »Denken ist ein unkörperlicher Vorgang«, wenn man dadurch die Grammatik des Wortes »denken« von der des Wortes »essen«, z. B., unterscheiden will. Nur erscheint dadurch der Unterschied der Bedeutung *zu gering*. (Ähnlich ist es, wenn man sagt: die Zahlzeichen seien wirkliche, die Zahlen nicht-wirkliche Gegenstände.) Eine unpassende Ausdrucksweise ist ein sicheres Mittel, in einer Verwirrung stecken zu bleiben. Sie verriegelt gleichsam den Ausweg aus ihr.

Wie ein Wort funktioniert, kann man nicht erraten. Man muß seine Anwendung *ansehen* und daraus lernen.

Die Schwierigkeit aber ist, das Vorurteil zu beseitigen, das diesem Lernen entgegensteht. Es ist kein *dummes* Vorurteil.

Gedankenloses und nicht gedankenloses Sprechen ist zu vergleichen dem gedankenlosen und nicht gedankenlosen Spielen eines Musikstücks.

William James, um zu zeigen, daß Denken ohne Sprechen möglich ist, zitiert die Erinnerung eines Taubstummen, Mr. Ballard, welcher schreibt, er habe in seiner frühen Jugend, noch ehe er sprechen konnte, sich über Gott und die Welt Gedanken gemacht. – Was das wohl heißen mag! – Ballard schreibt: »It was during those delightful rides, some two or three years before my initiation into the rudiments of written language, that I began to ask myself the question: how came the world into being?« – Bist du sicher, daß dies die richtige Übersetzung deiner wortlosen Gedanken in Worte ist? – möchte man fragen. Und warum reckt diese Frage – die doch sonst garnicht zu existieren scheint – hier ihren Kopf hervor? Will ich sagen, es täusche den Schreiber sein Gedächtnis? – Ich weiß nicht einmal, ob ich *das* sagen würde. Diese Erinnerungen sind ein seltsames Gedächtnisphänomen – und ich weiß nicht, welche Schlüsse auf die Vergangenheit des Erzählers man aus ihnen ziehen kann!

Die Worte, mit denen ich meine Erinnerung ausdrücke, sind meine Erinnerungsreaktion.

Wäre es denkbar, daß Menschen nie eine hörbare Sprache sprächen, wohl aber eine im Innern, in der Vorstellung, zu sich selber?

»Wenn die Menschen immer nur in ihrem Innern zu sich selbst sprächen, so täten sie schließlich nur dasjenige *beständig*, was sie auch heute *manchmal* tun.« – Es ist also ganz leicht, sich dies vorzustellen; man braucht nur den leichten Übergang von Einigen zu Allen zu machen. (Ähnlich: »Eine unendlich lange Baumreihe ist einfach eine, die *nicht* zu einem Ende kommt«.) Unser Kriterium dafür, daß Einer zu sich selbst spricht, ist das, was er uns sagt, und sein übriges Verhalten; und wir sagen nur von dem, er spräche zu sich selbst, der, im gewöhnlichen Sinne, *sprechen kann*. Und wir sagen es auch nicht von einem Papagei; und nicht von einem Grammophon.

»Was manchmal geschieht, könnte immer geschehen« – was wäre das für ein Satz? Ein ähnlicher, wie dieser: Wenn »F(a)« Sinn hat, hat »(x).F(x)« Sinn.

»Wenn es vorkommen kann, daß Einer in einem Spiel falsch zieht, so könnte es sein, daß alle Menschen in allen Spielen nichts als falsche Züge machten.« – Wir sind also in der Versuchung, hier die Logik unsrer Ausdrücke mißzuverstehen, den Gebrauch unsrer Worte unrichtig darzustellen.

Befehle werden manchmal nicht befolgt. Wie aber würde es aussehen, wenn Befehle *nie* befolgt würden? Der Begriff ›Befehl‹ hätte seinen Zweck verloren.

Aber könnten wir uns nicht vorstellen, daß Gott einem

Papagei plötzlich Verstand schenkte, und dieser nun zu sich selbst redete? – Aber hier ist es wichtig, daß ich zu dieser Vorstellung die Vorstellung von einer Gottheit zu Hilfe nahm.

»Aber ich weiß doch von mir selbst, was es heißt ›zu sich selbst sprechen‹. Und würde ich der Organe des lauten Sprechens beraubt, so könnte ich dennoch in mir Selbstgespräche führen.«

Weiß ich's nur von mir selbst, dann weiß ich also nur, was *ich* so nenne, nicht, was ein Andrer so nennt.

»Diese Taubstummen haben alle nur eine Gebärdensprache gelernt, Jeder aber spricht zu sich selbst im Innern eine Lautsprache.« – Nun, verstehst du das nicht? – Wie weiß ich nur, ob ich's verstehe?! – Was kann ich mit dieser Mitteilung (wenn's eine ist) anfangen? Die ganze Idee des Verstehens erhält hier einen verdächtigen Geruch. Ich weiß nicht, ob ich sagen soll, ich versteh's, oder ich versteh's nicht. Ich möchte antworten: »Es ist ein deutscher Satz; *scheinbar* ganz in Ordnung, – ehe man nämlich mit ihm arbeiten will; er steht mit andern Sätzen in einem Zusammenhang, der es uns schwer macht zu sagen, man wisse eigentlich nicht, was er uns mitteilt; Jeder, der nicht durch Philosophieren empfindungslos geworden ist, merkt, daß hier etwas nicht stimmt.«

»Aber diese Annahme hat doch gewiß einen guten Sinn!« – Ja; diese Worte und dies Bild haben unter gewöhnlichen Umständen eine uns geläufige Anwendung. – Nehmen wir aber einen Fall an, in welchem diese Anwendung wegfällt, so werden wir uns nun gleichsam zum ersten Male der Nacktheit der Worte und des Bildes bewußt.

* * *

Führen wir zwei gegensätzliche Begriffe ein, um bestimmte elementare Verwirrungen zu vermeiden: Auf die Frage »Woher weißt du, daß das-und-das der Fall ist?« antworten wir manchmal, indem wir »*Kriterien*«, und manchmal, indem wir »*Symptome*« angeben. Wenn in der Medizin eine Entzündung, die von einem bestimmten Bazillus verursacht wird, als Angina bezeichnet wird und wir in einem bestimmten Fall fragen: »Warum sagst du, daß dieser Mann Angina hat?«, dann gibt uns die Antwort »Ich habe den Bazillus so-und-so in seinem Blut gefunden« das Kriterium an, oder das, was wir als das definierende Kriterium von Angina bezeichnen können. Wenn andrerseits die Antwort lauten würde »Er hat einen entzündeten Hals«, dann würde sie uns ein Symptom von Angina geben. Mit »Symptom« bezeichne ich eine Erscheinung, die *erfahrungsgemäß* mit der Erscheinung zusammen auftritt, die unser definierendes Kriterium ist. Demnach ist die Äußerung »Jemand hat Angina, wenn sich dieser Bazillus in ihm befindet« eine Tautologie oder eine unscharfe Formulierung der Definition von »Angina«. Aber die Äußerung »Jemand hat Angina, wenn er einen entzündeten Hals hat« ist eine Hypothese.

Wenn man in der Praxis gefragt würde, welche Erscheinung das definierende Kriterium und welche ein Symptom ist, wäre man in den meisten Fällen nicht fähig, diese Frage zu beantworten, es sei denn, man fällt eine willkürliche Entscheidung *ad hoc*. Es mag von praktischem Wert sein, ein Wort durch Bezug auf eine Erscheinung als das definierende Kriterium zu definieren, aber wir werden uns leicht überreden lassen, das Wort durch Bezug auf das, was wir dem obigen Gebrauch entsprechend als Symptom bezeichnet haben, zu definieren. Ärzte wenden immer wieder Namen für Krankheiten an, ohne jemals zu entscheiden, welche Erscheinungen als Kriterien und welche als Symptome bezeichnet werden müssen; und das ist nicht unbedingt ein bedauerlicher Mangel an Klarheit. Denn bedenke, daß wir im allgemeinen die Sprache nicht nach strengen Regeln gebrauchen – man hat sie uns auch nicht nach strengen Regeln gelehrt. Andrerseits vergleichen *wir* in unsern Diskussionen die Sprache beständig mit einem Kalkül, der sich nach exakten Regeln vollzieht.

Dies ist eine sehr einseitige Betrachtungsweise. In der Praxis gebrauchen wir die Sprache sehr selten als einen derartigen Kalkül. Nicht nur, daß wir nicht an Regeln des Gebrauchs – an Definitionen etc. – denken, wenn wir die Sprache gebrauchen; in den meisten Fällen sind wir nicht einmal fähig, derartige Regeln anzugeben, wenn wir danach gefragt werden. Wir sind unfähig, die Begriffe, die wir gebrauchen, klar zu umschreiben; nicht, weil wir ihre wirkliche Definition nicht wissen, sondern weil sie keine wirkliche »Definition« haben. Die Annahme, daß sie eine solche Definition haben *müssen*, wäre wie die Annahme, daß ballspielende Kinder grundsätzlich nach strengen Regeln spielen.

Was wir im Sinn haben, wenn wir von der Sprache als einem Symbolsystem in einem exakten Kalkül sprechen, können wir in den Naturwissenschaften und in der Mathematik finden. Unser gewöhnlicher Sprachgebrauch entspricht diesem Standard der Exaktheit nur in seltenen Fällen.

* * *

Das Schwanken in der Grammatik zwischen Kriterien und Symptomen läßt den Schein entstehen, als gäbe es überhaupt nur Symptome. Wir sagen etwa: »Die Erfahrung lehrt, daß es regnet, wenn das Barometer fällt, aber sie lehrt auch, daß es regnet, wenn wir bestimmte Gefühle der Nässe und Kälte haben, oder den und den Gesichtseindruck.« Als Argument dafür gibt man dann an, daß diese Sinneseindrücke uns täuschen können. Aber man bedenkt dabei nicht, daß die Tatsache, daß sie uns gerade den Regen vortäuschen, auf einer Definition beruht.

Nicht darum handelt es sich, daß unsre Sinneseindrücke

uns belügen können, sondern, daß wir ihre Sprache verstehen. (Und diese Sprache beruht, wie jede andere, auf Übereinkunft.)

Man ist geneigt zu sagen: »Es regnet, oder es regnet nicht – wie ich das weiß, wie mich die Kunde davon erreicht hat, ist eine andere Sache.« Aber stellen wir also die Frage so: Was nenne ich »eine Kunde davon, daß es regnet?« (Oder habe ich auch von dieser Kunde nur Kunde erhalten?) Und was kennzeichnet denn diese ›Kunde‹ als Kunde von etwas? Leitet uns da nicht die Form unseres Ausdrucks irre? Ist das eben nicht eine irreführende Metapher: »Mein Auge gibt mir Kunde davon, daß dort ein Sessel stehe«?

Wir sagen nicht, ein Hund spräche *möglicherweise* zu sich selber. Ist das, weil wir seine Seele so genau kennen? Nun, man könnte so sagen: Wenn man das Benehmen des Lebewesens sieht, sieht man seine Seele. – Aber sage ich auch von mir, ich spreche zu mir selber, weil ich mich so und so benehme? – Ich sage es *nicht* auf die Beobachtung meines Benehmens hin. Aber es hat nur Sinn, weil ich mich so benehme. – So hat es also nicht darum Sinn, weil ich es *meine*?

Aber ist es nicht unser *Meinen*, das dem Satz Sinn gibt? (Und dazu gehört natürlich: Sinnlose Wortreihen kann man nicht meinen.) Und das Meinen ist etwas im seelischen Bereich. Aber es ist auch etwas Privates! Es ist das ungreifbare Etwas; vergleichbar nur dem Bewußtsein selbst.

Wie könnte man das lächerlich finden! es ist ja, gleichsam, ein Traum unserer Sprache.

Könnte eine Maschine denken? – Könnte sie Schmerzen haben? – Nun, soll der menschliche Körper so eine Maschine heißen? Er kommt doch am nächsten dazu, so eine Maschine zu sein.

Aber eine Maschine kann doch nicht denken! – Ist das ein Erfahrungssatz? Nein. Wir sagen nur vom Menschen, und was ihm ähnlich ist, es denke. Wir sagen es auch von Puppen und wohl auch von Geistern. Sieh das Wort »denken« als Instrument an!

Der Sessel denkt bei sich selber: ....

Wo? In einem seiner Teile? Oder außerhalb seines Körpers; in der Luft um ihn? Oder garnicht *irgendwo*? Aber was ist dann der Unterschied zwischen dem inneren Sprechen dieses Sessels und eines andern, der daneben steht? – Aber wie ist es dann mit dem Menschen: Wo spricht *er* zu sich selber? Wie kommt es, daß diese Frage sinnlos scheint; und keine Ortsbestimmung nötig ist, außer der, daß eben dieser Mensch zu sich selbst spricht? Während die Frage, *wo* der Sessel mit sich selbst spreche, eine Antwort zu verlangen scheint. – Der Grund ist: Wir wollen wissen, *wie* der Sessel hier einem Menschen gleichen soll; ob der Kopf z. B. am obern Ende der Lehne ist, usw.

Wie ist das, wenn man im Innern zu sich selbst spricht; was geht da vor? – Wie soll ich's erklären? Nun, nur so, wie du Einen die Bedeutung des Ausdrucks »zu sich selbst sprechen« lehren kannst. Und als Kinder lernen wir ja diese Bedeutung. – Nur, daß niemand sagen wird, wer sie uns lehrt, sage uns, ›was da vorgeht‹.

Vielmehr scheint es uns, als ob der Lehrer in diesem Falle dem Schüler die Bedeutung *beibringe* – ohne sie ihm direkt zu sagen; daß aber der Schüler endlich dazu gebracht wird, sich selbst die richtige hinweisende Erklärung zu geben. Und hierin liegt unsre Illusion.

* * *

Denken wir uns, daß Einer eine Arbeit verrichtet, in der es ein Vergleichen, Versuchen, Wählen gibt. Er stellt etwa einen Gebrauchsgegenstand aus gewissen Materialstücken mit gegebenen Werkzeugen her. Immer wieder entsteht das Problem »Soll ich *dies* Stück dazu nehmen?« – Das Stück wird verworfen, ein anderes versucht. Stücke werden versuchsweise zusammengestellt, auseinandergenommen; es wird nach einem passenden gesucht, etc., etc. Ich denke mir nun diesen ganzen Hergang gefilmt. Der Arbeitende gibt etwa auch Laute von sich, wie »Hm« oder »Ha!« Sozusagen Laute des Zögerns, des plötzlichen Findens, des Entschlusses, der Zufriedenheit, der Unzufriedenheit. Aber kein Wort wird geredet. Jene Laute mögen im Film aufgenommen werden. Der Film wird mir vorgeführt, und ich erfinde nun ein Selbstgespräch des Arbeitenden, welches zu seiner Arbeitsweise, dem Rhythmus seiner Arbeit, seinem Mienenspiel, seinen Gebärden und Naturlauten paßt, welches all dem entspricht. Ich lasse ihn also manchmal sagen »Nein, das Stück ist zu lang, vielleicht paßt ein anderes besser.« – Oder »Was soll ich jetzt tun?« – »Ich hab's!« – Oder »Das ist ganz gut« etc.

Wenn der Arbeitende reden kann, – wäre es eine Verfälschung des wirklichen Vorgangs, wenn er ihn genau beschriebe und etwa sagte: »Dann dachte ich: Nein, das geht nicht; ich muß es anders versuchen.« usw. – obwohl er während der Arbeit nicht gesprochen, und sich auch diese Worte nicht vorgestellt hatte?

Ich will sagen: Kann er nicht seine wortlosen Gedanken später in Worten wiedergeben? So zwar, daß wir, die den Arbeitsvorgang sähen, mit dieser Wiedergabe einverstanden sein könnten? – Umsomehr, wenn wir dem Mann nicht nur einmal, sondern öfters bei der Arbeit zugesehen hätten?

Wir könnten natürlich sein ›Denken‹ von der Tätigkeit nicht trennen. Das Denken ist eben keine Begleitung der Arbeit; so wenig, wie der denkenden Rede.

Wenn wir Wesen bei der Arbeit sähen, deren Arbeits*rhythmus*, deren Mienenspiel, etc., dem unsern ähnlich wäre, nur daß sie nicht *sprächen*, dann würden wir vielleicht sagen, sie dächten, überlegten, machten Entscheidungen. Es wäre eben da viel, was dem Tun des gewöhnlichen Menschen entspricht. Und es ist nicht zu entscheiden, wie genau die Entsprechung sein muß, damit wir den Begriff ›denken‹ auch bei ihnen anzuwenden ein Recht haben.

Und wozu sollen wir auch diese Entscheidung fällen?

Wir werden einen wichtigen Unterschied machen zwischen Wesen, die eine Arbeit, selbst eine komplizierte, ›mechanisch‹ zu verrichten lernen können, und solchen, die bei der Arbeit probieren, vergleichen. – Was aber »probieren« und »vergleichen« zu nennen ist, kann ich nur wieder an Beispielen erklären, und diese Beispiele werden unserm Leben, oder einem, das dem unsern ähnlich ist, entnommen sein.

Hat er, etwa spielend, oder durch Zufall eine Kombination gemacht, und verwendet sie nun als Methode, das und jenes zu tun, so werden wir sagen, er denke. – Beim *Überlegen* würde er Mittel und Wege an seinem geistigen Auge vorbeiziehen lassen. Aber dazu muß er schon welche im Vorrat haben. Das Denken gibt ihm die Möglichkeit zur *Vervollkommnung* seiner Methoden. Oder vielmehr: Er ›denkt‹, wenn er in bestimmter Art und Weise seine Methode vervollkommnet. [*Randbemerkung:* Wie schaut denn das Forschen aus?]

Man könnte auch sagen: Einer denkt, wenn er in bestimmter Weise *lernt*.

Und auch dies (könnte man sagen): Wer bei der Arbeit *denkt*, der wird oft *Hilfstätigkeiten* in sie einschalten. Das Wort »denken« nun bezeichnet nicht diese Hilfstätigkeiten, wie Denken ja auch nicht Reden ist. Obwohl der Begriff ›denken‹ nach Art einer imaginären Hilfstätigkeit gebildet ist. (So wie man sagen könnte, der Begriff des Differentialquotienten sei nach Art eines idealen Quotienten gebildet.)

Diese Hilfstätigkeiten sind nicht das Denken; aber man stellt sich das Denken vor als den Strom, der unter der Oberfläche dieser Hilfsmittel fließen muß, wenn sie nicht doch nur mechanische Handlungen sein sollen.

Nimm an, es handle sich um Wesen (menschenähnliche Tiere), die wir als Sklaven benützen, kaufen und verkaufen. Sie können nicht sprechen lernen, wohl aber kann man die begabtern unter ihnen zu, oft recht komplizierten, Arbeiten erziehen; und manche von diesen arbeiten ›denkend‹, andre bloß mechanisch. Für einen Denkenden zahlen wir mehr, als für einen bloß mechanisch Geschickten.

Wenn es nur ganz wenige Menschen gäbe, die die Antwort auf eine Rechenaufgabe finden könnten, ohne zu sprechen, oder zu schreiben, könnte man diese nicht zum Zeugnis anführen dafür, daß man auch ohne Zeichen rechnen könne. Weil es nämlich nicht klar wäre, daß diese Leute überhaupt ›rechnen‹. Ebenso kann auch das Zeugnis des Ballard (bei James) einen nicht davon überzeugen, daß man denken könne ohne Sprache.

Ja, warum soll man, wo keine Sprache gebraucht wird, vom ›denken‹ reden? Tut man's, so zeigt das eben etwas über den *Begriff* des Denkens.

›Denken‹, ein weit verzweigter Begriff. Ein Begriff, der viele Lebensäußerungen in sich verbindet. Die Denk*phänomene* liegen weit auseinander.

Wir sind auf die Aufgabe gar nicht *gefaßt*, den Gebrauch des Wortes »denken«, z. B., zu beschreiben. (Und warum sollten wir's sein? Wozu ist so eine Beschreibung nütze?)

Und die naive Vorstellung, die man sich von ihm macht,

entspricht gar nicht der Wirklichkeit. Wir erwarten uns eine glatte, regelmäßige Kontur, und kriegen eine zerfetzte zu sehen. Hier könnte man wirklich sagen, wir hätten uns ein falsches Bild gemacht.

Es ist von diesem Wort nicht zu erwarten, daß es eine einheitliche Verwendung habe; es ist vielmehr das Gegenteil zu erwarten.

Woher nehmen wir den Begriff ›denken‹, den wir hier betrachten wollen? Aus der Alltagssprache. Was unsrer Aufmerksamkeit zuerst ihre Richtung gibt, ist das Wort »denken«. Aber der Gebrauch dieses Worts ist verworren. Und wir können es nicht anders erwarten. Und das läßt sich natürlich von allen psychologischen Verben sagen. Ihre Verwendung ist nicht so klar, und so leicht zu übersehen, wie die der Wörter der Mechanik z. B.

Man lernt das Wort »denken«, d. i. seinen Gebrauch, unter gewissen Umständen, die man aber nicht beschreiben lernt.

Aber ich *kann* einen Menschen den Gebrauch des Wortes *lehren*! denn dazu ist ein Beschreiben jener Umstände nicht nötig.

Ich lehre ihn eben das Wort *unter bestimmten Umständen.*

Man lernt es etwa nur vom Menschen sagen, es von ihm behaupten, oder leugnen. Die Frage »Denkt ein Fisch?« muß unter seinen Sprachanwendungen nicht existieren, *nicht gestellt werden.* (Was kann natürlicher sein, als so ein Zustand; so eine Sprachverwendung?)

»An *diesen* Fall hat niemand gedacht« – kann man sagen.

Ich kann zwar nicht die Bedingungen aufzählen, unter denen das Wort »denken« zu gebrauchen ist, – aber, wenn ein Umstand den Gebrauch zweifelhaft macht, so kann ich's sagen, und auch, *wie* die Lage von der gewöhnlichen abweicht.

Wenn ich in einem bestimmten Zimmer eine bestimmte Tätigkeit auszuführen gelernt habe (das Aufräumen des Zimmers etwa) und diese Technik beherrsche, so folgt doch nicht, daß ich bereit sein müsse, die Einrichtung des Zimmers zu beschreiben; auch wenn ich jede Veränderung in ihr gleich merken würde und auch sofort beschreiben könnte.

»Dieses Gesetz wurde nicht in Voraussicht solcher Fälle gegeben.« Ist es darum sinnlos?

Es wäre doch sehr wohl denkbar, daß Einer sich genau in einer Stadt auskennt, d. h., von jedem Ort der Stadt zu jedem andern mit Sicherheit den kürzesten Weg fände, – und dennoch ganz außer Stande wäre, einen Plan der Stadt zu zeichnen. Daß er, sobald er es versucht, nur gänzlich Falsches hervorbringt. (Unser Begriff vom ›Instinkt‹.)

Bedenke, unsere Sprache könnte verschiedene Wörter besitzen: fürs ›laute Denken‹; fürs denkende Selbstgespräch in der Vorstellung; fürs Innehalten, wobei irgend etwas uns vorschwebt, woraufhin wir aber die Antwort mit Sicherheit geben können.

Ein Wort für den Gedanken, der im Satz ausgedrückt ist; eines für den Gedankenblitz, den ich später ›in Worte kleiden‹ kann, eins für das denkende Arbeiten ohne Worte.

»Denken ist eine geistige Tätigkeit.« – Denken ist *keine* körperliche Tätigkeit. Ist Denken eine Tätigkeit? Nun, man kann Einem befehlen »denk darüber nach!«. Wenn aber

Einer in Befolgung dieses Befehls zu sich selbst oder auch zum Andern spricht, verrichtet er da *zwei* Tätigkeiten?

Die Anteilnahme an dem Gesprochenen hat ihre spezifischen Zeichen. Sie hat auch ihre spezifischen Folgen und Vorbedingungen. Die Anteilnahme ist ein Erlebtes: man sagt sie von sich selbst nicht auf Grund einer Beobachtung aus. Sie ist keine Begleitung des Gesprochenen. Wodurch wäre, was den Satz begleitet, eine Anteilnahme am Inhalt dieses Satzes? (Logische Bedingung.)

Vergleiche das Phänomen des Denkens mit dem Phänomen des Brennens! Kann nicht das Brennen, die Flamme, uns rätselhaft erscheinen? Und warum die Flamme mehr als der Tisch? – Und wie klärst du dieses Rätsel auf?

Und wie soll nun das Rätsel des Denkens aufgelöst werden? – Wie das der Flamme?

Ist die Flamme nicht rätselhaft, weil sie ungreifbar ist? Wohl – aber warum macht sie das rätselhaft? Warum soll das Ungreifbare rätselhafter sein als das Greifbare? Außer, weil wir es greifen *wollen*. –

Man sagt, die Seele *verläßt* den Körper. Um ihr dann aber jede Ähnlichkeit mit dem Körper zu nehmen, und damit man beileibe nicht denkt, es sei irgendein gasförmiges Ding gemeint, sagt man, die Seele ist unkörperlich, unräumlich; aber mit dem Worte »verläßt« hat man schon alles gesagt. Zeige mir, *wie* du das Wort »seelisch« gebrauchst, und ich werde sehen, ob die Seele »unkörperlich« ist, und was du unter »Geist« verstehst.

Ich bin geneigt, vom Leblosen zu reden als von einem, dem etwas abgeht. Ich sehe das Leben unbedingt als ein Plus an, als etwas dem Leblosen Hinzugefügtes. (Psychologische Atmosphäre.)

Man sagt vom Tisch und Stuhl nicht: »er denkt jetzt«, noch »er denkt jetzt nicht«, noch »er denkt nie«; auch von der Pflanze nicht, auch vom Fisch nicht, kaum vom Hund; aber vom Menschen. Und auch nicht von allen Menschen.

»Ein Tisch denkt nicht« ist nicht vergleichbar einer Aussage wie »Ein Tisch wächst nicht«. (Ich wüßte gar nicht, ›wie das wäre, wenn‹ ein Tisch dächte.) Und hier gibt es offenbar einen graduellen Übergang zu dem Fall des Menschen.

Man redet nur vom ›denken‹ unter ganz bestimmten Umständen.

7
Der Wille

Es hat Sinn, zu fragen: »Liebe ich sie wirklich, mache ich mir das nicht nur vor?« und der Vorgang der Introspektion ist das Wachrufen von Erinnerungen; von Vorstellungen möglicher Situationen und der Gefühle, die man hätte, wenn ....

»Ich wälze den Entschluß in mir herum, morgen abzureisen.« (Dies kann man eine Beschreibung des Gemütszustandes nennen.) – »Deine Gründe überzeugen mich nicht; ich bin nach wie vor der Absicht, morgen abzureisen.« Hier wird man versucht sein, die Absicht ein Gefühl zu nennen. Das Gefühl ist das einer gewissen Steifigkeit; des unabänderlichen Entschlusses. (Aber es gibt auch hier viele verschiedene charakteristische Gefühle und Haltungen.) – Man fragt mich: »Wie lange bleibst du hier?« Ich antworte: »Morgen reise ich ab; meine Ferien gehen zu Ende.« – Dagegen aber: Ich sage am Ende eines Streits »Nun gut; dann reise ich morgen ab!« Ich fasse einen Entschluß.

»Ich habe mich in meinem Herzen dazu entschlossen.« Und man ist dabei auch geneigt, auf die Brust zu zeigen. Diese Redeweise ist psychologisch ernst zu nehmen. Warum sollte sie weniger ernst zu nehmen sein als die Aussage, der Glaube sei ein Zustand der Seele? (Luther: »Der Glaube ist unter der linken Brustzitze.«)

Es könnte sein, daß jemand die Bedeutung des Ausdrucks

»was man sagt, ernstlich *meinen*« durch ein Zeigen auf das Herz verstehen lerne. Aber nun muß man fragen »Wie zeigt sich's, daß er es gelernt hat?«

Soll ich sagen, wer eine Absicht hat, erlebt eine Tendenz? Es gebe bestimmte Tendenzerlebnisse? – Erinnere dich an diesen Fall? Wenn man in einer Diskussion dringend eine Bemerkung, einen Einwurf machen will, geschieht es häufig, daß man den Mund öffnet, den Atem einzieht und anhält; entscheidet man sich dann, den Einwurf zu unterlassen, so läßt man den Atem aus. Das Erlebnis dieses Vorgangs ist offenbar das Erlebnis einer Tendenz, zu sprechen. Wer mich beobachtet, wird erkennen, daß ich etwas sagen wollte und mich dann anders besonnen habe. In *dieser* Situation nämlich. – In einer andern würde er mein Benehmen so nicht deuten, so charakteristisch es auch in der gegenwärtigen Situation für die Absicht, zu sprechen, ist. Und ist irgend ein Grund vorhanden, anzunehmen, dieses selbe Erlebnis könnte in einer ganz andern Situation nicht auftreten, – in der es mit einer Tendenz nichts zu tun hat?

»Aber wenn du sagst ›Ich habe die Absicht, abzureisen‹, so meinst du's doch! Es ist eben hier wieder das geistige Meinen, das den Satz belebt. Sprichst du den Satz bloß einem Andern nach, etwa um seine Sprechweise zu verspotten, so sprichst du ihn ohne dieses Meinen.« – Wenn wir philosophieren, so kann es manchmal so scheinen. Aber denken wir uns doch wirklich *verschiedene* Situationen aus, und Gespräche, und wie jener Satz in ihnen ausgesprochen wird! – »Ich entdecke immer einen geistigen Unterton; vielleicht nicht immer den gleichen.« – Und war da kein Unterton vorhanden, als du den Satz dem Andern nachsprachst? Und wie nun den ›Unterton‹ von dem übrigen Erlebnis des Sprechens trennen?

Eine Hauptursache philosophischer Krankheiten – einseitige Diät: man nährt sein Denken mit nur einer Art von Beispielen.

»Aber die Worte, sinnvoll ausgesprochen, haben doch nicht nur Fläche, sondern auch eine Tiefendimension!« Es findet eben doch etwas anderes statt, wenn sie sinnvoll ausgesprochen werden, als wenn sie bloß ausgesprochen werden. – Wie ich das ausdrücke, darauf kommt's nicht an. Ob ich sage, sie haben im ersten Fall Tiefe; oder, es geht dabei etwas in mir, in meinem Innern, vor; oder, sie haben eine Atmosphäre – es kommt immer aufs gleiche hinaus.

»Wenn wir nun Alle hierin übereinstimmen, wird es da nicht wahr sein?«

(Ich kann des Andern Zeugnis nicht annehmen, weil es kein *Zeugnis* ist. Es sagt mir nur, was er zu sagen *geneigt* ist.) [...]

»Das Wollen ist auch nur eine Erfahrung«, möchte man sagen (der ›Wille‹ auch nur ›Vorstellung‹). Er kommt, wenn er kommt, und ich kann ihn nicht herbeiführen.

Nicht herbeiführen? – Wie *was*? Was kann ich denn herbeiführen? Womit vergleiche ich das Wollen, wenn ich dies sage?

Von der Bewegung meines Armes, z. B., würde ich nicht sagen, sie komme, wenn sie komme, etc. Und hier ist das Gebiet, in welchem wir sinnvoll sagen, daß uns etwas nicht einfach geschieht, sondern daß wir es *tun*. »Ich brauche nicht abwarten, bis mein Arm sich heben wird, – ich kann ihn heben.« Und hier setze ich die Bewegung meines Arms etwa dem entgegen, daß sich das heftige Klopfen meines Herzens legen wird.

In dem Sinne, in welchem ich überhaupt etwas herbeiführen kann (etwa Magenschmerzen durch Überessen), kann ich auch das Wollen herbeiführen. In diesem Sinne führe ich das Schwimmen-Wollen herbei, indem ich ins Wasser springe. Ich wollte wohl sagen: ich könnte das Wollen nicht wollen; d. h., es hat keinen Sinn, vom Wollen-Wollen zu sprechen. »Wollen« ist nicht der Name für eine Handlung und also auch für keine willkürliche. Und mein falscher Ausdruck kam daher, daß man sich das Wollen als ein unmittelbares, nichtkausales, Herbeiführen denken will. Dieser Idee aber liegt eine irreführende Analogie zu Grunde; der kausale Nexus erscheint durch einen Mechanismus hergestellt, der zwei Maschinenteile verbindet. Die Verbindung kann auslassen, wenn der Mechanismus gestört wird. (Man denkt nur an die Störungen, denen ein Mechanismus normalerweise ausgesetzt ist; nicht daran, daß etwa die Zahnräder plötzlich weich werden, oder einander durchdringen, etc.)

Wenn ich meinen Arm ›willkürlich‹ bewege, so bediene ich mich nicht eines Mittels, die Bewegung herbeizuführen. Auch mein Wunsch ist nicht ein solches Mittel.

»Das Wollen, wenn es nicht eine Art Wünschen sein soll, muß das Handeln selber sein. Es darf nicht vor dem Handeln stehenbleiben.« Ist es das Handeln, so ist es dies im gewöhnlichen Sinne des Worts; also: sprechen, schreiben, gehen, etwas heben, sich etwas vorstellen. Aber auch: trachten, versuchen, sich bemühen, – zu sprechen, zu schreiben, etwas zu heben, sich etwas vorzustellen, etc.

Wenn ich meinen Arm hebe, so habe ich *nicht* gewünscht, er möge sich heben. Die willkürliche Handlung schließt diesen Wunsch aus. Man kann allerdings sagen: »Ich hoffe, ich werde den Kreis fehlerlos zeichnen«. Und damit drückt man einen Wunsch aus, die Hand möge sich so und so bewegen.

Wenn wir unsere Finger in besonderer Weise verschränken, so sind wir manchmal nicht im Stande, einen bestimmten Finger auf Befehl zu bewegen, wenn der Befehlende bloß auf den Finger *zeigt* – ihn bloß unserm Auge zeigt. Wenn er ihn dagegen berührt, so können wir ihn bewegen. Man möchte diese Erfahrung so beschreiben: wir seien nicht im Stande, den Finger bewegen zu *wollen*. Der Fall ist ganz verschieden von dem, wenn wir nicht im Stande sind, den Finger zu bewegen, weil ihn etwa jemand festhält. Man wird nun geneigt sein, den ersten Fall so zu beschreiben: man könne für den Willen keinen Angriff finden, ehe der Finger nicht berührt werde. Erst wenn man ihn fühle, könne der Wille wissen, wo er anzugreifen habe. – Aber diese Ausdrucksweise ist irreführend. Man möchte sagen: »Wie soll ich denn wissen, wo ich mit dem Willen anzupakken habe, wenn das Gefühl nicht die Stelle bezeichnet?« Aber wie weiß man denn, wenn das Gefühl da ist, wohin ich den Willen zu lenken habe?

Daß der Finger in diesem Falle gleichsam gelähmt ist, ehe wir eine Berührung in ihm fühlen, das zeigt die Erfahrung; es war aber nicht a priori einzusehen.

Das wollende Subjekt stellt man sich hier als etwas Masseloses (Trägheitsloses) vor; als einen Motor, der in sich selbst keinen Trägheitswiderstand zu überwinden hat. Und also nur Treibendes und nicht Getriebenes ist. D. h.: Man kann sagen »Ich will, aber mein Körper folgt mir nicht« – aber nicht: »Mein Wille folgt mir nicht«. (Augustinus.)

Aber in dem Sinn, in welchem es mir nicht mißlingen kann, zu wollen, kann ich es auch nicht versuchen.

Und man könnte sagen: »Ich kann nur insofern jederzeit *wollen*, als ich nie versuchen kann, zu wollen.«

Tun scheint selbst kein Volumen der Erfahrung zu haben.

Es scheint wie ein ausdehnungsloser Punkt, die Spitze einer Nadel. Diese Spitze scheint das eigentliche Agens. Und das Geschehen in der Erscheinung nur Folge dieses Tuns. »Ich *tue*« scheint einen bestimmten Sinn zu haben, abgelöst von jeder Erfahrung.

Aber vergessen wir eines nicht: wenn ›ich meinen Arm hebe‹, hebt sich mein Arm. Und das Problem entsteht: was ist das, was übrigbleibt, wenn ich von der Tatsache, daß ich meinen Arm hebe, die abziehe, daß mein Arm sich hebt?

((Sind nun die kinaesthetischen Empfindungen mein Wollen?))

Wenn ich meinen Arm hebe, *versuche* ich meistens nicht, ihn zu heben.

»Ich will unbedingt dieses Haus erreichen.« Wenn aber keine Schwierigkeit da ist, – *kann* ich da trachten, unbedingt dies Haus zu erreichen?

Im Laboratorium, unter dem Einfluß elektrischer Ströme etwa, sagt Einer mit geschlossenen Augen »Ich bewege meinen Arm auf und ab« – obgleich sich der Arm nicht bewegt. »Er hat also das besondere Gefühl dieser Bewegung«, sagen wir. – Beweg mit geschlossenen Augen deinen Arm hin und her. Und nun versuch, während du es tust, dir einzureden, der Arm stehe still, und du habest nur gewisse seltsame Empfindungen in Muskeln und Gelenken!

»Wie weißt du, daß du deinen Arm gehoben hast?« – »Ich fühle es.« Was du also wiedererkennst, ist die Empfindung? Und bist du sicher, daß du sie richtig wiedererkennst? – Du bist sicher, daß du deinen Arm gehoben hast; ist nicht dies das Kriterium, das Maß des Wiedererkennens?

»Wenn ich mit einem Stock diesen Gegenstand abtaste, habe ich die Tastempfindung in der Spitze des Stockes, nicht in der Hand, die ihn hält.« Wenn Einer sagt »Ich habe nicht hier in der Hand, sondern im Handgelenk Schmerzen«, so ist die Konsequenz, daß der Arzt das Handgelenk untersucht. Welchen Unterschied macht es aber, ob ich sage, ich fühle die Härte des Gegenstands in der Stockspitze, oder in der Hand? Heißt, was ich sage: »Es ist, als hätte ich Nervenenden in der Stockspitze«? *Inwiefern* ist es so? – Nun, ich bin jedenfalls geneigt zu sagen: »Ich fühle die Härte, etc. in der Stockspitze«. Und damit geht zusammen, daß ich beim Abtasten nicht auf meine Hand, sondern auf die Stockspitze sehe; daß ich, was ich fühle, mit den Worten beschreibe »Ich fühle dort etwas Hartes, Rundes« – nicht mit den Worten »Ich fühle einen Druck gegen die Fingerspitzen des Daumens, Mittelfingers und Zeigefingers ....« Wenn mich etwa jemand fragt »Was fühlst du jetzt in den Fingern, die die Sonde halten?«, so könnte ich ihm antworten: »Ich weiß nicht – ich fühle *dort* etwas Hartes, Rauhes.«

Betrachte diese Beschreibung einer willkürlichen Handlung: »Ich fasse den Entschluß, um 5 Uhr die Glocke zu ziehen; und wenn es 5 schlägt, macht mein Arm nun diese Bewegung.« – Ist das die richtige Beschreibung, und nicht *die*: ».... und wenn es 5 schlägt, hebe ich meinen Arm«? – Die erste Beschreibung möchte man so ergänzen: »und siehe da! mein Arm hebt sich, wenn es 5 schlägt.« Und dies »siehe da« ist gerade, was hier wegfällt. Ich sage *nicht*: »Sieh, mein Arm hebt sich!« wenn ich ihn hebe.

Man könnte also sagen: die willkürliche Bewegung sei durch die Abwesenheit des Staunens charakterisiert. Und nun will ich nicht, daß man fragt »Aber *warum* erstaunt man hier nicht?«

Wenn Leute über die Möglichkeit eines Vorherwissens der Zukunft reden, vergessen sie immer die Tatsache des Vorhersagens der willkürlichen Bewegungen.

* * *

Wenn ein Kind im Zorn mit den Füßen stampft und heult, – wer würde sagen, es täte dies unwillkürlich? Und warum? Warum nimmt man an, es täte dies nicht unwillkürlich? Was sind die *Zeichen* des willkürlichen Handelns? Gibt es solche Zeichen? – Was sind denn die Zeichen der unwillkürlichen Handlung. Sie folgt Befehlen nicht, wie die willkürliche Handlung. Es gibt ein »Komm her!«, »Geh dort hin!«, »Mach diese Armbewegung!«; aber nicht »Laß dein Herz schnell gehen!«

Es gibt ein bestimmtes Zusammenspiel von Bewegungen, Worten, Mienen, wie den Äußerungen des Unwillens, oder der Bereitschaft, die die willkürlichen Bewegungen des normalen Menschen charakterisieren. Wenn man das Kind ruft, so kommt es nicht automatisch: Es gibt da, z. B., die Gebärde »Ich will nicht!« Oder das freudige Kommen, den Entschluß zu kommen, das Fortlaufen mit den Zeichen der Furcht, die Wirkungen des Zuredens, alle die Reaktionen des Spiels, die Zeichen des Überlegens und seine Wirkungen.

Eine Melodie ging mir durch den Kopf. War es willkürlich, oder unwillkürlich? Eine Antwort wäre: Ich hätte es auch lassen können, sie mir innerlich vorzusingen. Und wie weiß ich das? Nun, weil ich mich für gewöhnlich unterbrechen kann, wenn ich will.

Wie könnte ich mir beweisen, daß ich meinen Arm willkürlich bewegen kann? Etwa, indem ich mir sage »Ich werde ihn jetzt bewegen« und er sich nun bewegt? Oder soll ich sagen »Einfach, indem ich ihn bewege«? Aber wie weiß ich, daß ich's getan habe und er sich nicht durch Zufall bewegt hat? Fühle ich's am Ende doch? Und wie, wenn mich meine Erinnerung an frühere Gefühle täuschte, und es also garnicht die richtigen maßgebenden Gefühle waren?! (Und welches sind die richtigen?) Und wie weiß denn der Andere, ob *ich* den Arm willkürlich bewegt habe? Ich werde ihm vielleicht sagen »Befiehl mir, welche Bewegung du willst, und ich werde sie machen, um dich zu überzeugen«. – Und was fühlst du denn in deinem Arm? »Nun, das Gewöhnliche.« Es ist nichts Ungewöhnliches an den Gefühlen, der Arm ist z. B. nicht gefühllos (wie wenn er ›eingeschlafen‹ wäre).

Eine Bewegung meines Körpers, von der ich nicht weiß, daß sie stattfindet, oder stattgefunden hat, wird man unwillkürlich nennen. – Wie ist es aber, wenn ich bloß *versuche* ein Gewicht zu heben, eine Bewegung also nicht stattfindet? Wie wäre es, wenn Einer sich unwillkürlich anstrengte, ein Gewicht zu heben? Unter welchen Umständen würde man *dies* Verhalten ›unwillkürlich‹ nennen?

Kann nicht die Ruhe ebenso willkürlich sein, wie Bewegung? Kann das Unterlassen der Bewegung nicht willkürlich sein? Welch besseres Argument gegen ein Innervationsgefühl?

»Dieser Blick war nicht beabsichtigt« heißt manchmal: »Ich wußte nicht, daß ich so geschaut habe«, oder »Ich wollte nichts damit sagen«.

Es sollte uns nicht so selbstverständlich vorkommen, daß uns das Gedächtnis den vergangenen innern Vorgang ebenso zeigt, wie den vergangenen äußern.

Vorstellung ist willkürlich, Erinnerung unwillkürlich, sich etwas ins Gedächtnis rufen aber willkürlich.

Was für ein merkwürdiger Begriff ›versuchen‹, ›trachten‹ ist; was man alles ›zu tun trachten‹ kann! (Sich erinnern, ein Gewicht heben, aufmerken, an nichts denken.) Aber dann könnte man auch sagen: Was für ein merkwürdiger Begriff ›tun‹ ist! Welches sind die Verwandtschaftsbeziehungen zwischen ›Reden‹ und ›Denken‹, zwischen ›Reden‹ und ›zu sich selbst reden‹. (Vergleiche die Verwandtschaftsbeziehungen zwischen den Zahlenarten.)

Man zieht ganz andere Schlüsse aus der unwillkürlichen Bewegung, als aus der willkürlichen: das *charakterisiert* die willkürliche Bewegung.

Aber wie weiß ich, daß diese Bewegung willkürlich war? – Ich weiß es nicht, ich äußere es.

»Ich ziehe so stark, als ich kann.« Wie weiß ich das? Sagt es mir mein Muskelgefühl? Die Worte sind ein Signal; und sie haben eine *Funktion*.
Aber *erlebe* ich denn nichts? Erlebe ich denn nicht etwas? etwas Spezifisches? Ein spezifisches Gefühl der Anstrengung und des Nicht-weiter-könnens, des Anlangens an der Grenze? Freilich, aber diese Ausdrücke sagen nicht mehr, als »Ich ziehe so stark, als ich kann«.

* * *

Wenn nur *Einer einmal* eine Körperbewegung gemacht hätte, – könnte die Frage sein, ob sie willkürlich oder unwillkürlich war?

»Wenn ich mich anstrenge, *tue* ich doch etwas, habe doch nicht bloß eine Empfindung.« Und so ist es auch; denn man befiehlt Einem: »Streng dich an!« und er kann die Absicht äußern »Ich werde mich jetzt anstrengen«. Und wenn er sagt »Ich kann nicht mehr!« – so heißt das nicht »Ich kann das Gefühl in meinen Gliedern – den Schmerz, z. B., – nicht länger ertragen«. – Andererseits aber *leidet* man unter der Anstrengung, wie unter Schmerzen. »Ich bin gänzlich erschöpft« – wer das sagte, sich aber so frisch bewegte, wie je, den würde man nicht verstehen.

Der Aspekt ist dem Willen unterworfen. Ich kann etwas nicht rot sehen, wenn es mir blau erscheint, und es hat keinen Sinn, zu sagen »Sieh dies rot«, wohl aber »Sieh dies als ...«. Und daß der Aspekt (wenigstens bis zu einem gewissen Grade) willkürlich ist, scheint ihm wesentlich zu sein, wie auch der Vorstellung, daß sie es ist. Ich meine: die Willkürlichkeit scheint mir (aber warum?) nicht nur eine Zutat zu sein; als sagte man »Diese Bewegung läßt sich, erfahrungsgemäß, auch *so* hervorbringen«. D. h.: Es ist wesentlich, daß man sagen kann »Sieh es jetzt *so* an!« und »Stell dir vor ...!« Denn das hängt damit zusammen, daß uns der Aspekt nichts über die ›äußere Welt lehrt‹. Man kann die Worte »rot« und »blau« lehren, indem man sagt »Dies ist rot und nicht blau«; aber man kann Einem nicht die Bedeutung von »Figur« und »Grund« lehren, indem man auf eine doppeldeutige Figur zeigt.

Wir lernen nicht Vorstellungen kennen und später erst, sie mit unserm Willen zu lenken. Und natürlich ist es überhaupt ganz falsch zu denken, wir lenkten sie, sozusagen, mittels unseres Willens. Als regierte der Wille sie, wie Befehle Menschen regieren können. Als wäre also der Wille ein Einfluß, eine Kraft, oder auch: eine primäre *Handlung*, die dann die Ursache der wahrnehmbaren äußeren Handlungen ist.

Ist es richtig, zu sagen: was eine Handlung zu einer willkürlichen macht, sind die psychischen Erscheinungen, in denen sie eingebettet liegt? (Die psychologische Umgebung.)

Sind, z.B., meine normalen Gehbewegungen »willkürlich« in einem *nicht-potentiellen* Sinn?

Ein Kind stampft mit den Füßen im Zorn: ist es nicht willkürlich? Und weiß ich irgendetwas von seinen Bewegungsempfindungen, wie es dies tut? *Im Zorn stampfen ist willkürlich.* Kommen, wenn man gerufen wird, in der gewöhnlichen Umgebung, ist willkürlich. Unwillkürliches Gehen, Spazierengehen, Essen, Sprechen, Singen wäre (ein) Gehen, Essen, Sprechen, etc. in einer abnormalen Umgebung. Z. B., *bewußtlos*: wenn man im übrigen handelt, wie in der Narkose; oder wenn die Bewegung vor sich geht, und man weiß nichts von ihr, sobald man die Augen schließt; oder wenn man die Bewegung nicht einstellen kann, so sehr man sich auch bemüht; etc.

8

Privatsprache und private Erfahrung

Ein Mensch kann sich selbst ermutigen, sich selbst befehlen, gehorchen, tadeln, bestrafen, eine Frage vorlegen und auf sie antworten. Man könnte sich also auch Menschen denken, die nur monologisch sprächen. Ihre Tätigkeiten mit Selbstgesprächen begleiteten. – Einem Forscher, der sie beobachtet und ihre Reden belauscht, könnte es gelingen, ihre Sprache in die unsre zu übersetzen. (Er wäre dadurch in den Stand gesetzt, Handlungen dieser Leute richtig vorherzusagen, denn er hört sie auch Vorsätze und Entschlüsse fassen.)

Wäre aber auch eine Sprache denkbar, in der Einer seine inneren Erlebnisse – seine Gefühle, Stimmungen, etc. – für den eigenen Gebrauch aufschreiben, oder aussprechen könnte? – Können wir denn das in unserer gewöhnlichen Sprache nicht tun? – Aber so meine ich's nicht. Die Wörter dieser Sprache sollen sich auf das beziehen, wovon nur der Sprechende wissen kann; auf seine unmittelbaren, privaten, Empfindungen. Ein Anderer kann diese Sprache also nicht verstehen.

Wie *beziehen* sich Wörter auf Empfindungen? – Darin scheint kein Problem zu liegen; denn reden wir nicht täglich von Empfindungen, und benennen sie? Aber wie wird die Verbindung des Namens mit dem Benannten hergestellt? Die Frage ist die gleiche wie die: wie lernt ein Mensch die Bedeutung der Namen von Empfindungen? Z. B. des Wortes »Schmerz«. Dies ist eine Möglichkeit: Es werden Worte mit dem ursprünglichen, natürlichen, Ausdruck der Empfindung verbunden und an dessen Stelle gesetzt. Ein Kind hat sich verletzt, es schreit; und nun sprechen ihm die Erwachsenen zu und bringen ihm Ausrufe und später Sätze bei. Sie lehren das Kind ein neues Schmerzbenehmen.

»So sagst du also, daß das Wort ›Schmerz‹ eigentlich das Schreien bedeute?« – Im Gegenteil; der Wortausdruck des Schmerzes ersetzt das Schreien und beschreibt es nicht.

Wie kann ich denn mit der Sprache noch zwischen die Schmerzäußerung und den Schmerz treten wollen?

Inwiefern sind nun meine Empfindungen *privat*? – Nun, nur ich kann wissen, ob ich wirklich Schmerzen habe; der Andere kann es nur vermuten. – Das ist in einer Weise falsch, in einer andern unsinnig. Wenn wir das Wort »wissen« gebrauchen, wie es normalerweise gebraucht wird (und wie sollen wir es denn gebrauchen!), dann wissen es Andre sehr häufig, wenn ich Schmerzen habe. – Ja, aber doch nicht mit der Sicherheit, mit der ich selbst es weiß! – Von mir kann man überhaupt nicht sagen (außer etwa im Spaß), ich *wisse*, daß ich Schmerzen habe. Was soll es denn heißen – außer etwa, daß ich Schmerzen *habe*?

Man kann nicht sagen, die Andern lernen meine Empfindungen *nur* durch mein Benehmen, – denn von mir kann man nicht sagen, ich lernte sie. Ich *habe sie.*

Das ist richtig: es hat Sinn, von Andern zu sagen, sie seien im Zweifel darüber, ob ich Schmerzen habe; aber nicht, es von mir selbst zu sagen.

»Nur du kannst wissen, ob du die Absicht hattest.« Das könnte man jemandem sagen, wenn man ihm die Bedeutung des Wortes »Absicht« erklärt. Es heißt dann nämlich: *so* gebrauchen wir es.

(Und »wissen« heißt hier, daß der Ausdruck der Ungewißheit sinnlos ist.)

Der Satz »Empfindungen sind privat« ist vergleichbar dem: »Patience spielt man allein.«

Sind wir vielleicht voreilig in der Annahme, daß das Lächeln des Säuglings nicht Verstellung ist? – Und auf welcher Erfahrung beruht unsre Annahme?

(Das Lügen ist ein Sprachspiel, das gelernt sein will, wie jedes andre.)

Warum kann ein Hund nicht Schmerzen heucheln? Ist er zu ehrlich? Könnte man einen Hund Schmerzen heucheln lehren? Man kann ihm vielleicht beibringen, bei bestimmten Gelegenheiten wie im Schmerz aufzuheulen, ohne daß er Schmerzen hat. Aber zum eigentlichen Heucheln fehlte diesem Benehmen noch immer die richtige Umgebung.

Was bedeutet es, wenn wir sagen: »Ich kann mir das Gegenteil davon nicht vorstellen«, oder: »Wie wäre es denn, wenn's anders wäre?« – Z. B., wenn jemand gesagt hat, daß meine Vorstellungen privat seien; oder, daß nur ich selbst wissen kann, ob ich einen Schmerz empfinde; und dergleichen.

»Ich kann mir das Gegenteil nicht vorstellen« heißt hier natürlich nicht: Meine Vorstellungskraft reicht nicht hin. Wir wehren uns mit diesen Worten gegen etwas, was uns durch seine Form einen Erfahrungssatz vortäuscht, aber in Wirklichkeit ein grammatischer Satz ist.

Aber warum sage ich »Ich kann mir das Gegenteil nicht vorstellen«? Warum nicht: »Ich kann mir, was du sagst, nicht vorstellen«?

Beispiel: »Jeder Stab hat eine Länge«. Das heißt etwa: wir nennen etwas (oder *dies*) »die Länge eines Stabes« – aber nichts »die Länge einer Kugel«. Kann ich mir nun vorstellen, daß ›jeder Stab eine Länge hat‹? Nun, ich stelle mir eben einen Stab vor; und das ist alles. Nur spielt dieses Bild in Verbindung mit diesem Satz eine ganz andere Rolle als ein Bild in Verbindung mit dem Satz »Dieser Tisch hat die gleiche Länge wie der dort«. Denn hier verstehe ich, was es heißt, sich ein Bild vom Gegenteil zu machen (und es muß kein Vorstellungsbild sein).

Das Bild aber zum grammatikalischen Satz konnte nur etwa zeigen, was man »Länge eines Stabes« nennt. Und was sollte davon das entgegengesetzte Bild sein?

((Bemerkung über die Verneinung eines Satzes a priori.))

Wir könnten auf den Satz »Dieser Körper hat eine Ausdehnung« antworten: »Unsinn!« – neigen aber dazu, zu antworten: »Freilich!« – Warum?

»Der Andre kann nicht meine Schmerzen haben.« – Welches sind *meine* Schmerzen? Was gilt hier als Kriterium der Identität? Überlege, was es möglich macht, im Falle physikalischer Gegenstände von »zwei genau gleichen« zu sprechen. Z. B. zu sagen: »Dieser Sessel ist nicht derselbe, den du gestern hier gesehen hast, aber er ist ein genau gleicher.«

Soweit es *Sinn* hat, zu sagen, mein Schmerz sei der gleiche wie seiner, soweit können wir auch beide den gleichen Schmerz haben. (Ja, es wäre auch denkbar, daß zwei Menschen an der gleichen – nicht nur homologen – Stelle Schmerz empfänden. Bei siamesischen Zwillingen, z.B., könnte das der Fall sein.)

Ich habe gesehen, wie jemand in einer Diskussion über diesen Gegenstand sich an die Brust schlug und sagte: »Aber der Andre kann doch nicht DIESEN Schmerz haben!« – Die Antwort darauf ist, daß man durch das emphatische Betonen des Wortes »diesen« kein Kriterium der Identität definiert. Die Emphase spiegelt uns vielmehr nur den Fall vor, daß ein solches Kriterium uns geläufig ist, wir aber daran erinnert werden müssen.

Auch das Ersetzen des Wortes »gleich« durch »identisch« (z. B.) ist ein typisches Auskunftsmittel in der Philosophie.

Als redeten wir von Abschattungen der Bedeutung und es handle sich nur darum, mit unsern Worten die richtige Nuance zu treffen. Und darum handelt sich's beim Philosophieren nur dort, wo es unsre Aufgabe ist, die Versuchung, eine bestimmte Ausdrucksweise zu gebrauchen, psychologisch genau darzustellen. Was wir in so einem Fall ›zu sagen versucht sind‹, ist natürlich nicht Philosophie; sondern es ist ihr Rohmaterial. Was also ein Mathematiker, z. B., über Objektivität und Realität der mathematischen Tatsachen zu sagen geneigt ist, ist nicht eine Philosophie der Mathematik, sondern etwas, was Philosophie zu *behandeln* hätte.

Der Philosoph behandelt eine Frage; wie eine Krankheit.

Wie ist es nun mit der Sprache, die meine innern Erlebnisse beschreibt und die nur ich selbst verstehen kann? *Wie* bezeichne ich meine Empfindungen mit Worten? – So wie wir's gewöhnlich tun? Sind also meine Empfindungsworte mit meinen natürlichen Empfindungsäußerungen verknüpft? – In diesem Falle ist meine Sprache nicht ›privat‹. Ein Anderer könnte sie verstehen, wie ich. – Aber wie, wenn ich keine natürlichen Äußerungen der Empfindung, sondern nur die Empfindung besäße? Und nun *assoziiere* ich einfach Namen mit den Empfindungen und verwende diese Namen in einer Beschreibung. –

»Wie wäre es, wenn die Menschen ihre Schmerzen nicht äußerten (nicht stöhnten, das Gesicht nicht verzögen, etc.)? Dann könnte man einem Kind nicht den Gebrauch des Wortes ›Zahnschmerzen‹ beibringen.« – Nun, nehmen wir an, das Kind sei ein Genie und erfinde selbst einen Namen für die Empfindung! – Aber nun könnte es sich freilich mit diesem Wort nicht verständlich machen. – Also versteht es den Namen, kann aber seine Bedeutung niemand erklären? – Aber was heißt es denn, daß er ›seinen Schmerz benannt hat‹? – Wie hat er das gemacht: den Schmerz benennen?! Und, was immer er getan hat, was hat es für einen

Zweck? – Wenn man sagt »Er hat der Empfindung einen Namen gegeben«, so vergißt man, daß schon viel in der Sprache vorbereitet sein muß, damit das bloße Benennen einen Sinn hat. Und wenn wir davon reden, daß einer dem Schmerz einen Namen gibt, so ist die Grammatik des Wortes »Schmerz« hier das Vorbereitete; sie zeigt den Posten an, an den das neue Wort gestellt wird.

Stellen wir uns diesen Fall vor. Ich will über das Wiederkehren einer gewissen Empfindung ein Tagebuch führen. Dazu assoziiere ich sie mit dem Zeichen »E« und schreibe in einem Kalender zu jedem Tag, an dem ich die Empfindung habe, dieses Zeichen. – Ich will zuerst bemerken, daß sich eine Definition des Zeichens nicht aussprechen läßt. – Aber ich kann sie doch mir selbst als eine Art hinweisende Definition geben! – Wie? kann ich auf die Empfindung zeigen? – Nicht im gewöhnlichen Sinne. Aber ich spreche, oder schreibe das Zeichen, und dabei konzentriere ich meine Aufmerksamkeit auf die Empfindung – zeige also gleichsam im Innern auf sie. – Aber wozu diese Zeremonie? denn nur eine solche scheint es zu sein! Eine Definition dient doch dazu, die Bedeutung eines Zeichens festzulegen. – Nun, das geschieht eben durch das Konzentrieren der Aufmerksamkeit; denn dadurch präge ich mir die Verbindung des Zeichens mit der Empfindung ein. – »Ich präge sie mir ein« kann doch nur heißen: dieser Vorgang bewirkt, daß ich mich in Zukunft *richtig* an die Verbindung erinnere. Aber in unserm Falle habe ich ja kein Kriterium für die Richtigkeit. Man möchte hier sagen: richtig ist, was immer mir als richtig erscheinen wird. Und das heißt nur, daß hier von ›richtig‹ nicht geredet werden kann.

Sind die Regeln der privaten Sprache *Eindrücke* von Regeln? – Die Waage, auf der man die Eindrücke wägt, ist nicht der *Eindruck* von einer Waage.

»Nun, ich *glaube*, daß dies wieder die Empfindung E ist.« – Du *glaubst* es wohl zu glauben!

So hätte sich also, der das Zeichen in den Kalender eintrug, *gar nichts* notiert? – Sieh's nicht als selbstverständlich an, daß Einer sich etwas notiert, wenn er Zeichen – in einen Kalender z.B. – einträgt. Eine Notiz hat ja eine Funktion; und das »E« hat, soweit, noch keine.

(Man kann zu sich selber reden. – Spricht Jeder zu sich selbst, der redet, wenn niemand anderer zugegen ist?)

Welchen Grund haben wir, »E« das Zeichen für eine *Empfindung* zu nennen? »Empfindung« ist nämlich ein Wort unserer allgemeinen, nicht mir allein verständlichen, Sprache. Der Gebrauch dieses Worts bedarf also einer Rechtfertigung, die Alle verstehen. – Und es hülfe auch nichts, zu sagen: es müsse keine *Empfindung* sein; wenn er »E« schreibe, habe er *Etwas* – und mehr könnten wir nicht sagen. Aber »haben« und »etwas« gehören auch zur allgemeinen Sprache. – So gelangt man beim Philosophieren am Ende dahin, wo man nur noch einen unartikulierten Laut ausstoßen möchte. – Aber ein solcher Laut ist ein Ausdruck nur in einem bestimmten Sprachspiel, das nun zu beschreiben ist.

Man könnte sagen: Wer sich eine private Worterklärung gegeben hat, der muß sich nun im Innern *vornehmen*, das Wort so und so zu gebrauchen. Und wie nimmt er sich das vor? Soll ich annehmen, daß er die Technik dieser Anwendung erfindet; oder daß er sie schon fertig vorgefunden hat?

»Ich kann mir (im Innern) doch vornehmen, in Zukunft DAS ›Schmerz‹ zu nennen.« – »Aber hast du es dir auch gewiß vorgenommen? Bist du sicher, daß es dazu genug war, die Aufmerksamkeit auf dein Gefühl zu konzentrieren?« – Seltsame Frage. –

»Wenn du einmal weißt, *was* das Wort bezeichnet, verstehst du es, kennst seine ganze Anwendung.«

Denken wir uns eine Tabelle, die nur in unsrer Vorstellung existiert; etwa ein Wörterbuch. Mittels eines Wörterbuchs kann man die Übersetzung eines Wortes X durch ein Wort Y rechtfertigen. Sollen wir es aber auch eine Rechtfertigung nennen, wenn diese Tabelle nur in der Vorstellung nachgeschlagen wird? – »Nun, es ist dann eben eine subjektive Rechtfertigung.« – Aber die Rechtfertigung besteht doch darin, daß man an eine unabhängige Stelle appelliert. – »Aber ich kann doch auch von einer Erinnerung an eine andre appellieren. Ich weiß (z. B.) nicht, ob ich mir die Abfahrzeit des Zuges richtig gemerkt habe und rufe mir zur Kontrolle das Bild der Seite des Fahrplans ins Gedächtnis. Haben wir hier nicht den gleichen Fall?« – Nein; denn dieser Vorgang muß nun wirklich die *richtige* Erinnerung hervorrufen. Wäre das Vorstellungsbild des Fahrplans nicht selbst auf seine Richtigkeit zu *prüfen*, wie könnte es die Richtigkeit der ersten Erinnerung bestätigen? (Als kaufte Einer mehrere Exemplare der heutigen Morgenzeitung, um sich zu vergewissern, daß sie die Wahrheit schreibt.)

In der Vorstellung eine Tabelle nachschlagen, ist so wenig ein Nachschlagen einer Tabelle, wie die Vorstellung des Ergebnisses eines vorgestellten Experiments das Ergebnis eines Experiments ist.

Ich kann auf die Uhr schaun, um zu sehen, wieviel Uhr es ist. Aber ich kann auch, um zu *raten*, wieviel Uhr es ist, auf das Zifferblatt einer Uhr sehen; oder zu diesem Zweck die Zeiger einer Uhr verstellen, bis mir die Stellung richtig vorkommt. So kann das Bild der Uhr auf mehr als eine Weise dazu dienen, die Zeit zu bestimmen. (In der Vorstellung auf die Uhr schaun.)

Angenommen, ich wollte die Dimensionierung einer Brücke, die in meiner Vorstellung gebaut wird, dadurch rechtfertigen, daß ich zuerst in der Vorstellung Zerreißproben mit dem Material der Brücke mache. Dies wäre natürlich die Vorstellung von dem, was man die Rechtfertigung der Dimensionierung einer Brücke nennt. Aber würden wir es auch eine Rechtfertigung der Vorstellung einer Dimensionierung nennen?

Warum kann meine rechte Hand nicht meiner linken Geld schenken? – Meine rechte Hand kann es in meine linke geben. Meine rechte Hand kann eine Schenkungsurkunde schreiben und meine linke eine Quittung. – Aber die weitern praktischen Folgen wären nicht die einer Schenkung. Wenn die linke Hand das Geld von der rechten genommen hat, etc., wird man fragen: »Nun, und was weiter?« Und das Gleiche könnte man fragen, wenn Einer sich eine private Worterklärung gegeben hätte; ich meine, wenn er sich ein Wort vorgesagt und dabei seine Aufmerksamkeit auf eine Empfindung gerichtet hat.

Erinnern wir uns daran, daß es gewisse Kriterien des Benehmens dafür gibt, daß Einer ein Wort nicht versteht: daß es ihm nichts sagt, er nichts damit anzufangen weiß. Und Kriterien dafür, daß er das Wort ›zu verstehen glaubt‹, eine Bedeutung mit ihm verbindet, aber nicht die richtige. Und endlich Kriterien dafür, daß er das Wort richtig versteht. Im zweiten Falle könnte man von einem subjektiven Verstehen reden. Und eine »private Sprache« könnte man Laute nennen, die kein Andrer versteht, ich aber *›zu verstehen scheine‹*.

Denken wir uns nun eine Verwendung des Eintragens des Zeichens »E« in mein Tagebuch. Ich mache folgende Erfahrung: Wenn immer ich eine bestimmte Empfindung habe, zeigt mir ein Manometer, daß mein Blutdruck steigt. So werde ich in den Stand gesetzt, ein Steigen meines Blutdrucks ohne Zuhilfenahme eines Apparats anzusagen. Dies ist ein nützliches Ergebnis. Und nun scheint es hier ganz gleichgültig zu sein, ob ich die Empfindung *richtig* wiedererkannt habe oder nicht. Nehmen wir an, ich irre mich beständig bei ihrer Identifizierung, so macht es garnichts. Und das zeigt schon, daß die Annahme dieses Irrtums nur ein Schein war. (Wir drehten, gleichsam, an einem Knopf, der aussah, als könnte man mit ihm etwas an der Maschine einstellen; aber er war ein bloßes Zierat, mit dem Mechanismus garnicht verbunden.)

Und welchen Grund haben wir hier, »E« die Bezeichnung einer Empfindung zu nennen? Vielleicht die Art und Weise, wie dies Zeichen in diesem Sprachspiel verwendet wird. – Und warum eine »bestimmte Empfindung«, also jedesmal die gleiche? Nun, wir nehmen ja an, wir schrieben jedesmal »E«.

»Denke dir einen Menschen, der es nicht im Gedächtnis behalten könnte, *was* das Wort ›Schmerz‹ bedeutet – und der daher immer wieder etwas Anderes so nennt – das Wort aber dennoch in Übereinstimmung mit den gewöhnlichen Anzeichen und Voraussetzungen des Schmerzes verwendete!« – der es also verwendet, wie wir Alle. Hier möchte ich sagen: das Rad gehört nicht zur Maschine, das man drehen kann, ohne daß Anderes sich mitbewegt.

Das Wesentliche am privaten Erlebnis ist eigentlich nicht, daß Jeder sein eigenes Exemplar besitzt, sondern daß keiner weiß, ob der Andere auch *dies* hat, oder etwas anderes. Es wäre also die Annahme möglich – obwohl nicht verifizierbar – ein Teil der Menschheit habe *eine* Rotempfindung, ein anderer Teil eine andere.

Wie ist es nun mit dem Worte »rot« – soll ich sagen, dies bezeichne etwas ›uns Allen Gegenüberstehendes‹, und Jeder sollte eigentlich außer diesem Wort noch eines haben zur Bezeichnung seiner *eigenen* Empfindung von Rot? Oder ist es so: das Wort »rot« bezeichnet etwas uns gemeinsam Bekanntes; und für Jeden, außerdem, etwas nur ihm Bekanntes? (Oder vielleicht besser: es *bezieht* sich auf etwas nur ihm Bekanntes.)

Es hilft uns natürlich nichts zum Begreifen der Funktion von »rot«, zu sagen, es »*beziehe* sich auf« statt »es bezeichne« das Private; aber es ist der psychologisch treffendere Ausdruck für ein bestimmtes Erlebnis beim Philosophieren. Es ist, als werfe ich beim Aussprechen des Worts einen Seitenblick auf die eigene Empfindung, gleichsam um mir zu sagen: ich wisse schon, was ich damit meine.

Schau auf das Blau des Himmels, und sag zu dir selbst »Wie blau der Himmel ist!« – Wenn du es spontan tust – nicht mit philosophischen Absichten – so kommt es dir nicht in den Sinn, dieser Farbeneindruck gehöre nur *dir*. Und du hast kein Bedenken, diesen Ausruf an einen Andern zu richten. Und wenn du bei den Worten auf etwas zeigst, so ist es der Himmel. Ich meine: du hast nicht das Gefühl des In-dich-selber-Zeigens, das oft das ›Benennen der Empfindung‹ begleitet, wenn man über die ›private Sprache‹ nachdenkt. Du denkst auch nicht, du solltest eigentlich nicht mit der Hand, sondern nur mit der Aufmerksamkeit auf die Farbe zeigen. (Überlege, was es heißt, »mit der Aufmerksamkeit auf etwas zeigen«.)

»Aber *meinen* wir denn nicht wenigstens etwas ganz Bestimmtes, wenn wir auf eine Farbe hinschauen und den Farbeindruck benennen?« Es ist doch förmlich, als lösten wir den Farb*eindruck*, wie ein Häutchen, von dem gesehenen Gegenstand ab. (Dies sollte unsern Verdacht erregen.)

Aber wie ist es überhaupt möglich, daß man in Versuchung ist zu glauben, man *meine* einmal mit einem Wort die Allen bekannte Farbe, – einmal: den ›visuellen Eindruck‹, den *ich jetzt* erhalte? Wie kann hier auch nur eine Versuchung bestehen? – Ich wende in diesen Fällen der Farbe nicht die gleiche Art der Aufmerksamkeit zu. Meine ich (wie ich sagen möchte) den mir zu eigen gehörenden Farbeindruck, so vertiefe ich mich in die Farbe – ungefähr so, wie wenn ich mich an einer Farbe ›nicht sattsehen kann‹. Daher ist es leichter, dieses Erlebnis zu erzeugen, wenn man auf eine leuchtende Farbe sieht, oder auf eine Farbenzusammenstellung, die sich uns einprägt.

»Ich weiß, wie *mir* die Farbe Grün erscheint« – nun, das hat doch Sinn! – Gewiß; welche Verwendung des Satzes denkst du dir?

Denke dir Einen, der sagte: »Ich weiß doch, wie hoch ich bin!« und dabei die Hand als Zeichen auf seinen Scheitel legt!

Einer malt ein Bild, um zu zeigen, wie er sich, etwa, eine Szene auf dem Theater vorstellt. Und nun sage ich: »Dies Bild hat eine doppelte Funktion; es teilt Andern etwas mit, wie Bilder oder Worte eben etwas mitteilen – aber für den Mitteilenden ist es noch eine Darstellung (oder Mitteilung?) anderer Art: für ihn ist es das Bild seiner Vorstellung, wie es das für keinen Andern sein kann. Sein privater Eindruck des Bildes sagt ihm, was er sich vorgestellt hat; in einem Sinne, in welchem es das Bild für die Andern nicht kann.« – Und mit welchem Recht rede ich in diesem zweiten Falle von Darstellung oder Mitteilung, – wenn diese Worte im *ersten* Falle richtig angewandt waren?

»Aber kommt es, was du sagst, nicht darauf hinaus, es gebe, z. B., keinen Schmerz ohne *Schmerzbenehmen*?« – Es kommt darauf hinaus: man könne nur vom lebenden

Menschen, und was ihm ähnlich ist, (sich ähnlich benimmt) sagen, es habe Empfindungen; es sähe; sei blind; höre; sei taub; sei bei Bewußtsein, oder bewußtlos.

»Aber im Märchen kann doch auch der Topf sehen und hören!« (Gewiß; aber er *kann* auch sprechen.)

»Aber das Märchen erdichtet doch nur, was nicht der Fall ist; es spricht doch nicht *Unsinn.*« – So einfach ist es nicht. Ist es Unwahrheit, oder Unsinn, zu sagen, ein Topf rede? Macht man sich ein klares Bild davon, unter welchen Umständen wir von einem Topf sagen würden, er rede? (Auch ein Unsinn-Gedicht ist nicht Unsinn in der Weise, wie etwa das Lallen eines Kindes.)

Ja; wir sagen von Leblosem, es habe Schmerzen: im Spiel mit Puppen z. B. Aber diese Verwendung des Schmerzbegriffs ist eine sekundäre. Stellen wir uns doch den Fall vor, Leute sagten *nur* von Leblosem, es habe Schmerzen; bedauerten *nur* Puppen! (Wenn Kinder Eisenbahn spielen, hängt ihr Spiel mit ihrer Kenntnis der Eisenbahn zusammen. Es könnten aber Kinder eines Volksstammes, dem die Eisenbahn unbekannt ist, dies Spiel von andern übernommen haben, und es spielen, ohne zu wissen, daß damit etwas nachgeahmt wird. Man könnte sagen, das Spiel habe für sie nicht den gleichen *Sinn* wie für uns.)

Woher kommt uns *auch nur der Gedanke*: Wesen, Gegenstände, könnten etwas fühlen?

Meine Erziehung hätte mich darauf geführt, indem sie mich auf die Gefühle in mir aufmerksam machte, und nun übertrage ich die Idee auf Objekte außer mir? Ich erkenne, es ist da (in mir) etwas, was ich, ohne mit dem Wortgebrauch der Andern in Widerspruch zu geraten, »Schmerzen« nennen kann? – Auf Steine und Pflanzen, etc. übertrage ich meine Idee nicht.

Könnte ich mir nicht denken, ich hätte fürchterliche Schmerzen und würde, während sie andauern, zu einem

Stein? Ja, wie weiß ich, wenn ich die Augen schließe, ob ich nicht zu einem Stein geworden bin? – Und wenn das nun geschehen ist, inwiefern wird *der Stein* Schmerzen haben? Inwiefern wird man es vom Stein aussagen können? Ja warum soll der Schmerz hier überhaupt einen Träger haben?!

Und kann man von dem Stein sagen, er habe eine Seele und *die* hat Schmerzen? Was hat eine Seele, was haben Schmerzen, mit einem Stein zu tun?

Nur von dem, was sich benimmt wie ein Mensch, kann man sagen, daß es Schmerzen *hat*.

Denn man muß es von einem Körper sagen, oder, wenn du willst, von einer Seele, die ein Körper *hat*. Und wie kann ein Körper eine Seele *haben*?

Schau einen Stein an und denk dir, er hat Empfindungen! – Man sagt sich: Wie konnte man auch nur auf die Idee kommen, einem *Ding* eine *Empfindung* zuzuschreiben? Man könnte sie ebensogut einer Zahl zuschreiben! – Und nun schau auf eine zappelnde Fliege, und sofort ist diese Schwierigkeit verschwunden und der Schmerz scheint hier *angreifen* zu können, wo vorher alles gegen ihn, sozusagen *glatt* war.

Und so scheint uns auch ein Leichnam dem Schmerz gänzlich unzugänglich. – Unsre Einstellung zum Lebenden ist nicht die zum Toten. Alle unsre Reaktionen sind verschieden. – Sagt Einer: »Das kann nicht einfach daran liegen, daß das Lebendige sich so und so bewegt und das Tote nicht« – so will ich ihm bedeuten, hier liege ein Fall des Übergangs ›von der Quantität zur Qualität‹ vor.

Denk an das Erkennen des *Gesichtsausdrucks*. Oder an die Beschreibung des Gesichtsausdrucks, – die nicht darin besteht, daß man die Maße des Gesichts angibt! Denke auch daran, wie man das Gesicht eines Menschen nachahmen kann, ohne das eigene dabei im Spiegel zu sehen.

Aber ist es nicht absurd, von einem *Körper* zu sagen, er habe Schmerzen? – Und warum fühlt man darin eine Absurdität? Inwiefern fühlt meine Hand nicht Schmerzen; sondern ich in meiner Hand?

Was ist das für eine Streitfrage: Ist es der *Körper*, der Schmerzen fühlt? – Wie ist sie zu entscheiden? Wie macht es sich geltend, daß es *nicht* der Körper ist? – Nun, etwa so: Wenn Einer in der Hand Schmerzen hat, so sagt's die *Hand* nicht (außer sie schreibt's), und man spricht nicht der Hand Trost zu, sondern dem Leidenden; man sieht ihm in die Augen.

Wie bin ich von Mitleid *für diesen Menschen* erfüllt? Wie zeigt es sich, welches Objekt das Mitleid hat? (Das Mitleid, kann man sagen, ist eine Form der Überzeugung, daß ein Andrer Schmerzen hat.)

Ich erstarre zu Stein und meine Schmerzen dauern an. – Und wenn ich mich nun irrte und es nicht mehr *Schmerzen* wären! – Aber ich kann mich doch hier nicht irren; es heißt doch nichts, zu zweifeln, ob ich Schmerzen habe! – D. h.: wenn Einer sagte »Ich weiß nicht, ist das ein Schmerz, was ich habe, oder ist es etwas anderes?«, so dächten wir etwa, er wisse nicht, was das deutsche Wort »Schmerz« bedeute und würden's ihm erklären. – Wie? Vielleicht durch Gebärden, oder indem wir ihn mit einer Nadel stächen und sagten, »Siehst du, das ist Schmerz«. Er könnte diese Worterklärung, wie jede andere, richtig, falsch, oder garnicht verstehen. Und welches er tut, wird er im Gebrauch des Wortes zeigen, wie es auch sonst geschieht.

Wenn er nun z.B. sagte: »O, ich weiß, was ›Schmerz‹ heißt, aber ob *das* Schmerzen sind, was ich jetzt hier habe, das weiß ich nicht« – da würden wir bloß die Köpfe schütteln und müßten seine Worte für eine seltsame Reaktion ansehen, mit der wir nichts anzufangen wissen. (Es wäre etwa, wie wenn wir jemand im Ernste sagen hörten: »Ich erinnere mich deutlich, einige Zeit vor meiner Geburt geglaubt zu haben, ...«)

Jener Ausdruck des Zweifels gehört nicht zu dem Sprachspiel; aber wenn nun der Ausdruck der Empfindung, das menschliche Benehmen, ausgeschlossen ist, dann scheint es, ich *dürfe* wieder zweifeln. Daß ich hier versucht bin, zu sagen, man könne die Empfindung für etwas andres halten, als was sie ist, kommt daher: Wenn ich das normale Sprachspiel mit dem Ausdruck der Empfindung abgeschafft denke, brauche ich nun ein Kriterium der Identität für sie; und dann bestünde auch die Möglichkeit des Irrtums.

»Wenn ich sage ›Ich habe Schmerzen‹, bin ich jedenfalls *vor mir selbst* gerechtfertigt.« – Was heißt das? Heißt es: »Wenn ein Anderer wissen könnte, was ich ›Schmerzen‹ nenne, würde er zugeben, daß ich das Wort richtig verwende«?

Ein Wort ohne Rechtfertigung gebrauchen, heißt nicht, es zu Unrecht gebrauchen.

Ich identifiziere meine Empfindung freilich nicht durch Kriterien, sondern ich gebrauche den gleichen Ausdruck. Aber damit *endet* ja das Sprachspiel nicht; damit fängt es an.

Aber fängt es nicht mit der Empfindung an, – die ich beschreibe? – Das Wort »beschreiben« hat uns da vielleicht zum besten. Ich sage »Ich beschreibe meinen Seelenzustand« und »Ich beschreibe mein Zimmer«. Man muß sich die Verschiedenheiten der Sprachspiele ins Gedächtnis rufen.

Was wir »*Beschreibungen*« nennen, sind Instrumente für besondere Verwendungen. Denke dabei an eine Maschinenzeichnung, einen Schnitt, einen Aufriß mit den Maßen, den der Mechaniker vor sich hat. Wenn man an eine Beschreibung als ein Wortbild der Tatsachen denkt, so hat das etwas Irreführendes: Man denkt etwa nur an Bilder, wie sie an unsern Wänden hängen; die schlechtweg abzubilden scheinen, wie ein Ding aussieht, wie es beschaffen ist. (Diese Bilder sind gleichsam müßig.)

Glaub nicht immer, daß du deine Worte von Tatsachen abliest; diese nach Regeln in Worte abbildest! Denn die Anwendung der Regel im besondern Fall müßtest du ja doch ohne Führung machen.

Wenn ich von mir selbst sage, ich wisse nur vom eigenen Fall, was das Wort »Schmerz« bedeutet, – muß ich *das* nicht auch von den Andern sagen? Und wie kann ich denn den *einen* Fall in so unverantwortlicher Weise verallgemeinern?

Nun, ein Jeder sagt es mir von sich, er wisse nur von sich selbst, was Schmerzen seien! – Angenommen, es hätte Jeder eine Schachtel, darin wäre etwas, was wir »Käfer« nennen. Niemand kann je in die Schachtel des Andern schaun; und Jeder sagt, er wisse nur vom Anblick *seines* Käfers, was ein Käfer ist. – Da könnte es ja sein, daß Jeder ein anderes Ding in seiner Schachtel hätte. Ja, man könnte sich vorstellen, daß sich ein solches Ding fortwährend veränderte. – Aber wenn nun das Wort »Käfer« dieser Leute doch einen Gebrauch hätte? – So wäre er nicht der der Bezeichnung eines Dings. Das Ding in der Schachtel gehört überhaupt nicht zum Sprachspiel; auch nicht einmal als ein *Etwas*: denn die Schachtel könnte auch leer sein. – Nein, durch dieses Ding in der Schachtel kann ›gekürzt werden‹; es hebt sich weg, was immer es ist.

Das heißt: Wenn man die Grammatik des Ausdrucks der Empfindung nach dem Muster von ›Gegenstand und Bezeichnung‹ konstruiert, dann fällt der Gegenstand als irrelevant aus der Betrachtung heraus.

Wenn du sagst, er sähe ein privates Bild vor sich, das er beschreibe, so hast du immerhin eine Annahme gemacht über das, was er vor sich hat. Und das heißt, daß du es näher beschreiben kannst, oder beschreibst. Gibst du zu, daß du gar keine Ahnung hast, von welcher Art, was er vor sich hat, sein könnte, – was verführt dich dann dennoch zu sagen, er habe etwas vor sich? Ist das nicht, als sagte ich von Einem: »Er *hat* etwas. Aber ob es Geld, oder Schulden, oder eine leere Kasse ist, weiß ich nicht.«

Und was soll »Ich weiß nur vom *eigenen* Fall ....« überhaupt für ein Satz sein? Ein Erfahrungssatz? Nein. – Ein grammatischer?

Ich denke mir also: Jeder sage von sich selbst, er wisse nur vom eigenen Schmerz, was Schmerz sei. – Nicht, daß die Menschen das wirklich sagen, oder auch nur bereit sind zu sagen. Aber *wenn* nun Jeder es sagte – es könnte eine Art Ausruf sein. Und wenn er auch als Mitteilung nichtssagend ist, so ist er doch ein Bild; und warum sollten wir uns so ein Bild nicht vor die Seele rufen wollen? Denke dir statt der Worte ein gemaltes allegorisches Bild.

Ja, wenn wir beim Philosophieren in uns schauen, bekommen wir oft gerade so ein Bild zu sehen. Förmlich, eine bildliche Darstellung unsrer Grammatik. Nicht Fakten; sondern gleichsam illustrierte Redewendungen.

»Ja, aber es ist doch da ein Etwas, was meinen Ausruf des Schmerzes begleitet! Und um dessentwillen ich ihn mache. Und dieses Etwas ist das, was wichtig ist, – und schrecklich.« – Wem teilen wir das nur mit? Und bei welcher Gelegenheit?

Freilich, wenn das Wasser im Topf kocht, so steigt der Dampf aus dem Topf und auch das Bild des Dampfes aus dem Bild des Topfes. Aber wie, wenn man sagen wollte, im Bild des Topfes müsse auch etwas kochen?

Daß wir so gerne sagen möchten »Das Wichtige ist *das*« – indem wir für uns selbst auf die Empfindung deuten, –

zeigt schon, wie sehr wir geneigt sind, etwas zu sagen, was keine Mitteilung ist.

Nicht umhin können – wenn wir uns philosophischen Gedanken hingeben – das und das zu sagen, unwiderstehlich dazu neigen, dies zu sagen, heißt nicht, zu einer *Annahme* gezwungen sein, oder einen Sachverhalt unmittelbar einsehen, oder wissen.

Zu dem Sprachspiel mit den Worten »er hat Schmerzen« gehört – möchte man sagen – nicht nur das Bild des Benehmens, sondern auch das Bild des Schmerzes. Oder: nicht nur das Paradigma des Benehmens, sondern auch das des Schmerzes. – Zu sagen »Das Bild des Schmerzes tritt ins Sprachspiel mit dem Worte ›Schmerz‹ ein«, ist ein Mißverständnis. Die Vorstellung des Schmerzes ist kein Bild, und *diese* Vorstellung ist im Sprachspiel auch nicht durch etwas ersetzbar, was wir ein Bild nennen würden. – Wohl tritt die Vorstellung des Schmerzes in einem Sinn ins Sprachspiel ein; nur nicht als Bild.

Eine Vorstellung ist kein Bild, aber ein Bild kann ihr entsprechen.

Wenn man sich den Schmerz des Andern nach dem Vorbild des eigenen vorstellen muß, dann ist das keine so leichte Sache: da ich mir nach den Schmerzen, die ich *fühle*, Schmerzen vorstellen soll, die ich *nicht fühle*. Ich habe nämlich in der Vorstellung nicht einfach einen Übergang von einem Ort des Schmerzes zu einem andern zu machen. Wie von Schmerzen in der Hand zu Schmerzen im Arm. Denn ich soll mir nicht vorstellen, daß ich an einer Stelle seines Körpers Schmerz empfinde. (Was auch möglich wäre.)
Das Schmerzbenehmen kann auf eine schmerzhafte Stelle deuten, – aber die leidende Person ist die, welche Schmerz äußert.

»Ich kann nur *glauben*, daß der Andre Schmerzen hat, aber ich *weiß* es, wenn ich sie habe.« – Ja; man kann sich dazu entschließen zu sagen »Ich glaube, er hat Schmerzen« statt »Er hat Schmerzen«. Aber das ist alles. – Was hier wie eine Erklärung oder Aussage über die seelischen Vorgänge ausschaut, ist in Wahrheit ein Vertauschen einer Redeweise für eine andere, die, während wir philosophieren, uns die treffendere scheint.

Versuch einmal – in einem wirklichen Fall – die Angst, die Schmerzen des Andern zu bezweifeln.

»Aber du wirst doch zugeben, daß ein Unterschied ist, zwischen Schmerzbenehmen mit Schmerzen und Schmerzbenehmen ohne Schmerzen.« – Zugeben? Welcher Unterschied könnte größer sein! – »Und doch gelangst du immer wieder zum Ergebnis, die Empfindung selbst sei ein Nichts.« – Nicht doch. Sie ist kein Etwas, aber auch nicht ein Nichts! Das Ergebnis war nur, daß ein Nichts die gleichen Dienste täte wie ein Etwas, worüber sich nichts aussagen läßt. Wir verwarfen nur die Grammatik, die sich uns hier aufdrängen will.

Das Paradox verschwindet nur dann, wenn wir radikal mit der Idee brechen, die Sprache funktioniere immer auf *eine* Weise, diene immer dem gleichen Zweck: Gedanken zu übertragen – seien diese nun Gedanken über Häuser, Schmerzen, Gut und Böse, oder was immer.

»Aber du kannst doch nicht leugnen, daß, z. B., beim Erinnern ein innerer Vorgang stattfindet.« – Warum macht es denn den Eindruck, als wollten wir etwas leugnen? Wenn man sagt »Es findet doch dabei ein innerer Vorgang statt« – so will man fortsetzen: »Du *siehst* es doch.« Und es ist doch dieser innere Vorgang, den man mit dem Wort »sich erinnern« meint. – Der Eindruck, als wollten wir etwas leugnen, rührt daher, daß wir uns gegen das Bild vom ›innern Vorgang‹ wenden. Was wir leugnen, ist, daß das Bild vom innern Vorgang uns die richtige Idee von der Verwendung des Wortes »erinnern« gibt. Ja wir sagen, daß dieses Bild mit seinen Ramifikationen uns verhindert, die Verwendung des Wortes zu sehen, wie sie ist.

Warum soll ich denn leugnen, daß ein geistiger Vorgang da ist?! Nur heißt »Es hat jetzt in mir der geistige Vorgang der Erinnerung an .... stattgefunden« nichts andres als: »Ich habe mich jetzt an .... erinnert«. Den geistigen Vorgang leugnen, hieße, das Erinnern leugnen; leugnen, daß irgend jemand sich je an etwas erinnert.

»Bist du nicht doch ein verkappter Behaviourist? Sagst du nicht doch, im Grunde, daß alles Fiktion ist, außer dem menschlichen Benehmen?« – Wenn ich von einer Fiktion rede, dann von einer grammatischen Fiktion.

Wie kommt es nur zum philosophischen Problem der seelischen Vorgänge und Zustände und des Behaviourism? – Der erste Schritt ist der ganz unauffällige. Wir reden von Vorgängen und Zuständen, und lassen ihre Natur unentschieden! Wir werden vielleicht einmal mehr über sie wissen – meinen wir. Aber eben dadurch haben wir uns auf eine bestimmte Betrachtungsweise festgelegt. Denn wir haben einen bestimmten Begriff davon, was es heißt: einen Vorgang näher kennen zu lernen. (Der entscheidende Schritt im Taschenspielerkunststück ist getan, und gerade er schien uns unschuldig.) – Und nun zerfällt der Vergleich, der uns unsere Gedanken hätte begreiflich machen sollen. Wir müssen also den noch unverstandenen Prozeß im noch unerforschten Medium leugnen. Und so scheinen wir also die geistigen Vorgänge geleugnet zu haben. Und wollen sie doch natürlich nicht leugnen!

Was ist dein Ziel in der Philosophie? – Der Fliege den Ausweg aus dem Fliegenglas zeigen.

Ich sage jemandem, ich habe Schmerzen. Seine Einstellung zu mir wird nun die des Glaubens sein; des Unglaubens; des Mißtrauens; usw.

Nehmen wir an, er sagt: »Es wird nicht so schlimm sein.« – Ist das nicht der Beweis dafür, daß er an etwas glaubt, das hinter der Schmerzäußerung steht? – Seine Einstellung ist ein Beweis seiner Einstellung. Denke dir nicht nur den Satz »Ich habe Schmerzen«, sondern auch die Antwort »Es wird nicht so schlimm sein« durch Naturlaute und Gebärden ersetzt!

»Welcher Unterschied könnte größer sein!« – Im Falle der Schmerzen glaube ich, ich könne mir diesen Unterschied privatim vorführen. Den Unterschied aber zwischen einem abgebrochenen und einem nicht abgebrochenen Zahn kann ich Jedem vorführen. – Aber zu der privaten Vorführung brauchst du dir garnicht Schmerzen hervorzurufen, sondern es genügt, wenn du dir sie *vorstellst*, – z. B. ein wenig das Gesicht verziehst. Und weißt du, daß, was du dir so vorführst, Schmerzen sind, und nicht z. B. ein Gesichtsausdruck? Wie weißt du auch, was du dir vorführen sollst, ehe du dir's vorführst? Diese *private* Vorführung ist eine Illusion.

Aber sind die Fälle des Zahnes und der Schmerzen nicht doch wieder ähnlich? Denn der Gesichtsempfindung im einen entspricht die Schmerzempfindung im andern. Die Gesichtsempfindung kann ich mir so wenig vorführen, oder so gut, wie die Schmerzempfindung.

Denken wir uns diesen Fall: Die Oberflächen der Dinge unsrer Umgebung (Steine, Pflanzen, etc. etc.) hätten Flekken und Zonen, die unsrer Haut bei der Berührung Schmerz verursachten. (Etwa durch die chemische Beschaffenheit dieser Oberflächen. Aber das brauchen wir nicht zu wissen.) Wir würden nun, wie heute von einem rotgefleckten Blatt einer bestimmten Pflanze, von einem Blatt mit

Schmerzflecken reden. Ich denke mir, daß die Wahrnehmung dieser Flecken und ihrer Gestalt für uns von Nutzen wäre, daß wir aus ihr Schlüsse auf wichtige Eigenschaften der Dinge ziehen könnten.

Ich kann Schmerzen vorführen, wie ich Rot vorführe, und wie ich Gerade und Krumm und Baum und Stein vorführe. – Das *nennen* wir eben »vorführen«.

Es zeigt ein fundamentales Mißverständnis an, wenn ich meinen gegenwärtigen Zustand der Kopfschmerzen zu betrachten geneigt bin, um über das philosophische Problem der Empfindung ins Klare zu kommen.

* * *

Sollten wir sagen, daß derjenige, der die Sprache nicht gelernt hat, weiß, daß er Rot sieht, es aber nicht ausdrücken kann? – Oder sollten wir sagen: »Er weiß, was er sieht, kann es aber nicht ausdrücken«? – Sieht er also nicht nur, was er sieht, sondern weiß es auch?

Nehmen wir einmal an, ich fragte: »Woher weiß ich, daß ich sehe, und daß ich Rot sehe? D. h., woher weiß ich, daß ich etwas tue, was man Sehen und Rotsehen nennt?« Denn die Wörter »sehen« und »rot« verwenden wir ja in einem Spiel, das wir miteinander spielen.

Der Gebrauch von »Er weiß, welche Farbe er sieht«, »Ich weiß, welche Farbe ich gesehen habe«, usw.

Woher wissen wir, welche Farbe jemand sieht? Erkennen wir es an dem Muster, auf das er zeigt? Und woher wissen wir, welche Beziehung zwischen dem Muster und dem ursprünglichen Fall bestehen soll? Sollen wir nun sagen: »Wir wissen nie ...«? Oder sollten wir diese »wir wissen nie« lieber aus unserer Sprache ausscheiden und darauf achten, wie wir das Wort »wissen« tatsächlich zu gebrauchen pflegen?

Wie wäre es, wenn jemand fragte: »Woher weiß ich, daß das, was ich Rotsehen nenne, nicht jedesmal ein *völlig* anderes Erlebnis ist? Und daß ich nicht durch eine Täuschung zu der Annahme gelange, es sei dasselbe oder beinahe dasselbe?« Hier kommt es wieder zu der Antwort »Ich kann es nicht wissen« und der anschließenden Beseitigung der Frage.

»Er kann besser beurteilen, was er sieht, als wir.« – Das kommt darauf an.

Wenn wir sagen: »Er wird uns sagen, was er gesehen hat«, dann klingt das, als bediente er sich einer Sprache, die man ihn nie gelehrt hat.

Es ist, als hätten wir jetzt eine *Einsicht* in etwas gewonnen, was wir vorher nur von außen gesehen haben.

Innen und außen!

»Durch das, was wir ihm beibringen, wird das Wort ›rot‹ mit einem spezifischen Eindruck, den er hat (einem privaten Eindruck, einem Eindruck in ihm), in Verbindung gebracht (bzw. es soll damit in Verbindung gebracht werden). Sodann teilt er seinen Eindruck durch das Medium der Sprache mit – indirekt freilich.«

Solange man das Bild direkt/indirekt verwendet, kann man nicht in anderer Weise Sicherheit gewinnen über die grammatische Situation.

Wenn man sagt, was man sieht, ist das so ähnlich, als würde man sein Inneres nach außen kehren? Und ist zu sagen lernen, was man sieht, das gleiche wie: lernen, die anderen ins eigene Innere blicken zu lassen?

»Wir lehren ihn, uns sehen zu lassen, was er sieht.« Da scheint er uns in indirekter Weise *den Gegenstand* zu zeigen, den er sieht, den Gegenstand, der seinem geistigen Auge vorschwebt. »Wir können ihn nicht anschauen, er ist in ihm.«

Die Vorstellung des privaten *Gegenstands* des Sehens. Erscheinung, Sinnesdatum.

Woher stammt die Vorstellung der Privatheit der Sinnesdaten?

»Aber willst du denn wirklich behaupten, sie seien nicht privat? Daß der eine das Bild sehen kann, welches dem anderen vorschwebt?«

Du willst doch wohl nicht annehmen, daß *Sagen*, was man sieht, eine direktere Art der Mitteilung ist als das Zeigen auf ein Muster!

Wenn ich sage, was das, was ich sehe, ist, wie vergleiche ich dann das Gesagte mit dem Gesehenen, um zu erfahren, ob ich die Wahrheit spreche?
Man könnte meinen, eine Lüge im Hinblick auf das Gesehene bestehe darin, daß ich weiß, was ich sehe, und etwas anderes sage. Angenommen, ich sagte, es bestehe eben darin, daß ich zu mir selbst sage: »Dies ist rot«, während ich laut sage: »Dies ist grün.«

Vergleiche Lügen und die Wahrheit Sagen im Falle der Angabe der gesehenen Farbe mit Lügen und die Wahrheit Sagen im Falle der Beschreibung eines gesehenen Bildes oder der Angabe der richtigen Anzahl zu zählender Gegenstände.

Kollationieren von Gesagtem und Gesehenem.

Gibt es hier immer ein Kollationieren?

Oder könnte man es die Angabe eines Bildes der gesehenen Farbe nennen, wenn ich das Wort »rot« ausspreche? Es sei denn, es wird durch seine Verbindungen mit einem Muster zum Bild.

Aber ist es denn nicht die Angabe eines Bildes, wenn ich auf ein Muster verweise?

»Was ich zeige, *läßt erkennen*, was ich sehe« – in welchem Sinne tut es das? Hier meint man, daß der andere jetzt sozusagen in mich hineinschauen kann. Während ich den anderen das, was ich sehe, nur in einem Spiel des Offenlegens und Verbergens erkennen lasse, das ausschließlich mit den Zeichen einer einzigen Kategorie gespielt wird: »Direkt/indirekt.«

Wir denken hier an ein Spiel, in dem es ein Inneres im normalen Sinne gibt.

Wir müssen uns klar werden darüber, wie die Metapher des Erkennenlassens (des Äußeren und Inneren) tatsächlich von uns angewendet wird; sonst werden wir versucht sein, ein Inneres zu suchen, das noch hinter dem liegt, was in unserer Metapher das Innere ist.

»Hätte er gelernt, mir zu zeigen (oder zu sagen), was er sieht, könnte er es mir jetzt zeigen.« Gewiß – aber wie sieht das denn aus: mir zu zeigen, was er sieht? Es besteht darin, daß man unter bestimmten Umständen auf etwas deutet. Oder ist es etwas anderes (laß dich nicht durch die Idee der Indirektheit in die Irre führen)?

Dies vergleicht man mit einer Aussage wie: »Hätte er zu öffnen gelernt, könnte ich jetzt sehen, was im Inneren steckt.« Darauf sage ich ja, aber bedenke, wie das Öffnen in diesem Fall ausschaut.

Wie steht es aber mit dem Kriterium dafür, ob etwas darin ist oder nicht? Hier antworten wir: »Im eigenen Fall weiß ich, ob etwas darin ist. So kommt es, daß ich überhaupt von einem Inneren weiß und zu der Annahme gelange, auch der andere besitze es.«
Überdies neigen wir nicht zu der Behauptung, daß wir das Innere eines anderen nur bisher nicht kennengelernt haben, sondern wir wollen sagen, daß die Vorstellung dieser Kenntnis mit der Vorstellung meiner selbst verknüpft ist.

»Wenn ich sage: ›Er hat Zahnschmerzen‹, nehme ich also an, daß er das gleiche hat wie ich, wenn ich Zahnschmerzen habe.« Denken wir uns, ich sagte: »Wenn ich sage: ›Ich *nehme an*, er hat Zahnschmerzen‹, nehme ich an, daß er das gleiche hat wie ich, wenn ich Zahnschmerzen habe« – das wäre so ähnlich wie die Aussage: »Wenn ich sage: ›Dieses Kissen ist rot‹, meine ich, daß es dieselbe Farbe hat wie das Sofa, wenn es rot ist.« Das ist aber nicht das, was ich mit dem ersten Satz habe sagen wollen, sondern ich wollte sagen, daß jegliches Reden über diese Zahnschmerzen auf einer Annahme beruht, auf einer Annahme, die sich eben aufgrund ihres eigentlichen Wesens nicht verifizieren läßt.

Schaut man jedoch genauer hin, wird man erkennen, daß dies eine völlig verfehlte Darstellung des Gebrauchs des Wortes »Zahnschmerzen« ist.

* * *

Betrachte folgenden Fall: Jemand sagt: »Ich begreife es nicht, heute sehe ich alles Blaue rot und umgekehrt.« Darauf erwidern wir: »Das muß seltsam aussehen!« Er sagt, es sehe tatsächlich seltsam aus, und fährt z. B. fort, wie kalt die glühende Kohle wirke und wie warm der helle (blaue) Himmel. Unter diesen oder ähnlichen Umständen würden wir vermutlich zu der Aussage neigen, er sehe rot, was wir blau sehen. Und wieder würden wir sagen, wir wüßten, daß er mit den Worten »blau« und »rot« dasselbe meint wie wir, denn er hat sie ja immer genauso verwendet wie wir.

Andererseits: Jemand erzählt uns heute, gestern habe er alles Rote stets blau gesehen, und so weiter. Wir erwidern: Aber du hast doch die glühende Kohle rot genannt und den Himmel blau. Darauf antwortet er: Das lag daran, daß ich auch die Namen vertauscht hatte. Wir sagen: Aber hast du das nicht äußerst sonderbar empfunden? Und er antwortet: Nein, es wirkte alles ganz natürlich. Würden wir auch in diesem Fall sagen: ...?

Der Fall der kontradiktorischen Gedächtnisbilder: Morgen erinnert er sich an dies, übermorgen an etwas anderes.

Das Ganze geht dahin zu zeigen, daß der Ausdruck »dem anderen Einblick in die Seele gewähren« häufig irreführend ist.

Nun frage ich, welches unsere Kriterien sind dafür, daß es neben dem Ausdruck noch eine persönliche Erfahrung gibt oder gegeben hat. Und die Antwort scheint zu lauten, dem anderen dienten tatsächlich nur äußerliche Ausdrücke als Kriterien, doch ich selbst wisse, ob ich ein Erlebnis habe oder nicht; speziell, ob ich Rot sehe oder nicht.

Doch ich möchte fragen: Wie ist das, wenn ich weiß, daß ich Rot sehe? Ich meine: Schau etwas Rotes an, »du weißt, daß es rot ist«, und nun frage dich, was du da tust. Meinst du nicht, daß du Rot siehst und dir einprägst, daß du es siehst? Doch hier gibt es vermutlich mehrere Dinge, die du tust: Wahrscheinlich *sagst* du dir das Wort »rot« vor oder »dies ist rot« oder dergleichen, oder vielleicht blickst du von dem roten Gegenstand auf einen anderen roten Gegenstand, den du für das Paradigma von Rot hältst usw. Andererseits tust du nichts weiter, als schweigend auf den roten Gegenstand zu starren.

Zum Teil werden die Ausdrücke »Gesichtsbild« und »Bild« parallel gebraucht; wo die Gebrauchsweisen nicht parallel verlaufen, werden wir durch die tatsächlich vorhandene Analogie eher getäuscht.

(Tautologie.)

Die Grammatik von »Rot sehen« steht in engerem Zusammenhang mit dem Ausdruck des Rotsehens, als man annimmt.

Wir können sagen: Der Blinde sieht nichts. Aber nicht nur wir sagen das, sondern auch er selbst sagt, er sehe nicht. Damit meine ich nicht: »Er geht einig mit uns darin, daß er nicht sehe – er bestreitet es nicht«, sondern: Da er dieselbe Sprache gelernt hat wie wir, beschreibt er die Fakten ebenfalls in dieser Weise. Wen werden wir nun blind nennen? Was ist unser Kriterium der Blindheit? Eine bestimmte Art von Verhalten. Und wenn sich der Betreffende in dieser spezifischen Weise verhält, nennen wir ihn nicht nur blind, sondern wir lehren ihn auch, sich selbst blind zu nennen. Und in *diesem* Sinne bestimmt sein Verhalten auch für *ihn* die Bedeutung von Blindheit. Aber nun wirst du einwenden: »Blindheit ist doch kein Verhalten; man kann sich offenbar wie ein Blinder verhalten, ohne blind zu sein. Deshalb bedeutet ›Blindheit‹ etwas anderes; sein Verhalten hilft ihm nur zu verstehen, was wir unter ›Blindheit‹ verstehen. Die äußeren Umstände sind das, was ihm ebenso bekannt ist wie uns. Immer, wenn sich jemand in einer bestimmten Weise verhält, sagen wir, er sehe nicht. Er merkt jedoch, daß eine gewisse private Erfahrung seinerseits mit allen diesen Fällen zusammenfällt, und daher kommt er zu dem Schluß, daß wir mit unserer Aussage, er sehe nicht, eben seine Erfahrung meinen.«

* * *

»Sehen ist doch wohl etwas anderes als Zeigen, daß man sieht.« – Das klingt so ähnlich wie die Behauptung »Hüpfen ist etwas anderes als Springen«. Diese Behauptung jedoch läßt sich ergänzen: »Dies ist Hüpfen (man zeigt es), und das ist Springen (man zeigt es).« Wie steht es nun mit dieser Ergänzung im ersten Fall? »Rotsehen ist dies (man zeigt es) und Zeigen, daß man Rot sieht, ist dies (man zeigt es).« Der Witz ist, daß es eben kein »Zeigen, daß man sieht« gibt außer dem Zeigen, daß man sieht. »Aber kann ich nicht sagen: ›Rot Sehen ist das, was ich jetzt tue‹ (wobei ich auf etwas Rotes schaue)? Und obwohl der andere in gewissem Sinne nicht direkt sehen (sich des Vorgangs bewußt sein) kann, wovon ich hier rede, weiß ich doch sicher, was das ist, wovon ich hier rede. Das heißt, für ihn kann ich zwar nicht direkt auf mein Rotsehen zeigen, doch für mich selbst kann ich wohl darauf zeigen; und in diesem Sinne kann ich mir selbst eine hinweisende Definition des Ausdrucks geben.« Aber eine hinweisende Definition ist doch kein Zauberkunststück.

Worin besteht es also, daß ich mir selbst die hinweisende Definition von Rot gebe? – Nun, wie soll ich das beschreiben? Soll ich sagen: Es besteht darin, daß ich Rot sehe und mir sage: »Ich sehe Rot«? Oder ist es so: »Es besteht darin, daß ich eine bestimmte Farbempfindung sehe und sage: ›Ich sehe Rot‹«? Die erste Formulierung gefällt mir nicht. Sie setzt voraus, daß der andere genau denselben privaten Eindruck kennt, den ich auch habe. Daher würde ich es lieber offen lassen, auf welche Farbe ich gerade meine Aufmerksamkeit richte. Aber wieso kann ich dann hier von einer Farbe reden? Ist denn, daß ich unter »Farbe« dasselbe verstehe wie die anderen, nicht ebenso ungewiß wie, daß ich mit »rot« dasselbe meine wie sie? Und das gleiche gilt natürlich für »sehen« (denn was ich hier mit diesem Wort meine, ist keine Tätigkeit des geistigen Auges).

»Aber es ist doch ein krasser Irrtum, wenn man ›Rotsehen‹ und Zeigen, daß man Rot sieht, verwechselt! Ich weiß, was Rotsehen ist, und ich weiß, was Zeigen ... ist.« Könnten wir nicht sagen, daß Wissen, was Zeigen ... ist, das gleiche ist wie Sehen, daß gezeigt wird? Was ist nun Wissen, was Sehen ist?

Wenn man weiß, was das Rotsehen ist, scheint man zu sich selbst zu sagen: »Rotsehen ist dies« – man scheint sich selbst auf ein Muster hinzuweisen, doch so ist es nicht, denn die üblichen Kriterien der Musteridentität gelten hier nicht. Ich kann sagen, daß ich stets dieselbe Farbe »Rot« nenne, oder daß ich immer, wenn ich »Rot« erkläre, auf ein Muster derselben Farbe zeige.

Betrachte den Satz: Er überprüft, was es *für ihn* bedeutet, indem er ... Würdest du sagen, das Wort habe Bedeutung für ihn, wenn es jedesmal etwas anderes bedeutete? Und welches ist das Kriterium dafür, daß dieselbe Farbe zweimal erscheint?

Wenn wir ein Spiel beschreiben, das er allein spielt, kommt es dann darauf an, daß er das Wort »rot« in unserem Sinne für dieselbe Farbe verwendet, oder würden wir es auch dann ein Sprachspiel nennen, wenn er das Wort beliebig verwendete? Was ist dann das Kriterium dafür, daß es in derselben Weise verwendet wird? Nicht bloß der Zusammenhang zwischen »gleich«, »Farbe« und »rot«.

»Laß mich mal sehen, ob ich noch weiß, welche dieser Farben Rot ist. – (Ich schaue umher.) Ja, ich weiß es.« (Hier hätte ich sagen können: »... welche dieser Farben Rot heißt.«)

Die Prüfung, ob man weiß, was »Rotsehen« bedeutet, ist nur dann von Nutzen, wenn man dieses Wissen in einem weiteren Fall anwenden kann. Wie steht es nun, wenn ich eine Farbe erneut sehe – kann ich dann sagen, ich hätte mein Wissen, was »Rot« ist, überprüft, daher sei ich jetzt sicher, daß ich es richtig wiedererkennen werde? In welchem Sinne ist die frühere Äußerung der Wörter »dies ist Rot« eine Gewähr dafür, daß ich jetzt dieselbe Farbe sehe, wenn ich wieder sage, ich sehe Rot?

Die Grammatik von »private Sinnesdaten«.

»›Zahnschmerzen‹ ist ein Wort, das ich in einem Spiel verwende, das ich zusammen mit anderen spiele, doch für mich hat es eine private Bedeutung.«

Beim Gebrauch des Wortes »Bedeutung« ist es wesentlich, daß man innerhalb eines Spiels stets dieselbe Bedeutung beibehält.

»Bist du sicher, daß du stets dasselbe private Erlebnis ›Zahnschmerzen‹ nennst?«

Was nützt es denn hier, sicher zu sein, wenn sich daraus nicht ergibt, daß es sich so verhält, und dein Sichersein das einzige Kriterium dafür ist, daß es sich so verhält.

Das bedeutet: Dies ist gar kein Beispiel für Sichersein, Überzeugung.

»Der Dingsda ist völlig gesund, hat noch nie zum Zahnarzt gehen müssen, hat sich nie über Zahnschmerzen beklagt. Doch da Zahnschmerzen ein privates Erlebnis sind, können wir nie wissen, ob er nicht sein ganzes Leben lang schreckliche Zahnschmerzen gehabt hat.«

Wie macht man das: Annehmen, daß dies oder jenes der Fall ist? Was ist eine Annahme wie z.B. »A hat Zahnschmerzen«? Ist es nichts weiter, als daß man die Worte »A hat Zahnschmerzen« sagt? Oder besteht es nicht darin, daß man mit diesen Worten etwas tut?

»Ein Spiel des Annehmens.« –

Annehmen: ein Bewußtseinszustand. Annehmen: eine Gebärde.

Bestimmtes Verhalten unter bestimmten Umständen nennen wir: Zeigen, daß wir Zahnschmerzen haben, und ein anderes Verhalten nennen wir: unsere Zahnschmerzen Verbergen. Würden wir nun in dieser Weise über dieses Verhalten reden, wenn sich die Menschen nicht normalerweise tatsächlich in dieser Weise verhielten? Angenommen, ich und sie beschrieben mein Verhalten ohne ein solches Wort wie »Schmerzen«, wäre die Beschreibung dann unvollständig? Die Frage ist: Halte *ich* sie für unvollständig? Wenn ja, werde ich zwei Fälle meines Verhaltens auseinanderhalten, und die anderen werden sagen, daß ich abwechselnd zwei Wörter für mein Verhalten verwende, und damit werden sie anerkennen, daß ich Zahnschmerzen habe.

»Aber kann es nicht sein, daß er Zahnschmerzen hat, ohne es irgendwie zu zeigen? Und das erweist, daß das Wort ›Zahnschmerzen‹ eine Bedeutung hat, die völlig unabhängig ist von einem Verhalten, das mit den Zahnschmerzen zusammenhängt.«

Das Spiel, das wir mit dem Wort »Zahnschmerzen« spielen, ist völlig unabhängig davon, daß es ein Verhalten gibt, welches wir den Ausdruck der Zahnschmerzen nennen.

»Wir verwenden ›Zahnschmerzen‹ als Bezeichnung für ein persönliches Erlebnis.« – Nun, dann wollen wir einmal sehen, wie wir das Wort *verwenden*!

»Aber du kennst doch die Empfindung der Zahnschmerzen! Also kannst du ihr einen Namen geben, sagen wir ›Z‹.«

Aber wie verhält es sich denn, wenn man einer Empfindung einen Namen gibt? Sagen wir mal, es sei das Aussprechen des Namens, während man die Empfindung hat und sich eventuell auf diese Empfindung konzentriert – aber was heißt das schon? Erhält dieser Name dadurch Zauberkräfte? Und warum in aller Welt nenne ich dieses Geräusch den »Namen« der Empfindung? Ich weiß zwar, was ich mit dem Namen eines Menschen oder einer Zahl anfangen kann, aber habe ich dem Namen durch diesen Akt der »Definition« einen Gebrauch gegeben?

»Einer Empfindung einen Namen geben« heißt gar nichts, es sei denn, ich weiß bereits, in welcher Art von Spiel dieser Name zu verwenden ist.

* * *

»Äußerungen können immer lügen.« Wie können wir das von den Äußerungen sagen, mit denen wir unsere Wörter verknüpfen?

Denken wir uns, ein Kind lernt das Wort »Zahnschmerzen« als Äquivalent dafür, daß es stöhnt, und nun merkt es, daß es jedesmal, wenn es das Wort ausspricht oder stöhnt, von den Erwachsenen besonders gut behandelt wird. Sodann benutzt das Kind das Stöhnen oder das Wort »Zahnschmerzen« als Mittel, um die gewünschte Wirkung zu erzielen. Lügt das Kind nun?

Du erwiderst: »Ich kann doch wohl mit Zahnschmerzen stöhnen, und ich kann ohne Zahnschmerzen stöhnen; warum sollte es bei dem Kind nicht das gleiche sein? Natürlich kann ich nur das Verhalten des Kindes sehen und hören, doch aus eigener Erfahrung weiß ich, was Zahnschmerzen sind (ich kenne die Zahnschmerzen unabhängig vom Verhalten), und ich werde dazu veranlaßt zu glauben, daß die anderen manchmal die gleichen Schmerzen haben wie ich.« – Schon der erste Satz ist irreführend. Es geht nicht um die Frage, ob ich mit oder ohne Zahnschmerzen stöhnen *kann*, sondern es geht darum, daß ich für mein Teil einen Unterschied mache zwischen »Stöhnen mit Zahnschmerzen« und »Stöhnen ohne Zahnschmerzen«, und nun können wir nicht mit der Behauptung fortfahren, beim Kind machten wir natürlich die gleiche Unterscheidung. In Wirklichkeit machen wir sie nämlich nicht. Wir bringen dem Kind den Gebrauch der Wörter »Ich habe Zahnschmerzen« bei, damit es sie anstelle des Stöhnens verwendet, und mich selbst hat man den Ausdruck auf die gleiche Weise gelehrt. Woher weiß ich denn, ob ich das Wort »Zahnschmerzen« in der Bedeutung zu verwenden gelernt habe, die ich nach dem Wunsch der anderen zum Ausdruck bringen sollte? Ich sollte sagen: Ich *glaube*, daß ich es so gelernt habe!

Nun kann man stöhnen, weil man Schmerzen hat, oder man kann z.B. auf der Schauspielbühne stöhnen. Woher weiß ich denn, ob das Kind – und sei es noch so klein – nicht schon schauspielert? Und in diesem Fall lehre ich es mit dem Wort »Zahnschmerzen« eine Bedeutung, die nicht in meiner Absicht liegt.

Ich habe das Kind gelehrt, den Ausdruck »Ich habe Zahnschmerzen« unter bestimmten Umständen zu verwenden. Und nun gebraucht es die Wörter unter diesen Umständen.

– Aber was für Umstände sind das? Soll ich sagen: »Die Umstände, unter denen es stöhnte« – und welche Umstände sind das?

Aber nun bringe ich dem Kind auch bei, auf der Bühne zu stöhnen! Soll heißen, ich *lehre* es, diesen Ausdruck in einem anderen Spiel zu gebrauchen. Ferner lehre ich es, den Satz »Ich habe Zahnschmerzen« aus einem Buch vorzulesen, ohne daß es dabei Zahnschmerzen hat. Ich könnte ihm sogar das Lügen beibringen, als eigenes Sprachspiel. (Ja es kommt oft vor, daß wir mit Kindern derartige Spiele spielen.)

»Aber läuft das, was du sagst, nicht darauf hinaus: daß es gar nicht darauf ankommt, was die Leute fühlen, solange sie sich nur in bestimmter Weise verhalten?«

»Meinst du, du könntest Schmerzen durch Verhalten definieren?«

Gehen wir wirklich so vor, wenn wir das Kind lehren, den Ausdruck »Ich habe Zahnschmerzen« zu gebrauchen? Habe ich definiert: »Zahnschmerzen sind das und das Verhalten«? Das steht doch offenbar völlig im Widerspruch zum normalen Gebrauch dieses Worts! »Aber kannst du dir denn nicht andererseits, wenigstens für dich selbst, eine *hinweisende* Definition von »Zahnschmerzen« geben? Etwa indem du auf die schmerzende Stelle zeigst und sagst »dies ist ...«? Kann ich meinen Schmerzen denn keinen Namen geben? Seltsame Idee, den eigenen Schmerzen einen Namen zu geben! Was hat ein Name hier überhaupt zu suchen? Bzw. was soll ich damit anfangen? Wie gehe ich mit dem Namen einer Person um, die ich bei ihrem Namen *rufe*? Der einzige Zusammenhang, den wir bisher festgestellt haben, ist der, daß du Zahnschmerzen hattest, auf die Wange zeigtest und das Wort »muh« ausgesprochen hast. »Na und?« Denke an das, was wir über private hinweisende Definitionen gesagt haben.

»Aber vernachlässigst du hier nicht etwas – das Erlebnis oder wie du es nennen möchtest –? Beinahe *die Welt* hinter den bloßen Worten?«

Hier kann uns der Solipsismus jedoch eine Lektion erteilen: Dies ist der Gedanke, der *auf dem Weg* ist, diesen Irrtum auszumerzen. Denn sofern die *Welt* Vorstellung ist, so ist sie nicht die Vorstellung einer Person. (Der Solipsismus geht nicht ganz soweit und sagt, sie sei meine Vorstellung.) Aber wie könnte ich dann angeben, was die Welt ist, wenn das Reich der Vorstellungen keinen Nachbarn hat? Was ich tue, läuft auf eine Definition des Wortes »Welt« hinaus.

»Was sich von selbst versteht, vernachlässige ich.«

»Was gesehen wird, sehe *ich*« (wobei ich auf meinen Körper zeige). Ich zeige auf mein geometrisches Auge, während ich das sage. Oder ich zeige mit geschlossenen Augen, berühre meine Brust und spüre es. In keinem Fall stelle ich eine Verbindung her zwischen dem Gesehenen und einer Person.

Zurück zum »Vernachlässigen«! Es scheint, daß ich das Leben vernachlässige. Aber nicht das Leben im physiologischen Sinne, sondern das Leben als Bewußtsein. Und Bewußtsein nicht im physiologischen Sinne oder von außen aufgefaßt, sondern Bewußtsein als das eigentliche Wesen der Erfahrung, der Erscheinung der Welt, der Welt.

Wie wäre es mit folgender Formulierung? Müßte ich meiner Sprache die Welt hinzufügen, müßte es für das Ganze der Sprache ein und dasselbe Zeichen sein, so daß man dieses Zeichen auch fortlassen könnte.

Wie soll ich die Art und Weise beschreiben, in der das Kind das Wort »Zahnschmerzen« lernt – etwa so?: Es kommt vor, daß das Kind Zahnschmerzen hat; es stöhnt und hält sich die Wange; die Erwachsenen sagen: »...«, usw. Oder: Manchmal stöhnt das Kind und hält sich die Wange, die Erwachsenen ...? Sagt die erste Beschreibung etwas Überflüssiges oder Falsches, oder läßt die zweite etwas Wesentliches aus? Beide Beschreibungen sind richtig.

»Es scheint aber, als hättest du etwas vernachlässigt.« Aber was kann ich denn sonst noch tun, außer daß ich *unterscheide* zwischen dem Fall, in dem ich »Ich habe Zahnschmerzen« sage, wenn ich wirklich Zahnschmerzen habe, und dem Fall, in dem ich die Worte ausspreche, ohne Zahnschmerzen zu haben. Ich bin auch (überdies) bereit, von jedem beliebigen x hinter meinen Worten zu reden, solange dieses seine Identität bewahrt.

Klingt dein Vorwurf nicht, als hättest du gesagt: »In deiner Sprache *sprichst* du ja bloß!«?

* * *

Privatheit der Sinnesdaten. Ich muß Sie mit einer Wiederholung des beim letzten Mal Ausgeführten langweilen. Wir haben gesagt, ein Grund für die Einführung der Idee des Sinnesdatums sei der, daß die Menschen, wie wir sagen, bei der Betrachtung desselben Gegenstands manchmal Verschiedenes sehen, z. B. verschiedene Farben. Dies sind Fälle, in denen wir etwa sagen: »Er sieht Dunkelrot, während ich Hellrot sehe.« Wir neigen dazu, von einem von dem physikalischen Gegenstand verschiedenen Ding zu reden, welches derjenige sehe, von dem es heißt, er sehe den physikalischen Gegenstand. Klar ist ferner, daß wir nur aus dem Verhalten des anderen (z. B. aus seinen sprachlichen Äußerungen) entnehmen, wie dieser Gegenstand aussieht, und daher liegt es nahe zu sagen, daß dieser Gegenstand seinem geistigen Auge vorschwebt, während wir ihn nicht sehen.

Allerdings läßt sich ebenfalls behaupten, auch unserem geistigen Auge könnte er vorschweben, ohne daß wir jedoch wissen, ob er auch dem anderen vorschwebt. Das »Sinnesdatum« ist hier die Weise, in der ihm der physikalische Gegenstand erscheint. In anderen Fällen kommt kein physikalischer Gegenstand ins Spiel.

Nun möchte ich auf eine ganz bestimmte Schwierigkeit im Gebrauch des Wortes »Sinnesdatum« aufmerksam machen. Wir haben gesagt, es gibt Fälle, in denen wir behaupten würden, der andere sehe grün, was ich rot sehe. Nun drängt sich folgende Frage auf: Sofern dies überhaupt möglich ist, warum soll es dann nicht immer der Fall sein? Sobald wir zugegeben haben, es könne unter besonderen Umständen vorkommen, kann es, wie es scheint, jederzeit vorkommen. Dann ist aber auch klar, daß sogar der Gedanke des Rotsehens nichts mehr leistet, wenn wir nie in Erfahrung bringen können, ob der andere nicht etwas völlig anderes sieht. Was sollen wir also tun? Sollen wir behaupten, dies könne nur in einer begrenzten Anzahl von Fällen geschehen? Dies ist eine äußerst ernste Lage. – Wir haben den Ausdruck, A sehe etwas anderes als B, eingeführt, und nun dürfen wir nicht vergessen, daß dieser Ausdruck nur unter den Umständen seiner Einführung eine Verwendung hatte. Betrachten wir den folgenden Satz: »Natürlich werden wir nie wissen, ob neue Umstände nicht zeigen würden, daß er schließlich doch das gleiche gesehen hat wie wir.« Zu bedenken ist, daß diese ganze Vorstellung nicht unbedingt eingeführt worden sein muß. »Aber kann ich mir denn nicht *vorstellen*, daß alle Blinden genauso gut sehen wie ich und sich nur anders verhalten? Und kann ich mir andererseits nicht vorstellen, daß sie wirklich blind sind? Denn wenn ich mir diese Möglichkeiten ausmalen kann, hat die Frage selbst dann, wenn sie nie zu beantworten ist, Sinn.« Stellen Sie sich einen Mann vor, etwa W., der mal blind, mal sehend ist, und achten Sie darauf, was Sie tun! Wie verleihen diese Bilder der Frage Sinn? Sie verleihen ihr eben keinen Sinn, und daraus wird ersichtlich, daß der Ausdruck mit seiner Nützlichkeit steht und fällt.

Die Vorstellung, der andere sehe etwas anderes als ich, wird nur eingeführt, um bestimmte Ausdrücke zu erklären. Andererseits sieht es so aus, als könne diese Vorstellung selbständig existieren, ohne daß man überhaupt auf Ausdrücke Bezug nimmt. »Was ich habe, kann er doch sicher auch haben.«

»Und denk daran, daß wir zugeben, der andere könne Schmerzen haben, ohne es zu zeigen!« Wenn das also denkbar ist, warum soll man sich dann nicht auch vorstellen können, daß er nie Schmerzen zeigt? Warum nicht auch, daß alle ständig Schmerzen haben, ohne es zu zeigen? Oder daß sogar Dinge Schmerzen haben?! Auffallend ist, daß es scheinbar einige wenige nützliche Anwendungen der Vorstellung gibt, der andere habe Schmerzen, ohne sie zu zeigen, und daneben eine gewaltige Anzahl nutzloser Anwendungen, die den Eindruck erwecken, sie seien gar keine Anwendungen. Und die Berechtigung dieser letzteren Anwendungen scheint darin zu liegen, daß wir uns vorstellen können, der andere habe das gleiche wie wir, wodurch der Satz, er habe Zahnschmerzen, unabhängig von jeder Äußerung seinerseits sinnvoll zu werden scheint. »Freilich«, sagt man, »ich kann mir doch vorstellen, daß er Schmerzen hat, oder daß er sieht usw.«. Oder: »Da ich selbst zu sehen imstande bin, kann ich mir vorstellen, daß er das gleiche tut.« Mit anderen Worten, ich kann mir vorstellen, daß er beim Akt des Sehens die gleiche Rolle spielt wie ich. Aber wird durch diese Aussage bestimmt, was ich mit den Worten »Er sieht« meine?

Wir gelangen zu der Schlußfolgerung, daß der Sinn des Satzes »Er hat Schmerzen« nicht dadurch bestimmt wird, daß man sich vorstellt, er habe Schmerzen (usw.).

»Es kann sein, daß er die ganze Zeit unter ›Grün‹ etwas anderes versteht, als was ich damit meine.« Belege (Verifikation). Hier ist jedoch folgendes zu überlegen: »Ich meine doch sicher etwas Bestimmtes, einen bestimmten Eindruck, und deshalb kann es sein, daß er einen anderen Eindruck hat; ich weiß doch wohl, wie das wäre!« »Ich weiß doch, wie es ist, den Eindruck zu haben, den ich ›Grün‹ nenne!« Aber wie ist es denn? Du bist geneigt, einen grünen Gegenstand anzuschauen und zu sagen: »Es ist wie *dies*!« Und obwohl diese Worte einem anderen nichts erklären, scheinen sie doch immerhin eine Erklärung darzustellen, wie man sie sich selbst gibt. Aber stimmt das?! Wird diese Erklärung Ihren künftigen Gebrauch des Wortes »grün« rechtfertigen? Dadurch, daß man Grün sieht, ist man noch nicht berechtigt, einen anderen an die eigene Stelle zu setzen und Grün durch Rot zu ersetzen.

»Das Sinnesdatum ist privat« ist eine Regel der Grammatik, die den Gebrauch solcher Ausdrücke wie »Sie sahen dasselbe Sinnesdatum« verbietet [ausschließt]. Es mag sein (oder nicht sein), daß diese Regel Sätze gestattet wie »Er erriet, daß der andere ein Sinnesdatum von dieser ... Art hatte«. Vielleicht gestattet sie nur Äußerungen dieser Form: »Der andere sah sich um, hatte ein Sinnesdatum und sagte ...« Sie sehen, daß dieses Wort in einem derartigen Fall gar keine Verwendung hat. Wenn Sie es jedoch benutzen wollen, dann bitte! –

»Aber ich mache doch einen Unterschied zwischen dem Fall, in dem ich Zahnschmerzen habe und sie ausdrücke, einerseits und dem bloßen Ausdruck andererseits; und ich mache diesen Unterschied bei mir selbst.« »Das beruht doch nicht bloß darauf, daß hier verschiedene Ausdrücke verwendet werden, sondern es gibt hier zwei verschiedene Erlebnisse!« »Du redest, als wäre der Fall, in dem ich Schmerzen habe, nur durch meine Ausdrucksweise unterschieden von dem Fall, in dem ich keine Schmerzen habe!«

Aber unterscheiden wir denn immer zwischen »bloßem Verhalten« und »Erlebnis + Verhalten«? Wenn wir sehen, wie jemand in die Flammen stürzt und aufschreit, sagen wir uns dann: »Hier gibt es freilich zweierlei Fälle: ...«? Oder wenn ich Sie hier vor mir sehe, mache ich da eine solche Unterscheidung? Machen Sie eine? Es geht gar nicht! Daß wir in bestimmten Fällen eine Unterscheidung treffen, zeigt nicht, daß wir in allen Fällen gleich verfahren.

9
Aspekt und Bild

Sinneswahrnehmungen nennen wir Sehen, Hören, ... Zwischen diesen Begriffen bestehen Analogien und Zusammenhänge, sie sind unsere Rechtfertigung für diese Zusammenfassung.

Man kann also fragen: Was für Zusammenhänge und Analogien bestehen zwischen Sehen und Hören? Zwischen Sehen und Greifen? Zwischen Sehen und Riechen?

Und fragt man das, so rücken die Sinne so zu sagen gleich weiter auseinander, als sie auf den ersten Blick zu liegen scheinen.

Die Begriffe der Psychologie sind eben Begriffe des Alltags. Nicht von der Wissenschaft zu ihren Zwecken neu gebildete Begriffe, wie die der Physik und Chemie. Die psychologischen Begriffe verhalten sich etwa zu denen der strengen Wissenschaften wie die Begriffe der wissenschaftlichen Medizin zu denen von alten Weibern, die sich mit der Krankenpflege abgeben.

Plan zur Behandlung der psychologischen Begriffe.

Psychologische Verben charakterisiert dadurch, daß die dritte Person des Präsens durch Beobachtung zu identifizieren ist, die erste Person nicht.

Satz in der dritten Person Präsens: Mitteilung, in der ersten Person Präsens Äußerung. ((Stimmt nicht ganz.))

Sinnesempfindungen: ihre inneren Zusammenhänge und Analogien.

Alle haben echte Dauer. Möglichkeit der Angabe des Anfangs und Endes. Möglichkeit der Gleichzeitigkeit, des zeitlichen Zusammenfallens.

Alle haben Grade und qualitative Mischungen. Grad: kaum merkbar – nicht auszuhalten.

In diesem Sinne gibt es nicht Lage- oder Bewegungsempfindung.

Ort der Empfindung am Leib: unterscheidet Sehen und Hören von Druck-, Temperatur-, Geschmacks-, und Schmerzempfindung.

(Wenn Empfindungen die Lage der Glieder und die Bewegungen charakterisieren, so ist ihr Ort jedenfalls nicht das Gelenk.)

Die Lage der Glieder und ihre Bewegungen *weiß* man. Man kann sie z. B. angeben, wenn man gefragt wird. So wie man auch den Ort einer Empfindung (Schmerz) am Leibe weiß.

Reaktion des Berührens der schmerzhaften Stelle.

Kein lokales Merkmal an der Empfindung. So wenig wie ein zeitliches am Erinnerungsbild. (Zeitliche Merkmale an der Photographie.)

Schmerz von andern Sinnesempfindungen unterschieden durch charakteristischen Ausdruck. Dadurch verwandt der Freude (die keine Sinnesempfindung).

»Sinnesempfindungen lehren uns die Außenwelt kennen.«

Vorstellung:

Gehörsvorstellung, Gesichtsvorstellung, wie unterscheiden sie sich von den Empfindungen? Nicht durch »Lebhaftigkeit«.

Vorstellungen belehren uns nicht über die Außenwelt, weder richtig noch falsch. (Vorstellungen sind nicht Halluzinationen, auch nicht Einbildungen.)

Während ich einen Gegenstand sehe, kann ich ihn mir nicht vorstellen.

Verschiedenheit der Sprachspiele: »Schau die Figur an!« und »Stell dir die Figur vor!«

Vorstellung dem Willen unterworfen.

Vorstellung nicht Bild. Welchen Gegenstand ich mir vorstelle, ersehe ich nicht aus der Ähnlichkeit des Vorstellungsbildes mit ihm.

Auf die Frage »Was stellst du dir vor« kann man mit einem Bild antworten.

Man möchte sagen: Der vorgestellte Klang sei in einem andern *Raum* als der gehörte. (Frage – Warum?)

Ich lese ein Buch und stelle mir während des Lesens, also während des aufmerksamen Schauens, alles mögliche vor.

Es könnte Leute geben, die nie den Ausdruck gebrauchen »etwas vor dem inneren Auge sehen«, oder einen ähnlichen; und diese könnten doch im Stande sein, ›aus der Vorstellung‹, oder Erinnerung zu zeichnen, zu modellieren, das charakteristische Benehmen Anderer nachzuahmen, etc. Sie mögen auch, ehe sie etwas aus der Erinnerung zeichnen, die Augen schließen, oder wie blind vor sich hinstarren. Und doch könnten sie leugnen, daß sie dann vor sich *sehen*, was sie später zeichnen.

»Siehst du sie, wie sie zur Tür hereinkommt?« – und nun macht man's nach.

›Sehen‹ ist nämlich mit ›Schauen‹ unzertrennlich verbunden.

((D. h., das ist *eine* Art der Begriffsbestimmung, die eine Physiognomie ergibt.))

Die Wörter, die beschreiben, was man sieht, sind Eigenschaften der Dinge, man lernt ihre Bedeutung nicht im Zusammenhang mit dem Begriff des ›inneren Sehens‹.

Fragt man aber: »Was ist der Unterschied zwischen einem Gesichtsbild und einem Vorstellungsbild?« – so könnte die Antwort lauten: Die gleiche Beschreibung kann darstellen, was ich sehe, und was ich mir vorstelle.

Zu sagen, es sei ein Unterschied zwischen Gesichtsbild und Vorstellungsbild, heißt: man stellt sich etwas anders vor als es ausschaut.

Ich hätte früher auch sagen können: Der *Zusammenhang* zwischen Vorstellen und Sehen ist eng; eine *Ähnlichkeit* aber gibt es nicht.

Die Sprachspiele mit den beiden Begriffen sind grundverschieden, – hängen aber zusammen.

Unterschied: ›trachten, etwas zu sehen‹ – ›trachten, sich etwas vorzustellen‹. Im ersten Fall sagt man etwa »Schau genau hin!«, im zweiten »Schließ die Augen!«

So weißt du also nicht, ob Gesehenes (z. B. ein Nachbild) und eine Vorstellung im übrigen nicht ganz gleich ausschauen? (Oder soll es heißen: *sind*?) – Diese Frage könnte nur eine empirische sein und etwa heißen: »Kommt es vor, oder gar oft vor, daß Einer eine Vorstellung längere Zeit ungestört vor der Seele erhalten, und sie so in allen Einzelheiten beschreiben kann, wie etwa ein Nachbild?«

»Kannst du den Vogel jetzt noch sehen?« – »Ich bilde mir ein, ich kann ihn noch sehen.« Das heißt nicht: Ich stelle ihn mir vielleicht vor.

»Sehen und Vorstellen sind verschiedene Phänomene.« – Die Wörter »sehen« und »vorstellen« werden ungleich verwendet. »Ich sehe« wird anders verwendet als »Ich stelle mir vor«; »Sieh!« wird anders verwendet als »Stell dir vor!«;

»Ich versuche, es zu sehen« anders als »Ich versuche, mir's vorzustellen«. – »Aber die Phänomene sind eben: daß die Menschen sehen und daß wir uns Dinge vorstellen.« Ein Phänomen ist etwas, das man beobachten kann: Wie beobachtet man nun, daß die Menschen sehen?

Ich kann z.B. beobachten, daß die Vögel fliegen, oder Eier legen. Ich kann Einem sagen: »Siehst du, diese Geschöpfe fliegen. Schau, wie sie mit den Flügeln schlagen und sich in die Luft erheben.« Ich kann auch sagen: »Siehst du, dieses Kind ist nicht blind; es sieht. Schau, wie es der Kerzenflamme folgt.« Aber kann ich mich sozusagen davon überzeugen, *daß Menschen sehen*?

»Menschen sehen.« – Im Gegensatz *wozu*? Dazu etwa, daß alle blind sind?

Kann ich mir den Fall vorstellen, daß ich sagte: »Ja, du hast Recht: Menschen sehen.« – Oder: »Ja, du hast recht: die Menschen sehen, so wie ich auch.«

»Sehen und Verstehen sind verschiedene Phänomene.« – Die Wörter »sehen« und »verstehen« haben verschiedene Bedeutungen! Ihre Bedeutungen beziehen sich auf eine Menge wichtiger Arten und Weisen menschlichen Verhaltens, auf Phänomene des menschlichen Lebens.

Die Augen schließen, um sich etwas vorzustellen, ist ein Phänomen; mit verkniffenen Augen angestrengt schauen, ist ein Anderes; einem Ding in Bewegung mit den Augen folgen, wieder eins.

Denk, Einer sagte: »Der Mensch kann sehen oder blind sein«! »Sehen«, »Vorstellen«, »Hoffen« sind eben nicht Phänomenwörter, könnte man sagen. Das heißt aber natürlich nicht, daß der Psychologe nicht Phänomene beobachtet.

Der Ausdruck, das Vorstellen unterstehe dem Willen, kann irreführen, weil er den Schein erweckt, als wäre der Wille eine Art Motor und die Vorstellungen mit diesem im

Zusammenhang, so daß er sie hervorrufen, bewegen, abstellen könnte.

Aber wäre es nicht denkbar, daß bei einem Menschen das gewöhnliche Sehen dem Willen unterstünde? – Würde ihn das Sehen dann über die Außenwelt belehren? Hätten denn die Dinge Farben, wenn wir sie sehen könnten, wie wir wollten?

Weil die Vorstellung dem Willen untertan ist, unterrichtet sie uns eben nicht über die Außenwelt.

Insofern – aber nicht in anderer Weise – ist sie einer Tätigkeit wie dem Zeichnen verwandt.

Und doch ist es nicht leicht, das Vorstellen eine Tätigkeit zu nennen.

Wie ist es aber, wenn ich dir sage: »Stell dir eine Melodie vor«? Ich muß sie mir ›innerlich vorsingen‹. Das wird man ebenso eine Tätigkeit nennen, wie das Kopfrechnen.

Denk auch daran, daß man Einem befehlen kann »Zeichne den N. N. nach der Vorstellung« und daß, ob er dies tut, oder nicht, nicht nach der Ähnlichkeit des Bildnisses entschieden wird. Und dem ist analog, daß ich mir den N. N. vorstelle, auch wenn ich ihn mir falsch vorstelle.

Wenn ich sage, die Vorstellung sei dem Willen unterworfen, so heißt das nicht, sie sei gleichsam eine willkürliche Bewegung im Gegensatz zu einer unwillkürlichen. Denn dieselbe Bewegung, des Armes etwa, die jetzt willkürlich ist, könnte auch unwillkürlich sein. – Ich meine: Es hat *Sinn* einen Befehl zu geben: »Stell dir das vor«, oder auch »Stell dir das nicht vor«.

Aber betrifft die Verbindung mit dem Willen nicht nur, so zu sagen, die Maschinerie, durch die die Vorstellung (das

Vorstellungsbild) erzeugt, geändert wird? – Es wird hier kein Bild erzeugt; es sei denn, Einer fertige ein Bild, ein wirkliches Bild, an.

Der Dolch, den Macbeth vor sich sieht, ist kein vorgestellter Dolch. Eine Vorstellung kann man nicht für Wirklichkeit halten, noch Gesehenes für Vorgestelltes; aber nicht, weil sie einander so unähnlich sind.

Gegen die Willkürlichkeit der Vorstellung kann man sagen, daß Vorstellungen oft gegen unsern Willen sich uns aufdrängen und bleiben, sich nicht verscheuchen lassen.

Doch aber kann der Wille gegen sie ankämpfen. Ist aber, sie willkürlich zu nennen, nicht, als nennte ich eine Armbewegung willkürlich, zu der ein Anderer meinen Arm *gegen meinen Willen* zwingt?

Sag dir wieder, wenn Einer darauf besteht, was er »Gesichtsvorstellung« nennt, sei ähnlich dem Gesichtseindruck: daß er sich vielleicht *irrt*! Oder: Wie, wenn er sich darin irrte? Das heißt: was weißt du von der Ähnlichkeit seines Gesichtseindrucks und seiner Gesichtsvorstellung?! (Ich rede vom Andern, weil, was von ihm gilt, auch von mir gilt.)

Was weißt du also von dieser Ähnlichkeit? Sie äußert sich nur in den Ausdrücken, die er zu gebrauchen geneigt ist; nicht in dem, was er mit diesen Ausdrücken sagt.

»Es ist gar kein Zweifel: die Gesichtsvorstellung und der Gesichtseindruck sind von derselben Art!« Das mußt du aus deiner eigenen Erfahrung wissen; und dann ist es also etwas, was für dich stimmen mag und für Andere nicht. (Und das gilt natürlich auch für mich, wenn *ich* es sage.)

Nichts ist schwerer, als den Begriffen *vorurteilslos* gegenüberstehen. (Und das ist die Hauptschwierigkeit der Philosophie.)

Sich etwas vorstellen, ist zu vergleichen mit einer Tätigkeit. (Schwimmen.)

Wenn wir uns etwas vorstellen, beobachten wir nicht. Daß die Bilder kommen und vergehen, *geschieht* uns nicht. Wir sind nicht überrascht von diesen Bildern und sagen »Sieh da! ...«

Wir verscheuchen nicht Gesichtseindrücke, aber Vorstellungen.

Könnten wir die Eindrücke verscheuchen und vor unsere Seele rufen, sie könnten uns nicht über die Wirklichkeit informieren. – So unterscheiden sich Eindrücke von Vorstellungen nur dadurch, daß wir diese bewegen können und jene nicht? So ist also der Unterschied empirisch! So ist es eben nicht.

Aber ist es denn undenkbar, daß Gesichtseindrücke sich verscheuchen, oder zurückrufen ließen? Ja, ist es nicht wirklich möglich? Wenn ich meine Hand ansehe und dann bewege ich sie aus dem Gesichtsfeld, habe ich ihren Gesichtseindruck nicht willkürlich abgebrochen? – Aber, wird man mir sagen, so etwas nennt man doch nicht »das Bild der Hand verscheuchen«! Freilich nicht; aber wo ist der Unterschied? Man möchte sagen: der Wille bewegt die Vorstellungen unmittelbar.

Denn, wenn ich meinen Gesichtseindruck willkürlich ändere, so folgen die *Dinge* meinem Willen.

Wie aber, wenn die Gesichtseindrücke sich eben unmittelbar regieren ließen? Soll ich sagen: »Dann gäbe es keine Eindrücke, sondern nur Vorstellungen«? Und wie wäre das? Wie erführe ich z.B., daß der Andere eine bestimmte Vorstellung hätte? Er würde es mir sagen. – Aber wie würde er die dazu nötigen Worte lernen – sagen wir »rot« und »rund«? Denn ich könnte sie ihn doch nicht lehren, indem ich auf etwas Rotes und Rundes zeige. Ich könnte mir nur die Vorstellung hervorrufen, daß ich auf etwas Derartiges zeige. Und ich könnte auch nicht prüfen, ob er mich versteht. Ja, ich könnte ihn natürlich auch nicht *sehen*, sondern ihn mir nur vorstellen.

Ist die Annahme nicht überhaupt so wie die, es gäbe in der Welt *nur* Dichtung und nicht Wahrheit?

Und ich selbst könnte natürlich auch keine Beschreibung meiner Vorstellungen lernen, noch sie auch selbst erfinden. Denn was hieße es, z.B., daß ich mir ein rotes Kreuz auf weißem Grunde vorstelle? Wie sieht denn ein rotes Kreuz aus? *So*?? – Aber könnte nicht ein höheres Wesen durch Intuition wissen, *was* ich mir vorstelle, und dies in seiner Sprache beschreiben, wenn sie *mir* auch unverständlich wäre? – Angenommen, dies höhere Wesen sagte »Ich weiß, was sich dieser Mensch jetzt vorstellt; es ist dies: ...« – Aber wie konnte ich das »wissen« nennen? Es ist ja ganz anders, als das, was *wir* nennen »wissen, was sich der Andere vorstellt«. Wie vergleicht man denn den gewöhnlichen Fall mit jenem erdichteten?

Wenn ich mich in diesem Fall als Dritten denke, so wüßte ich gar nicht, was das höhere Wesen damit meint: es wisse, welche Vorstellung der Mensch hat, der nur Vorstellungen und keine Eindrücke hat.

»Aber kann ich mir nicht doch so einen Fall vorstellen?« Vor allem kannst du über ihn *reden*. Aber das zeigt nicht, daß du ihn ganz durchgedacht hast. (5 Uhr auf der Sonne.)

Man möchte davon reden, wie ein Gesichtseindruck und wie eine Vorstellung *ausschauen*. Und etwa fragen: »Könnte nicht etwas so ausschauen, wie z.B. mein gegenwärtiger Gesichtseindruck, sich aber im übrigen *benehmen* wie eine Vorstellung?« Und hier ist offenbar ein Fehler.

Aber denk dir dies: Wir lassen jemand durch ein Loch in eine Art Guckkasten schauen, und in diesem bewegen wir nun verschiedene Gegenstände, Figuren, und zwar durch Zufall, oder mit Absicht so, daß die Bewegung gerade die ist, die der Beobachter wollte; so daß er sich einbildet, was er sieht, gehorche seinem Willen. – Konnte der sich nun täuschen; glauben, seine Gesichtseindrücke seien Vorstellungen? Das klingt ganz absurd. Ich brauche ja den Guckkasten gar nicht, sondern muß nur, wie oben, meine Hand betrachten und sie bewegen. Könnte ich aber auch den Vorhang dort drüben willkürlich bewegen, oder zum Verschwinden bringen, so würde ich das doch nicht als einen Vorgang in meiner Phantasie deuten.

Ich kann eben von Haus aus einen Eindruck nicht für eine Vorstellung halten. Aber was heißt das? Könnte ich mir denn einen Fall denken, daß ein *Anderer* das täte? Wie kommt es, daß das nicht denkbar ist?

Wenn Einer wirklich sagte »Ich weiß nicht, sehe ich jetzt einen Baum, oder stelle ich mir einen vor«, so würde ich zunächst glauben, er meine: »oder bilde ich mir nur ein, es stehe dort einer«. Meint er das nicht, so könnte ich ihn überhaupt nicht verstehen. – Wollte mir aber jemand diesen Fall erklären und sagte »Er hat eben so außergewöhnlich lebhafte Vorstellungen, daß er sie für Sinneseindrücke halten kann« – verstünde ich's jetzt?

Denk dir aber nun dennoch einen Menschen, der sagte »Meine Vorstellungen sind heute so lebhaft, wie wirkliche Gesichtseindrücke«, – müßte der lügen, oder Unsinn reden? Nein, gewiß nicht. Ich müßte freilich erst von ihm erfahren, wie sich denn dies zeigt.

Sagte er mir aber »Ich weiß oft nicht, ob ich etwas sehe, oder es mir nur vorstelle«, so würde ich das nicht einen Fall überlebhafter Vorstellung nennen.

Muß man aber hier nicht unterscheiden: sich, sagen wir, das Gesicht eines Freundes vorstellen, aber nicht im Raum, der mich umgibt – und andrerseits: sich an dieser Wand dort ein Bild, etwa, vorstellen?

Man könnte z.B. auf die Aufforderung »Stell dir dort drüben einen runden Fleck vor« sich einbilden, wirklich einen dort zu sehen.

Freilich, wenn ich sage »Ist dort nicht wirklich ein Fleck?« und also etwa genauer hinschaue, so gehorcht, was ich hier Vorstellung nenne, *nicht* meinem Willen. Und eine *Einbildung* gehorcht ja nicht meinem Willen.

* * *

Zwei Verwendungen des Wortes »sehen«.

Die eine: »Was siehst du dort?« – »Ich sehe *dies*« (es folgt eine Beschreibung, eine Zeichnung, eine Kopie). Die andere: »Ich sehe eine Ähnlichkeit in diesen beiden Gesichtern« – der, dem ich dies mitteile, mag die Gesichter so deutlich sehen wie ich selbst.

Die Wichtigkeit: Der kategorische Unterschied der beiden ›Objekte‹ des Sehens.

Der Eine könnte die beiden Gesichter genau abzeichnen; der Andere in dieser Zeichnung die Ähnlichkeit bemerken, die der erste nicht sah.

Ich betrachte ein Gesicht, auf einmal bemerke ich seine Ähnlichkeit mit einem andern. Ich *sehe*, daß es sich nicht geändert hat; und sehe es doch anders. Diese Erfahrung nenne ich »das Bemerken eines Aspekts«.

Seine *Ursachen* interessieren den Psychologen.

Uns interessiert der Begriff und seine Stellung in den Erfahrungsbegriffen.

Man könnte sich denken, daß an mehreren Stellen eines Buches, z.B. eines Lehrbuchs, die Illustration

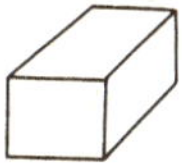

stünde. Im dazugehörigen Text ist jedesmal von etwas anderem die Rede: Einmal von einem Glaswürfel, einmal von einer umgestülpten offenen Kiste, einmal von einem Drahtgestell, das diese Form hat, einmal von drei Brettern, die ein Raumeck bilden. Der Text deutet jedesmal die Illustration.

Aber wir können auch die Illustration einmal als das eine, einmal als das andere Ding *sehen*. – Wir deuten sie also, und *sehen* sie, wie wir sie *deuten*.

Da möchte man vielleicht antworten: Die Beschreibung der unmittelbaren Erfahrung, des Seherlebnisses, mittels einer Deutung ist eine indirekte Beschreibung. »Ich sehe die Figur als Kiste« heißt: ich habe ein bestimmtes Seherlebnis, welches mit dem Deuten der Figur als Kiste, oder mit dem Anschauen einer Kiste, erfahrungsgemäß einhergeht. Aber wenn es das hieße, dann müßte ich's wissen. Ich müßte mich auf das Erlebnis direkt, und nicht nur indirekt beziehen können. (Wie ich von Rot nicht unbedingt als der Farbe des Blutes reden muß.)

Die folgende Figur, welche ich aus Jastrow* entnommen habe, wird in meinen Bemerkungen der H-E-Kopf heißen. Man kann ihn als Hasenkopf, oder als Entenkopf sehen.

* Fact and Fable in Psychology.

Und ich muß zwischen dem ›stetigen Sehen‹ eines Aspekts und dem ›Aufleuchten‹ eines Aspekts unterscheiden.

Das Bild mochte mir gezeigt worden sein, und ich darin nie etwas anderes als einen Hasen gesehen haben.

Es ist hier nützlich, den Begriff des Bildgegenstandes einzuführen. Ein ›Bildgesicht‹ z. B. wäre die Figur

Ich verhalte mich zu ihm in mancher Beziehung wie zu einem menschlichen Gesicht. Ich kann seinen Ausdruck studieren, auf ihn wie auf den Ausdruck des Menschengesichtes reagieren. Ein Kind kann zum Bildmenschen, oder Bildtier reden, sie behandeln, wie es Puppen behandelt.

Ich konnte also den H-E-Kopf von vornherein einfach als Bildhasen sehen. D. h.: Gefragt, »Was ist das?«, oder »Was siehst du da?«, hätte ich geantwortet: »Einen Bildhasen«. Hätte man mich weiter gefragt, was das sei, so hätte ich zur Erklärung auf allerlei Hasenbilder, vielleicht auf wirkliche Hasen gezeigt, von dem Leben dieser Tiere geredet, oder sie nachgemacht.

Ich hätte auf die Frage »Was siehst du da?« nicht geantwortet: »Ich sehe das jetzt als Bildhasen.« Ich hätte einfach die Wahrnehmung beschrieben; nicht anders, als wären

meine Worte gewesen »Ich sehe dort einen roten Kreis«. –
Dennoch hätte ein Anderer von mir sagen können: »Er sieht die Figur als Bild-H.«

Zu sagen »Ich sehe das jetzt als ...«, hätte für mich so wenig Sinn gehabt, als beim Anblick von Messer und Gabel zu sagen: »Ich sehe das jetzt als Messer und Gabel.« Man würde diese Äußerung nicht verstehen. – Ebensowenig wie diese: »Das ist jetzt für mich eine Gabel«, oder »Das kann auch eine Gabel sein«.

Man ›*hält*‹ auch nicht, was man bei Tisch als Eßbesteck erkennt, *für* ein Eßbesteck; sowenig wie man, beim Essen, für gewöhnlich den Mund zu bewegen versucht, oder zu bewegen trachtet.

Wer sagt »Jetzt ist es für mich ein Gesicht«, den kann man fragen: »Auf welche Verwandlung spielst du an?«

Ich sehe zwei Bilder; in dem einen den H-E-Kopf umgeben von Hasen, im andern von Enten. Ich bemerke die Gleichheit nicht. *Folgt* daraus, daß ich beide Male etwas andres *sehe*? – Es gibt uns einen Grund, diesen Ausdruck hier zu gebrauchen.

»Ich habe es ganz anders gesehen, ich hätte es nie erkannt!« Nun, das ist ein Ausruf. Und er hat auch eine Rechtfertigung.

Ich hätte nie daran gedacht, die beiden Köpfe so aufeinander zu legen, sie *so* zu vergleichen. Denn sie legen eine andere Vergleichsweise nahe.
Der Kopf, *so* gesehen, hat mit dem Kopf, *so* gesehen, auch nicht die leiseste Ähnlichkeit – obwohl sie kongruent sind.

Man zeigt mir einen Bildhasen und fragt mich, was das sei; ich sage: »Das ist ein H«. Nicht: »Das ist jetzt ein H«. Ich teile die Wahrnehmung mit. – Man zeigt mir den H-E-Kopf und fragt mich, was das sei; da *kann* ich sagen: »Das ist ein H-E-Kopf«. Aber ich kann auch ganz anders auf die Frage reagieren. – Die Antwort, es sei der H-E-Kopf, ist wieder die Mitteilung der Wahrnehmung; die Antwort »Jetzt ist es ein H« ist es nicht. Hätte ich gesagt »Es ist ein Hase«, so wäre mir die Doppeldeutigkeit entgangen, und ich hätte die Wahrnehmung berichtet.

Der Aspektwechsel. »Du würdest doch sagen, daß sich das Bild jetzt gänzlich geändert hat!«

Aber was ist anders: mein Eindruck? meine Stellungnahme? – Kann ich's sagen? Ich *beschreibe* die Änderung wie eine Wahrnehmung, ganz, als hätte sich der Gegenstand vor meinen Augen geändert.

»Ich sehe ja jetzt *das*«, könnte ich sagen (z. B. auf ein anderes Bild deutend). Es ist die Form der Meldung einer neuen Wahrnehmung.

Der Ausdruck des Aspektwechsels ist der Ausdruck einer *neuen* Wahrnehmung, zugleich mit dem Ausdruck der unveränderten Wahrnehmung.

Ich sehe auf einmal die Lösung eines Vexierbilds. Wo früher Zweige waren, ist jetzt eine menschliche Gestalt. Mein Gesichtseindruck hat sich geändert, und ich erkenne nun, daß er nicht nur Farbe und Form hatte, sondern auch eine ganz bestimmte ›Organisation‹. – Mein Gesichtseindruck hat sich geändert; – wie war er früher; wie ist er jetzt? – Stelle ich ihn durch eine genaue Kopie dar – und ist das keine gute Darstellung? – so zeigt sich keine Änderung.

Und sag nur ja nicht »Mein Gesichtseindruck ist doch nicht die *Zeichnung*; er ist *dies* – was ich niemand zeigen kann.« – Freilich ist er nicht die Zeichnung, aber auch nichts von der gleichen Kategorie, das ich in mir trage.

Der Begriff des ›inneren Bildes‹ ist irreführend, denn das Vorbild für diesen Begriff ist das ›*äußere* Bild‹; und doch sind die Verwendungen der Begriffsworte einander nicht ähnlicher als die von »Zahlzeichen« und »Zahl«. (Ja, wer die Zahl das ›ideale Zahlzeichen‹ nennen wollte, könnte damit eine ähnliche Verwirrung anrichten.)

Wer die ›Organisation‹ des Gesichtseindrucks mit Farben und Formen zusammenstellt, geht vom Gesichtseindruck als einem inneren Gegenstand aus. Dieser Gegenstand wird dadurch freilich ein Unding; ein seltsam schwankendes Gebilde. Denn die Ähnlichkeit mit dem Bild ist nun gestört.

Wenn ich weiß, daß es verschiedene Aspekte des Würfelschemas gibt, kann ich den Andern, um zu erfahren, was er sieht, noch außer der Kopie ein Modell des Gesehenen herstellen, oder zeigen lassen; auch wenn *er* gar nicht weiß, wozu ich zwei Erklärungen fordere.

Beim Aspektwechsel aber verschiebt sich's. Es wird das der einzig mögliche Erlebnisausdruck, was früher nach der Kopie vielleicht eine unnütze Bestimmung schien, oder auch war.

Und das allein tut den Vergleich der ›Organisation‹ mit Farbe und Form im Gesichtseindruck ab.

Wenn ich den H-E-Kopf als H sah, so sah ich: diese Formen und Farben (ich gebe sie genau wieder) – und außerdem noch so etwas: dabei nun zeige ich auf eine Menge verschiedener Hasenbilder. – Dies zeigt die Verschiedenheit der Begriffe.

Das ›Sehen als . . .‹ gehört nicht zur Wahrnehmung. Und darum ist es wie ein Sehen und wieder nicht wie ein Sehen.

Ich schaue auf ein Tier; man fragt mich: »Was siehst du?« Ich antworte: »Einen Hasen.« – Ich sehe eine Landschaft; plötzlich läuft ein Hase vorbei. Ich rufe aus »Ein Hase!«

Beides, die Meldung und der Ausruf, ist ein Ausdruck der Wahrnehmung und des Seherlebnisses. Aber der Ausruf ist es in anderem Sinne als die Meldung. Er entringt sich uns. – Er verhält sich zum Erlebnis ähnlich wie der Schrei zum Schmerz.

Aber da er die Beschreibung einer Wahrnehmung ist, kann man ihn auch Gedankenausdruck nennen. – Wer den Gegenstand anschaut, muß nicht an ihn denken; wer aber das Seherlebnis hat, dessen Ausdruck der Ausruf ist, der *denkt* auch an das, was er sieht.

Und darum erscheint das Aufleuchten des Aspekts halb Seherlebnis, halb ein Denken.

* * *

Der Begriff des Aspekts ist dem Begriff der Vorstellung verwandt. Oder: der Begriff ›ich sehe es jetzt als . . .‹ ist verwandt mit ›ich stelle mir jetzt *das* vor‹.

Gehört dazu, etwas als Variation eines bestimmten Themas zu hören, nicht Phantasie? Und doch nimmt man dadurch etwas wahr.

»Stell dir das so geändert vor, so hast du das andere.« In der Vorstellung kann man einen Beweis führen.

Das Sehen des Aspekts und das Vorstellen unterstehen dem Willen. Es gibt den Befehl »Stell dir *das* vor!« und den: »Sieh die Figur jetzt *so*!«; aber nicht: »Sieh das Blatt jetzt grün!«

Es erhebt sich nun die Frage: Könnte es Menschen geben, denen die Fähigkeit etwas *als etwas* zu sehen, abginge – und wie wäre das? Was für Folgen hätte es? – Wäre dieser Defekt zu vergleichen mit Farbenblindheit, oder mit dem Fehlen des absoluten Gehörs? – Wir wollen ihn »Aspektblindheit« nennen – und uns nun überlegen, was damit gemeint sein könnte. (Eine begriffliche Untersuchung.) Der Aspektblinde soll die Aspekte A nicht wechseln sehen. Soll er aber auch nicht erkennen, daß das Doppelkreuz ein schwarzes und ein weißes Kreuz enthält? Soll er also die Aufgabe nicht bewältigen können: »Zeig mir unter diesen Figuren solche, die ein schwarzes Kreuz enthalten«? Nein. Das soll er können, aber er soll nicht sagen: »Jetzt ist es ein schwarzes Kreuz auf weißem Grund!«

Soll er für die Ähnlichkeit zweier Gesichter blind sein? – Aber also auch für die Gleichheit, oder angenäherte Gleichheit? Das will ich nicht festsetzen. (Er soll Befehle von der Art »Bring mir etwas, was so ausschaut wie *das*!« ausführen können.)

Soll er das Würfelschema nicht als Würfel sehen können? – Daraus würde nicht folgen, daß er es nicht als Darstellung (z.B. als Werkzeichnung) eines Würfels erkennen könnte. Es würde aber für ihn nicht von einem Aspekt in den anderen überspringen. – Frage: Soll er es, wie wir, unter Umständen für einen Würfel *halten* können? – Wenn nicht, so könnte man das nicht wohl eine Blindheit nennen.

Der ›Aspektblinde‹ wird zu Bildern überhaupt ein anderes Verhältnis haben als wir.

(Anomalien *dieser* Art können wir uns leicht vorstellen.)

Aspektblindheit wird *verwandt* sein mit dem Mangel des ›musikalischen Gehörs‹.

Die Wichtigkeit dieses Begriffes liegt in dem Zusammenhang der Begriffe ›Sehen des Aspekts‹ und ›Erleben der Bedeutung eines Wortes‹. Denn wir wollen fragen: »Was ginge dem ab, der die Bedeutung eines Wortes nicht *erlebt*?«

Was ginge z. B. dem ab, der die Aufforderung, das Wort ›sondern‹ auszusprechen und es als Zeitwort zu meinen, nicht verstünde, – oder einem, der nicht fühlt, daß das Wort, wenn es zehnmal nach der Reihe ausgesprochen wird, seine Bedeutung für ihn verliert und ein bloßer Klang wird?

Vor Gericht z.B. könnte die Frage erörtert werden, wie einer ein Wort gemeint habe. Und es kann dies aus gewissen Tatsachen geschlossen werden. – Es ist eine Frage der *Absicht*. Konnte es aber in ähnlicher Weise bedeutsam sein, wie er ein Wort – das Wort »Bank« z. B. – erlebt hat?

Ich hätte mit jemandem eine Geheimsprache vereinbart; »Turm« bedeutet Bank. Ich sage ihm »Geh jetzt zum Turm!« – er versteht mich und handelt danach, aber das Wort »Turm« kommt ihm in dieser Verwendung fremdartig vor, es hat noch nicht die Bedeutung ›angenommen‹.

»Wenn ich ein Gedicht, eine Erzählung mit Empfindung lese, so geht doch etwas in mir vor, was nicht vorgeht, wenn ich die Zeilen nur der Information wegen überfliege.« – Auf welche Vorgänge spiele ich an? – Die Sätze *klingen* anders. Ich achte genau auf den Tonfall. Manchmal hat ein Wort einen falschen Ton, tritt zu sehr, oder zu wenig hervor. Ich merke es, und mein Gesicht drückt es aus. Ich könnte später über die Einzelheiten meines Vortrags reden, z. B. über die Unrichtigkeiten im Ton. Manchmal schwebt mir ein Bild, gleichsam eine Illustration vor. Ja, dies scheint mir zu helfen, im richtigen Ausdruck zu lesen. Und dergleichen könnte ich noch manches anführen. – Ich kann auch einem Wort einen Ton verleihen, der seine Bedeutung, beinahe als wäre das Wort ein Bild der Sache, aus den übrigen heraushebt. (Und dies kann natürlich durch den Bau des Satzes bedingt sein.)

Wenn ich beim ausdrucksvollen Lesen dies Wort ausspreche, ist es ganz mit seiner Bedeutung angefüllt. – »Wie kann das sein, wenn Bedeutung der Gebrauch des Wortes ist?« Nun, mein Ausdruck war bildlich gemeint. Aber nicht, als hätte ich das Bild gewählt, sondern es drängte sich mir auf. – Aber die bildliche Verwendung des Wortes kann ja mit der ursprünglichen nicht in Konflikt geraten.

Warum gerade *dies* Bild sich mir darbietet, ließe sich vielleicht erklären. (Denke nur an den Ausdruck und die Bedeutung des Ausdrucks »das treffende Wort«.)

Wenn mir aber der Satz wie ein Wortgemälde vorkommen kann, ja das einzelne Wort im Satz wie ein Bild, dann ist es nicht mehr so verwunderlich, daß ein Wort, isoliert und ohne Zweck ausgesprochen, eine bestimmte Bedeutung in sich zu tragen scheinen kann.

* * *

Der Aspekt ist dem Willen unterworfen. Ich kann etwas nicht rot sehen, wenn es mir blau erscheint, und es hat keinen Sinn, zu sagen »Sieh dies rot«, wohl aber »Sieh dies als . . .«. Und daß der Aspekt (wenigstens bis zu einem gewissen Grade) willkürlich ist, scheint ihm wesentlich zu sein, wie auch der Vorstellung, daß sie es ist. Ich meine: die Willkürlichkeit scheint mir (aber warum?) nicht nur eine Zutat zu sein; als sagte man »Diese Bewegung läßt sich, erfahrungsgemäß, auch *so* hervorbringen«. D. h.: Es ist wesentlich, daß man sagen kann »Sieh es jetzt *so* an!« und »Stell dir vor . . .!« Denn das hängt damit zusammen, daß uns der Aspekt nichts über die ›äußere Welt lehrt‹. Man kann die Worte »rot« und »blau« lehren, indem man sagt »Dies ist rot und nicht blau«; aber man kann Einem nicht die Bedeutung von »Figur« und »Grund« lehren, indem man auf eine doppeldeutige Figur zeigt.

Wir lernen nicht Vorstellungen kennen und später erst, sie mit unserm Willen zu lenken. Und natürlich ist es überhaupt ganz falsch zu denken, wir lenkten sie, sozusagen, mittels unseres Willens. Als regierte der Wille sie, wie Befehle Menschen regieren können. Als wäre also der Wille ein Einfluß, eine Kraft, oder auch: eine primäre *Handlung*, die dann die Ursache der wahrnehmbaren äußeren Handlungen ist.

10

Die erste Person

Dies führt uns dazu, die Kriterien für die Identität einer Person ins Auge zu fassen. Unter welchen Umständen sagen wir: »Das ist dieselbe Person, die ich vor einer Stunde gesehen habe«? Unser tatsächlicher Gebrauch des Ausdrukkes »dieselbe Person« und des Namens einer Person beruhen auf der Tatsache, daß viele Kennzeichen, die wir als Identitätskriterien gebrauchen, in den meisten Fällen übereinstimmen. Ich werde in der Regel auf Grund der Erscheinung meines Körpers erkannt. Mein Körper ändert seine Erscheinung nur nach und nach und verhältnismäßig wenig, und ähnlich ist es mit meiner Stimme, charakteristischen Gewohnheiten etc., die sich nur langsam und innerhalb eines engen Bereiches ändern. Auf Grund dieser Tatsachen allein sind wir geneigt, Personennamen so zu gebrauchen, wie wir sie gebrauchen. Das kann man am besten sehen, wenn man sich unwirkliche Fälle vorstellt, die uns zeigen, welche verschiedenen »Geometrien« wir zu gebrauchen geneigt wären, wenn die Tatsachen anders wären. Stelle dir z. B. vor, daß alle menschlichen Körper, die es gibt, gleich aussehen, daß andrerseits verschiedene Gruppen von Charakterzügen gleichsam ihren Wohnsitz zwischen diesen Körpern zu wechseln scheinen. Solch eine Gruppe von Charakterzügen könnte z. B. folgendes umfassen: Sanftheit, zusammen mit einer hohen Stimme und langsamen Bewegungen, – oder ein cholerisches Temperament, eine tiefe Stimme und ruckartige Bewegungen, und ähnliche Zusammensetzungen. Unter solchen Umständen wäre es zwar möglich, den Körpern Namen zu geben, jedoch unsere Neigung, das zu tun, wäre vielleicht ebenso gering wie die, den Stühlen in unserem Eßzimmer Namen zu geben. Andrerseits könnte es nützlich sein, den Gruppen von Charakterzügen Namen zu geben, und der Gebrauch dieser Namen würde nun *ungefähr* den Personennamen in unserer gegenwärtigen Sprache entsprechen.

Oder stell dir vor, es sei normal, daß menschliche Wesen zwei Charaktere haben, etwa so: die Gestalt, Größe und die charakteristischen Merkmale des Verhaltens von Leuten verändern sich in periodischen Abständen vollständig. Es ist normal, daß ein Mensch zwei solcher Zustände hat; und er fällt plötzlich von dem einen in den andern. Es ist sehr wahrscheinlich, daß wir in einer solchen Gesellschaft geneigt wären, jeden Menschen mit zwei Namen zu taufen und vielleicht von zwei Personen in seinem Körper zu sprechen. Waren nun Dr. Jekyll und Mr. Hyde zwei Personen, oder waren sie ein und dieselbe Person, die sich lediglich änderte? Wir können sagen, was wir wollen. Wir sind nicht gezwungen, von einer doppelten Persönlichkeit zu sprechen.

Es gibt viele Gebrauchsweisen des Wortes »Persönlichkeit«, die wir uns anzueignen geneigt sein mögen, und sie sind alle mehr oder weniger miteinander verwandt. Dasselbe gilt, wenn wir die Identität einer Person mittels ihrer Erinnerungen bestimmen. Stell dir einen Menschen vor, dessen Erinnerung an den geraden Tagen seines Lebens die Ereignisse all dieser Tage umfaßt und völlig übergeht, was an den ungeraden Tagen geschah. Andrerseits erinnert er sich an einem ungeraden Tag, was an früheren ungeraden Tagen geschah, aber dann übergeht seine Erinnerung die geraden Tage ohne jedes Gefühl von Diskontinuität. Wenn wir wollen, können wir auch annehmen, daß seine körperliche Erscheinung und seine Charakterzüge an geraden und ungeraden Tagen abwechseln. Sind wir hier gezwungen zu sagen, daß zwei Personen denselben Körper bewohnen? Das heißt, ist es richtig zu sagen, daß es sich um zwei Personen handelt, und ist es falsch zu sagen, daß es sich nicht um zwei Personen handelt, oder umgekehrt? Weder das eine noch das andere. Denn der *gewöhnliche* Gebrauch des Wortes »Person« ist das, was wir einen gemischten Gebrauch nennen können, der den gewöhnlichen Umständen angemessen ist. Wenn ich, wie ich es tue, annehme, daß diese Umstände sich geändert haben, dann ändert sich damit die Anwendung der Bezeichnung »Person« oder »Persönlichkeit«; und wenn ich diese Bezeichnung beibehalten und ihr einen Gebrauch geben will, der analog zu dem früheren ist, steht es mir frei, zwischen vielen Gebräuchen zu wählen, das heißt, zwischen verschiedenen Arten von Analogien. Man könnte in einem solchen Fall sagen, daß die Bezeichnung »Persönlichkeit« nicht nur einen legitimen Erben hat. (Diese Art der Betrachtung ist in der Philosophie der Mathematik wichtig. Denke an den Gebrauch der Wörter »Beweis«, »Formel« und anderer. Denke an die Frage: »Warum soll das, was wir hier tun, ›Philosophie‹ genannt werden? Warum soll es als der einzige legitime Erbe der verschiedenen Tätigkeiten, die diesen Namen in früheren Zeiten hatten, gelten?«)

* * *

Es gibt zwei Gebräuche des Wortes »ich« (oder »mein«), die ich »Objektgebrauch« und »Subjektgebrauch« nennen könnte. Hier sind Beispiele von der ersten Art: »Mein Arm ist gebrochen«, »Ich bin zehn Zentimeter gewachsen«, »Ich habe eine Beule auf meiner Stirn«, »Der Wind zerweht meine Haare«. Und hier Beispiele von der zweiten Art: »*Ich* sehe so-und-so«, »*Ich* höre so-und-so«, »*Ich* versuche, meinen Arm zu heben«, »*Ich* denke, daß es regnen wird«, »*Ich* habe Zahnschmerzen«. Man kann auf den Unterschied zwischen diesen beiden Kategorien hinweisen, indem man sagt: Die Fälle in der ersten Kategorie machen es erforderlich, daß man eine bestimmte Person erkennt, und in diesen

Fällen besteht die Möglichkeit des Irrtums, – oder ich sollte besser sagen: Die Möglichkeit des Irrtums ist vorgesehen. Die Möglichkeit, keine Punkte zu machen, ist im Spielautomaten vorgesehen. Andrerseits gibt es in diesem Spiel nicht das Risiko, daß die Bälle nicht zum Vorschein kommen, wenn ich eine Münze eingeworfen habe. Es ist möglich, daß ich, etwa bei einem Unfall, Schmerzen in meinem Arm spüre, einen gebrochenen Arm an meiner Seite sehe und denke, daß es mein Arm ist, wenn es in Wirklichkeit der meines Nachbarn ist. Und ich könnte bei einem Blick in den Spiegel eine Beule auf seiner Stirn für eine Beule auf meiner Stirn halten. Andrerseits geht es nicht um das Problem, eine Person zu erkennen, wenn ich sage, daß ich Zahnschmerzen habe. Die Frage »Bist du sicher, daß *du* es bist, der Schmerzen hat?« wäre unsinnig. Wenn nun in diesem Fall ein Irrtum unmöglich ist, dann deswegen, weil der Zug, den wir als einen Irrtum, einen »schlechten Zug«, ansehen würden, überhaupt kein Zug in dem Spiel wäre. (Im Schach unterscheiden wir zwischen guten und schlechten Zügen, und wir sprechen von einem Fehler, wenn wir die Dame einem Läufer aussetzen. Aber es ist kein Fehler, wenn wir einen Bauern zum König befördern.) Und nun bietet sich folgende Formulierung unseres Gedankens an: daß es ebenso unmöglich ist, in der Behauptung »Ich habe Zahnschmerzen« eine andere Person für mich selbst zu halten, wie vor Schmerzen zu stöhnen und dabei jemand anderen für mich selbst zu halten. Die Aussage »Ich habe Schmerzen« ist ebensowenig eine Aussage *über* eine bestimmte Person, wie es ein Stöhnen ist. »Aber das Wort ›ich‹ im Munde eines Menschen bezieht sich doch auf denjenigen, der es ausspricht; es zeigt auf ihn selbst; und sehr häufig zeigt ein Mensch, der es ausspricht, mit dem Finger auf sich selbst.« Aber es war überflüssig, auf sich selbst zu zeigen. Er könnte ebensogut nur eine Hand erhoben haben. Wenn jemand auf die Sonne mit seiner Hand zeigt, wäre es falsch zu sagen, daß er auf die Sonne und auf sich selbst zeigt, weil *er* es ist, der zeigt; andrerseits kann er, wenn er auf die Sonne zeigt, damit Aufmerksamkeit auf die Sonne und auf sich selbst lenken.

Das Wort »ich« bedeutet nicht dasselbe wie »L. W.«, selbst wenn ich L. W. bin, noch bedeutet es dasselbe wie der Ausdruck »die Person, die jetzt spricht«. Das bedeutet jedoch nicht, daß »L. W.« und »ich« zwei verschiedene Dinge bedeuten. Es bedeutet nichts weiter, als daß diese Wörter verschiedene Instrumente in unserer Sprache sind.

Denke an Wörter, als seien sie Instrumente, die durch ihren Gebrauch charakterisiert werden, und dann denke an den Gebrauch eines Hammers, den Gebrauch eines Meißels, den Gebrauch eines Winkeleisens, den Gebrauch eines Leimtopfes und des Leimes. (Auch kann all das, was wir hier sagen, nur verstanden werden, wenn man versteht, daß eine große Mannigfaltigkeit von Spielen mit den Sätzen in unserer Sprache gespielt wird: Befehlen und nach Befehlen handeln; Fragen stellen und sie beantworten; Beschreiben eines Ereignisses; eine fiktive Geschichte erzählen; einen Witz erzählen; eine unmittelbare Erfahrung beschreiben; über Ereignisse in der physikalischen Welt Vermutungen anstellen; naturwissenschaftliche Hypothesen und Theorien aufstellen; jemanden grüßen; etc. etc.) Der Mund, der »ich« sagt, oder die Hand, die erhoben wird, um anzudeuten, daß ich es bin, der sprechen will oder Zahnschmerzen hat, zeigt damit nicht auf irgendetwas. Wenn ich andrerseits auf die schmerzhafte Stelle hinweisen will, dann zeige ich auf etwas. Bedenke hier wieder den folgenden Unterschied: einerseits zeige ich auf die schmerzhafte Stelle, ohne dabei vom Auge geführt zu werden, und andrerseits zeige ich auf eine Narbe an meinem Körper, nachdem ich erst hingesehen habe. (»Das ist die Impfstelle.«) Der Mann, der vor Schmerz aufschreit, oder der sagt, daß er Schmerzen hat, *wählt nicht den Mund aus, der das sagt.*

All das läuft darauf hinaus, daß die Person, von der wir sagen »Er hat Schmerzen«, nach den Regeln des Spiels die Person ist, die schreit, das Gesicht verzerrt etc. Der Ort des Schmerzes mag sich – wie wir schon sagten – im Körper einer anderen Person befinden. Wenn ich, indem ich »ich« sage, auf meinen eigenen Körper zeige, dann bilde ich den Gebrauch des Wortes »ich« dem Gebrauch des Demonstrativs »diese Person« oder dem Gebrauch von »er« nach. (Diese Methode, zwei Ausdrücke einander anzugleichen, ist in gewisser Hinsicht analog zu der Methode, die man manchmal in der Mathematik anwendet, etwa in dem Beweis, daß die Winkelsumme in einem Dreieck 180° ist.

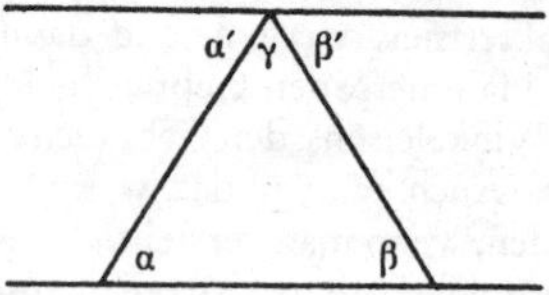

Wir sagen »$\alpha = \alpha'$, $\beta = \beta'$ und $\gamma = \gamma$«. Die ersten beiden Gleichungen sind völlig anderer Art als die dritte.) In »Ich habe Schmerzen« ist »ich« kein Demonstrativpronomen.

Vergleiche die folgenden beiden Fälle: 1. »Woher weißt du, daß *er* Schmerzen hat?« – »Weil ich ihn stöhnen höre.« 2. »Woher weißt du, daß du Schmerzen hast?« – »Weil ich sie *fühle*.« »Ich fühle sie« bedeutet jedoch dasselbe wie »Ich habe sie«. Das ist deshalb überhaupt keine Erklärung. Ich bin in meiner Antwort jedoch geneigt, das Wort »fühlen« und nicht das Wort »ich« zu betonen; und damit ist angedeutet, daß ich mit »ich« nicht eine bestimmte Person (unter anderen Personen) kennzeichnen will.

Der Unterschied zwischen den Sätzen »Ich habe Schmerzen« und »Er hat Schmerzen« ist nicht der Unterschied zwischen den Sätzen »L. W. hat Schmerzen« und »Schmidt hat Schmerzen«. Vielmehr entspricht er dem Unterschied zwischen einem Stöhnen und der Aussage, daß jemand stöhnt. – »Aber das Wort ›ich‹ in ›Ich habe Schmerzen‹ dient doch dazu, mich von anderen Leuten zu unterscheiden; denn mittels des Zeichens ›ich‹ mache ich klar, daß ich sage, daß ich Schmerzen habe – und nicht, daß einer der anderen

Schmerzen hat.« Stell dir eine Sprache vor, in der man statt »Ich fand niemanden im Zimmer« sagen würde: »Ich fand Herrn Niemand im Zimmer.« Stell dir die philosophischen Probleme vor, die aus einer solchen Konvention entstehen würden. Einige Philosophen, die mit einer solchen Sprache aufgewachsen wären, würden wahrscheinlich gefühlsmäßig etwas gegen die Ähnlichkeit der Ausdrücke »Herr Niemand« und »Herr Schmidt« haben. Wenn wir das Gefühl haben, daß wir das »ich« in »Ich habe Schmerzen« abschaffen möchten, dann kann man sagen, daß wir den verbalen Ausdruck des Schmerzes dem Ausdruck, den wir dem Schmerz durch ein Stöhnen geben, angleichen möchten. – Wir neigen dazu, zu vergessen, daß es allein der besondere Gebrauch eines Wortes ist, der dem Wort seine Bedeutung gibt. Denken wir an unser altes Beispiel für den Gebrauch von Wörtern: Jemand wird mit einem Stück Papier, auf dem die Wörter »fünf Äpfel« stehen, zum Kaufmann geschickt. Der Gebrauch des Wortes *in der Praxis* ist seine Bedeutung. Stell dir vor, es sei normal, daß die Gegenstände in unserer Umgebung Schilder tragen, auf denen Wörter stehen, und daß wir uns in unserem Sprechen mittels dieser Schilder auf die Gegenstände beziehen. Einige dieser Wörter wären Eigennamen der Gegenstände, andere wären Gattungsnamen (wie Tisch, Stuhl etc.), andere wieder wären Namen von Farben, Formen etc. In anderen Worten, ein Schild hätte nur insofern eine Bedeutung für uns, als wir einen bestimmten Gebrauch von ihm machten. Nun können wir uns leicht vorstellen, daß wir beeindruckt sind, wenn wir bloß ein Schild auf einem Gegenstand sehen, und daß wir dabei vergessen, daß diese Schilder erst durch ihren Gebrauch wichtig werden. Auf diese Weise glauben wir manchmal, daß wir etwas benannt haben, wenn wir die Geste des Zeigens vollführen und Worte wie »Das ist . . .« (die Formel der hinweisenden Definition) äußern. Wir sagen, wir nennen etwas »Zahnschmerzen«, und wir glauben, daß das Wort eine definitive Funktion in den Angelegenheiten erhalten hat, die wir mit der Sprache handhaben, wenn wir unter gewissen Umständen auf unsere Backe gezeigt und dabei gesagt haben »Das sind Zahnschmerzen«. (Unsere Auffassung ist, daß der andere den Gebrauch des Wortes kennt, wenn er »nur weiß, worauf wir zeigen«, wenn wir auf etwas zeigen. Und hier haben wir den besonderen Fall im Sinn, in dem »das, worauf wir zeigen« etwa eine Person ist und der Ausdruck »wissen, worauf ich zeige« bedeutet, daß der andere sieht, auf welche der anwesenden Personen ich zeige.)

Wir haben dann das Gefühl, daß wir in den Fällen, in denen »ich« als Subjekt gebraucht wird, es nicht gebrauchen, weil wir eine bestimmte Person an ihren körperlichen Merkmalen erkennen; und daraus entsteht die Täuschung, daß wir dieses Wort gebrauchen, um von etwas Körperlosem zu sprechen, das jedoch seinen Sitz in unserem Körper hat. In der Tat scheint *dieses* das eigentliche Ich zu sein, – das, von dem gesagt wurde »Cogito, ergo sum«. – »Gibt es dann also keinen Geist, sondern nur einen Körper?« Antwort: Das Wort »Geist« hat Bedeutung, d. h. es hat einen Gebrauch in unserer Sprache; aber wenn man das sagt, sagt man noch nicht, welche Art von Gebrauch wir von diesem Wort machen.

* * *

»Aber wenn ich mir etwas vorstelle, oder auch wirklich Gegenstände *sähe*, so *habe* ich doch etwas, was mein Nachbar nicht hat.« – Ich verstehe dich. Du willst um dich schaun und sagen: »Nur *ich* habe doch DIESES.« – Wozu diese Worte? Sie taugen zu nichts. – Ja, kann man nicht auch sagen »Es ist hier von einem ›Sehen‹ – und daher auch von einem ›Haben‹ – und von einem Subjekt, also auch vom Ich, nicht die Rede«? Könnte ich nicht fragen: Das, wovon du redest und sagst, nur du habest es, – inwiefern *hast* du es denn? Besitzt du es? Du *siehst* es nicht einmal. Ja, müßtest du nicht davon sagen, niemand habe es? Es ist ja auch klar:

wenn du logisch ausschließt, daß ein Andrer etwas hat, so verliert es auch seinen Sinn, zu sagen, du habest es.

Aber was ist dann das, wovon du redest? Ich sagte ja, ich wisse in meinem Innern, was du meinst. Aber das hieße: ich weiß, wie man diesen Gegenstand aufzufassen, zu sehen, wie man ihn sozusagen durch Blick und Gesten zu bezeichnen meint. Ich weiß, in welcher Weise man in diesem Fall vor sich und um sich schaut, – und anderes. Ich glaube, man kann sagen: Du redest (wenn du z. B. im Zimmer sitzt) vom ›visuellen Zimmer‹. Das, was keinen Besitzer hat, ist das ›visuelle Zimmer‹. Ich kann es so wenig besitzen, als ich darin umhergehen, oder es anschaun, oder darauf zeigen kann. Es gehört insofern nicht mir an, als es niemand anderm angehören kann. Oder: es gehört insofern nicht mir an, als ich ja darauf die gleiche Ausdrucksform anwenden will wie auf das materielle Zimmer selbst, in dem ich sitze. Die Beschreibung des letzteren braucht keinen Besitzer zu erwähnen, es muß ja auch keinen Besitzer haben. Dann aber *kann* das visuelle Zimmer keinen haben. »Denn es hat keinen Herrn außer sich und keinen in sich« – könnte man sagen.

Denk dir ein Landschaftsbild, eine Phantasielandschaft, und in ihr ein Haus – und jemand fragte »Wem gehört das Haus?« – Es könnte übrigens die Antwort darauf sein: »Dem Bauern, der auf der Bank davor sitzt.« Aber dieser kann sein Haus dann, z. B., nicht betreten.

Man könnte auch sagen: der Besitzer des visuellen Zimmers müßte doch wesensgleich mit ihm sein; aber er befindet sich nicht in ihm, noch gibt es ein Außen.

Was der, der gleichsam das ›visuelle Zimmer‹ entdeckt zu haben schien, – was der gefunden hatte, war eine neue Sprechweise, ein neuer Vergleich; und man könnte auch sagen, eine neue Empfindung.

Du deutest die neue Auffassung als das Sehen eines neuen

Gegenstands. Du deutest eine grammatische Bewegung, die du gemacht hast: als quasi-physikalische Erscheinung, die du beobachtest. (Denk z. B. an die Frage »Sind Sinnesdaten der Baustoff des Universums?«)

Aber mein Ausdruck ist nicht einwandfrei: Du habest eine ›grammatische‹ Bewegung gemacht. Du hast vor allem eine neue Auffassung gefunden. So, als hättest du eine neue Malweise erfunden; oder auch ein neues Metrum, oder eine neue Art von Gesängen. –

»Ich sage zwar ›Ich habe jetzt die und die Vorstellung‹, aber die Worte ›ich habe‹ sind nur ein Zeichen für den *Andern*; die Vorstellungswelt ist *ganz* in der Beschreibung der Vorstellung dargestellt.« – Du meinst: das »Ich habe« ist wie ein »Jetzt Achtung!« Du bist geneigt zu sagen, es sollte eigentlich anders ausgedrückt werden. Etwa einfach, indem man mit der Hand ein Zeichen gibt und dann beschreibt. – Wenn man, wie hier, mit den Ausdrücken unsrer gewöhnlichen Sprache (die doch ihre Schuldigkeit tun) nicht einverstanden ist, so sitzt uns ein Bild im Kopf, das mit dem der gewöhnlichen Ausdrucksweise streitet. Während wir versucht sind, zu sagen, unsre Ausdrucksweise beschreibe die Tatsachen nicht so, wie sie wirklich sind. Als ob (z. B.) der Satz »Er hat Schmerzen« noch auf andre Weise falsch sein könnte als dadurch, daß dieser Mensch *nicht* Schmerzen hat. Als sage die Ausdrucksform etwas Falsches, auch wenn der Satz, zur Not, etwas Richtiges behauptet.

Denn *so* sehen ja die Streitigkeiten zwischen Idealisten, Solipsisten und Realisten aus. Die Einen greifen die normale Ausdrucksform an, so als griffen sie eine Behauptung an; die Andern verteidigen sie, als konstatierten sie Tatsachen, die jeder vernünftige Mensch anerkennt.

Wenn ich das Wort »Schmerz« ganz für dasjenige in Anspruch nähme, was ich bis dahin »meinen Schmerz« genannt habe, und was Andre »den Schmerz des L. W.« genannt haben, so geschähe den Andern damit kein Unrecht, solange nur eine Notation vorgesehen wäre, in der der Ausfall des Wortes »Schmerz« in anderen Verbindungen irgendwie ersetzt würde. Die Andern werden dann dennoch bedauert, vom Arzt behandelt, usw. Es wäre natürlich auch *kein* Einwand gegen diese Ausdrucksweise, zu sagen: »Aber die Andern haben ja genau dasselbe, was du hast!«

Aber was hätte ich dann von dieser neuen Art der Darstellung? Nichts. Aber der Solipsist *will* ja auch keine praktischen Vorteile, wenn er seine Anschauung vertritt!

»Wenn ich sage ›ich habe Schmerzen‹, weise ich nicht auf eine Person, die die Schmerzen hat, da ich in gewissem Sinne garnicht weiß, *wer* sie hat.« Und das läßt sich rechtfertigen. Denn vor allem: Ich sage ja nicht, die und die Person habe Schmerzen, sondern »ich habe ....«. Nun, damit nenne ich ja keine Person. So wenig wie dadurch, daß ich vor Schmerz *stöhne*. Obwohl der Andre aus dem Stöhnen ersieht, wer Schmerzen hat.

Was heißt es denn: wissen, *wer* Schmerzen hat? Es heißt, z.B., wissen, welcher Mensch in diesem Zimmer Schmerzen hat: also, der dort sitzt, oder, der in dieser Ecke steht, der Lange mit den blonden Haaren dort, etc. – Worauf will ich hinaus? Darauf, daß es sehr verschiedene Kriterien der ›*Identität*‹ der Person gibt.

Nun, welches ist es, das mich bestimmt, zu sagen, ›*ich*‹ habe Schmerzen? Gar keins.

»Aber du willst doch jedenfalls, wenn du sagst ›ich habe Schmerzen‹, die Aufmerksamkeit der Andern auf eine bestimmte Person lenken.« – Die Antwort könnte sein: Nein; ich will sie nur auf *mich* lenken. –

»Aber du willst doch durch die Worte ›Ich habe ....‹ zwischen *dir* und *dem Andern* unterscheiden.« – Kann man das in allen Fällen sagen? Auch, wenn ich bloß stöhne? Und auch wenn ich zwischen mir und dem Andern ›unterscheiden will‹ – will ich damit zwischen den Personen L. W. und N. N. unterscheiden?

Man könnte sich denken, daß jemand stöhnte: »Irgend jemand hat Schmerzen – ich weiß nicht wer!« – worauf man ihm, dem Stöhnenden, zu Hilfe eilte.

»Du zweifelst doch nicht, ob du die Schmerzen, oder der Andere sie hat!« – Der Satz »Ich weiß nicht, ob ich, oder der Andere Schmerzen hat« wäre ein logisches Produkt, und einer seiner Faktoren: »Ich weiß nicht, ob ich Schmerzen habe oder nicht« – und dies ist kein sinnvoller Satz.

Denke, mehrere Leute stehen in einem Kreis, darunter auch ich. Irgend einer von uns, einmal der, einmal jener, wird mit den Polen einer Elektrisiermaschine verbunden, ohne daß wir es sehen können. Ich beobachte die Gesichter der Andern und trachte zu erkennen, welcher von uns jetzt gerade elektrisiert wird. – Einmal sage ich: »Jetzt *weiß* ich, welcher es ist; *ich* bin's nämlich.« In diesem Sinn könnte ich auch sagen: »Jetzt weiß ich, wer die Schläge spürt; ich nämlich«. Dies wäre eine etwas seltsame Ausdrucksweise. – Nehme ich aber hier an, daß ich Schläge auch dann fühlen kann, wenn Andre elektrisiert werden, dann wird nun die Ausdrucksweise »Jetzt weiß ich wer . . . .« ganz unpassend. Sie gehört nicht zu diesem Spiel.

»Ich« benennt keine Person, »hier« keinen Ort, »dieses« ist kein Name. Aber sie stehen mit Namen in Zusammenhang. Namen werden mittels ihrer erklärt. Es ist auch wahr, daß die Physik dadurch charakterisiert ist, daß sie diese Wörter nicht verwendet.

Überlege: Wie können diese Fragen angewendet, und wie entschieden werden:

1) »Sind diese Bücher *meine* Bücher?«
2) »Ist dieser Fuß *mein* Fuß?«
3) »Ist dieser Körper *mein* Körper?«
4) »Ist diese Empfindung *meine* Empfindung?«

Jede dieser Fragen hat praktische (unphilosophische) Anwendungen.

Zu 2): Denk an Fälle, in denen mein Fuß anästhesiert oder gelähmt ist. Unter gewissen Umständen könnte die Frage dadurch entschieden werden, daß festgestellt wird, ob ich in diesem Fuß Schmerzen empfinde.

Zu 3): Dabei könnte man auf ein Bild im Spiegel weisen. Unter gewissen Umständen aber könnte man einen Körper betasten und die Frage stellen. Unter andern Umständen bedeutet sie das gleiche, wie: »Sieht *so* mein Körper aus?«

Zu 4): Welche ist denn *diese* Empfindung? D.h.: wie verwendet man hier das hinweisende Fürwort? Doch anders als z.B. im ersten Beispiel! Verirrungen entstehen hier wieder dadurch, daß man sich einbildet, man zeige auf eine Empfindung, indem man seine Aufmerksamkeit auf sie richtet.

Das Gefühl der Unüberbrückbarkeit der Kluft zwischen Bewußtsein und Gehirnvorgang: Wie kommt es, daß das in die Betrachtungen des gewöhnlichen Lebens nicht hineinspielt? Die Idee dieser Artverschiedenheit ist mit einem leisen Schwindel verbunden, – der auftritt, wenn wir logische Kunststücke ausführen. (Der gleiche Schwindel erfaßt uns bei gewissen Theoremen der Mengenlehre.) Wann tritt, in unserm Fall, dieses Gefühl auf? Nun, wenn ich z.B. meine Aufmerksamkeit in bestimmter Weise auf mein Bewußtsein lenke und mir dabei staunend sage: DIES solle durch einen Gehirnvorgang erzeugt werden! – indem ich mir gleichsam an die Stirne greife. – Aber was kann das heißen: »meine Aufmerksamkeit auf mein Bewußtsein lenken«? Es ist doch nichts merkwürdiger, als daß es so etwas gibt! Was ich so nannte (denn diese Worte werden ja im gewöhnlichen Leben nicht gebraucht), war ein Akt des Schauens. Ich schaute steif vor mich hin – aber *nicht* auf irgend einen bestimmten Punkt oder Gegenstand. Meine Augen waren weit offen, meine Brauen nicht zusammengezogen (wie sie es meistens sind, wenn ein bestimmtes Objekt mich interessiert). Kein solches Interesse war dem Schauen vorangegangen. Mein Blick war ›vacant‹; oder *ähnlich* dem eines Menschen, der die Beleuchtung des Himmels bewundert und das Licht eintrinkt.

Bedenk nun, daß an dem Satz, den ich als Paradox aussprach (DIES werde durch einen Gehirnvorgang erzeugt!) garnichts Paradoxes war. Ich hätte ihn während eines Experiments aussprechen können, dessen Zweck es war zu zeigen, der Beleuchtungseffekt, den ich sehe, werde durch die Erregung einer bestimmten Gehirnpartie erzeugt. – Aber ich sprach den Satz nicht in der Umgebung aus, in welcher er einen alltäglichen und nicht-paradoxen Sinn gehabt hätte. Und meine Aufmerksamkeit war nicht von der Art, die dem Experiment gemäß gewesen wäre. – (Mein Blick wäre ›intent‹, nicht ›vacant‹ gewesen.)

Hier haben wir einen Fall von Introspektion; nicht unähnlich derjenigen, durch welche William James herausbrachte, das ›Selbst‹ bestehe hauptsächlich aus ›peculiar motions in the head and between the head and throat‹. Und was die Introspektion James' zeigte, war nicht die Bedeutung des Wortes »Selbst« (sofern dies etwas ähnliches bedeutet, wie »Person«, »Mensch«, »er selbst«, »ich selbst«), noch eine Analyse eines solchen Wesens, sondern der Aufmerksamkeitszustand eines Philosophen, der sich das Wort »Selbst« vorspricht und seine Bedeutung analysieren will. (Und daraus ließe sich vieles lernen.)

Du denkst, du mußt doch einen Stoff weben: weil du vor einem – wenngleich leeren – Webstuhl sitzt und die Bewegungen des Webens machst.

Was wir liefern, sind eigentlich Bemerkungen zur Naturgeschichte des Menschen; aber nicht kuriose Beiträge, sondern Feststellungen, an denen niemand gezweifelt hat, und die dem Bemerktwerden nur entgehen, weil sie ständig vor unsern Augen sind.

»Die Menschen sagen übereinstimmend: sie sehen, hören, fühlen, etc. (wenn auch Mancher blind und Mancher taub ist). Sie bezeugen also von sich, sie haben *Bewußtsein.*« – Aber wie merkwürdig! wem mache ich eigentlich eine Mitteilung, wenn ich sage »Ich habe Bewußtsein«? Was ist der Zweck, mir das zu sagen, und wie kann der Andre mich verstehen? – Nun, Sätze wie »Ich sehe«, »Ich höre«, »Ich bin bei Bewußtsein« haben ja wirklich ihren Gebrauch. Dem Arzt sage ich »Jetzt höre ich wieder auf diesem Ohr«; dem, der mich ohnmächtig glaubt, sage ich »Ich bin wieder bei Bewußtsein«, usw.

Beobachte ich mich also und nehme wahr, daß ich sehe, oder bei Bewußtsein bin? Und wozu überhaupt von Beobachtung reden! Warum nicht einfach sagen »Ich nehme wahr, daß ich bei Bewußtsein bin«? – Aber wozu hier die Worte »Ich nehme wahr« – warum nicht sagen »Ich bin bei Bewußtsein«? – Aber zeigen die Worte »ich nehme wahr« hier nicht an, daß ich auf mein Bewußtsein aufmerksam bin? – was doch gewöhnlich nicht der Fall ist. – Wenn es so ist, dann sagt der Satz »Ich nehme wahr, daß ....« nicht, daß ich bei Bewußtsein bin, sondern, daß meine Aufmerksamkeit so und so eingestellt sei.

Aber ist es denn nicht eine bestimmte Erfahrung, die mich veranlaßt, zu sagen »Ich bin wieder bei Bewußtsein«? – *Welche* Erfahrung? In welcher Situation sagen wir es?

* * *

Wer den eigenen Kummer beobachtet, mit welchen Sinnen beobachtet er ihn? Mit einem besonderen Sinn; mit einem, der den Kummer *fühlt*? So fühlt er ihn *anders*, wenn er ihn beobachtet? Und welchen beobachtet er nun; den, welcher nur da ist, während er beobachtet wird?

›Beobachten‹ erzeugt nicht das Beobachtete. (Das ist eine begriffliche Feststellung.)

Oder: Ich ›beobachte‹ nicht *das*, was durch's Beobachten erst entsteht. Das Objekt der Beobachtung ist ein Anderes.

Eine Berührung, die gestern noch schmerzhaft war, ist es heute nicht mehr.

Heute fühle ich den Schmerz nur noch, wenn ich an ihn denke. (D. h.: unter gewissen Umständen.)

Mein Kummer ist nicht mehr der gleiche: eine Erinnerung, die mir vor einem Jahr noch unerträglich war, ist es mir heute nicht mehr.

Das ist das Resultat einer Beobachtung.

Wann sagt man: jemand beobachte? Ungefähr: Wenn er sich in eine günstige Lage versetzt, gewisse Eindrücke zu erhalten, um (z. B.) was sie ihn lehren, zu beschreiben.

Wen man abgerichtet hätte, beim Anblick von etwas Rotem einen bestimmten Laut auszustoßen, beim Anblick von etwas Gelbem einen andern, und so fort für andere Farben, der würde damit noch nicht Gegenstände nach ihren Farben beschreiben. Obwohl er uns zu einer Beschreibung verhelfen könnte. Eine Beschreibung ist eine Abbildung einer Verteilung in einem Raum (der Zeit z. B.).

Ich lasse meinen Blick in einem Zimmer umherschweifen, plötzlich fällt er auf einen Gegenstand von auffallender roter Färbung, und ich sage »Rot!« – damit habe ich keine Beschreibung gegeben.

Sind die Worte »Ich fürchte mich« eine Beschreibung eines Seelenzustandes?

Ich sage »Ich fürchte mich«, der Andere fragt mich: »Was war das? Ein Schrei der Angst; oder willst du mir mitteilen, wie dir's zumute ist; oder ist es eine Betrachtung über deinen gegenwärtigen Zustand?« – Könnte ich ihm immer eine klare Antwort geben? könnte ich ihm nie eine geben?

Man kann sich sehr Verschiedenes vorstellen, z. B.: »Nicht, nicht! Ich fürchte mich!«

»Ich fürchte mich. Ich muß es leider gestehen.«

»Ich fürchte mich noch immer ein wenig, aber nicht mehr so wie früher.«

»Ich fürchte mich im Grunde noch immer, obwohl ich mir's nicht gestehen will.«

»Ich quäle mich selbst mit allerlei Furchtgedanken.«

»Ich fürchte mich, – jetzt, wo ich furchtlos sein sollte!«

Zu jedem dieser Sätze gehört ein besonderer Tonfall, zu jedem ein anderer Zusammenhang.

Man könnte sich Menschen denken, die gleichsam viel bestimmter dächten als wir, und, wo wir *ein* Wort verwenden, verschiedene verwendeten.

Man fragt sich »Was bedeutet ›ich fürchte mich‹ eigentlich, worauf ziele ich damit?« Und es kommt natürlich keine Antwort, oder eine, die nicht genügt.

Die Frage ist: »In welcher Art Zusammenhang steht es?«

Es kommt keine Antwort, wenn ich die Frage »Worauf ziele ich?«, »Was denke ich dabei?« dadurch beantworten will, daß ich die Furchtäußerung wiederhole und dabei auf mich achtgebe, aus dem Augenwinkel gleichsam meine Seele beobachte. Ich kann aber allerdings in einem konkreten Fall fragen »Warum habe ich das gesagt, was wollte ich damit?« – und ich könnte die Frage auch beantworten; aber nicht auf Grund der Beobachtung von Begleiterscheinungen des Sprechens. Und meine Antwort würde die frühere Äußerung ergänzen, paraphrasieren.

Was ist Furcht? Was heißt »sich fürchten«? Wenn ich's mit *einem* Zeigen erklären wollte – würde ich die Furcht *spielen.*

Könnte ich Hoffen auch so darstellen? Kaum. Oder gar Glauben?

Meinen Seelenzustand (der Furcht etwa) beschreiben, das tue ich in einem bestimmten Zusammenhang. (Wie eine bestimmte Handlung nur in einem bestimmten Zusammenhang ein Experiment ist.)

Ist es denn so erstaunlich, daß ich den gleichen Ausdruck in verschiedenen Spielen verwende? Und manchmal auch, gleichsam, zwischen den Spielen?

Und rede ich denn immer mit sehr bestimmter Absicht? – Und ist darum, was ich sage, sinnlos?

Wenn es in einer Leichenrede heißt »Wir trauern um unsern . . .«, so soll das doch der Trauer Ausdruck geben; nicht den Anwesenden etwas mitteilen. Aber in einem Gebet am Grabe wären diese Worte eine Art von Mitteilung.

Das Problem ist doch dies: Der Schrei, den man keine Beschreibung nennen kann, der primitiver ist als jede Beschreibung, tut gleichwohl den Dienst einer Beschreibung des Seelenlebens.

Ein Schrei ist keine Beschreibung. Aber es gibt Übergänge. Und die Worte »Ich fürchte mich« können näher und entfernter von einem Schrei sein. Sie können ihm ganz nahe liegen, und ganz weit von ihm entfernt sein.

Wir sagen doch nicht unbedingt von Einem, er *klage*, weil er sagt, er habe Schmerzen. Also können die Worte »Ich habe Schmerzen« eine Klage, und auch etwas anderes sein.

Ist aber »Ich fürchte mich« nicht immer, und doch manchmal, etwas der Klage Ähnliches, warum soll es dann *immer* eine Beschreibung eines Seelenzustandes sein?

Wie ist man je dazu gekommen, einen Ausdruck wie »Ich glaube ...« zu gebrauchen? Ist man einmal auf ein Phänomen (des Glaubens) aufmerksam geworden?

Hatte man sich selbst und die Anderen beobachtet und so das Glauben gefunden?

Moore's Paradox läßt sich so aussprechen: Die Äußerung »Ich glaube, es verhält sich so« wird ähnlich verwendet wie die Behauptung »Es verhält sich so«; und doch die *Annahme*, ich glaube, es verhalte sich so, nicht ähnlich wie die Annahme, es verhalte sich so.

Da scheint es ja, als wäre die Behauptung »Ich glaube« nicht die Behauptung dessen, was die Annahme »ich glaube« annimmt!

Ebenso: Die Aussage »Ich glaube, es wird regnen« hat einen ähnlichen Sinn, d.h., ähnliche Verwendung, wie »Es wird regnen«, aber »Ich glaubte damals, es werde regnen« nicht einen ähnlichen, wie »Es hat damals geregnet«.

»Aber es muß doch ›Ich glaubte‹ eben *das* in der Vergangenheit sagen, was ›Ich glaube‹ in der Gegenwart!« – Es muß doch $\sqrt{-1}$ eben das für -1 bedeuten, was $\sqrt{1}$ für 1 bedeutet! Das heißt gar nichts.

»Im Grunde beschreibe ich mit den Worten ›Ich glaube ...‹ den eigenen Geisteszustand, – aber diese Beschreibung ist hier indirekt eine Behauptung des geglaubten Tatbestandes selbst.« – Wie ich, unter Umständen, eine Photographie beschreibe, um das zu beschreiben, wovon sie eine Aufnahme ist.

Aber dann muß ich noch sagen können, daß die Photographie eine gute Aufnahme ist. Also auch: »Ich glaube, daß es regnet, und mein Glaube ist verläßlich, also verlasse ich mich auf ihn.« – Dann wäre mein Glaube eine Art Sinneseindruck.

Man kann den eigenen Sinnen mißtrauen, aber nicht dem eigenen Glauben.

Gäbe es ein Verbum mit der Bedeutung ›fälschlich glauben‹, so hätte das keine sinnvolle erste Person im Indikativ des Präsens.

Sieh's nicht als selbstverständlich an, sondern als etwas sehr Merkwürdiges, daß die Verben »glauben«, »wünschen«, »wollen«, alle die grammatischen Formen aufweisen, die »schneiden«, »kauen«, »laufen« auch haben.

Das Sprachspiel des Meldens kann so gewendet werden, daß die Meldung den Empfänger nicht über ihren Gegenstand unterrichten soll; sondern über den Meldenden.

So ist es z. B., wenn der Lehrer den Schüler prüft. (Man kann messen, um den Maßstab zu prüfen.)

Angenommen, ich führte einen Ausdruck – z.B. den: »Ich glaube« – so ein: Er soll dort der Meldung vorgesetzt werden, wo sie dazu dient, über den Meldenden selbst Auskunft zu geben. (Es braucht dem Ausdruck also keine Unsicherheit anzuhangen. Bedenke, daß die Unsicherheit der Behauptung sich auch unpersönlich ausdrücken läßt: »Er dürfte heute kommen«.) – »Ich glaube . . ., und es ist nicht so« wäre ein Widerspruch.

»Ich glaube . . .« beleuchtet meinen Zustand. Es lassen sich aus dieser Äußerung Schlüsse auf mein Verhalten ziehen. Also ist hier eine *Ähnlichkeit* mit den Äußerungen der Gemütsbewegung, der Stimmung etc.

Wenn aber »Ich glaube, es sei so« meinen Zustand beleuchtet, dann auch die Behauptung »Es ist so«. Denn das Zeichen »Ich glaube« kann's nicht machen; kann es höchstens andeuten.

Eine Sprache, in der »Ich glaube, es ist so« nur durch den Ton der Behauptung »Es ist so« ausgedrückt wird. Statt »Er glaubt« heißt es dort »Er ist geneigt, zu sagen ...« und es gibt auch die Annahme (den Konjunktiv) »Angenommen, ich sei geneigt etc.«, aber nicht eine Äußerung: »Ich bin geneigt, zu sagen«.

Moore's Paradox gäbe es in dieser Sprache nicht; statt dessen aber ein Verbum, dem eine Form fehlt.

Das aber sollte uns nicht überraschen. Denk daran, daß man die *eigene* künftige Handlung in der Äußerung der Absicht vorhersagen kann.

Ich sage vom Andern »Er scheint zu glauben ...« und Andere sagen es von mir. Nun, warum sage ich's nie von mir, auch dann, wenn es die Andern *mit Recht* von mir sagen? – Sehe und höre ich mich selbst denn nicht? – Man kann es sagen.

»Die Überzeugung fühlt man in sich, man schließt nicht auf sie aus den eigenen Worten, oder ihrem Tonfall.« – Wahr ist: Man schließt nicht aus den eigenen Worten auf die eigene Überzeugung; oder auf die Handlungen, die dieser entspringen.

»Da scheint es ja, als wäre die Behauptung ›Ich glaube‹ nicht die Behauptung dessen, was die Annahme annimmt.« – Ich bin also versucht, nach einer anderen Fortsetzung des Verbums in die erste Person des Indikativ Präsentis auszuschauen.

Ich denke so: Glauben ist ein Zustand der Seele. Er dauert an; und unabhängig vom Ablauf seines Ausdrucks in einem Satz, z.B.: Er ist also eine Art von Disposition des Glaubenden. Die offenbart mir, im Andern, sein Benehmen; seine Worte. Und zwar ebensowohl eine Äußerung »Ich glaube ...«, wie seine einfache Behauptung. – Wie ist es nun mit mir: wie erkenne ich selbst die eigene Disposition? – Da müßte ich ja wie der Andere auf mich achtgeben, auf meine Worte hören, aus ihnen Schlüsse ziehen können!

Ich habe zu meinen eigenen Worten eine ganz andere Einstellung als die Andern.

Jene Fortsetzung könnte ich finden, wenn ich nur sagen könnte: »Ich scheine zu glauben«.

Horchte ich auf die Rede meines Mundes, so könnte ich sagen, ein Anderer spreche aus meinem Mund.

»Nach meiner Äußerung zu urteilen, glaube ich *das.*« Nun, es ließen sich Umstände ausdenken, in denen diese Worte Sinn hätten.

Und dann könnte Einer auch sagen »Es regnet und ich glaube es nicht«, oder »Mir scheint, mein Ego glaubt das, aber es ist nicht so.« Man müßte sich dazu ein Benehmen ausmalen, das darauf deutet, zwei Wesen sprächen aus meinem Munde.

Die Linie liegt schon in der *Annahme* anders, als du denkst.

In den Worten »Angenommen, ich glaube ...« setzt du schon die ganze Grammatik des Wortes »glauben« voraus, den gewöhnlichen Gebrauch, den du beherrschst. – Du nimmst nicht einen Stand der Dinge an, der dir, sozusagen, eindeutig durch ein Bild vor Augen steht, so daß du dann eine andere als die gewöhnliche Behauptung an diese Annahme anstückeln kannst. – Du wüßtest gar nicht, was du hier annimmst (d. h., was z. B. aus so einer Annahme folgt), wenn dir nicht schon die Verwendung von »glauben« geläufig wäre.

Denk an den Ausdruck »Ich sage ...«, z. B. in »Ich sage, es wird heute regnen«, welches einfach der Behauptung »Es wird ...« gleichkommt. »Er sagt, es wird ...« heißt beiläufig »Er glaubt, es wird ...«. »Angenommen, ich sage ...« heißt *nicht*: Angenommen, es werde heute ...

Verschiedene Begriffe berühren sich hier und laufen ein Stück Wegs miteinander. Man muß eben nicht glauben, daß die Linien alle *Kreise* seien.

Betrachte auch den Unsatz: »Es dürfte regnen; aber es regnet nicht.«
Und hier muß man sich hüten, zu sagen: »Es dürfte regnen« heißt eigentlich: ich glaube, es wird regnen. – Warum sollte dann nicht umgekehrt dies jenes heißen?

Betrachte nicht die zaghafte Behauptung als Behauptung der Zaghaftigkeit.

11

Das Innere und das Äußere

Ich kann wissen, was der Andere denkt, nicht was ich denke.

Es ist richtig zu sagen »Ich weiß, was du denkst«, und falsch: »Ich weiß, was ich denke.«

(Eine ganze Wolke von Philosophen kondensiert zu einem Tröpfchen Sprachlehre.)

»Das Denken des Menschen geht im Innern des Bewußtseins in einer Abgeschlossenheit vor sich, gegen die jede physische Abgeschlossenheit ein Offen-da-liegen ist.«

Würden Menschen, die stets – etwa durch Beobachten des Kehlkopfs – die stillen Selbstgespräche des Andern lesen könnten, – würden die auch geneigt sein, das Bild von der gänzlichen Abgeschlossenheit zu gebrauchen?

Spräche ich laut zu mir selbst, in einer Sprache, die die Anwesenden nicht verstehen, so wären meine Gedanken ihnen verborgen.

Nehmen wir an, es gebe einen Menschen, der immer richtig erriete, was ich in Gedanken zu mir rede. (Wie es ihm gelingt, ist gleichgültig.) Aber was ist das Kriterium dafür, daß er es *richtig* errät? Nun, ich bin wahrheitsliebend und gestehe, er habe es richtig erraten. – Aber könnte ich mich nicht irren, kann mich mein Gedächtnis nicht täuschen? Und könnte es das nicht immer, wenn ich – ohne zu lügen – ausspreche, was ich bei mir gedacht habe? – Aber so scheint es ja, es komme gar nicht drauf an, ›was in meinem

Innern vorgegangen ist‹. (Ich mache hier eine Hilfskonstruktion.)

Für die Wahrheit des *Geständnisses*, ich hätte das und das gedacht, sind die Kriterien nicht die der wahrheitsgemäßen *Beschreibung* eines Vorgangs. Und die Wichtigkeit des wahren Geständnisses liegt nicht darin, daß es irgend einen Vorgang mit Sicherheit richtig wiedergibt. Sie liegt vielmehr in den besonderen Konsequenzen, die sich aus einem Geständnis ziehen lassen, dessen Wahrheit durch die besonderen Kriterien der *Wahrhaftigkeit* verbürgt ist.

(Angenommen, daß die Träume uns wichtige Aufschlüsse über den Träumer geben können, so wäre das, was den Aufschluß gibt, die wahrhaftige Traumerzählung. Die Frage, ob den Träumer sein Gedächtnis täuscht, wenn er nach dem Erwachen den Traum berichtet, kann sich nicht erheben, es sei denn, wir führten ein gänzlich neues Kriterium für eine ›Übereinstimmung‹ des Berichts mit dem Traum ein, ein Kriterium, das hier eine Wahrheit von der Wahrhaftigkeit unterscheidet.)

Es gibt ein Spiel: ›Gedankenerraten‹. Eine Variante davon wäre die: Ich mache dem A eine Mitteilung in einer Sprache, die B nicht versteht. B soll den Sinn der Mitteilung erraten. – Eine andere Variante: Ich schreibe einen Satz nieder, den der Andere nicht sehen kann. Er muß den Wortlaut oder den Sinn erraten. – Noch eine: Ich stelle ein Jig-Saw-Puzzle zusammen; der Andre kann mich nicht sehen, errät aber von Zeit zu Zeit meine Gedanken und spricht sie aus. Er sagt z. B.: »Wo ist nur dieses Stück!« – »*Jetzt* weiß ich, wie es paßt!« – »Ich habe keine Ahnung, was hierher gehört.« – »Der Himmel ist immer das schwerste« usf. – dabei aber brauche *ich* weder laut noch auch im Stillen zu mir selbst sprechen.

Alles das wäre Erraten von Gedanken; und wenn es tatsächlich nicht geschieht, so macht dies den Gedanken nicht verborgener als den physischen Vorgang, den man nicht wahrnimmt.

»Das *Innere* ist uns verborgen.« – Die Zukunft ist uns verborgen. – Aber denkt der Astronom so, wenn er eine Sonnenfinsternis berechnet?

Wen ich, mit offenbarer Ursache, sich in Schmerzen winden sehe, von dem denke ich nicht: seine Gefühle seien mir doch verborgen.

Wir sagen auch von einem Menschen, er sei uns durchsichtig. Aber es ist für diese Betrachtung wichtig, daß ein Mensch für einen andern ein völliges Rätsel sein kann. Das erfährt man, wenn man in ein fremdes Land mit gänzlich fremden Traditionen kommt; und zwar auch dann, wenn man die Sprache des Landes beherrscht. Man *versteht* die Menschen nicht. (Und nicht darum, weil man nicht weiß, was sie zu sich selber sprechen.) Wir können uns nicht in sie finden.

»Ich kann nicht wissen, was in ihm vorgeht« ist vor allem ein *Bild*. Es ist der überzeugende Ausdruck einer Überzeugung. Es gibt nicht die Gründe der Überzeugung an. *Sie* liegen nicht auf der Hand.

Wenn ein Löwe sprechen könnte, wir könnten ihn nicht verstehen.

Man kann sich ein Erraten der Absicht denken, ähnlich dem Gedankenerraten, aber auch ein Erraten dessen, was einer nun tatsächlich *tun wird*.

Zu sagen »Nur er kann wissen, was er beabsichtigt« ist Unsinn; zu sagen »Nur er kann wissen, was er tun wird«

falsch. Denn die Vorhersage, die im Ausdruck meiner Absicht liegt (z. B. »Sowie es fünf Uhr schlägt, gehe ich nach Hause.«), muß nicht zutreffen, und der Andere mag wissen, was wirklich geschehen wird.

Zweierlei aber ist wichtig: Daß der Andere in vielen Fällen meine Handlungen nicht vorhersagen kann, während ich sie in meiner Absicht vorhersehe. Und daß meine Vorhersage (im Ausdruck meiner Absicht) nicht auf der gleichen Grundlage ruht, wie seine Vorhersage meiner Handlung, und die Schlüsse, die aus diesen Vorhersagen zu ziehen, ganz verschieden sind.

Ich kann der Empfindung des Andern so *sicher* sein, wie irgend eines Faktums. Damit aber sind die Sätze »Er ist schwer bedrückt«, »25 x 25 = 625« und »Ich bin 60 Jahre alt« nicht zu ähnlichen Instrumenten geworden. Es liegt die Erklärung nahe: die Sicherheit sei von anderer *Art*. – Sie scheint auf einen psychologischen Unterschied zu deuten. Aber der Unterschied ist ein logischer.

»Aber schließt du eben nicht nur vor dem Zweifel die Augen, wenn du *sicher* bist?« – Sie sind mir geschlossen.

Bin ich weniger sicher, daß dieser Mann Schmerzen hat, als daß 2 x 2 = 4 ist? – Aber ist darum das erste mathematische Sicherheit? – ›Mathematische Sicherheit‹ ist kein psychologischer Begriff.

Die Art der Sicherheit ist die Art des Sprachspiels.

»Seine Motive weiß nur er« – das ist ein Ausdruck dafür, daß wir *ihn* nach seinen Motiven fragen. – Ist er aufrichtig, so wird er sie uns sagen; aber ich brauche mehr als Aufrichtigkeit, um seine Motive zu erraten. Hier ist die Verwandtschaft mit dem Fall des *Wissens*.

Laß es dir aber *auffallen*, daß es so etwas gibt wie unser Sprachspiel: Das Motiv meiner Tat gestehen.

Die unsägliche Verschiedenheit aller der tagtäglichen Sprachspiele kommt uns nicht zum Bewußtsein, weil die Kleider unserer Sprache alles gleichmachen.

* * *

Was muß der Mensch nicht alles tun, damit wir sagen, er *denke*!

Er kann nicht *wissen*, ob ich denke, aber ich weiß es. Was weiß ich? Daß das, was ich jetzt tue, *denken* ist? Und womit vergleich ich's, um das zu wissen? Und kann ich mich darin nicht irren? Also bleibt nur übrig: ich wisse, daß ich tue, was ich tue. –

Aber es hat doch Sinn, zu sagen »Er weiß nicht, was ich dachte, denn ich habe es ihm nicht gesagt«!

Ist ein Gedanke auch dann ›privat‹, wenn ich ihn laut im Selbstgespräch äußere, wenn mich niemand hört?

»Meine Gedanken kenne nur ich allein.« Das heißt doch ungefähr: »Ich *kann* sie beschreiben, ausdrücken, *wenn* ich will.«

»Meine Gedanken kenne nur ich allein.« – Woher weißt du das? Erfahrung hat es dich nicht gelehrt. – Was teilst du uns dadurch mit? – Du mußt dich schlecht ausdrücken.

»Nicht doch! Ich denke mir jetzt etwas; sag mir, was es ist!« So war es also doch ein Erfahrungssatz? Nein; denn sagte ich dir, was du dir denkst, so hätte ich's doch nur *erraten*. Ob ich's richtig erraten habe, wie läßt sich das entscheiden? Durch dein Wort, und gewisse Umstände: Also vergleiche ich dieses Sprachspiel mit einem *andern*, bei welchem die Mittel der Entscheidung (Verifikation) anders aussehen.

»Ich kann hier nicht ...« – Wo *kann* ich denn? In einem andern Spiel. (Ich kann hier – im Tennis nämlich – den Ball nicht durch's Tor schießen.)

Aber ist nicht ein Zusammenhang zwischen dem grammatischen ›privat sein‹ der Gedanken und der Tatsache, daß wir im allgemeinen die Gedanken des Andern nicht erraten können, ehe er sie ausspricht. Es gibt doch ein Gedankenerraten in dem Sinne, daß Einer mir sagt: »Ich weiß, was du jetzt gedacht hast« (oder »woran du jetzt gedacht hast«) und ich zugeben muß, er habe meine Gedanken richtig erraten. Und dies kommt doch tatsächlich sehr selten vor. Ich sitze oft, ohne zu reden, mehrere Minuten lang in meiner Klasse, und Gedanken gehen mir durch den Kopf; aber keiner meiner Hörer könnte wohl erraten, was ich bei mir gedacht habe. Es wäre aber doch auch möglich, daß sie Einer erriete und aufschriebe, so als hätte ich sie ausgesprochen. Und zeigte er mir das Geschriebene, so müßte ich sagen »Ja, ganz das habe ich mir gedacht«. – Und hier wäre z. B. die Frage unentscheidbar: ob ich mich auch nicht irre; ob ich wirklich das gedacht hatte, oder nur, von seiner Niederschrift beeinflußt, mir nun fest *einbilde*, gerade dies gedacht zu haben.

Und das Wort »unentscheidbar« gehört zur Beschreibung des Sprachspiels.

Und wäre nicht auch *dies* denkbar: Ich sage Einem »Du hast dir jetzt gedacht ...« – Er verneint es. Aber ich bleibe fest bei meiner Behauptung, und endlich sagt er: »Ich glaube, du hast recht; ich werde mir das gedacht haben; mein Gedächtnis wird mich täuschen.«

Und denke nun, daß dies ein ganz gewöhnliches Vorkommnis wäre!

»Gedanken und Gefühle sind privat« heißt ungefähr das gleiche wie »Es gibt Verstellung«, oder »Man kann seine Gedanken und Gefühle verbergen; ja lügen und sich verstellen«. Und es ist die Frage, was dieses »Es gibt« und »Man kann« bedeutet.

Unter welchen Umständen, bei welchen Anlässen, sagt man denn: »Meine Gedanken kenne nur ich«? – Wenn man auch hätte sagen können: »Meine Gedanken werde ich dir nicht sagen«, oder »Meine Gedanken halte ich geheim«, oder »Meine Gedanken könnt ihr nicht erraten«.

Wovon sagt man denn, man *kenne* es? und in wiefern kenne ich meine Gedanken?

Sagt man nicht von dem, man kenne es, was man richtig beschreiben kann? Und kann man das von den eigenen Gedanken sagen?

Wenn Einer die Worte die »Beschreibung« des Gedankens nennen will, statt den »Ausdruck« des Gedankens, frage er sich, wie man einen Tisch beschreiben, und wie man die eigenen Gedanken beschreiben lernt. Und das heißt nur: er sehe zu, wie man die Beschreibung eines Tisches, und wie man die Beschreibung der Gedanken als richtig oder falsch beurteilt; er möge also diese Sprachspiele in allen ihren Situationen ins Auge fassen.

»Die Tatsache ist doch, daß der Mensch nur seine eigenen Gedanken kennt.« (»Die Tatsache ist doch, daß von meinem eigenen Denken nur ich weiß.«)

»Und auch ich nicht« könnte man sagen.

»Dem Menschen hat es die Natur gegeben, daß er im Geheimen denken kann.« Denk dir, man sagt: »Die Natur hat es dem Menschen gegeben, daß er hörbar, aber auch unhörbar, in seinem Geiste, reden kann.« Er kann also, heißt das, dasselbe auf zwei Arten tun. (Als könnte er sichtbar verdauen und unsichtbar verdauen.) Nur ist beim Reden im Geiste das Reden besser verborgen, als ein Vorgang im Innern des Körpers sein kann. – Wie wäre es aber, wenn ich redete und alle Andern taub wären? Wäre da mein Reden nicht ebensogut verborgen?

»Im tiefsten Geheimnis des Geistes geht es vor sich.«

Wer mir *sagt*, was er gedacht hat, – hat mir der wirklich gesagt: was er *gedacht* hat? Mußte nicht das eigentliche geistige Ereignis unbeschrieben bleiben? – War nicht *es* das Geheime, – wovon ich in der Rede dem Andern nur ein Bild gebe?

Wenn ich Einem *sage*, was ich *denke*, – kenne ich da meinen Gedanken besser, als meine Worte ihn darstellen? Ist es, als kennte ich einen *Körper* und zeigte dem Andern nur eine Photographie?

»Dem Menschen ist es gegeben in voller Abgeschlossenheit mit sich selbst zu reden; in einer Absonderung, die weit vollkommener ist, als die eines Einsiedlers.« Wie weiß ich, daß dem N. dies gegeben ist? – Weil er's sagt und zuverlässig ist? –

Und doch sagen wir: »Ich wüßte gerne, was er jetzt bei sich denkt«; ganz so, wie wir sagen könnten: »Ich wüßte gerne, was er jetzt in sein Notizbuch schreibt.« Ja, man könnte eben *das* sagen und es, sozusagen, als selbstverständlich ansehen, daß er bei sich das denkt, was er ins Notizbuch einträgt.

Würden nun Leute, die *regelmäßig* – etwa durch Beobachten des Kehlkopfs eines Menschen – seine Gedanken ›lesen‹ könnten, – würden die auch von der gänzlichen Einsamkeit des Geistes mit sich selbst zu sprechen geneigt sein? – Oder: Wären auch sie geneigt, *das Bild* von der ›gänzlichen Abgeschlossenheit‹ zu gebrauchen?

»Ich möchte wissen, worauf er sinnt!« Aber nun stell dir diese – scheinbar irrelevante – Frage: »Was ist daran überhaupt Interessantes, was ›in ihm‹, in seinem Geiste, vorgeht – angenommen, daß etwas vorgeht?« (Hol's der Teufel, was in ihm vorgeht!)

Der Vergleich des Denkens mit einem Vorgang in der Verborgenheit ist, in der Philosophie, irreführend.

So irreführend etwa, wie der Vergleich des Suchens nach dem treffenden Ausdruck mit den Bemühungen dessen, der eine nur ihm sichtbare Linie genau nachzeichnen will.

Was uns verwirrt, ist, daß die Gedanken des Andern zu kennen, von *einer* Seite besehen, logisch unmöglich, und von einer andern besehen, psychologisch und physiologisch unmöglich ist.

Ist es nun richtig, zu sagen: daß diese beiden ›Unmöglichkeiten‹ so miteinander zusammenhängen, daß die psychologische Unmöglichkeit (hier) das Bild liefert, das uns (dann) zum Abzeichen des Begriffs ›denken‹ wird?

Man kann nicht sagen: das Schreiben in's Notizbuch, oder das monologische Sprechen, sei dem stummen Denken ›*ähnlich*‹; wohl aber kann der eine Vorgang den andern (das Rechnen im Kopf das schriftliche Rechnen, z. B.) für gewisse Zwecke *ersetzen*.

Könnte es Leute geben, die beim Denken immer zu sich selbst murmeln, deren Denken also für Andere zugänglich ist? – »Ja, aber wir könnten doch nicht wissen, ob sie nicht, außerdem, stumm bei sich selber denken!« – Könnte es denn aber nicht sein, daß, dies anzunehmen, ebenso sinnlos wäre, wie anzunehmen, die Haare dieser Leute dächten, oder ein Stein dächte?

Müßten wir, heißt das, wenn dies so wäre, auch nur auf

den Gedanken kommen, Einer dächte, hätte Gedanken, in seinem Geist verborgen?

»Ich weiß nicht, was du dir denkst. Sag, was du dir denkst!« – Das heißt etwa: »Rede!«

Ist es also irreführend, von der Seele des Menschen, oder von seinem Geist zu reden? *So* wenig, daß es ganz verständlich ist, wenn ich sage: »Meine Seele ist müde, nicht bloß mein Verstand.« Aber sagst du nicht doch, daß alles, was man durch das Wort »Seele« ausdrücken kann, irgendwie auch durch Worte für Körperliches sich ausdrücken läßt? Ich sage es nicht. Aber wenn es auch so wäre, – was würde es besagen? Die Worte, so wie auch das, worauf wir bei ihrer Erklärung weisen, sind ja nur die Instrumente, und nun kommt's auf ihren Gebrauch an.

* * *

Keine Annahme scheint mir natürlicher, als daß dem Assoziieren, oder Denken, kein Prozeß im Gehirn zugeordnet ist; so daß es also unmöglich wäre, aus Gehirnprozessen Denkprozesse abzulesen. Ich meine das so: Wenn ich rede, oder schreibe, so geht, nehme ich an, ein meinem gesprochenen oder geschriebenen Gedanken zugeordnetes System von Impulsen von meinem Gehirn aus. Aber warum sollte das *System* sich weiter in zentraler Richtung fortsetzen? Warum soll nicht, sozusagen, diese Ordnung aus dem Chaos entspringen? Der Fall wäre ähnlich dem – daß sich gewisse Pflanzenarten durch Samen vermehrten, so daß ein Same immer dieselbe Pflanzenart erzeugt, von der er erzeugt wurde – daß aber *nichts* in dem Samen der Pflanze, die aus ihm wird, entspricht; so daß es unmöglich ist, aus den Eigenschaften, oder der Struktur des Samens, auf die der Pflanze, die aus ihm wird, zu schließen, – daß man dies nur aus seiner *Geschichte* tun kann. So könnte also auch aus etwas ganz Amorphem ein Organismus, sozusagen ursachelos, werden; und es ist kein Grund, warum sich dies nicht mit unserem Gedanken, also mit unserem Reden oder Schreiben etc. wirklich so verhalten sollte.

Es ist also wohl möglich, daß gewisse psychologische Phänomene physiologisch nicht untersucht werden *können*, weil ihnen physiologisch nichts entspricht.

Ich habe diesen Mann vor Jahren gesehen; nun sehe ich ihn wieder, erkenne ihn, erinnere mich seines Namens. Und warum muß es nun für dies Erinnern eine Ursache in meinem Nervensystem geben? Warum muß irgendetwas, was immer, *in irgendeiner Form* dort aufgespeichert worden sein? Warum *muß* er eine Spur hinterlassen haben? Warum soll es keine psychologische Gesetzmäßigkeit geben, der *keine* physiologische entspricht? Wenn das unsere Begriffe von der Kausalität umstößt, dann ist es Zeit, daß sie umgestoßen werden.

Das Vorurteil für den psycho-physischen Parallelismus ist auch eine Frucht der primitiven Auffassung der Grammatik. Denn, wenn man Kausalität zwischen psychologischen Erscheinungen zuläßt, die nicht physiologisch vermittelt ist, so meint man damit einzugestehen, es existiere eine Seele *neben* dem Körper, ein geisterhaftes Seelenwesen.

Muß das Verbum »ich glaube« eine Vergangenheitsform haben? Nun, wenn wir statt »Ich glaube, er kommt« immer sagten »Er dürfte kommen« (oder dergleichen), aber dennoch sagten »Ich habe geglaubt ...« – so hätte das Verbum »glauben« keine *Gegenwart*. Es ist charakteristisch für die Art und Weise, wie wir gewohnt sind, die Sprache zu betrachten, daß wir glauben, es müsse am Ende doch Gleichförmigkeit, Symmetrie, bestehen; statt, umgekehrt, dafür zu halten, sie *könne* nicht bestehen.

Denk dir diese Erscheinung: Wenn ich will, daß jemand sich einen Text merkt, den ich ihm vorspreche, so daß er ihn mir später wiederholen kann, muß ich ihm ein Papier und einen Bleistift geben; und während ich spreche, schreibt er Striche, Zeichen auf das Papier; soll er später den Text reproduzieren, so folgt er jenen Strichen mit den Augen und sagt den Text her. Ich nehme aber an, seine Aufzeichnung sei keine *Schrift*, sie hänge nicht durch Regeln mit den Worten des Textes zusammen; und doch kann er ohne diese Aufzeichnung den Text nicht reproduzieren; und wird an ihr etwas geändert, wird sie zum Teil zerstört, so bleibt er beim ›Lesen‹ stecken, oder spricht den Text unsicher, oder unzuverlässig, oder kann die Worte überhaupt nicht finden. – Das ließe sich doch denken! – Was ich die ›Aufzeichnung‹ nannte, wäre dann keine *Wiedergabe* des Textes, nicht eine Übersetzung sozusagen in einen anderen Symbolismus. Der Text wäre nicht in der Aufzeichnung *niedergelegt*. Und warum sollte er in unserm Nervensystem niedergelegt sein?

Warum soll nicht ein Naturgesetz einen Anfangs- und einen Endzustand eines Systems verbinden, den Zustand zwischen beiden aber übergehen? (Nur denke man nicht an *Wirkung*!)

Was man eine Änderung in den Begriffen nennt, ist natürlich nicht nur eine Änderung im Reden, sondern auch eine im Tun.

Die Terminologie sieht man, die Technik ihrer Anwendung sieht man nicht.

Man sagt »Er scheint furchtbare Schmerzen zu haben«, auch wenn man keinerlei Zweifel hat, daß der Schein nicht trügt. Warum sagt man nicht »Ich scheine furchtbare Schmerzen zu haben«, denn dies müßte zum mindesten auch *Sinn* haben? Bei einer Theaterprobe könnte ich das sagen; und ebenso »Ich scheine die Absicht zu haben ...«, etc. etc. Jeder wird sagen: »Natürlich sage ich das nicht; weil ich *weiß*, ob ich Schmerzen habe.« Es *interessiert* mich für gewöhnlich nicht, ob ich Schmerzen zu haben scheine; denn die Schlüsse, die ich aus diesem Eindruck beim Andern ziehe, ziehe ich für mich selbst nicht. Ich sage nicht: »Ich stöhne furchtbar, ich muß zum Arzt gehen«; wohl aber »Er stöhnt furchtbar, er muß ...«.

Wenn dies keinen Sinn hat: »Ich weiß, daß ich Schmerzen habe« – noch dies: »Ich fühle meine Schmerzen«, – dann hat es auch keinen Sinn zu sagen: »Ich kümmere mich nicht um mein eigenes Stöhnen, weil *ich weiß*, daß ich Schmerzen habe« – oder »weil ich meine Schmerzen *fühle*«.

Wohl aber ist es wahr: »Ich kümmere mich nicht um mein Stöhnen.«

Ich schließe aus der Beobachtung seines Benehmens, daß er zum Arzt muß; aber ich ziehe diesen Schluß für mich *nicht* aus der Beobachtung meines Benehmens. Oder vielmehr: ich tue auch dies manchmal, aber *nicht* in analogen Fällen.

Es hilft hier, wenn man bedenkt, daß es eine primitive Reaktion ist, die schmerzende Stelle des Andern zu pflegen, zu behandeln, und nicht nur die eigene – also auf des Andern Schmerzbenehmen zu achten, wie auch, auf das eigene Schmerzbenehmen *nicht* zu achten.

Was aber will hier das Wort »primitiv« sagen? Doch wohl, daß die Verhaltungsweise *vorsprachlich* ist: daß ein Sprachspiel *auf ihr* beruht, daß sie das Prototyp einer Denkweise ist und nicht das Ergebnis des Denkens.

»Falsch aufgezäumt« kann man von einer Erklärung sagen, wie dieser: wir pflegten den Andern, weil wir nach

Analogie des eigenen Falles glaubten, auch er habe ein Schmerzerlebnis. – Statt zu sagen: Lerne also aus diesem besondern Kapitel unseres Betragens – aus diesem Sprachspiel – welche Funktion in ihm »Analogie« und »Glauben« haben.

»Wie kommt es, daß ich den Baum aufrecht sehe, auch wenn ich meinen Kopf zur Seite neige, und also das Netzhautbild das eines schiefstehenden Baums ist?« Wie kommt es also, daß ich den Baum auch unter diesen Umständen als einen aufrechten anspreche? – »Nun, ich bin mir der Neigung meines Kopfes bewußt, und bringe also die nötige Korrektur an der Auffassung meiner Gesichtseindrücke an.« – Aber heißt das nicht, Primäres mit Sekundärem verwechseln? Denk dir, wir wüßten *gar nichts* von der innern Beschaffenheit des Auges, – würde dies Problem überhaupt auftauchen? Wir bringen ja hier, in Wahrheit, keine Korrekturen an, dies ist ja bloß eine Erklärung.

Wohl – aber da nun die Struktur des Auges einmal bekannt ist, – *wie kommt es*, daß wir so handeln, so reagieren? Aber muß es hier eine physiologische Erklärung geben? Wie, wenn wir sie auf sich beruhen ließen? – Aber so würdest du doch nicht sprechen, wenn du das Verhalten einer Maschine prüftest! – Nun, wer sagt, daß in diesem Sinne das Lebewesen, der tierische Leib, eine Maschine ist? –

Man kann eine Veränderung eines Gesichts merken und mit den Worten beschreiben, das Gesicht habe einen härteren Ausdruck angenommen, – und doch nicht im Stande sein, die Änderung mit räumlichen Begriffen zu beschreiben. Dies ist ungeheuer wichtig. – Vielleicht sagt nun jemand: wer das tut, beschreibe eben nicht die Veränderung des Gesichts, sondern nur der Wirkung auf ihn selbst; aber warum sollte dann eine Beschreibung durch Form- und Farbbegriffe nicht auch dies sein?

Man kann auch sagen »Er machte *dieses* Gesicht«, oder »Sein Gesicht veränderte sich *so*«, indem man's nachmacht, – und ist wieder nicht im Stande, die Veränderung anders zu beschreiben. ((Es gibt eben viel mehr Sprachspiele, als Carnap und Andere sich träumen lassen.))

Das Bewußtsein, daß . . ., kann mich in der Arbeit stören; das Wissen nicht.

Wie weiß ich, daß ein Hund etwas dauernd hört, dauernd einen Gesichtseindruck empfängt, Freude, Furcht, Schmerz empfindet?
Was weiß ich von den ›Erlebnisinhalten‹ eines Hundes?

* * *

Das Bewußtsein in des Andern Gesicht. Schau ins Gesicht des Andern und sieh das Bewußtsein in ihm und einen bestimmten Bewußtsein*ston.* Du siehst auf ihm, in ihm, Freude, Gleichgültigkeit, Interesse, Rührung, Dumpfheit, usf. Das Licht im Gesicht des Andern.

Schaust du in *dich*, um den Grimm in *seinem* Gesicht zu erkennen? Er ist dort so deutlich, wie in deiner eigenen Brust.

(Und was will man nun sagen? Daß das Gesicht des Andern mich zur Nachahmung anregt, und daß ich also kleine Bewegungen und Muskelspannungen im eigenen empfinde, und die Summe dieser *meine*? Unsinn. Unsinn, – denn du machst Annahmen, statt bloß zu beschreiben. Wem hier Erklärungen im Kopfe spuken, der vernachlässigt es, sich auf die wichtigsten Tatsachen zu besinnen.)

Das Wissen, die Meinung haben keinen Gesichtsausdruck. Es gibt wohl einen Ton, eine Gebärde der Überzeugung, aber nur, wenn etwas in diesem Ton, mit dieser Gebärde, gesagt wird.

»Das Bewußtsein ist so deutlich in seinem Gesicht und Benehmen, wie in mir selbst.«

Was hieße es, mich darin irren, daß er eine Seele, Bewußtsein, habe? und was hieße es, daß ich mich irre und selbst keines habe? Was hieße es, zu sagen »Ich bin nicht bei Bewußtsein«. – Aber weiß ich nicht doch, daß Bewußtsein in mir ist? – So weiß ich's also, und doch hat die Aussage, es sei so, keinen Zweck?

Und wie merkwürdig, daß man lernen kann, sich in dieser Sache mit andern Leuten zu verständigen!

Einer kann sich bewußtlos stellen; aber auch *bewußt*?

Wie wäre es, wenn jemand allen Ernstes sagte, er wisse wirklich nicht, ob er träume oder wache? –

Kann es diese Situation geben: Einer sagt »Ich glaube, ich träume jetzt«; wirklich wacht er bald danach auf, erinnert sich an jene Äußerung im Traum und sagt »So hatte ich wirklich recht!« – Diese Erzählung kann doch nur heißen: Einer habe geträumt, er hätte gesagt, er träume.

Denke, ein Bewußtloser sagte (etwa in der Narkose) »Ich bin im Bewußtsein« – würden wir sagen »Er muß es wissen«?

Und wenn Einer im Schlaf spräche »Ich schlafe«, – würden wir sagen »Er hat ganz recht«?

Spricht Einer die Unwahrheit, der mir sagt: »Ich bin nicht bei Bewußtsein«? (Und die Wahrheit, wenn er's bewußtlos sagt? Und wie, wenn ein Papagei sagte »Ich verstehe kein Wort«, oder ein Grammophon »Ich bin bloß eine Maschine«?)

Denke, in einem Tagtraum ließe ich mich sprechen »Ich phantasiere bloß«, wäre das *wahr*? Denke, ich schreibe so eine Phantasie, oder Erzählung, einen phantasierten Dialog, und in ihm sage ich »Ich phantasiere« – aber, wenn ich es aufschreibe, – wie zeigt sich's, daß diese Worte Worte der Phantasie sind und daß ich nicht aus der Phantasie herausgetreten bin?

Wäre es nicht wirklich möglich, daß der Träumende, sozusagen aus dem Traum heraustretend, im Schlaf spräche »Ich träume«? Es wäre wohl denkbar, daß so ein Sprachspiel existierte.

Dies hängt mit dem Problem des ›Meinens‹ zusammen. Denn ich kann im Dialog schreiben »Ich bin gesund« und es nicht *meinen*, obwohl es wahr ist. Die Worte gehören zu diesem und nicht zu jenem Sprachspiel.

›Wahr‹ und ›Falsch‹ im Traum. Ich träume, daß es regnet und daß ich sage »Es regnet« – anderseits: Ich träume, daß ich sage »Ich träume«.

Hat das Verbum »träumen« eine Gegenwartsform? Wie lernt diese der Mensch gebrauchen?

Ein Sprachspiel analog einem Fragment eines andern. Ein Raum in begrenzte Stücke eines Raums projiziert.

Angenommen, ich hätte eine Erfahrung, ähnlich einem Erwachen, befände mich dann in einer ganz andern Umgebung, mit Leuten, die mich versichern, ich habe geschlafen. Angenommen ferner, ich bliebe dabei, ich habe nicht geträumt, sondern auf irgendeine Weise außerhalb meines schlafenden Körpers gelebt. Welche Funktion hat diese Behauptung?

»›Ich habe Bewußtsein‹, das ist eine Aussage, an der kein Zweifel möglich ist.« Warum soll das nicht das Gleiche sagen wie dies: »›Ich habe Bewußtsein‹ ist kein Satz«?

Man könnte auch so sagen: Was schadet es, daß Einer sagt, »Ich habe Bewußtsein« sei eine Aussage, die keinen

Zweifel zulasse? Wie komme ich mit ihm in Widerspruch? Nimm an, jemand sagte mir dies, – warum soll ich mich nicht gewöhnen, ihm nichts darauf zu antworten, statt etwa einen Streit anzufangen? Warum soll ich seine Worte nicht behandeln, wie sein Pfeifen oder Summen?

»Nichts ist so gewiß, wie, daß mir Bewußtsein eignet.« Warum soll ich es dann nicht auf sich beruhen lassen? Diese Gewißheit ist wie eine große Kraft, deren Angriffspunkt sich nicht bewegt, die also keine Arbeit leistet.

12

Notwendigkeit

Warum nenne ich die Regeln des Kochens nicht willkürlich, und warum bin ich versucht, die Regeln der Grammatik willkürlich zu nennen? Weil ›Kochen‹ durch seinen Zweck definiert ist, dagegen ›Sprechen‹ nicht. Darum ist der Gebrauch der Sprache in einem gewissen Sinne autonom, in dem das Kochen und Waschen es nicht ist. Wer sich beim Kochen nach andern als den richtigen Regeln richtet, kocht schlecht; aber wer sich nach andern Regeln als denen des Schachs richtet, spielt *ein anderes Spiel*; und wer sich nach andern grammatischen Regeln richtet, als den und den, spricht darum nichts Falsches, sondern von etwas Anderem.

Wenn man eine Regel, ein Wort des Satzes betreffend, dem Satze beifügt, so ändert sich sein Sinn nicht.

Die Sprache ist für uns nicht als Einrichtung definiert, die einen bestimmten Zweck erfüllt. Sondern »Sprache« ist für uns ein Sammelname, und ich verstehe darunter die deutsche Sprache, die englische Sprache, u.s.w. und noch verschiedene Zeichensysteme, die mit diesen Sprachen eine größere oder geringere Verwandtschaft haben.

Unsere Kenntnis vieler Sprachen läßt uns die Philosophien, die in den Formen einer jeden niedergelegt sind, nicht recht ernst nehmen. Dabei sind wir aber blind dafür, daß wir selbst starke Vorurteile für, wie gegen gewisse Ausdrucksformen haben; daß eben auch diese besondere Übereinanderlagerung mehrerer Sprachen für uns ein bestimmtes Bild ergibt.

Lernt das Kind nur sprechen, oder auch denken? Lernt es den Sinn des Multiplizierens *vor* –, oder *nach* dem Multiplizieren?

Wie bin ich denn zum Begriff ›Satz‹, oder zum Begriff ›Sprache‹ gekommen? Doch nur durch die Sprachen, die ich gelernt habe. – Aber die scheinen mich in gewissem Sinne über sich selbst hinausgeführt zu haben, denn ich bin jetzt im Stande, eine neue Sprache zu konstruieren, z. B., Wörter zu erfinden. – Also gehört diese Konstruktion noch zum Begriff der Sprache. Aber nur, wenn ich ihn so festlegen will.

Der Begriff des Lebewesens hat die gleiche Unbestimmtheit wie die der Sprache.

Vergleiche: Ein Spiel erfinden – eine Sprache erfinden – eine Maschine erfinden.

Daß der und der Satz keinen Sinn hat, ist in der Philosophie von Bedeutung; aber auch, daß er komisch klingt.

Ich mache einen Plan nicht nur, um mich Andern verständlich zu machen, sondern auch, um selbst über die Sache klar zu werden. (D. h. die Sprache ist nicht nur Mittel zur Mitteilung.)

Was heißt das: »Das ist doch nicht mehr dasselbe Spiel!« Wie verwende ich diesen Satz? Als Mitteilung? Nun, etwa als Einleitung zu einer Mitteilung, die die Unterschiede aufzählt und ihre Folgen erklärt. Aber auch, um auszudrücken, daß ich eben darum hier nicht mehr mittue, oder doch eine andere Stellung zu dem Spiel einnehme.

Man ist versucht, Regeln der Grammatik durch Sätze zu rechtfertigen von der Art »Aber es gibt doch wirklich vier primäre Farben«. Und gegen die Möglichkeit dieser Rechtfertigung, die nach dem Modell der Rechtfertigung eines Satzes durch den Hinweis auf seine Verifikation gebaut ist, richtet sich das Wort, daß die Regeln der Grammatik willkürlich sind.

Kann man aber nicht doch in irgendeinem Sinne sagen, daß die Grammatik der Farbwörter die Welt, wie sie tatsächlich ist, charakterisiert? Man möchte sagen: Kann ich nicht wirklich vergebens nach einer fünften primären Farbe suchen? Nimmt man nicht die primären Farben zusammen, weil sie eine Ähnlichkeit haben; oder zum mindesten die *Farben*, im Gegensatz z. B. zu den Formen oder Tönen, weil sie eine Ähnlichkeit haben? Oder habe ich, wenn ich diese Einteilung der Welt als die richtige hinstelle, schon eine vorgefaßte Idee als Paradigma im Kopf? Von der ich dann etwa nur sagen kann: »Ja, das ist die Art, wie wir die Dinge betrachten«, oder »Wir wollen eben ein solches Bild machen«. Wenn ich nämlich sage: »die primären Farben haben doch eine bestimmte Ähnlichkeit miteinander« – woher nehme ich den Begriff dieser Ähnlichkeit? Ist nicht so, wie der Begriff ›primäre Farbe‹ nichts andres ist, als ›blau oder rot oder grün oder gelb‹, – auch der Begriff jener Ähnlichkeit nur durch die vier Farben gegeben? Ja, sind sie nicht die gleichen? – »Ja, könnte man denn auch rot, grün und kreisförmig zusammenfassen?« – Warum nicht?!

Glaub doch nicht, daß du den Begriff der Farbe in dir hältst, weil du auf ein färbiges Objekt schaust, – wie immer du schaust.

(So wenig, wie du den Begriff der negativen Zahl besitzt, dadurch, daß du Schulden hast.)

* * *

»Aber bin ich also in einer Schlußkette nicht gezwungen, zu gehen, wie ich gehe?« – Gezwungen? Ich kann doch wohl gehen, wie ich will! – »Aber wenn du im Einklang mit den Regeln bleiben willst, *mußt* du so gehen.« – Durchaus nicht; ich nenne *das* ›Einklang‹. – »Dann hast du den Sinn des Wortes ›Einklang‹ verändert, oder den Sinn der Regel.« – Nein; – wer sagt, was hier ›verändern‹ und was ›gleichbleiben‹ heißt?

Wieviele Regeln immer du mir angibst – ich gebe dir eine Regel, die *meine* Verwendung deiner Regeln rechtfertigt.

Wir könnten auch sagen: Wenn wir den Schlußgesetzen (Schlußregeln) *folgen*, so liegt in einem Folgen immer auch ein Deuten.

»Du darfst doch das Gesetz jetzt nicht auf einmal anders anwenden!« – Wenn ich darauf antworte: »Ach ja, ich hatte es ja *so* angewandt!« oder: »Ach, *so* sollte ich es anwenden –!«; dann spiele ich mit. Antworte ich aber einfach: »Anders? – Das *ist* doch nicht anders!« – was willst du tun? D. h. er kann antworten, wie ein verständiger Mensch und doch das Spiel mit uns nicht spielen.

»Nach dir könnte also jeder die Reihe fortsetzen, wie er will; und also auch auf *irgend* eine Weise schließen.« Wir werden es dann nicht »die Reihe fortsetzen« nennen und auch wohl nicht »schließen«. Und Denken und Schließen (sowie das Zählen) ist für uns natürlich nicht durch eine willkürliche Definition umschrieben, sondern durch natürliche Grenzen, dem Körper dessen entsprechend, was wir die Rolle des Denkens und Schließens in unserm Leben nennen können.

Denn, daß ihn Schlußgesetze nicht wie die Gleise den Zug zwingen, das und das zu reden, oder zu schreiben, darüber sind wir einig. Und wenn du sagst, er könne es zwar *reden*, aber er kann es nicht *denken*, so sage ich nur, das heiße nicht: er könne es, quasi trotz aller Anstrengung, nicht denken, sondern es heißt: zum ›Denken‹ gehört für uns wesentlich, daß er – beim Reden, Schreiben, etc. – *solche* Übergänge macht. Und ferner sage ich, daß die Grenze zwischen dem, was wir noch »denken« und dem, was wir nicht mehr so nennen, so wenig scharf gezogen ist, wie die Grenze zwischen dem, was noch »Gesetzmäßigkeit« genannt wird und dem, was wir nicht mehr so nennen.

Man kann aber dennoch sagen, daß die Schlußgesetze uns zwingen; in dem Sinne nämlich, wie andere Gesetze in der menschlichen Gesellschaft. Der Kanzlist, der [eine Vorschrift anwendet], *muß* es so tun; er wäre bestraft worden, wenn er anders schlösse. Wer anders schließt, kommt allerdings in Konflikt: z. B. mit der Gesellschaft; aber auch mit andern praktischen Folgen.

Und auch *daran* ist etwas, wenn man sagt: er kann es nicht *denken*. Man will etwa sagen: Er kann es nicht mit persönlichem Inhalt erfüllen: er kann nicht wirklich *mitgehen* – mit seinem Verstand, mit seiner Person. Es ist ähnlich, wie man sagt: Diese Tonfolgen geben keinen Sinn, ich kann sie nicht mit Ausdruck singen. Ich kann nicht *mitschwingen*. Oder, was hier auf dasselbe hinauskommt: ich schwinge nicht mit.

»Wenn er es redet – könnte man sagen – kann er es nur gedankenlos reden.« Und hierzu muß nur bemerkt werden, daß das ›gedankenlose‹ Reden sich von einem anderen wohl auch manchmal durch das unterscheidet, was beim Reden im Redenden an Vorstellungen, Empfindungen, und anderem, vor sich geht, daß aber diese Begleitung nicht das ›Denken‹ ausmacht und ihr Fehlen noch nicht die ›Gedankenlosigkeit‹.

Inwiefern ist das logische Argument ein Zwang? – »Du gibst doch *das* zu, – und *das* zu; dann mußt du auch *das* zugeben!« Das ist die Art, jemanden zu zwingen. D. h., man kann so tatsächlich Menschen zwingen, etwas zuzugeben. –

Nicht anders, als wie man Einen etwa dazu zwingen kann, dorthin zu gehen, indem man gebietend mit dem Finger dorthin zeigt.

Denke, ich zeige in so einem Fall mit zwei Fingern zugleich in zwei verschiedenen Richtungen und stelle es damit dem Andern frei, in welcher der beiden Richtungen er gehen will – ein andermal zeige ich nur in *einer* Richtung; so kann man das auch so ausdrücken: mein erster Befehl habe ihn nicht gezwungen, in *einer* Richtung zu gehen, wohl aber der zweite. Das ist aber eine Aussage, die angeben soll, welcher Art meine Befehle waren; aber nicht, in welcher Art sie wirken, ob sie den und den tatsächlich zwingen, d. h., ob er ihnen gehorcht.

Es schien zuerst, als sollten diese Überlegungen zeigen, daß, ›was ein logischer Zwang zu sein scheint, in Wirklichkeit nur ein psychologischer ist‹ – und da fragte es sich doch: kenne ich also beide Arten des Zwanges?! –

Denke dir, es würde der Ausdruck gebraucht: »Das Gesetz § . . . bestraft den Mörder mit dem Tode.« Das könnte doch nur heißen: dieses Gesetz laute: so und so. Jene Form des Ausdrucks aber könnte sich uns aufdrängen, weil das Gesetz Mittel ist, wenn der Schuldige der Bestrafung zugeführt wird. – Nun reden wir von ›Unerbittlichkeit‹ bei denen, die jemand bestrafen. Da könnte es uns einfallen, zu sagen: »das Gesetz ist *unerbittlich* – die Menschen können den Schuldigen laufen lassen, das Gesetz richtet ihn hin.« (Ja auch: »das Gesetz richtet ihn *immer* hin.«) – Wozu ist so eine Ausdrucksform zu gebrauchen? – Zunächst sagt dieser Satz ja nur, im Gesetz stehe das und das, und die Menschen richten sich manchmal nicht danach. Dann aber zeigt er doch das Bild des *einen* und unerbittlichen – und vieler laxer Richter. Er dient darum als Ausdruck des Respekts vor dem Gesetz. Endlich aber kann man die Ausdrucksform auch so gebrauchen, daß man ein Gesetz ›unerbittlich‹ nennt, wenn es eine Möglichkeit der Begnadigung nicht vorsieht, und im entgegengesetzten Fall etwa ›einsichtig‹.

Wir reden nun von der ›Unerbittlichkeit‹ der Logik; und denken uns die logischen Gesetze unerbittlich, unerbittlicher noch, als die Naturgesetze. Wir machen nun darauf aufmerksam, wie das Wort »unerbittlich« auf mehrerlei Weise angewendet wird. Es entsprechen unsern logischen Gesetzen sehr allgemeine Tatsachen der täglichen Erfahrung. Es sind die, die es uns möglich machen, jene Gesetze immer wieder auf einfache Weise (mit Tinte auf Papier z. B.) zu demonstrieren. Sie sind zu vergleichen mit jenen Tatsachen, welche die Messung mit dem Metermaß leicht ausführbar und nützlich machen. Das legt den Gebrauch gerade dieser Schlußgesetze nahe, und nun sind *wir* unerbittlich in der Anwendung dieser Gesetze. Weil wir ›*messen*‹; und es gehört zum Messen, daß Alle das gleiche Maß haben. Außerdem aber kann man unerbittliche, d. h. *eindeutige*, von nichteindeutigen Schlußregeln unterscheiden, ich meine von solchen, die uns eine Alternative freistellen.

»Ich kann doch nur folgern, was wirklich folgt.« – D. h.: was die logische Maschine wirklich hervorbringt. Die logische Maschine, das wäre ein alles durchdringender ätherischer Mechanismus. – Vor diesem Bild muß man warnen.

Denk dir ein Material härter und fester als irgend ein anderes. Aber wenn man einen Stab aus diesem Stoff aus der horizontalen in die vertikale Lage bringt, so zieht er sich zusammen; oder er biege sich, wenn man ihn aufrichtet und ist dabei so hart, daß man ihn auf keine andre Weise biegen kann. – (Ein Mechanismus aus diesem Stoff hergestellt, etwa eine Kurbel, Pleuelstange und Kreuzkopf. Andere Bewegungsweise des Kreuzkopfs.)

Oder: eine Stange biegt sich, wenn man ihr eine gewisse Masse nähert; gegen alle Kräfte aber, die wir auf sie wirken lassen, ist sie vollkommen starr. Denk dir, die Führungsschienen des Kreuzkopfs biegen sich und strecken sich wieder, wenn die Kurbel sich ihnen nähert und sich wieder entfernt. Ich nähme aber an, daß keinerlei besondere äußere Kraft dazu nötig ist, dies hervorzurufen. Dieses Benehmen der Schienen würde wie das eines lebenden Wesens anmuten.

Wenn wir sagen: »Wenn die Glieder des Mechanismus ganz starr wären, würden sie sich so und so bewegen«, was ist das Kriterium dafür, daß sie ganz starr sind? Ist es, daß sie gewissen Kräften widerstehen? oder, daß sie sich so und so bewegen?

Denke, ich sage: »das ist das Bewegungsgesetz des Kreuzkopfes (die Zuordnung seiner Lage zur Lage der Kurbel etwa), wenn sich die Länge der Kurbel und der Pleuelstange nicht ändern.« Das heißt wohl: Wenn sich die Lagen der Kurbel und des Kreuzkopfes so zueinander verhalten, dann sage ich, daß die Länge der Pleuelstange gleich bleibt.

»Wenn die Teile ganz starr wären, würden sie sich so bewegen«: ist das eine Hypothese? Es scheint, nein. Denn wenn wir sagen: »die Kinematik beschreibt die Bewegungen des Mechanismus unter der Voraussetzung, daß seine Teile vollkommen starr sind«, so geben wir einerseits zu, daß diese Voraussetzung in der Wirklichkeit nie zutrifft, anderseits soll es keinem Zweifel unterliegen, daß vollkommen starre Teile sich so bewegen würden. Aber woher diese Sicherheit? Es handelt sich hier wohl nicht um Sicherheit, sondern um eine Bestimmung, die wir getroffen haben. Wir *wissen* nicht, daß Körper, wenn sie (nach den und den Kriterien) starr wären, sich so bewegen würden; wohl aber würden wir (unter Umständen) Teile ›starr‹ nennen, die sich so bewegen – denke in so einem Fall immer daran, daß ja die Geometrie (oder Kinematik) keine Meßmethode spezifiziert, wenn sie von gleichen Längen oder vom Gleichbleiben einer Länge spricht.

Wenn wir also die Kinematik etwa die Lehre von der Bewegung vollkommen starrer Maschinenteile nennen, so liegt hierin einerseits eine Andeutung über die (mathematische) Methode: wir bestimmen gewisse Distanzen als die Längen der Maschinenteile, die sich nicht ändern; anderseits eine *Andeutung* über die Anwendung des Kalküls.

Die Härte des logischen Muß. Wie, wenn man sagte: das Muß der Kinematik ist viel härter, als das kausale Muß, das einen Maschinenteil zwingt, sich *so* zu bewegen, wenn der andere sich *so* bewegt? –

Denk dir, wir würden die Bewegungsweise des ›vollkommen Starren‹ Mechanismus durch ein kinematographisches Bild, einen Zeichenfilm, darstellen. Wie, wenn man sagen würde, dies Bild sei *vollkommen hart*, und damit meinte, wir hätten dieses Bild als Darstellungsweise genommen, – was immer die Tatsachen seien, wie immer sich die Teile des wirklichen Mechanismus biegen, oder dehnen mögen.

Die Maschine (ihr Bau) als Symbol für ihre Wirkungsweise: Die Maschine – könnte ich zuerst sagen – scheint ihre Wirkungsweise schon in sich zu haben. Was heißt das? –

Indem wir die Maschine kennen, scheint alles Übrige, nämlich die Bewegungen, die sie machen wird, schon ganz bestimmt zu sein.

»Wir reden so, als *könnten* sich diese Teile nur so bewegen, als könnten sie nichts andres tun.«

Wie ist es –: vergessen wir also die Möglichkeit, daß sie sich biegen, abbrechen, schmelzen können, etc.? Ja; wir denken in *vielen* Fällen garnicht daran. Wir gebrauchen eine Maschine, oder das Bild einer Maschine, als Symbol für eine bestimmte Wirkungsweise. Wir teilen z. B. Einem dieses Bild mit und setzen voraus, daß er die Erscheinungen der Bewegungen der Teile aus ihm ableitet. (So wie wir jemand eine Zahl mitteilen können, indem wir sagen, sie sei die fünfundzwanzigste der Reihe, 1, 4, 9, 16, ...)

»Die Maschine scheint ihre Wirkungsweise schon in sich zu haben« heißt: Du bist geneigt, die künftigen Bewegungen der Maschine in ihrer Bestimmtheit Gegenständen zu vergleichen, die schon in einer Lade liegen und von uns nun herausgeholt werden.

So aber reden wir nicht, wenn es sich darum handelt, das wirkliche Verhalten einer Maschine vorauszusagen; da vergessen wir, im allgemeinen, nicht die Möglichkeiten der Deformation der Teile etc.

Wohl aber, wenn wir uns darüber wundern, wie wir denn die Maschine als Symbol einer Bewegungsweise verwenden können – da sie sich doch auch ganz *anders* bewegen kann.

Nun, wir könnten sagen, die Maschine, oder ihr Bild, stehe als Anfang einer Bilderreihe, die wir aus diesem Bild abzuleiten gelernt haben.

Wenn wir aber bedenken, daß sich die Maschine auch anders hätte bewegen können, so erscheint es uns leicht, als müßte in der Maschine als Symbol ihre Bewegungsart noch viel bestimmter enthalten sein, als in der wirklichen Maschine. Es genüge da nicht, daß dies die erfahrungsmäßig vorausbestimmten Bewegungen seien, sondern sie müßten eigentlich – in einem mysteriösen Sinne – bereits *gegenwärtig* sein. Und es ist ja wahr: die Bewegung des Maschinensymbols ist in anderer Weise vorausbestimmt, als die einer gegebenen wirklichen Maschine.

»Es ist, als könnten wir die ganze Verwendung des Wortes mit einem Schlag erfassen.« – Wie *was* z. B.? – *Kann* man sie nicht – in gewissem Sinne – mit einem Schlag erfassen? Und in *welchem* Sinne kannst du dies nicht? Es ist eben, als könnten wir sie in einem noch viel direkteren Sinne mit einem Schlag erfassen. Aber hast du dafür ein Vorbild? Nein. Es bietet sich uns nur diese Ausdrucksweise an. Als das Resultat sich kreuzender Gleichnisse.

Du hast kein Vorbild dieser übermäßigen Tatsache, aber du wirst dazu verführt, einen *Über-Ausdruck* zu gebrauchen.

Wann denkt man denn: die Maschine habe ihre möglichen Bewegungen schon in irgendeiner mysteriösen Weise in sich? – Nun, wenn man philosophiert. Und was verleitet uns, das zu denken? Die Art und Weise, wie wir von der Maschine reden. Wir sagen z. B., die Maschine *habe* (*besäße*) diese Bewegungsmöglichkeiten, wir sprechen von der ideal starren Maschine, die sich nur so und so bewegen *könne*. – Die Bewegungs*möglichkeit*, was ist sie? Sie ist nicht die *Bewegung*; aber sie scheint auch nicht die bloße physikalische *Bedingung* der Bewegung zu sein, etwa, daß zwischen Lager und Zapfen ein gewisser Zwischenraum ist, der Zapfen nicht zu streng ins Lager paßt. Denn dies ist zwar *erfahrungsmäßig* die Bedingung der Bewegung, aber man könnte sich die Sache auch anders vorstellen. Die Bewegungsmöglichkeit soll eher ein Schatten der Bewegung selber sein. Aber kennst du so einen Schatten? Und unter Schatten verstehe ich nicht irgendein Bild der Bewegung; denn dies Bild müßte ja nicht das Bild gerade *dieser* Bewegung sein. Aber die Möglichkeit dieser Bewegung muß die Möglichkeit gerade dieser Bewegung sein. (Sieh', wie hoch die Wellen der Sprache hier gehen!)

Die Wellen legen sich, sowie wir uns fragen: wie gebrauchen wir denn, wenn wir von einer Maschine reden, das Wort »Möglichkeit der Bewegung«? – Woher kamen aber dann die seltsamen Ideen? Nun, ich zeige dir die Möglichkeit der Bewegung etwa durch ein *Bild* der Bewegung: ›also ist die Möglichkeit etwas der Wirklichkeit Ähnliches.‹ Wir sagen: »es bewegt sich noch nicht, aber es hat schon die Möglichkeit sich zu bewegen«, – ›also ist die Möglichkeit etwas der Wirklichkeit sehr Nahes‹. Wir mögen zwar bezweifeln, ob die und die physikalische Bedingung diese Bewegung möglich macht, aber wir diskutieren nie, ob *dies* die Möglichkeit dieser oder jener Bewegung *sei*: ›also steht die Möglichkeit der Bewegung zur Bewegung selbst in einer einzigartigen Relation, enger, als die des Bildes zu seinem Gegenstand‹, denn es kann bezweifelt werden, ob dies das

Bild dieses oder jenes Gegenstandes ist. Wir sagen: »die Erfahrung wird lehren, ob dies dem Zapfen diese Bewegungsmöglichkeit gibt«, aber wir sagen nicht: »die Erfahrung wird lehren, ob dies die Möglichkeit dieser Bewegung ist«: ›also ist es nicht Erfahrungstatsache, daß diese Möglichkeit die Möglichkeit gerade dieser Bewegung ist.‹

Wir achten auf unsere eigene Ausdrucksweise, diese Dinge betreffend, verstehen sie aber nicht, sondern mißdeuten sie. Wir sind, wenn wir philosophieren, wie Wilde, wie primitive Menschen, die die Ausdrucksweise zivilisierter Menschen hören, sie mißdeuten und nun seltsame Schlüsse aus dieser Deutung ziehen.

Denke dir, es verstünde Einer unsre Vergangenheitsform nicht: »er ist hier gewesen.« – Er sagt: »›er *ist*‹, das ist die Gegenwart, also sagt der Satz, daß die Vergangenheit in einem gewissen Sinne gegenwärtig ist.«

»Aber ich meine nicht, daß, was ich jetzt (beim Erfassen) tue, die künftige Verwendung *kausal* und erfahrungsmäßig bestimmt, sondern daß, in einer *seltsamen* Weise, diese Verwendung selbst in irgend einem Sinne, gegenwärtig ist.« – Aber ›in *irgend* einem Sinne‹ ist sie es ja! (Wir sagen ja auch: »die Ereignisse der vergangenen Jahre sind mir gegenwärtig.«) Eigentlich ist an dem, was du sagst, falsch nur der Ausdruck: »in seltsamer Weise.« Das Übrige ist richtig; und seltsam erscheint der Satz nur, wenn man sich zu ihm ein anderes Sprachspiel vorstellt, als das, worin wir ihn tatsächlich verwenden. (Jemand sagte mir, er habe sich als Kind darüber gewundert, wie denn der Schneider *›ein Kleid nähe‹* – er dachte, dies heiße, es werde durch *bloßes Nähen* ein Kleid erzeugt, indem nämlich Faden an Faden genäht würde.)

Die unverstandene Verwendung des Wortes wird als Ausdruck eines seltsamen *Vorgangs* gedeutet. (Wie man sich die Zeit als seltsames Medium, die Seele als seltsames Wesen denkt.)

Die Schwierigkeit aber entsteht hier in allen Fällen durch die Vermischung von »ist« und »heißt«.

Die Verbindung, die keine kausale, erfahrungsmäßige, sondern eine viel strengere und härtere sein soll, ja so fest, daß das Eine irgendwie schon das Andere *ist*, ist immer eine Verbindung in der Grammatik.

Woher weiß ich, daß dies Bild meine Vorstellung von der *Sonne* ist? – Ich *nenne* es Vorstellung von der Sonne. Ich *verwende* es als Bild der *Sonne*.

»Es ist, als könnten wir die ganze Verwendung des Wortes mit einem Schlag erfassen.« – Wir sagen ja, daß wir es tun. D. h., wir beschreiben ja, manchmal, was wir tun, mit diesen Worten. Aber es ist an dem, was geschieht, nichts Erstaunliches, nichts Seltsames. Seltsam wird es, wenn wir dazu geführt werden, zu denken, daß die künftige Entwikkelung auf irgendeine Weise schon im Akt des Erfassens gegenwärtig sein muß und doch nicht gegenwärtig ist. – Denn wir sagen, es sei kein Zweifel, daß wir das Wort . . . verstehen und anderseits liegt seine Bedeutung in seiner Verwendung. Es ist kein Zweifel, daß ich jetzt *Schach* spielen will; aber das Schachspiel ist dies Spiel durch *alle seine Regeln* (usf.). Weiß ich also nicht, was ich spielen wollte, ehe ich gespielt *habe*? Oder aber, sind alle Regeln in meinem Akt der Intention enthalten? Ist es nun Erfahrung, die mich lehrt, daß auf diesen Akt der Intention für gewöhnlich diese Art des Spielens folgt? Kann ich also doch nicht sicher sein, was ich zu tun beabsichtigte? Und wenn dies Unsinn ist, welcherlei über-starre Verbindung besteht zwischen dem Akt der Absicht und dem Beabsichtigten? – Wo ist die Verbindung gemacht zwischen dem Sinn der Worte »Spielen wir eine Partie Schach!« und allen Regeln des Spiels? – Im Regelverzeichnis des Spiels, im Schachunterricht, in der täglichen Praxis des Spielens.

Die logischen Gesetze sind allerdings der Ausdruck von ›Denkgewohnheiten‹, aber auch von der Gewohnheit *zu denken*. D. h., man kann sagen, sie zeigten: wie Menschen denken und auch, *was* Menschen »denken« nennen.

* * *

Die Grenze der Empirie – ist die *Begriffsbildung*.

Welchen Übergang mache ich von »es wird so sein« zu »es *muß* so sein«? Ich bilde einen andern Begriff. Einen, in dem inbegriffen ist was es früher nicht war. Wenn ich sage: »Wenn diese Ableitungen gleich sind, dann *muß* . . .«, dann mache ich etwas zu einem Kriterium der Gleichheit. Bilde also meinen Begriff der Gleichheit um.

Wie aber, wenn Einer nun sagt: »Ich bin mir nicht dieser *zwei* Vorgänge bewußt, ich bin nur der Empirie bewußt, nicht einer von ihr unabhängigen Begriffsbildung und Begriffsumbildung; alles scheint mir im Dienste der Empirie zu stehen«?

Mit andern Worten: Wir scheinen nicht bald mehr, bald weniger rational zu werden, oder die Form unseres Denkens zu verändern, so daß damit sich *das* ändert, *was wir »Denken« nennen*. Wir scheinen nur immer unser Denken der Erfahrung anzupassen.

Das ist klar: daß wenn Einer sagt: »Wenn du der *Regel* folgst, so *muß* es so sein,« er keinen *klaren* Begriff von Erfahrungen hat, die dem Gegenteil entsprächen.

Oder auch so: Er hat keinen klaren Begriff davon, wie es aussähe, wenn es anders wäre. Und das ist sehr wichtig.

Was zwingt uns den Begriff der Gleichheit *so* zu formen, daß wir etwa sagen: »Wenn du beidemale wirklich das Gleiche tust, muß auch dasselbe herauskommen«? – Was zwingt uns, nach einer Regel vorzugehen, etwas als Regel aufzufassen? Was zwingt uns, mit uns selbst in den Formen der von uns gelernten Sprache zu reden?

Denn das Wort »muß« drückt doch aus, daß wir von *diesem* Begriff nicht abgehen können. (Oder soll ich sagen »wollen«?)

Ja, auch wenn ich von einer Begriffsbildung zu einer andern übergegangen bin, so bleibt der alte Begriff noch im Hintergrund.

Kann ich sagen: »Ein Beweis bringt uns zu einer gewissen Entscheidung, und zwar zu der, eine bestimmte Begriffsbildung anzunehmen«??

Sieh den Beweis nicht als einen Vorgang an, der dich *zwingt*, sondern der dich *führt*. – Und zwar führt er deine *Auffassung* eines (gewissen) Sachverhalts.

Aber wie kommt es, daß er *jeden* von uns so führt, daß wir übereinstimmend von ihm beeinflußt werden? Nun, wie kommt es, daß wir übereinstimmend *zählen*? »Wir sind eben so abgerichtet«, kann man sagen »und die Übereinstimmung, die so erzeugt wird, setzt sich durch die Beweise fort«.

Während dieses Beweises haben wir eine Anschauungsweise von der 3-Teilung des Winkels gebildet, die eine Konstruktion mit Lineal und Zirkel ausschließt.

Dadurch daß wir einen Satz als selbstverständlich anerkennen, sprechen wir ihn auch von jeder Verantwortung gegenüber der Erfahrung frei.

Während des Beweises wird unsere Anschauung geändert – und daß das mit Erfahrungen zusammenhängt, tut dem keinen Eintrag.

Unsere Anschauung wird umgemodelt.

Es muß so sein, heißt nicht, es wird so sein. Im Gegenteil: ›Es wird so sein‹ wählt eine aus anderen Möglichkeiten. ›Es muß so sein‹ sieht nur *eine* Möglichkeit.

Der Beweis leitet unsere Erfahrungen sozusagen in bestimmte Kanäle. Wer das und das immer wieder versucht hat, gibt den Versuch nach dem Beweis auf.

Es versucht Einer ein gewisses Bild aus Steinen zusammenzulegen. Er sieht nun eine Vorlage, in welcher ein *Teil* jenes Bildes aus allen seinen Steinen zusammengelegt erscheint, und gibt nun seinen Versuch auf. Die Vorlage war der *Beweis* dafür, daß sein Vorhaben unmöglich ist.

Auch die Vorlage, sowie die, die ihm zeigt, daß er wird ein Bild aus diesen Steinen zusammensetzen können, ändert seinen *Begriff*. Denn er hat, könnte man sagen, die Aufgabe des Zusammensetzens des Bildes aus den Steinen noch nie so angesehen.

Ist es gesagt, daß Einer, der sieht, daß man mit diesen Steinen einen Teil des Bildes legen kann, einsieht, daß man also auf keine Weise das ganze Bild aus ihnen wird legen können? Ist es nicht möglich, daß er versucht und versucht, ob nicht doch eine Stellung der Steine dies Ziel erreicht? und ist es nicht möglich, daß er sein Ziel erreicht? (Doppelte Verwendung eines Steins z. B.)

Muß man hier nicht zwischen Denken und dem praktischen Erfolg des Denkens unterscheiden?

»... die nicht, wie wir, gewisse Wahrheiten unmittelbar einsehen, sondern vielleicht auf den langwierigen Weg der Induktion angewiesen sind«, so sagt Frege. Aber was mich interessiert ist das unmittelbare Einsehen, ob es nun das einer Wahrheit ist, oder einer Falschheit. Ich frage: was ist das charakteristische Gebaren von Menschen, die etwas ›unmittelbar einsehen‹ – was immer der praktische Erfolg dieses Einsehens ist?

Mich interessiert nicht das unmittelbare Einsehen einer Wahrheit, sondern das Phänomen des unmittelbaren Einsehens. Nicht (zwar) als einer besonderen seelischen Erscheinung, sondern als einer Erscheinung im Handeln der Menschen.

Ja; es ist, als ob die Begriffsbildung unsere Erfahrung in bestimmte Kanäle leitete, so daß man nun die eine Erfahrung mit der anderen auf neue Weise zusammensieht. (Wie ein optisches Instrument Licht von verschiedenen Quellen auf bestimmte Art in einem Bild zusammenkommen läßt.)

Denke dir, der Beweis wäre eine Dichtung, ja ein Theaterstück. Kann mich das Ansehen eines solchen nicht zu etwas bringen?

Ich wußte nicht wie es gehen werde, – aber ich sah ein Bild, und nun wurde ich überzeugt, daß es so gehen werde, wie im Bilde.

Das Bild verhalf mir zur Vorhersage. Nicht als ein Experiment – es war nur der Geburtshelfer der Vorhersage.

Denn, was immer meine Erfahrungen sind, oder waren, ich muß doch noch die Vorhersage *machen*. (Die Erfahrungen machen sie nicht für mich.)

Dann ist es ja kein großes Wunder, daß der Beweis uns zur *Vorhersage* hilft. Ohne dieses Bild hätte ich nicht sagen können, wie es werden wird, aber wenn ich es sehe, so ergreife ich es zur Vorhersage.

Welche Farbe eine chemische Verbindung haben wird kann ich nicht mit Hilfe eines Bildes vorhersagen, das mir die Substanzen in der Proberöhre und die Reaktion veranschaulicht. Zeigt das Bild ein Aufschäumen und am Ende rote Krystalle, so könnte ich nicht sagen: »Ja, *so* muß es sein«, oder »Nein, so kann es nicht sein«. Anders aber ist es wenn ich das Bild eines Mechanismus in Bewegung sehe; dieses kann mich lehren, wie ein Teil sich wirklich bewegen wird. Stellte aber das Bild einen Mechanismus dar, dessen Teile aus einem sehr weichen Material (etwa Teig) bestünden, und sich daher im Bild auf verschiedene Art verbögen, so würde mir das Bild vielleicht wieder nicht zu einer Vorhersage verhelfen.

Kann man sagen: ein Begriff werde so geformt, daß er einer gewissen Vorhersage angepaßt ist, d. h., sie in den einfachsten Terminis ermöglicht –?

Das philosophische Problem ist: Wie können wir die Wahrheit sagen, und dabei diese starken Vorurteile *beruhigen*?

Es ist ein Unterschied: ob ich etwas als eine Täuschung meiner Sinne oder als ein äußeres Ereignis denke, ob ich diesen Gegenstand zum Maß jenes nehme oder umgekehrt, ob ich mich entschließe, zwei Kriterien entscheiden zu lassen, oder nur eins.

Wenn richtig gerechnet wurde, so muß das herauskommen: Muß es dann *immer so* herauskommen? Natürlich.

Indem wir zu einer Technik erzogen sind, sind wir es auch zu einer Betrachtungsweise, die *ebenso fest* sitzt als jene Technik.

Der mathematische Satz scheint weder von den Zeichen, noch von den Menschen zu handeln, und er *tut* es daher auch nicht.

Er zeigt *die* Verbindungen die wir als starr betrachten. Wir schauen aber gewissermaßen von diesen Verbindungen weg und auf etwas anderes. Wir drehen ihnen sozusagen den Rücken. Oder: wir lehnen uns an sie oder fußen auf ihnen.

Nochmals: Wir sehen den mathematischen Satz nicht als einen Satz, der von Zeichen handelt an, er *ist* es daher auch nicht.

Wir erkennen ihn an, *indem* wir ihm den Rücken drehen.

Wie ist es, z. B., mit den Grundgesetzen der Mechanik? Wer sie versteht, muß wissen, auf welche Erfahrungen sie sich stützen. Anders verhält es sich mit den Sätzen der reinen Mathematik.

Ein Satz kann ein Bild beschreiben und dieses Bild mannigfach in unserer Betrachtungsweise der Dinge, also in unserer Lebens- und Handlungsweise verankert sein.

Ist nicht der Beweis ein *zu dünner* Grund, die Suche nach einer Konstruktion der 3-Teilung ganz aufzugeben? Du bist nur ein- oder zweimal die Zeichenreihe durchgegangen und daraufhin willst du dich entschließen? Nur weil du diese eine Transformation gesehen hast, willst du die Suche aufgeben?

Der Effekt des Beweises sei, so meine ich, daß der Mensch sich in die neue Regel hineinstürzt.

Er hatte bisher nach der und der Regel gerechnet; nun zeigt ihm Einer den Beweis, man könne auch anders rechnen, und er schaltet nun (auf die andere Technik) um – nicht weil er sich sagt, es werde so auch gehen, sondern weil er die neue Technik mit der alten als identisch empfindet, weil er ihr denselben Sinn geben muß, weil er sie als gleich anerkennt wie er diese Farbe als Grün anerkennt.

D. h.: Das Einsehen der mathematischen Relationen spielt eine ähnliche Rolle wie das Einsehen *der Identität.* Man könnte beinahe sagen, es ist eine komplizierte Art von Identität.

Man könnte sagen: Die Gründe, warum er nun auf eine andere Technik umschaltet, sind von gleicher Art wie die, die ihn eine neue Multiplikation so ausführen lassen, wie er sie ausführt; indem er die Technik als die *gleiche* anerkennt, wie die, die er bei andern Multiplikationen angewandt hatte.

Ein Mensch ist in einem Zimmer *gefangen*, wenn die Tür unversperrt ist, sich nach innen öffnet; er aber nicht auf die Idee kommt zu *ziehen*, statt gegen sie zu drücken.

Wenn Weiß zu Schwarz wird, sagen manche Menschen »Es ist im Wesentlichen noch immer dasselbe«. Und andere, wenn die Farbe um einen Grad dunkler wurde, sagen »Es hat sich *ganz* verändert«.

Die Sätze ›a = a‹, ›p ⊃ p‹, »Das Wort ›Bismarck‹ hat 8 Buchstaben«, »Es gibt kein Rötlichgrün«, sind alle einleuchtend und Sätze über das Wesen: was haben sie gemeinsam? Sie sind offenbar jeder von andrer Art und anderem Gebrauch. Der vorletzte ist einem Erfahrungssatz am ähnlichsten. Und es ist verständlich, daß man ihn einen synthetischen Satz *a priori* nennen kann.

Man kann sagen: wenn einer die Zahlenreihe mit der Buchstabenreihe nicht *zusammenhält*, kann er nicht wissen, wieviel Buchstaben das Wort hat.

Eine Figur aus der andern nach einer Regel abgeleitet. (Etwa die Umkehrung vom Thema.)
Dann das Resultat als Äquivalent der Operation gesetzt.

Wenn ich schrieb »der Beweis muß übersichtlich sein«, so hieß das: *Kausalität* spielt im Beweis keine Rolle.

Oder auch: der Beweis muß sich durch bloßes Kopieren reproduzieren lassen.

Daß bei der Fortsetzung der Division von 1 : 3 immer wieder 3 herauskommen muß, wird eben so wenig durch Intuition erkannt, wie, daß die Multiplikation 25 × 25 wenn man sie wiederholt immer wieder dasselbe Produkt liefert.

Man könnte vielleicht sagen, daß der synthetische Charakter der mathematischen Sätze sich am augenfälligsten im unvorhersehbaren Auftreten der Primzahlen zeigt.

Aber weil sie synthetisch sind (in diesem Sinne), sind sie drum nicht weniger *a priori*. Man könnte sagen, will ich sagen, daß sie nicht aus ihren Begriffen durch eine Art von Analyse erhalten werden können, wohl aber einen Begriff durch Synthese bestimmen, etwa wie man durch die Durchdringung von Prismen einen Körper bestimmen kann.

Die Verteilung der Primzahlen wäre ein ideales Beispiel für das was man synthetisch *a priori* nennen könnte, denn man kann sagen, daß sie jedenfalls durch eine Analyse des Begriffs der Primzahl nicht zu finden ist.

* * *

Kann man nun sagen: daß die Begriffe, die die Mathematik schafft, eine Bequemlichkeit sind, daß es wesentlich auch ohne sie ginge?

Zuvörderst drückt die Annahme dieser Begriffe die *sichere* Erwartung gewisser Erfahrungen aus.

Wir nehmen es z. B. nicht hin, daß eine Multiplikation nicht jedesmal immer das gleiche Resultat ergibt.

Und was wir mit Sicherheit erwarten, ist für unser ganzes Leben wesentlich.

Warum soll ich aber dann nicht sagen, daß die mathematischen Sätze eben jene bestimmten Erwartungen, d. h. also Erfahrungen, ausdrücken? Nur weil sie es eben nicht tun. Die Annahme eines Begriffes ist eine Maßregel, die ich vielleicht nicht ergreifen würde, wenn ich nicht das Eintreten gewisser Tatsachen mit Bestimmtheit erwartete; aber darum ist die Festsetzung dieses Maßes nicht äquivalent mit dem Aussprechen der Erwartungen.

Es ist schwer, den Tatsachenkörper auf die richtige Fläche zu stellen: das Gegebene als gegeben zu betrachten. Es ist schwer den Körper anders aufzustellen als man gewöhnt ist, ihn zu sehen. Ein Tisch in einer Rumpelkammer mag immer auf der Tischplatte liegen, aus Gründen der Raumersparnis, z. B. So habe ich den Tatsachenkörper immer *so* aufgestellt gesehen, aus mancherlei Gründen; und nun soll ich etwas anderes als seinen Anfang und etwas anderes als sein Ende ansehen. Das ist schwer. Er will gleichsam nicht so stehen, es sei denn daß man ihn in dieser Lage durch andere Vorrichtungen unterstützt.

Es ist *eines* eine mathematische Technik zu gebrauchen, die darin besteht, den Widerspruch zu vermeiden, und ein anderes gegen den Widerspruch in der Mathematik überhaupt zu philosophieren.

Der Widerspruch. Warum grad dieses *eine* Gespenst? Das ist doch sehr verdächtig.

Warum sollte eine Rechnung, zu einem praktischen Zweck angestellt, die einen Widerspruch ergibt, nur nicht sagen: »Tu wie dir's beliebt, ich, die Rechnung, entscheide darüber nicht«?

Der Widerspruch könnte als Wink der Götter aufgefaßt werden, daß ich handeln soll und *nicht* überlegen.

»Warum soll es in der Mathematik keinen Widerspruch geben dürfen?« – Nun, warum darf es in unsern einfachen Sprachspielen keinen geben? (Da besteht doch gewiß ein Zusammenhang.) Ist das also ein Grundgesetz, das alle denkbaren Sprachspiele beherrscht?

Angenommen ein Widerspruch in einem Befehl z. B. bewirkt Staunen und Unentschlossenheit – und nun sagen wir: das eben ist der Zweck des Widerspruchs in diesem Sprachspiel.

* * *

Nicht dies ist perniziös: einen Widerspruch zu erzeugen in der Region, in der weder der widerspruchsfreie noch der widerspruchsvolle Satz irgend welche Arbeit zu leisten hat; wohl aber das: nicht zu wissen, wie man dorthin gekommen ist, wo der Widerspruch nicht mehr schadet.

13

Skepsis und Gewißheit

Aber kann man sich nicht vorstellen, es gäbe keine physikalischen Gegenstände? Ich weiß nicht. Und doch ist »Es gibt physikalische Gegenstände« Unsinn. Soll es ein Satz der Erfahrung sein? –

Und ist *das* ein Erfahrungssatz: »Es scheint physikalische Gegenstände zu geben«?

Die Belehrung »A ist ein physikalischer Gegenstand« geben wir nur dem, der entweder noch nicht versteht, was »A« bedeutet, oder was »physikalischer Gegenstand« bedeutet. Es ist also eine Belehrung über den Gebrauch von Worten und »physikalischer Gegenstand«, ein logischer Begriff. (Wie Farbe, Maß, ...) Und darum läßt sich ein Satz »Es gibt physikalische Gegenstände« nicht bilden.

Solchen verunglückten Versuchen begegnen wir aber auf Schritt und Tritt.

Ist es aber eine genügende Antwort auf die Skepsis der Idealisten oder die Versicherungen der Realisten [zu sagen, daß der Satz] »Es gibt physikalische Gegenstände« Unsinn ist? Für sie ist es doch nicht Unsinn. Eine Antwort wäre aber: diese Behauptung, oder ihr Gegenteil, sei ein fehlgegangener Versuch (etwas) auszudrücken, was so nicht auszudrücken ist. Und daß er fehlgeht, läßt sich zeigen; damit ist aber ihre Sache noch nicht erledigt. Man muß eben zur Einsicht kommen, daß das, was sich uns als erster Ausdruck einer Schwierigkeit oder ihrer Beantwortung anbietet, noch ein ganz falscher Ausdruck sein mag. So wie der, welcher ein Bild mit Recht tadelt, zuerst oft da den Tadel anbringen wird, wo er nicht hingehört, und es eine *Untersuchung* braucht, um den richtigen Angriffspunkt des Tadels zu finden.

* * *

Was ist das für ein Satz: »Wie sähe denn hier ein Fehler aus!«? Es müßte ein logischer Satz sein. Aber es ist eine Logik, die nicht gebraucht wird, weil, was sie lehrt, nicht durch Sätze gelehrt wird. – Es ist ein logischer Satz, denn er beschreibt ja die begriffliche (sprachliche) Situation.

Diese Situation ist also nicht dieselbe für einen Satz wie »In dieser Entfernung von der Sonne existiert ein Planet« und »Hier ist eine Hand« (nämlich die meine). Man kann den zweiten keine Hypothese nennen. Aber es gibt keine scharfe Grenze zwischen ihnen.

Man könnte also Moore recht geben, wenn man ihn so deutet, daß ein Satz, der sagt, da sei ein physikalischer Gegenstand, eine ähnliche logische Stellung haben kann wie einer, der sagt, da sei ein roter Fleck.

Es ist nämlich nicht wahr, daß der Irrtum vom Planeten zu meiner eigenen Hand nur immer unwahrscheinlicher werde. Sondern er ist an einer Stelle auch nicht mehr denkbar.

Darauf deutet schon, daß es sonst auch denkbar sein müßte, daß wir uns in *jeder* Aussage über physikalische Gegenstände irrten, daß alle, die wir je machen, falsch sind.

Ist also die *Hypothese* möglich, daß es alle die Dinge in unserer Umgebung nicht gibt? Wäre sie nicht wie die, daß wir uns in allen Rechnungen verrechnet haben?

Wenn man sagt »Vielleicht gibt es diesen Planeten nicht und die Lichterscheinung kommt anders zustande«, so braucht man doch ein Beispiel eines Gegenstandes, *den* es gibt. Es gibt ihn nicht, – wie *z. B.* ...

Oder soll man sagen, daß die *Sicherheit* nur ein konstruierter Punkt ist, dem sich manches mehr, manches weniger nähert? Nein. Der Zweifel verliert nach und nach seinen Sinn. So *ist* eben dieses Sprachspiel.

Und zur Logik gehört alles, was ein Sprachspiel beschreibt.

* * *

Daß ich ein Mann und keine Frau bin, kann verifiziert werden, aber wenn ich sagte, ich sei eine Frau, und den Irrtum damit erklären wollte, daß ich die Aussage nicht geprüft habe, würde man die Erklärung nicht gelten lassen.

Man prüft an der *Wahrheit* meiner Aussagen mein *Verständnis* dieser Aussagen.

D. h.: wenn ich gewisse falsche Aussagen mache, wird es dadurch unsicher, ob ich sie verstehe.

Was als ausreichende Prüfung einer Aussage gilt, – gehört zur Logik. Es gehört zur Beschreibung des Sprachspiels.

Die *Wahrheit* gewisser Erfahrungssätze gehört zu unserm Bezugssystem.

* * *

Wäre es nun richtig zu sagen: Niemand hat bisher meinen Schädel geöffnet, um zu sehen, ob ein Gehirn drin ist; aber alles spricht dafür und nichts dagegen, daß man eins drin finden würde?

Kann man aber auch sagen: Nichts spricht dagegen und alles dafür, daß der Tisch dort auch dann vorhanden ist, wenn niemand ihn sieht? Was spricht denn dafür?

Wenn aber nun Einer es bezweifelte, wie würde sich sein Zweifel praktisch zeigen? Und könnten wir ihn nicht ruhig zweifeln lassen, da es ja gar keinen Unterschied macht?

Kann man sagen: »Wo kein Zweifel, da auch kein Wissen«?

Braucht man zum Zweifel nicht Gründe?

Wohin ich schaue, ich finde keinen Grund, daran zu zweifeln, daß ...

* * *

Ich bin der Bedeutung meiner Worte nicht gewisser als bestimmter Urteile. Kann ich zweifeln, daß diese Farbe »blau« heißt?

(Meine) Zweifel bilden ein System.

Denn wie weiß ich, daß Einer zweifelt? Wie weiß ich, daß er die Worte »Ich zweifle daran« so gebraucht wie ich?

Ich habe von Kind auf so urteilen gelernt. *Das ist* Urteilen.

So habe ich urteilen gelernt; *das* als Urteil kennengelernt.

Aber ist es nicht die Erfahrung, die uns lehrt, *so* zu urteilen, d. h., daß es richtig ist, so zu urteilen? Aber wie *lehrt's* uns die Erfahrung? *Wir* mögen es aus ihr entnehmen, aber die Erfahrung rät uns nicht, etwas aus ihr zu entnehmen. Ist sie der *Grund*, daß wir so urteilen (und nicht bloß die

Ursache), so haben wir nicht wieder einen Grund dafür, dies als Grund anzusehen.

Nein, die Erfahrung ist nicht der Grund für unser Urteilsspiel. Und auch nicht sein ausgezeichneter Erfolg.

Menschen haben geurteilt, ein König könne Regen machen; *wir* sagen, dies widerspreche aller Erfahrung. Heute urteilt man, Aeroplan, Radio etc. seien Mittel zur Annäherung der Völker und Ausbreitung von Kultur.

Unter gewöhnlichen Umständen überzeuge ich mich nicht durch den Augenschein, ob ich zwei Hände habe. *Warum* nicht? Hat Erfahrung es als unnötig erwiesen? Oder (auch): Haben wir, auf irgendeine Weise, ein allgemeines Gesetz der Induktion gelernt und vertrauen ihm nun auch hier? – Aber warum sollen wir erst *ein allgemeines* Gesetz gelernt haben und nicht gleich das spezielle?

Wenn ich ein Buch in eine Lade lege, so nehme ich nun an, es sei darin, es sei denn ... »Die Erfahrung gibt mir immer recht. Es ist noch kein gut beglaubigter Fall vorgekommen, daß ein Buch (einfach) verschwunden wäre.« Es ist *oft* vorgekommen, daß sich ein Buch nie mehr gefunden hat, obwohl wir sicher zu wissen glaubten, wo es war. – Aber die Erfahrung lehrt doch wirklich, daß ein Buch, z. B., nicht verschwindet. (Z. B. nicht nach und nach verdunstet.) – Aber ist es diese Erfahrung mit Büchern etc., die uns annehmen läßt, das Buch sei nicht verschwunden? Nun, angenommen, wir fänden, daß unter bestimmten neuen Umständen Bücher verschwänden – würden wir nicht unsre Annahme ändern? Kann man die Wirkung der Erfahrung auf unser System von Annahmen leugnen?

Aber folgen wir nicht einfach dem Prinzip, daß, was *immer* geschehen ist, auch wieder geschehen wird (oder etwas ähnlichem)? – Was heißt es, diesem Prinzip folgen? Bringen wir es wirklich in unser Raisonnement? Oder ist es nur das *Naturgesetz*, dem scheinbar unser Schließen folgt? Das letztere mag es sein. Ein Glied in unsrer Überlegung ist es nicht.

* * *

Wenn wir anfangen, etwas zu *glauben*, so nicht einen einzelnen Satz, sondern ein ganzes System von Sätzen. (Das Licht geht nach und nach über das Ganze auf.)

Nicht einzelne Axiome leuchten mir ein, sondern ein System, worin sich Folgen und Prämissen *gegenseitig* stützen.

Es wird mir z. B. erzählt, jemand sei vor vielen Jahren auf diesen Berg gestiegen. Untersuche ich nun immer die Glaubwürdigkeit des Erzählers und ob dieser Berg vor Jahren existiert habe? Ein Kind lernt viel später, daß es glaubwürdige und unglaubwürdige Erzähler gibt, als es Fakten lernt, die ihm erzählt werden. Es lernt, daß jener Berg schon lange existiert habe, *gar nicht*; d. h. die Frage, ob es so sei, kommt gar nicht auf. Es schluckt, sozusagen, diese Folgerung mit dem hinunter, *was* es lernt.

Das Kind lernt eine Menge Dinge glauben. D. h. es lernt z. B. nach diesem Glauben handeln. Es bildet sich nach und nach ein System von Geglaubtem heraus, und darin steht manches unverrückbar fest, manches ist mehr oder weniger beweglich. Was feststeht, tut dies nicht, weil es an sich offenbar oder einleuchtend ist, sondern es wird von dem, was darum herumliegt, festgehalten.

Man will sagen »*Alle* meine Erfahrungen zeigen, daß es so ist«. Aber wie tun sie das? Denn jener Satz, auf den sie zeigen, gehört auch zu ihrer besonderen Interpretation.

»Daß ich diesen Satz als sicher wahr betrachte, kennzeichnet auch meine Interpretation der Erfahrung.«

Wir machen uns von der Erde *das Bild* einer Kugel, die frei im Raum schwebt und sich in 100 Jahren nicht wesentlich ändert. Ich sagte »Wir machen uns das *Bild* etc.«, und dies Bild hilft uns nun zum Beurteilen verschiedener Sachverhalte.

Ich kann die Dimensionen einer Brücke allerdings berechnen, manchmal auch berechnen, daß hier eine Brücke günstiger ist als eine Fähre etc. etc. – aber irgendwas muß ich mit einer Annahme oder Entscheidung anfangen.

Das Bild der Erde als Kugel ist ein *gutes* Bild, es bewährt sich überall, es ist auch ein einfaches Bild – kurz, wir arbeiten damit, ohne es anzuzweifeln.

Warum überzeuge ich mich nicht davon, daß ich noch zwei Füße habe, wenn ich mich von dem Sessel erheben will? Es gibt kein warum. Ich tue es einfach nicht. So handle ich.

Meine Urteile selbst charakterisieren die Art und Weise, wie ich urteile, das Wesen des Urteilens.

Wie beurteilt Einer, welches seine rechte und welches seine linke Hand ist? Wie weiß ich, daß mein Urteil mit dem der Andern übereinstimmen wird? Wie weiß ich, daß diese Farbe Blau ist? Wenn ich hier *mir* nicht traue, warum soll ich dem Urteil der Andern trauen? Gibt es ein Warum? Muß ich nicht irgendwo anfangen zu trauen? D. h. ich muß irgendwo mit dem Nichtzweifeln anfangen; und das ist nicht, sozusagen, vorschnell aber verzeihlich, sondern es gehört zum Urteilen.

Ich möchte sagen: Moore *weiß* nicht, was er zu wissen

behauptet, aber es steht für ihn fest, so wie auch für mich; es als feststehend zu betrachten, gehört zur *Methode* unseres Zweifelns und Untersuchens.

Die Sätze, die für mich feststehen, lerne ich nicht ausdrücklich. Ich kann sie nachträglich *finden* wie die Rotationsachse eines sich drehenden Körpers. Die Achse steht nicht fest in dem Sinne, daß sie festgehalten wird, aber die Bewegung um sie herum bestimmt sie als unbewegt.

Niemand hat mich gelehrt, daß meine Hände nicht verschwinden, wenn ich auf sie nicht aufpasse. Noch kann man sagen, ich setze die Wahrheit dieses Satzes bei meinen Behauptungen etc. voraus (als ruhten sie auf ihm), während er erst durch unser anderweitiges Behaupten Sinn erhält.

Es gibt Fälle solcher Art, daß, wenn Einer dort Zeichen des Zweifels gibt, wo wir nicht zweifeln, wir seine Zeichen nicht mit Sicherheit als Zeichen des Zweifels verstehen können.

D. h.: Damit wir seine Zeichen des Zweifels als solche verstehen, darf er sie nur in bestimmten Fällen geben und nicht in andern.

Der Mensch kann sich unter gewissen Umständen nicht *irren*. (»Kann« ist hier logisch gebraucht, und der Satz sagt nicht, daß unter diesen Umständen der Mensch nichts Falsches sagen kann.) Wenn Moore das Gegenteil von jenen Sätzen aussagte, die er für gewiß erklärt, würden wir nicht nur nicht seiner Meinung sein, sondern ihn für geistesgestört halten.

Damit der Mensch sich irre, muß er schon mit der Menschheit konform urteilen.

Wie, wenn ein Mensch sich nicht erinnern könnte, ob er

immer fünf Finger oder zwei Hände gehabt hat? Würden wir ihn verstehen? Könnten wir sicher sein, daß wir ihn verstehen?

Kann ich mich z. B. darin irren, daß die einfachen Worte, die diesen Satz bilden, deutsche Wörter sind, deren Bedeutung ich kenne?

Wir lernen als Kinder Fakten, z. B. daß jeder Mensch ein Gehirn hat, und wir nehmen sie gläubig hin. Ich glaube, daß es eine Insel, Australien, gibt von der und der Gestalt usw. usw., ich glaube, daß ich Urgroßeltern gehabt habe, daß die Menschen, die sich für meine Eltern ausgaben, wirklich meine Eltern waren, etc. Dieser Glaube mag nie ausgesprochen, ja, der Gedanke, daß es so ist, nie gedacht werden.

Das Kind lernt, indem es dem Erwachsenen glaubt. Der Zweifel kommt *nach* dem Glauben.

Ich habe eine Unmenge gelernt und es auf die Autorität von Menschen angenommen, und dann manches durch eigene Erfahrung bestätigt oder entkräftet gefunden.

Was in Lehrbüchern, der Geographie z. B., steht, halte ich im allgemeinen für wahr. Warum? Ich sage: Alle diese Fakten sind hundertmal bestätigt worden. Aber wie weiß ich das? Was ist meine Evidenz dafür? Ich habe ein Weltbild. Ist es wahr oder falsch? Es ist vor allem das Substrat alles meines Forschens und Behauptens. Die Sätze, die es beschreiben, unterliegen nicht alle gleichermaßen der Prüfung.

Prüft jemand je, ob dieser Tisch hier stehenbleibt, wenn niemand auf ihn achtgibt?
Wir prüfen die Geschichte Napoleons, aber nicht, ob alle Berichte über ihn auf Sinnestrug, Schwindel u. dergl.

beruhen. Ja, wenn wir überhaupt prüfen, setzen wir damit schon etwas voraus, was nicht geprüft wird. Soll ich nun sagen, das Experiment, das ich etwa zur Prüfung eines Satzes mache, setze die Wahrheit des Satzes voraus, daß hier wirklich der Apparat steht, welchen ich zu sehen glaube (u. dergl.)?

Hat das Prüfen nicht ein Ende?

* * *

Was heißt es: die Wahrheit eines Satzes sei *gewiß*?

Mit dem Wort »gewiß« drücken wir die völlige Überzeugung, die Abwesenheit jedes Zweifels aus, und wir suchen damit den Andern zu überzeugen. Das ist *subjektive* Gewißheit.

Wann aber ist etwas objektiv gewiß? – Wenn ein Irrtum nicht möglich ist. Aber was für eine Möglichkeit ist das? Muß der Irrtum nicht *logisch* ausgeschlossen sein?

Wenn ich glaube, in meinem Zimmer zu sitzen, und es ist nicht so, dann wird man nicht sagen, ich habe mich *geirrt*: Aber was ist der wesentliche Unterschied eines Irrtums von diesem Fall?

Sichere Evidenz ist die, die wir als unbedingt sicher *annehmen*, nach der wir mit Sicherheit ohne Zweifel *handeln*.

Was wir »Irrtum« nennen, spielt eine ganz bestimmte Rolle in unsern Sprachspielen, und was wir als sichere Evidenz betrachten, auch.

Unsinn aber wäre es zu sagen, wir betrachten etwas als sichere Evidenz, weil es gewiß wahr ist.

Wir müssen vielmehr die Rolle der Entscheidung für und gegen einen Satz erst bestimmen.

Der Gebrauch von »wahr oder falsch« hat darum etwas Irreführendes, weil es ist, als sagte man »es stimmt mit den Tatsachen überein oder nicht«, und es sich doch gerade frägt, was »Übereinstimmung« hier ist.

»Der Satz ist wahr oder falsch« heißt eigentlich nur, es müsse eine Entscheidung für oder gegen ihn möglich sein. Aber das sagt nicht, wie der Grund zu so einer Entscheidung ausschaut.

Denk, jemand fragte: »Ist es wirklich richtig, daß wir uns auf die Evidenz unsres Gedächtnisses (oder unsrer Sinne) verlassen, wie wir es tun?«

Moores gewisse Sätze sagen beinahe aus, wir hätten ein Recht, uns auf diese Evidenz zu verlassen.

[Alles, was wir als Evidenz betrachten, deutet darauf hin, die Erde habe schon lange vor meiner Geburt existiert. Die entgegengesetzte Hypothese hat *keinerlei* Bekräftigung.

Wenn nun alles *für* eine Hypothese, nichts gegen sie spricht, – ist sie objektiv dann gewiß wahr? Man kann sie so *nennen*. Aber stimmt sie *unbedingt* mit der Welt der Tatsachen überein? Sie zeigt uns bestenfalls, was »übereinstimmen« heißt. Wir finden es schwierig, sie uns (als) falsch vorzustellen, aber auch schwierig, eine Anwendung von ihr zu machen.]

Worin besteht denn diese Übereinstimmung, wenn nicht darin, daß, was in diesen Sprachspielen Evidenz ist, für unseren Satz spricht? *(Log. Phil. Abh.)*

Die Begründung aber, die Rechtfertigung der Evidenz kommt zu einem Ende; – das Ende aber ist nicht, daß uns gewisse Sätze unmittelbar als wahr einleuchten, also eine Art *Sehen* unsrerseits, sondern unser *Handeln*, welches am Grunde des Sprachspiels liegt.

Wenn das Wahre das Begründete ist, dann ist der Grund nicht *wahr*, noch falsch.

Wenn Einer uns fragte »Aber ist das *wahr*?«, könnten wir ihm sagen »Ja«; und wenn er Gründe verlangte, so könnten wir sagen »Ich kann dir keine Gründe geben, aber wenn du mehr lernst, wirst du auch dieser Meinung sein«.

Käme es nun nicht dahin, so hieße das, daß er, z. B., Geschichte nicht lernen kann.

»Seltsamer Zufall, daß alle die Menschen, deren Schädel man geöffnet hat, ein Gehirn hatten!«

Ich habe ein Telephongespräch mit New York. Mein Freund teilt mir mit, daß seine Bäumchen die und die Knospen tragen. Ich bin nun überzeugt, das Bäumchen sei ... Bin ich auch überzeugt, die Erde existiere?

Daß die Erde existiert, ist vielmehr ein Teil des ganzen *Bildes*, das den Ausgangspunkt meines Glaubens bildet.

Bekräftigt mein Telephongespräch mit N. Y. meine Überzeugung, daß die Erde existiert?

Manches scheint uns festzustehen, und es scheidet aus dem Verkehr aus. Es wird sozusagen auf ein totes Geleise verschoben.

Es gibt nun unsern Betrachtungen, unsern Forschungen ihre Form. Es war vielleicht einmal umstritten. Vielleicht aber hat es seit unvordenklichen Zeiten zum *Gerüst* aller unsrer Betrachtungen gehört. (Jeder Mensch hat Eltern.)

Wir betrachten z. B. eine Rechnung unter gewissen Umständen als genügend kontrolliert. Was gibt uns dazu ein Recht? Die Erfahrung? Konnte sie uns nicht täuschen? Wir müssen irgendwo mit dem Rechtfertigen Schluß machen, und dann bleibt der Satz: daß wir *so* rechnen.

Unsre ›Erfahrungssätze‹ bilden nicht eine homogene Masse.

Was hindert mich anzunehmen, daß dieser Tisch, wenn ihn niemand betrachtet, entweder verschwindet oder seine Form und Farbe verändert und nun, wenn ihn wieder jemand ansieht, in seinen alten Zustand zurückkehrt? – »Wer wird aber auch so etwas annehmen!« – möchte man sagen.

Hier sehen wir, daß die Idee von der ›Übereinstimmung mit der Wirklichkeit‹ keine klare Anwendung hat.

* * *

Wenn ein Kind mich fragte, ob es die Erde schon vor meiner Geburt gegeben hat, so würde ich ihm nicht antworten, die Erde existiere erst seit meiner Geburt, sondern sie habe schon lang, lang vorher existiert. Und dabei hätte ich das Gefühl, etwas Komisches zu sagen. Etwa, wie wenn das Kind gefragt hätte, ob der und der Berg höher sei als ein sehr hohes Haus, das es gesehen hat. Ich könnte nur dem jene Frage beantworten, dem ich ein Weltbild erst beibrächte.

Wenn ich nun die Frage mit Sicherheit so beantworte, was gibt mir diese Sicherheit?

Ich glaube, daß ich Ahnen habe und daß jeder Mensch sie hat. Ich glaube, daß es verschiedene Städte gibt, und überhaupt an die Hauptdaten der Geographie und der Geschichte. Ich glaube, daß die Erde ein Körper ist, auf dessen

Oberfläche wir uns bewegen, und daß er sowenig plötzlich verschwindet oder dergl. wie irgendein andrer fester Körper: dieser Tisch, dieses Haus, dieser Baum etc. Wenn ich an der Existenz der Erde lang vor meiner Geburt zweifeln wollte, müßte ich alles mögliche bezweifeln, was mir feststeht.

Und daß mir etwas feststeht, hat seinen Grund nicht in meiner Dummheit oder Leichtgläubigkeit.

Wenn Einer sagte »Die Erde hat nicht schon lange ...« – was würde er damit antasten? Weiß ich's?

Müßte es ein sozusagen wissenschaftlicher Glaube sein? Könnte es kein mystischer sein? Muß er damit unbedingt geschichtlichen Tatsachen widersprechen? Ja, selbst geographischen?

Wenn ich sage »Dieser Tisch hat vor einer Stunde noch nicht existiert«, so meine ich wahrscheinlich, er sei erst später hergestellt worden.

Sage ich »Dieser Berg hat damals noch nicht existiert«, so meine ich wohl, er habe sich erst später – vielleicht vulkanisch – gebildet.

Sage ich »Dieser Berg hat vor einer halben Stunde noch nicht existiert«, so ist das eine so seltsame Aussage, daß nicht klar ist, was ich meine. Ob ich z. B. etwas Falsches, aber Wissenschaftliches meine. Vielleicht meint man, die Aussage, der Berg habe damals noch nicht existiert, sei ganz klar, wie immer man sich den Zusammenhang denke. Aber denke, jemand sagte »Dieser Berg hat vor einer Minute noch nicht existiert, sondern ein genau gleicher«. Nur die gewohnte Umgebung läßt es klar erscheinen, was gemeint ist.

Ich könnte also den, der sagt, die Erde habe vor seiner Geburt noch nicht existiert, weiter fragen, um herauszufinden, mit welchen meiner Überzeugungen er im Widerspruch ist. Und da *könnte* es sein, daß er meinen Grundanschauungen widerspricht. Und wäre es so, so müßte ich's dabei bewenden lassen.

Ähnlich geht es, wenn er sagt, er sei einmal auf dem Mond gewesen.

Ja, ich glaube, daß jeder Mensch zwei menschliche Eltern hat; aber die Katholiken glauben, daß Jesus nur eine menschliche Mutter hatte. Und Andre könnten glauben, es gebe Menschen, die keine Eltern haben, und die aller gegenteiligen Evidenz keinen Glauben schenken. Die Katholiken glauben auch, daß eine Oblate unter gewissen Umständen ihr Wesen gänzlich ändert, und zugleich, daß alle Evidenz das Gegenteil beweist. Wenn also Moore sagte »Ich weiß, daß dies Wein und nicht Blut ist«, so würden Katholiken ihm widersprechen.

Worauf gründet sich der Glaube, daß alle Menschen Eltern haben? Auf Erfahrung. Und wie kann ich auf meine Erfahrung diesen sichern Glauben gründen? Nun, ich gründe ihn nicht nur darauf, daß ich die Eltern gewisser Menschen kannte, sondern auf alles, was ich über das Geschlechtsleben von Menschen und ihre Anatomie und Physiologie gelernt habe; auch darauf, was ich von Tieren gehört und gesehen habe. Aber ist das denn wirklich ein Beweis?

Ist hier nicht eine Hypothese, die, wie ich *glaube*, sich immer wieder vollkommen bestätigt?

Müssen wir nicht auf Schritt und Tritt sagen: »Ich *glaube* dies mit Bestimmtheit«?

»Ich weiß ...« sagt man, wenn man bereit ist, zwingende Gründe zu geben. »Ich weiß« bezieht sich auf eine Möglichkeit des Dartuns der Wahrheit. Ob Einer etwas weiß, läßt sich zeigen, angenommen, daß er davon überzeugt ist.

Ist aber was er glaubt von solcher Art, daß die Gründe, die er geben kann, nicht sicherer sind als seine Behauptung, so kann er nicht sagen, er wisse, was er glaubt.

Wenn Einer sagt »Ich habe einen Körper«, so kann man ihn fragen »Wer spricht hier mit diesem Munde?«

Zu wem sagt Einer, er wisse etwas? Zu sich selbst oder zu einem Andern. Wenn er's zu sich selbst sagt, wie unterscheidet es sich von der Feststellung, er sei *gewiß*, es verhalte sich so? Es gibt keine subjektive Sicherheit, daß ich etwas weiß. Subjektiv ist die Gewißheit, aber nicht das Wissen. Wenn ich mir also sage »Ich weiß, daß ich zwei Hände habe«, und das soll nicht nur meine subjektive Gewißheit zum Ausdruck bringen, so muß ich mich davon überzeugen können, daß ich recht habe. Aber das kann ich nicht; denn daß ich zwei Hände habe ist nicht weniger gewiß, ehe ich sie angeschaut habe als nachher. Ich könnte aber sagen: »Daß ich zwei Hände habe ist ein unumstößlicher Glaube.« Das würde ausdrücken, ich sei nicht bereit, irgend etwas als Gegenbeweis dieses Satzes gelten zu lassen.

»Hier bin ich auf einer Grundlage alles meines Glaubens angelangt.« »Diese Stellung werde ich *halten*!« Aber ist das nicht eben nur, weil ich davon vollkommen *überzeugt* bin? – Wie ist das: ›Vollkommen überzeugt sein‹?

Wie wäre es, jetzt daran zu zweifeln, daß ich zwei Hände habe? Warum kann ich's mir gar nicht vorstellen? Was würde ich glauben, wenn ich das nicht glaubte? Ich habe noch gar kein System, worin es diesen Zweifel geben könnte.

Ich bin auf dem Boden meiner Überzeugungen angelangt.

Und von dieser Grundmauer könnte man beinahe sagen, sie werde vom ganzen Haus getragen.

Man macht sich ein falsches Bild vom *Zweifel.*

Daß ich zwei Hände habe, ist unter normalen Umständen so sicher wie irgend etwas, was ich als Evidenz dafür anführen könnte.
Ich bin darum außerstande, den Anblick meiner Hand als Evidenz dafür aufzufassen.

Heißt das nicht: ich werde unbedingt nach diesem Glauben handeln und mich durch nichts beirren lassen?

Aber es ist doch nicht nur, daß *ich* in dieser Weise glaube, daß ich zwei Hände habe, sondern daß jeder Vernünftige das tut.

Am Grunde des begründeten Glaubens liegt der unbegründete Glaube.

Jeder ›vernünftige‹ Mensch handelt *so.*

Das Zweifeln hat gewisse charakteristische Äußerungen, aber sie sind für ihn nur unter gewissen Umständen charakteristisch. Wenn Einer sagte, er zweifle an der Existenz seiner Hände, sie immer wieder von allen Seiten betrachtete, sich zu überzeugen suchte, daß keine Spiegelung oder dergl. vorläge, so wären wir nicht sicher, ob wir das ein Zweifeln nennen sollten. Wir könnten seine Handlungsweise als eine der zweifelnden ähnliche beschreiben, aber sein Spiel wäre nicht das unsre.

Anderseits ändert sich das Sprachspiel mit der Zeit.

Wenn Einer mir sagte, er zweifle daran, ob er einen Körper habe, würde ich ihn für einen Halbnarren halten. Ich wüßte aber nicht, was es hieße, ihn davon zu überzeugen, daß er einen habe. Und hätte ich etwas gesagt und das hätte nun den Zweifel behoben, so wüßte ich nicht wie und warum.

Ich weiß nicht, wie der Satz »Ich habe einen Körper« zu gebrauchen ist.

Das gilt nicht unbedingt von dem Satz, daß ich immer auf oder nahe der Erde war.

Wer dran zweifelte, daß die Erde seit 100 Jahren existiert hat, könnte einen wissenschaftlichen oder aber einen philosophischen Zweifel haben.

Ich möchte den Ausdruck »Ich weiß« für die Fälle reservieren, in denen er im normalen Sprachverkehr gebraucht wird.

Einen vernünftigen Zweifel an der Existenz der Erde während der letzten 100 Jahre kann ich mir jetzt nicht vorstellen.

Ich kann mir einen Menschen vorstellen, der unter ganz besonderen Umständen aufgewachsen ist und dem man beigebracht hat, die Erde sei vor 50 Jahren entstanden, und dieses deshalb auch glaubt. Diesen könnten wir belehren: die Erde habe schon lange etc. – Wir würden trachten, ihm unser Weltbild zu geben.

Dies geschähe durch eine Art *Überredung*.

* * *

Es ist ganz sicher, daß Automobile nicht aus der Erde wachsen. – Wir fühlen, daß, wenn Einer das Gegenteil glauben könnte, er *allem* Glauben schenken könne, was wir für unmöglich erklären, und alles bestreiten könnte, was wir für sicher halten.

Wie aber hängt dieser *eine* Glaube mit allen andern zusammen? Wir möchten sagen, daß wer jenes glauben kann das ganze System unsrer Verifikation nicht annimmt.

Dies System ist etwas, was der Mensch durch Beobachtung und Unterricht aufnimmt. Ich sage absichtlich nicht »lernt«.

Nachdem er das und das gesehen und das und das gehört hat, ist er außerstande zu bezweifeln, daß ...

Ich, L. W., glaube, bin sicher, daß mein Freund nicht Sägespäne im Leib oder im Kopf hat, obwohl ich dafür keine direkte Evidenz der Sinne habe. Ich bin sicher, auf Grund dessen, was mir gesagt wurde, was ich gelesen habe, und meiner Erfahrungen. Daran zu zweifeln erscheint mir als Wahnsinn, freilich wieder in Übereinstimmung mit Anderen; aber *ich* stimme mit ihnen überein.

Ich kann nicht sagen, daß ich gute Gründe habe zur Ansicht, daß Katzen nicht auf Bäumen wachsen oder daß ich einen Vater und eine Mutter gehabt habe.

Wenn Einer daran zweifelt – wie soll es geschehen sein? Soll er von Anfang an nie geglaubt haben, er habe Eltern gehabt? Aber ist denn das denkbar, es sei denn, daß man ihn dies gelehrt hat?

Denn wie kann das Kind an dem gleich zweifeln, was man ihm beibringt? Das könnte nur bedeuten, daß es gewisse Sprachspiele nicht erlernen könnte.

Die Menschen haben seit den ältesten Zeiten Tiere getötet, ihr Fell, ihre Knochen etc. etc. zu gewissen Zwecken gebraucht; sie haben mit Bestimmtheit drauf gerechnet, in jedem ähnlichen Tier ähnliche Teile zu finden.

Sie haben immer aus der Erfahrung gelernt, und aus ihren Handlungen kann man ersehen, daß sie Gewisses mit Bestimmtheit glauben, ob sie diesen Glauben aussprechen oder nicht. Damit will ich natürlich nicht sagen, daß der Mensch so handeln *solle*, sondern nur, daß er so handelt.

14

Das Wesen der Philosophie

SCHWIERIGKEIT DER PHILOSOPHIE, NICHT DIE INTELLEKTUELLE SCHWIERIGKEIT DER WISSENSCHAFTEN, SONDERN DIE SCHWIERIGKEIT EINER UMSTELLUNG. WIDERSTÄNDE DES W I L L E N S SIND ZU ÜBERWINDEN.

Wie ich oft gesagt habe, führt die Philosophie mich zu keinem Verzicht, da ich mich nicht entbreche, etwas zu sagen, sondern eine gewisse Wortverbindung als sinnlos aufgebe. In anderem Sinne aber erfordert die Philosophie dann eine Resignation, aber des Gefühls, nicht des Verstandes. Und das ist es vielleicht, was sie Vielen so schwer macht. Es kann schwer sein, einen Ausdruck nicht zu gebrauchen, wie es schwer ist, die Tränen zurückzuhalten, oder einen Ausbruch des Zorns //der Wut//.

/(Tolstoi: die Bedeutung (Bedeutsamkeit) eines Gegenstandes liegt in seiner allgemeinen Verständlichkeit. – Das ist wahr und falsch. Das, was den Gegenstand schwer verständlich macht ist – wenn er bedeutend, wichtig, ist – nicht, dass irgendeine besondere Instruktion über abstruse Dinge zu seinem Verständnis erforderlich wäre, sondern der Gegensatz zwischen dem Verstehen des Gegenstandes und dem, was die meisten Menschen sehen w o l l e n. Dadurch kann gerade das Naheliegendste am allerschwersten verständlich werden. Nicht eine Schwierigkeit des Verstandes, sondern des Willens ist zu überwinden.)/

Die Arbeit an der Philosophie ist – wie vielfach die Arbeit in der Architektur – eigentlich mehr die //eine// Arbeit an Einem selbst. An der eignen Auffassung. Daran, wie man die Dinge sieht. (Und was man von ihnen verlangt.)

Beiläufig gesprochen, hat es in //nach// der alten Auffassung – etwa der, der (grossen) westlichen Philosophen – zwei Arten von Problemen im wissenschaftlichen Sinne gegeben //zweierlei Arten von Problemen ....//: wesentliche, grosse, universelle, und unwesentliche, quasi accidentelle Probleme. Und dagegen ist unsere Auffassung, dass es kein grosses, wesentliches Problem im Sinne der Wissenschaft gibt.

Die Philosophie zeigt die irreführenden Analogien im Gebrauch unsrer Sprache auf.

Ist die Grammatik, wie ich das Wort gebrauche, nur die Beschreibung der tatsächlichen Handhabung der Sprache //Sprachen//? So dass ihre Sätze eigentlich wie Sätze einer Naturwissenschaft aufgefasst werden könnten?

Das könnte man die descriptive Wissenschaft vom Sprechen nennen, im Gegensatz zu der vom Denken.

Es könnten ja auch die Regeln des Schachspiels als Sätze aus der Naturgeschichte des Menschen aufgefasst werden. (Wie die Spiele der Tiere in naturgeschichtlichen Büchern beschrieben werden.)

Wenn ich einen philosophischen Fehler rektifiziere und sage, man hat sich das immer so vorgestellt, aber so ist es nicht, so zeige ich immer auf eine Analogie //so muss ich immer .... zeigen//, nach der man sich gerichtet hat, und, dass diese Analogie nicht stimmt. //... so muss ich immer eine Analogie aufzeigen, nach der man gedacht hat, die man aber nicht als Analogie erkannt hat.//

Die Wirkung einer in die Sprache aufgenommenen falschen Analogie: Sie bedeutet einen ständigen Kampf und Beunruhigung (quasi einen ständigen Reiz). Es ist, wie wenn ein Ding aus der Entfernung ein Mensch zu sein scheint, weil wir dann Gewisses nicht wahrnehmen, und in der Nähe sehen wir, dass es ein Baumstumpf ist. Kaum entfernen wir uns ein wenig und verlieren die Erklärungen aus dem Auge, so erscheint uns e i n e Gestalt; sehen wir daraufhin näher zu, so sehen wir eine andere; nun entfernen wir uns wieder, etc. etc.

(Der aufregende Charakter der grammatischen Unklarheit.)

Philosophieren ist: falsche Argumente zurückweisen.

Der Philosoph trachtet, das erlösende Wort zu finden, das ist das Wort, das uns endlich erlaubt, das zu fassen, was bis jetzt / dahin / immer, ungreifbar, unser Bewusstsein belastet hat.
(Es ist, wie wenn man ein Haar auf der Zunge liegen hat; man spürt es, aber kann es nicht erfassen //ergreifen// und darum nicht loswerden.)

Der Philosoph liefert uns das Wort, womit man //ich// die Sache ausdrücken und unschädlich machen kann.

(Die Wahl unserer Worte ist so wichtig, weil es gilt, die Physiognomie der Sache genau zu treffen, weil nur der genau gerichtete Gedanke auf die richtige Bahn führen kann. Der Wagen muss haargenau auf die Schiene gesetzt werden, damit er richtig weiterrollen kann.)

Eine der wichtigsten Aufgaben ist es, alle falschen Gedankengänge so charakteristisch auszudrücken, dass der Leser sagt »ja, genau so habe ich es gemeint«. Die Physiognomie jedes Irrtums nachzuzeichnen.

Wir können ja auch nur den Andern eines Fehlers überführen, wenn er anerkennt, dass dies wirklich der Ausdruck seines Gefühls ist. //... wenn er diesen Ausdruck (wirklich) als den richtigen Ausdruck seines Gefühls anerkennt.//

Nämlich, nur wenn er ihn als solchen anerkennt, *ist* er der richtige Ausdruck. (Psychoanalyse.)

Was der Andre anerkennt, ist die Analogie die ich ihm darbiete, als Quelle seines Gedankens.

Woher das Gefühl des Fundamentalen unserer grammatischen Untersuchungen?

(Es beschäftigen uns Fragen verschiedener Art, etwa »wie gross ist das spezifische Gewicht dieses Körpers«, »wird es heute schön bleiben«, »wer wird als nächster zur Tür hereinkommen«, etc. Aber unter unseren Fragen finden sich solche von besonderer Art. Wir haben hier ein anderes Erlebnis. Die Fragen scheinen fundamentaler zu sein als die anderen. Und nun sage ich; wenn wir dieses Erlebnis haben, dann sind wir an der Grenze der Sprache angelangt.) /gehört zu »müssen«, »können«./

Woher nimmt die Betrachtung ihre Wichtigkeit, da sie doch nur alles Interessante, d. h. alles Grosse und Wichtige, zu zerstören scheint? (Gleichsam alle Bauwerke; indem sie nur Steinbrocken und Schutt übrig lässt.)

Woher nimmt die Betrachtung ihre Wichtigkeit: die uns darauf aufmerksam macht, dass man eine Tabelle auf mehr als eine Weise brauchen kann, dass man sich eine Tabelle als Anleitung zum Gebrauch einer Tabelle ausdenken kann, dass man einen Pfeil auch als Zeiger der Richtung von der Spitze zum Schwanzende auffassen kann, dass ich der Spitze zum Schwanzende auffassen kann, dass ich eine Vorlage auf mancherlei Weise als Vorlage benützen kann?

Wir führen die Wörter von ihrer metaphysischen, wieder auf ihre richtige /normale/ Verwendung in der Sprache zurück.

(Der Mann, der sagte, man könne nicht zweimal in den gleichen Fluss steigen, sagte etwas Falsches; man kann zweimal in den gleichen Fluss steigen.)

Und so sieht die Lösung aller philosophischen Schwierigkeiten aus. Ihre /Unsere/ Antworten müssen, wenn sie richtig sind, hausbacken und gewöhnlich / gewöhnliche und triviale/ sein. Aber man muss sie im richtigen Geist anschauen, dann macht das nichts. /»Schlichter Unsinn«/

Woher nehmen //nahmen// die alten philosophischen Probleme ihre Bedeutung?

Der Satz der Identität z. B. schien eine fundamentale Bedeutung zu haben. Aber der Satz, dass dieser »Satz« ein Unsinn ist, hat diese Bedeutung übernommen.

Ich könnte fragen: Warum empfinde ich einen grammatischen Witz in gewissem Sinne als tief? (Und das ist natürlich die philosophische Tiefe.)

Warum empfinden wir die Untersuchung der Grammatik als fundamental?

(Das Wort »fundamental« kann auch nichts metalogisches, oder philosophisches bedeuten, wo es überhaupt eine Bedeutung hat.)

Die Untersuchung der Grammatik ist im selben Sinne fundamental, wie wir die Sprache fundamental – etwa ihr eigenes Fundament – nennen können.

Unsere grammatische Untersuchung unterscheidet sich ja von der eines Philologen etc.; uns interessiert z. B. die Übersetzung von einer Sprache in andre, von uns erfundene Sprachen. Überhaupt interessieren uns Regeln, die der Philologe gar nicht betrachtet. Diesen Unterschied können wir also wohl hervorheben.

Anderseits wäre es irreführend zu sagen, dass wir das Wesentliche der Grammatik behandeln (er, das Zufällige).

»Aber das ist ja nur eine äussere Unterscheidung //ein äusserer Unterschied//«. Ich glaube, eine andere gibt es nicht.

Eher könnten wir sagen, dass wir doch etwas Anderes Grammatik nennen, als er. Wie wir eben Wortarten unterscheiden, wo für ihn kein Unterschied (vorhanden) ist.

Die Wichtigkeit der Grammatik ist die Wichtigkeit der Sprache.

Man könnte auch ein Wort z. B. ›rot‹ wichtig nennen insofern, als es oft und zu Wichtigem gebraucht wird, im Gegensatz etwa zu dem Wort ›Pfeifendeckel‹. Und die Grammatik des Wortes ›rot‹ ist dann wichtig, weil sie die Bedeutung des Wortes ›rot‹ beschreibt.

(Alles, was die Philosophie tun kann ist, Götzen zerstören. Und das heisst, keinen neuen – etwa in der »Abwesenheit eines Götzen« – zu schaffen.)

METHODE DER PHILOSOPHIE: DIE ÜBERSICHTLICHE DARSTELLUNG DER GRAMMATISCHEN //SPRACHLICHEN// TATSACHEN.
DAS ZIEL: DURCHSICHTIGKEIT DER ARGUMENTE. GERECHTIGKEIT.

Es hat Einer gehört, dass Der Anker eines Schiffes durch eine Dampfmaschine aufgezogen werde. Er denkt nur an die, welche das Schiff treibt (und nach welcher es Dampfschiff heisst) und kann sich, was er gehört hat, nicht erklären. (Vielleicht fällt ihm die Schwierigkeit auch erst später ein.) Nun sagen wir ihm: Nein, es ist nicht d i e s e Dampfmaschine, sondern ausser ihr gibt es noch eine Reihe anderer an Bord und eine von diesen hebt den Anker. – War sein Problem ein philosophisches? War es ein philosophisches, wenn er von der Existenz anderer Dampfmaschinen auf dem Schiff gehört hatte und nur daran erinnert werden musste? – Ich glaube, seine Unklarheit hat zwei Teile: Was der Erklärende ihm als Tatsache mitteilt, hätte der Fragende sehr wohl als Möglichkeit sich selber ausdenken können, und seine Frage in bestimmter Form, statt in der des blossen Zugeständnisses der Unklarheit vorlegen können. Diesen Teil des Zweifels hätte er selber beheben können, dagegen konnte ihn Nachdenken nicht über die Tatsachen belehren. Oder: Die Beunruhigung, die davon herkommt, dass er die Wahrheit nicht wusste, konnte ihm kein Ordnen seiner Begriffe nehmen.

Die andere Beunruhigung und Unklarheit wird durch die Worte »hier stimmt mir etwas nicht« gekennzeichnet und die Lösung, durch (die Worte): »Ach so. Du meinst nicht d i e Dampfmaschine« oder – für einen andern Fall – ».... Du meinst mit Dampfmaschine nicht nur Kolbenmaschine«.

Die Arbeit des Philosophen ist ein Zusammentragen von Erinnerungen zu einem bestimmten Zweck.

Eine philosophische Frage ist ähnlich der, nach der Verfassung einer bestimmten Gesellschaft. – Und es wäre etwa so, als ob eine Gesellschaft ohne klar geschriebene Regeln zusammenkäme, aber mit einem Bedürfnis nach solchen; ja, auch mit einem Instinkt, durch welchen sie gewisse Regeln in ihren Zusammenkünften beobachten //einhalten//; nur, dass dies dadurch erschwert wird, dass nichts hierüber klar ausgesprochen ist und keine Einrichtung getroffen, die die Regeln deutlich macht. //klar hervortreten lässt.// So betrachten sie tatsächlich Einen von ihnen als Präsidenten, aber er sitzt nicht oben an der Tafel, ist durch nichts kenntlich und das erschwert die Verhandlung. Daher kommen wir und schaffen eine klare Ordnung: Wir setzen den Präsidenten an einen leicht kenntlichen Platz und seinen Sekretär zu ihm an ein eigenes Tischchen und die übrigen gleichberechtigten Mitglieder in zwei Reihen zu beiden Seiten des Tisches etc. etc.

Wenn man die Philosophie fragt: w a s i s t – z. B. – Substanz?«, so wird um eine Regel gebeten. Eine allgemeine Regel, die für das Wort »Substanz« g i l t, d. h.: nach welcher ich zu spielen entschlossen bin. – Ich will sagen: die Frage »was ist . . . .« bezieht sich nicht auf einen besonderen – praktischen – Fall, sondern wir fragen sie von unserem Schreibtisch aus. Erinnere Dich nur an den Fall des Gesetzes der Identität, um zu sehen, dass es sich bei der Erledigung einer philosophischen Schwierigkeit nicht um das Aussprechen neuer Wahrheiten über den Gegenstand der Untersuchung (der Identität) handelt.

Die Schwierigkeit besteht nur /nun/ darin, zu verstehen, was uns die Festsetzung einer Regel hilft. Warum die uns beruhigt, nachdem wir so schwer /tief/ beunruhigt waren. Was uns beruhigt ist offenbar, dass wir ein System sehen, das diejenigen Gebilde (systematisch) ausschliesst, die uns immer beunruhigt haben, mit denen wir nichts anzufangen wussten und die wir doch respektieren zu müssen glaubten. Ist die Festsetzung einer solchen grammatischen Regel in dieser Beziehung nicht wie die Entdeckung einer Erklärung in der Physik? z. B., des Copernicanischen Systems? Eine Ähnlichkeit ist vorhanden. – Das Seltsame an der philosophischen Beunruhigung und ihrer Lösung möchte scheinen, dass sie ist, wie die Qual des Asketen, der, eine schwere Kugel unter Stöhnen stemmend, da stand und den ein Mann erlöste, indem er ihm sagte: »lass' sie fallen«. Man fragt sich: Wenn Dich diese Sätze beunruhigen, Du nichts mit ihnen anzufangen wusstest, warum liessest Du sie nicht schon früher fallen, was hat Dich daran gehindert? Nun, ich glaube, es war das falsche System, dem er sich anbequemen zu müssen glaubte, etc. /Henne & Kreidestrich /

(Die besondere Beruhigung, welche eintritt, wenn wir einem Fall, den wir für einzigartig hielten, andere ähnliche Fälle an die Seite stellen können, tritt in unseren Untersuchungen immer wieder ein, wenn wir zeigen, dass ein Wort nicht nur e i n e Bedeutung (oder, nicht nur zwei) hat, sondern in fünf oder sechs verschiedenen (Bedeutungen) gebraucht wird.)

Die philosophischen Probleme kann man mit den Kassenschlössern vergleichen, die durch Einstellen eines bestimmten Wortes oder einer bestimmten Zahl geöffnet werden, sodass keine Gewalt die Tür öffnen kann, ehe gerade dieses Wort getroffen ist, und ist es getroffen, jedes Kind sie öffnen kann. //. . . und ist es getroffen, keinerlei Anstrengung nötig ist, die Tür //sie// zu öffnen.//

Der Begriff der übersichtlichen Darstellung ist für uns von grundlegender Bedeutung. Er bezeichnet unsere Darstellungsform, die Art, wie wir die Dinge sehen. (Eine Art der ›Weltanschauung‹, wie sie scheinbar für unsere Zeit typisch ist. Spengler.)

Diese übersichtliche Darstellung vermittelt das Verstehen //Verständnis//, welches eben darin besteht, dass wir die »Zusammenhänge sehen«. Daher die Wichtigkeit der Zwischenglieder. //des Findens von Zwischengliedern.//

Der Satz ist vollkommen logisch analysiert, dessen Grammatik vollkommen klargelegt ist. Er mag in welcher Ausdrucksweise immer hingeschrieben oder ausgesprochen sein.

Unserer Grammatik fehlt es vor allem an Übersichtlichkeit.

Die Philosophie darf den wirklichen //tatsächlichen// Gebrauch der Sprache //... darf, was wirklich gesagt wird// in keiner Weise antasten, sie kann ihn //es// am Ende also nur beschreiben.

Denn sie kann ihn auch nicht begründen.

Sie lässt alles wie es ist.
Sie lässt auch die Mathematik wie sie ist (jetzt ist) und keine mathematische Entdeckung kann sie weiter bringen.
Ein »führendes Problem der mathematischen Logik« (Ramsey) ist ein Problem der Mathematik wie jedes andere.

(Ein Gleichnis gehört zu unserem Gebäude; aber wir können auch aus ihm keine Folgen ziehen; es führt uns nicht über sich selbst hinaus, sondern muss als Gleichnis stehen bleiben. Wir können keine Folgerungen daraus ziehen. So, wenn wir den Satz mit einem Bild vergleichen (wobei ja, was wir unter ›Bild‹ verstehen, schon früher //vorher// in uns festliegen muss) oder, wenn ich die Anwendung der Sprache mit der, etwa, des Multiplikationskalküls vergleiche.

Die Philosophie stellt eben alles bloss hin und erklärt und folgert nichts.)

Da alles offen daliegt, ist auch nichts zu erklären. Denn was etwa nicht offen daliegt, interessiert uns nicht. //. . . ., denn, was etwa verborgen ist . . . .//

Die Antwort auf die Frage nach der Erklärung der Negation ist wirklich: verstehst Du sie denn nicht? Nun, wenn Du sie verstehst, was gibt es da noch zu erklären, was hat eine Erklärung da noch zu tun?

Wir müssen wissen, was Erklärung heisst. Es ist die ständige Gefahr, dieses Wort in der Logik in einem Sinn verwenden zu wollen, der von der Physik hergenommen ist.

Methodologie, wenn sie von der Messung redet, sagt nicht, aus welchem Material etwa wir den Masstab am Vorteilhaftesten herstellen, um dies und dies Resultat zu erzielen; obwohl doch das auch zur Methode des Messens gehört. Vielmehr interessiert diese Untersuchung bloss, unter welchen Umständen wir sagen, eine Länge, eine Stromstärke, (u.s.w.) sei gemessen. Sie will die, von uns bereits verwendeten, und geläufigen, Methoden tabulieren, um dadurch die Bedeutung der Worte »Länge«, »Stromstärke«, etc. festzulegen.)

Wollte man Thesen in der Philosophie aufstellen, es könnte nie über sie zur Diskussion kommen, weil Alle mit ihnen einverstanden wären.

Das Lernen der Philosophie ist wirklich ein Rückerinnern. Wir erinnern uns, dass wir die Worte wirklich auf diese Weise gebraucht haben.

Die philosophisch wichtigsten Aspekte der Dinge //der Sprache// sind durch ihre Einfachheit und Alltäglichkeit verborgen.
(Man kann es nicht bemerken, weil man es immer (offen) vor Augen hat.)

Die eigentlichen Grundlagen seiner Forschung fallen dem Menschen gar nicht auf. Es sei denn, dass ihm *dies* einmal aufgefallen //zum Bewusstsein gekommen// ist. (Frazer etc. etc.)
Und das heisst, das Auffallendste (Stärkste) fällt ihm nicht auf.

(Eines der grössten Hindernisse für die Philosophie ist die Erwartung neuer tiefer //unerhörter// Aufschlüsse.)

Philosophie könnte man auch das nennen, was *vor* allen neuen Entdeckungen und Erfindungen möglich //da// ist.

Das muss sich auch darauf beziehen, dass ich keine Erklärungen der Variablen »Satz« geben kann. Es ist klar, dass dieser logische Begriff, diese Variable, von der Ordnung des Begriffs »Realität« oder »Welt« sein muss.

Wenn Einer die Lösung des ›Problems des Lebens‹ gefunden zu haben glaubt, und sich sagen wollte, jetzt ist alles ganz leicht, so brauchte er sich zu seiner Widerlegung nur erinnern, dass es eine Zeit gegeben hat, wo diese ›Lösung‹ nicht gefunden war; aber auch zu *der* Zeit musste man leben können und im Hinblick auf sie erscheint die gefundene Lösung wie //als// ein Zufall. Und so geht es uns in der Logik. Wenn es eine ›Lösung‹ der logischen (philosophischen) Probleme gäbe, so müssten wir uns nur vorhalten, dass sie ja einmal nicht gelöst waren (und auch da musste man leben und denken können). – – –

Alle Überlegungen können viel hausbackener angestellt werden, als ich sie in früherer Zeit angestellt habe. Und darum brauchen in der Philosophie auch keine neuen Wörter angewendet werden, sondern die alten, gewöhnlichen Wörter der Sprache reichen aus. //die alten reichen aus.//

(Unsere Aufgabe ist es nur, gerecht zu sein. D. h., wir haben nur die Ungerechtigkeiten der Philosophie aufzuzeigen und zu lösen, aber nicht neue Parteien – und Glaubensbekenntnisse – aufzustellen.)

(Es ist schwer, in der Philosophie nicht zu übertreiben.)

(Der Philosoph übertreibt, schreit gleichsam in seiner Ohnmacht, so lange er den Kern der Konfusion noch nicht entdeckt hat.)

Das philosophische Problem ist ein Bewusstsein der Unordnung in unsern Begriffen, und durch Ordnen derselben zu heben.

Ein philosophisches Problem ist immer von der Form: »Ich kenne mich einfach nicht aus«.

Wie ich Philosophie betreibe, ist es ihre ganze Aufgabe, den Ausdruck so zu gestalten, dass gewisse Beunruhigungen //Probleme// verschwinden. (Hertz.))

Wenn ich Recht habe, so müssen sich philosophische Probleme wirklich restlos lösen lassen, im Gegensatz zu allen andern.

Wenn ich sage: Hier sind wir an der Grenze der Sprache, so scheint //klingt// das immer, als wäre hier eine Resignation nötig, während im Gegenteil volle Befriedigung eintritt, da k e i n e Frage übrig bleibt.

Die Probleme werden im eigentlichen Sinne aufgelöst – wie ein Stück Zucker im Wasser.

/Die Menschen, welche kein Bedürfnis nach Durchsichtigkeit ihrer Argumentation haben, sind für die Philosophie verloren./

PHILOSOPHIE.
DIE KLÄRUNG DES SPRACHGEBRAUCHES. FALLEN DER SPRACHE.

Wie kommt es, dass die Philosophie ein so komplizierter Bau //Aufbau// ist. Sie sollte doch gänzlich einfach sein, wenn sie jenes Letzte, von aller Erfahrung Unabhängige ist, wofür Du sie ausgibst. – Die Philosophie löst die Knoten in unserem Denken auf; daher muss ihr Resultat einfach sein, ihre Tätigkeit aber so kompliziert wie die Knoten, die sie auflöst.

Lichtenberg: »Unsere ganze Philosophie ist Berichtigung des Sprachgebrauchs, also, die Berichtigung einer Philosophie, und zwar der allgemeinsten.«

(Die Fähigkeit /Veranlagung/ zur Philosophie besteht /liegt/ in der Fähigkeit /Empfänglichkeit/, von einer Tatsache der Grammatik einen starken und nachhaltigen Eindruck zu empfangen.) /zu ›Witz‹, ›Tiefe‹/

Warum die grammatischen Probleme so hart und anscheinend unausrottbar sind – weil sie mit den ältesten Denkgewohnheiten, d. h. mit den ältesten Bildern, die in unsere Sprache selbst geprägt sind, zusammenhängen. ((Lichtenberg.))

/ Das Lehren der Philosophie hat dieselbe ungeheure Schwierigkeit, welche der Unterricht in der Geographie hätte, wenn der Schüler eine Menge falsche und viel zu einfache //und falsch vereinfachte// Vorstellungen über den Lauf und Zusammenhang der Flussläufe //Flüsse// und Gebirgsketten //Gebirge// mitbrächte. /

/ Die Menschen sind tief in den philosophischen d. i. grammatischen Konfusionen eingebettet. Und, sie daraus zu befreien, setzt voraus, dass man sie aus den ungeheuer mannigfachen Verbindungen herausreisst, in denen sie gefangen sind. Man muss sozusagen ihre ganze Sprache umgruppieren. – Aber diese Sprache ist ja so entstanden //geworden//, weil Menschen die Neigung hatten – und haben – so zu denken. Darum geht das Herausreissen nur bei denen, die in einer instinktiven Auflehnung gegen //Unbefriedigung mit// die /der/ Sprache leben. Nicht bei denen, die ihrem ganzen Instinkt nach in d e r Herde leben, die diese Sprache als ihren eigentlichen Ausdruck geschaffen hat./

Die Sprache hat für alle die gleichen Fallen bereit; das ungeheure Netz gut erhaltener //gangbarer// Irrwege. Und so sehen wir also Einen nach dem Andern die gleichen Wege gehen und wissen schon, wo er jetzt abbiegen wird, wo er geradeaus fortgehen wird, ohne die Abzweigung zu bemerken, etc. etc. Ich sollte also an allen den Stellen, wo falsche Wege abzweigen, Tafeln aufstellen, die über die gefährlichen Punkte hinweghelfen.

Man hört immer wieder die Bemerkung, dass die Philosophie eigentlich keinen Fortschritt mache, dass die gleichen philosophischen Probleme, die schon die Griechen beschäftigten, uns noch beschäftigen. Die das aber sagen, verstehen nicht den Grund, warum es so ist //sein muss//. Der ist aber, dass unsere Sprache sich gleich geblieben ist und uns immer wieder zu denselben Fragen verführt. Solange es ein

Verbum ›sein‹ geben wird, das zu funktionieren scheint wie ›essen‹ und ›trinken‹, solange es Adjektive ›identisch‹, ›wahr‹, ›falsch‹, ›möglich‹ geben wird, solange von einem Fluss der Zeit und von einer Ausdehnung des Raumes die Rede sein wird, u.s.w., u.s.w., solange werden die Menschen immer wieder an die gleichen rätselhaften Schwierigkeiten stossen, und auf etwas starren, was keine Erklärung scheint wegheben zu können.

Und dies befriedigt im Übrigen ein Verlangen nach dem Überirdischen //Transcendenten//, denn, indem sie die »Grenze des menschlichen Verstandes« zu sehen glauben, glauben sie natürlich, über ihn hinaus sehen zu können.

Ich lese »... philosophers are no nearer to the meaning of ›Reality‹ than Plato got, ...«. Welche seltsame Sachlage. Wie sonderbar, dass Plato dann überhaupt so weit kommen konnte! Oder, dass wir dann nicht weiter kommen konnten! War es, weil Plato s o gescheit war?

Der Konflikt, in welchem wir uns in logischen Betrachtungen immer wieder befinden, ist wie der Konflikt zweier Personen, die miteinander einen Vertrag abgeschlossen haben, dessen letzte Formulierungen in leicht missdeutbaren Worten niedergelegt sind, wogegen die Erläuterungen zu diesen Formulierungen alles in unmissverständlicher Weise erklären. Die eine der beiden Personen nun hat ein kurzes Gedächtnis, vergisst die Erläuterungen immer wieder, missdeutet die Bestimmungen des Vertrages und kommt //gerät daher// fortwährend in Schwierigkeiten. Die andere muss immer von frischem an die Erläuterungen im Vertrag erinnern und die Schwierigkeit wegräumen.

Erinnere Dich daran, wie schwer es Kindern fällt, zu glauben, (oder einzusehen) dass ein Wort wirklich zwei ganz verschiedene Bedeutungen hat //haben kann//.

Das Ziel der Philosophie ist es, eine Mauer dort zu errichten, wo die Sprache ohnehin aufhört.

Die Ergebnisse der Philosophie sind die Entdeckung irgend eines schlichten Unsinns, und Beulen, die sich der Verstand beim Anrennen an die Grenze //das Ende// der Sprache geholt hat. Sie, die Beulen, lassen uns den Wert jener Entdeckung verstehen. //erkennen.//

Welcher Art ist unsere Untersuchung? Untersuche ich die Fälle, die ich als Beispiele anführe, auf ihre Wahrscheinlichkeit? oder Tatsächlichkeit? Nein, ich führe nur an, was möglich ist, gebe also grammatische Beispiele.

Philosophie wird nicht in Sätzen, sondern in einer Sprache niedergelegt.

Wie Gesetze nur Interesse gewinnen, wenn die Neigung besteht, sie zu übertreten, //wenn sie übertreten werden// so gewinnen gewisse grammatische Regeln erst dann Interesse, wenn die Philosophen sie übertreten möchten.

Die Wilden haben Spiele (der wir nennen es doch so), für die sie keine geschriebenen Regeln, kein Regelverzeichnis besitzen. Denken wir uns nun die Tätigkeit eines Forschers, die Länder dieser Völker zu bereisen und Regelverzeichnisse für ihre Spiele anzulegen. Das ist das ganze Analogon zu dem, was der Philosoph tut. ((Warum sage ich aber nicht: Die Wilden haben Sprachen (oder wir .....), ... keine geschriebene Grammatik haben ....«)).

Die philosophischen Probleme treten uns im praktischen Leben gar nicht entgegen (wie etwa die der Naturlehre), sondern erst, wenn wir uns bei der Bildung unserer Sätze nicht vom praktischen Zweck, sondern von gewissen Analogien in der Sprache leiten lassen.

Was zum Wesen der Welt gehört, kann die Sprache nicht ausdrücken. Daher kann sie nicht s a g e n, dass Alles fliesst. Nur was wir uns auch anders vorstellen können, kann die Sprache sagen.

Dass Alles fliesst, muss im Wesen der Berührung der Sprache mit der Wirklichkeit liegen. Oder besser: dass Alles fliesst, muss im Wesen der Sprache liegen. Und, erinnern wir uns: im gewöhnlichen Leben fällt uns das nicht auf – sowenig, wie die verschwommenen Ränder unseres Gesichtsfeldes (»weil wir so daran gewöhnt sind«, wird Mancher sagen). Wie, bei welcher Gelegenheit, glauben wir denn darauf aufmerksam zu werden? Ist es nicht, wenn wir Sätze gegen die Grammatik der Zeit bilden wollen?

Wenn man sagt, dass ›alles fliesst‹, so fühlen wir, dass wir gehindert sind, das Eigentliche, die eigentliche Realität festzuhalten. Der Vorgang auf der Leinwand entschlüpft uns eben, weil er ein Vorgang ist. Aber wir beschreiben doch etwas; und ist das ein anderer Vorgang? Die Beschreibung steht doch offenbar gerade mit dem Bild auf der Leinwand in Zusammenhang. Es muss dem Gefühl unserer Ohnmacht ein falsches Bild zugrunde liegen. Denn was wir beschreiben wollen können, das können wir beschreiben.

Ist nicht dieses falsche Bild das eines Bilderstreifens, der so geschwind vorbeiläuft, dass wir keine Zeit haben, ein Bild aufzufassen.

Wir würden nämlich in diesem Fall geneigt sein, dem

Bilde nachzulaufen. Aber dazu gibt es ja im Ablauf eines Vorgangs nichts analoges.

Es ist merkwürdig, dass wir das Gefühl, dass das Phänomen uns entschlüpft, den ständigen Fluss der Erscheinung, im gewöhnlichen Leben nie spüren, sondern erst, wenn wir philosophieren. Das deutet darauf hin, dass es sich hier um einen Gedanken handelt, der uns durch eine falsche Verwendung unserer Sprache suggeriert wird.

Das Gefühl ist nämlich, dass die Gegenwart in die Vergangenheit schwindet, ohne dass wir es hindern können. Und hier bedienen wir uns doch offenbar des Bildes eines Streifens, der sich unaufhörlich an uns vorbeibewegt und den wir nicht aufhalten können. Aber es ist natürlich ebenso klar, dass das Bild missbraucht ist. Dass man nicht sagen kann »die Zeit fliesst« wenn man mit »Zeit« die Möglichkeit der Veränderung meint.

Dass uns nichts auffällt, wenn wir uns umsehen, im Raum herumsehen, unseren eigenen Körper fühlen etc. etc., das zeigt, wie natürlich uns eben diese Dinge sind. Wir nehmen nicht wahr, dass wir den Raum perspektivisch sehen oder dass das Gesichtsbild gegen den Rand zu in irgendeinem Sinne verschwommen ist. Es fällt uns nie auf und kann uns nie auffallen, weil es die Art der Wahrnehmung ist. Wir denken nie darüber nach, und es ist unmöglich, weil es zu den Formen unserer Welt keinen Gegensatz gibt.

Ich wollte sagen, es ist merkwürdig, dass die, die nur den Dingen, nicht unseren Vorstellungen, Realität zuschreiben, sich in der Vorstellungswelt so selbstverständlich bewegen und sich nie aus ihr heraussehnen.

D. h., wie selbstverständlich ist doch das Gegebene. Es müsste mit allen Teufeln zugehen, wenn das das kleine, aus einem schiefen Winkel aufgenommene Bildchen wäre.

Dieses Selbstverständliche, das Leben, soll etwas Zufälliges, Nebensächliches sein; dagegen etwas, worüber ich mir normalerweise nie den Kopf zerbreche, das Eigentliche!

D. h., das, worüber hinaus man nicht gehen kann, noch gehen will, wäre nicht die Welt.

Immer wieder ist es der Versuch, die Welt in der Sprache abzugrenzen und hervorzuheben – was aber nicht geht. Die Selbstverständlichkeit der Welt drückt sich eben darin aus, dass die Sprache nur sie bedeutet, und nur sie bedeuten kann.

Denn, da die Sprache die Art ihres Bedeutens erst von ihrer Bedeutung, von der Welt, erhält, so ist keine Sprache denkbar, die nicht diese Welt darstellt.

In den Theorien und Streitigkeiten der Philosophie finden wir die Worte, deren Bedeutungen uns vom alltäglichen Leben her wohlbekannt sind, in einem ultraphysischen Sinne angewandt.

Wenn die Philosophen ein Wort gebrauchen und nach seiner Bedeutung forschen, muss man sich immer fragen: wird denn dieses Wort in der Sprache, die es geschaffen hat //für die es geschaffen ist//, je tatsächlich so gebraucht?

Man wird dann meistens finden, dass es nicht so ist, und das Wort gegen seine normale //entgegen seiner normalen// Grammatik gebraucht wird. (»Wissen«, »Sein«, »Ding«.)

(Die Philosophen sind oft wie kleine Kinder /Den Philosophen geht es oft wie den kleinen Kindern/, die zuerst mit ihrem Bleistift beliebige /irgend welche/ Striche auf ein Papier kritzeln und nun //dann// den Erwachsenen fragen »was ist das?« – Das ging so zu: Der Erwachsene hatte dem Kind öfters etwas vorgezeichnet und gesagt: »das ist ein Mann«, »das ist ein Haus«, u.s.w. Und nun macht das Kind auch Striche und fragt: was ist nun d a s?)

Methode in der Philosophie.
Möglichkeit des ruhigen Fortschreitens.

Die eigentliche Entdeckung ist die, die mich fähig macht, mit dem Philosophieren aufzuhören, wann ich will.

Die die Philosophie zur Ruhe bringt, so dass sie nicht mehr von Fragen gepeitscht ist //wird//, die sie selbst in Frage stellen.

Sondern es wird jetzt an Beispielen eine Methode gezeigt, und die Reihe dieser Beispiele kann man abbrechen //kann abgebrochen werden//.

Richtiger hiesse es aber: Es werden Probleme gelöst (Beunruhigungen //Schwierigkeiten// beseitigt), nicht ein Problem.

Die Unruhe in der Philosophie kommt daher, dass die Philosophen die Philosophie falsch ansehen, falsch sehen, nämlich gleichsam in (unendliche) Längsstreifen zerlegt, statt in (endliche) Querstreifen. Diese Umstellung der Auffassung macht die grösste Schwierigkeit. Sie wollen also gleichsam den unendlichen Streifen erfassen, und klagen, dass es //dies// nicht Stück für Stück möglich ist. Freilich nicht, wenn man unter einem Stück einen endlosen Längsstreifen versteht. Wohl aber, wenn man einen Querstreifen als Stück //ganzes, definitives Stück// sieht. – Aber dann kommen wir ja mit unserer Arbeit nie zu Ende! Freilich //Gewiss// nicht, denn sie hat ja keins.

(Statt der turbulenten Mutmassungen und Erklärungen wollen wir ruhige Darlegungen /Erwägung/ //Konstatierungen// sprachlicher Tatsachen geben. //von sprachlichen Tatsachen geben.//) //wollen wir die ruhige Feststellung sprachlicher Tatsachen.//

Wir müssen die ganze Sprache durchpflügen.

(Die meisten Menschen, wenn sie eine philosophische Untersuchung anstellen sollen, machen es wie Einer, der äusserst nervös einen Gegenstand in einer Lade sucht. Er wirft Papiere aus der Lade heraus – das Gesuchte mag darunter sein – blättert hastig und ungenau unter den übrigen. Wirft wieder einige in die Lade zurück, bringt sie mit den andern durcheinander, u.s.w.. Man kann ihm dann nur sagen: Halt, wenn Du so suchst, kann ich Dir nicht suchen helfen. Erst musst Du anfangen, in vollster Ruhe methodisch eines nach dem andern zu untersuchen; dann bin ich auch bereit, mit Dir zu suchen und mich auch in der Methode nach Dir zu richten.)

Die Mythologie in den Formen unserer Sprache. ((Paul Ernst.))

In den alten Riten haben wir den Gebrauch einer äusserst ausgebildeten Gebärdensprache.

Und wenn ich in Frazer lese, so möchte ich auf Schritt und Tritt sagen: Alle diese Prozesse, diese Wandlungen der Bedeutung, haben wir noch in unserer Wortsprache vor uns. Wenn das, was sich in der letzten Garbe verbirgt, der ›Kornwolf‹ genannt wird, aber auch diese Garbe selbst, und auch der Mann der sie bindet, so erkennen wir hierin einen uns wohlbekannten sprachlichen Vorgang.

Der Sündenbock, auf den man seine Sünde legt und der damit in die Wüste hinausläuft, – ein falsches Bild, ähnlich denen, die die philosophischen Irrtümer verursachen.

Ich möchte sagen: nichts zeigt unsere Verwandtschaft mit jenen Wilden besser, als dass Frazer ein ihm und uns so geläufiges Wort wie »ghost« oder »shade« bei der Hand hat, um die Ansichten dieser Leute zu beschreiben.

(Das ist ja doch etwas anderes, als wenn er etwa beschriebe, die Wilden bildeten //bilden// sich ein, dass ihnen ihr Kopf herunterfällt, wenn sie einen Feind erschlagen haben. Hier hätte unsere Beschreibung nichts Abergläubisches oder Magisches an sich.)

Ja, diese Sonderbarkeit bezieht sich nicht nur auf die Ausdrücke »ghost« und »shade«, und es wird viel zu wenig Aufhebens davon gemacht, dass wir das Wort »Seele«, »Geist« (»spirit«) zu unserem eigenen gebildeten Vokabular zählen. Dagegen ist es eine Kleinigkeit, dass wir nicht glauben, dass unsere Seele isst und trinkt.

In unserer Sprache ist eine ganze Mythologie niedergelegt.

Austreiben des Todes oder Umbringen des Todes; aber anderseits wird er als Gerippe dargestellt, also selbst in gewissem Sinne tot. »As dead as death«. ›Nichts ist so tot wie der Tod; nichts so schön wie die Schönheit selbst!‹ Das Bild, worunter man sich hier die Realität denkt ist, dass die Schönheit, der Tod, etc. die reine (konzentrierte) Substanz ist //reinen (konzentrierten) Substanzen sind//, während sie in einem schönen Gegenstand als Beimischung vorhanden ist //sind//. – Und erkenne ich hier nicht meine eigenen Betrachtungen über ›Gegenstand‹ und ›Komplex‹? (Plato.)

Die primitiven Formen unserer Sprache: Substantiv, Eigenschaftswort und Tätigkeitswort zeigen das einfache Bild, auf dessen Form sie alles zu bringen sucht.

Solange man sich unter der Seele ein Ding, einen Körper vorstellt, der in unserem Kopfe ist, solange ist diese Hypothese nicht gefährlich. Nicht in der Unvollkommenheit und Roheit unserer Modelle liegt die Gefahr, sondern in ihrer Unklarheit (Undeutlichkeit).

Die Gefahr beginnt, wenn wir merken, dass das alte Modell nicht genügt, es nun aber nicht ändern, sondern nur gleichsam sublimieren. Solange ich sage, der Gedanke ist in meinem Kopf, ist alles in Ordnung; gefährlich wird es, wenn wir sagen, der Gedanke ist nicht in meinem Kopfe, aber in meinem Geist.

* * *

Inwiefern ist die Logik etwas Sublimes?

Denn es schien, daß ihr eine besondere Tiefe – allgemeine Bedeutung – zukomme. Sie liege, so schien es, am Grunde aller Wissenschaften. – Denn die logische Betrachtung erforscht das Wesen aller Dinge. Sie will den Dingen auf den Grund sehen, und soll sich nicht um das So oder So des tatsächlichen Geschehens kümmern. – Sie entspringt nicht einem Interesse für Tatsachen des Naturgeschehens, noch dem Bedürfnisse, kausale Zusammenhänge zu erfassen, sondern einem Streben, das Fundament, oder Wesen, alles Erfahrungsmäßigen zu verstehen. Nicht aber, als sollten wir dazu neue Tatsachen aufspüren: es ist vielmehr für unsere Untersuchung wesentlich, daß wir nichts *Neues* mit ihr lernen wollen. Wir wollen etwas *verstehen*, was schon offen vor unsern Augen liegt. Denn *das* scheinen wir, in irgendeinem Sinne, nicht zu verstehen.

Augustinus (Conf. XI/14): »quid est ergo tempus? si nemo ex me quaerat scio; si quaerenti explicare velim, nescio.« – Dies könnte man nicht von einer Frage der Naturwissenschaft sagen (etwa der nach dem spezifischen Gewicht des Wasserstoffs). Das, was man weiß, wenn uns niemand fragt, aber nicht mehr weiß, wenn wir es erklären sollen, ist etwas, worauf man sich *besinnen* muß. (Und offenbar etwas, worauf man sich aus irgendeinem Grunde schwer besinnt.)

Es ist uns, als müßten wir die Erscheinungen *durchschauen*: unsere Untersuchung aber richtet sich nicht auf die *Erscheinungen*, sondern, wie man sagen könnte, auf die ›*Möglichkeiten*‹ der Erscheinungen. Wir besinnen uns, heißt das, auf die *Art der Aussagen*, die wir über die Erscheinungen machen. Daher besinnt sich auch Augustinus auf die verschiedenen Aussagen, die man über die Dauer von Ereignissen, über ihre Vergangenheit, Gegenwart, oder Zukunft macht. (Dies sind natürlich nicht *philosophische* Aussagen über die Zeit, Vergangenheit, Gegenwart und Zukunft.)

Unsere Betrachtung ist daher eine grammatische. Und diese Betrachtung bringt Licht in unser Problem, indem sie Mißverständnisse wegräumt. Mißverständnisse, die den Gebrauch von Worten betreffen; hervorgerufen, unter anderem, durch gewisse Analogien zwischen den Ausdrucksformen in verschiedenen Gebieten unserer Sprache. – Manche von ihnen lassen sich beseitigen, indem man eine Ausdrucksform durch eine andere ersetzt; dies kann man ein »Analysieren« unsrer Ausdrucksformen nennen, denn der Vorgang hat manchmal Ähnlichkeit mit einem Zerlegen.

Nun aber kann es den Anschein gewinnen, als gäbe es so etwas wie eine letzte Analyse unserer Sprachformen, also *eine* vollkommen zerlegte Form des Ausdrucks. D. h.: als seien unsere gebräuchlichen Ausdrucksformen, wesentlich, noch unanalysiert; als sei in ihnen etwas verborgen, was ans Licht zu befördern ist. Ist dies geschehen, so sei der Ausdruck damit vollkommen geklärt und unsre Aufgabe gelöst.

Man kann das auch so sagen: Wir beseitigen Mißverständnisse, indem wir unsern Ausdruck exakter machen: aber es kann nun so scheinen, als ob wir einem bestimmten Zustand, der vollkommenen Exaktheit, zustreben; und als wäre das das eigentliche Ziel unserer Untersuchung.

Dies drückt sich aus in der Frage nach dem *Wesen* der

Sprache, des Satzes, des Denkens. – Denn wenn wir auch in unsern Untersuchungen das Wesen der Sprache – ihre Funktion, ihren Bau – zu verstehen trachten, so ist es doch nicht *das*, was diese Frage im Auge hat. Denn sie sieht in dem Wesen nicht etwas, was schon offen zutage liegt und was durch Ordnen *übersichtlich* wird. Sondern etwas, was *unter* der Oberfläche liegt. Etwas, was im Innern liegt, was wir sehen, wenn wir die Sache durchschauen, und was eine Analyse hervorgraben soll.

›*Das Wesen ist uns verborgen*‹: das ist die Form, die unser Problem nun annimmt. Wir fragen: »*Was ist* die Sprache?«, »*Was ist* der Satz?«. Und die Antwort auf diese Fragen ist ein für allemal zu geben; und unabhängig von jeder künftigen Erfahrung.

* * *

Hier ist es schwer, gleichsam den Kopf oben zu behalten, – zu sehen, daß wir bei den Dingen des alltäglichen Denkens bleiben müssen, um nicht auf den Abweg zu geraten, wo es scheint, als müßten wir die letzten Feinheiten beschreiben, die wir doch wieder mit unsern Mitteln gar nicht beschreiben könnten. Es ist uns, als sollten wir ein zerstörtes Spinnennetz mit unsern Fingern in Ordnung bringen.

Je genauer wir die tatsächliche Sprache betrachten, desto stärker wird der Widerstreit zwischen ihr und unsrer Forderung. (Die Kristallreinheit der Logik hatte sich mir ja nicht *ergeben*; sondern sie war eine Forderung.) Der Widerstreit wird unerträglich; die Forderung droht nun, zu etwas Leerem zu werden. – Wir sind aufs Glatteis geraten, wo die Reibung fehlt, also die Bedingungen in gewissem Sinne ideal sind, aber wir eben deshalb auch nicht gehen können. Wir wollen gehen; dann brauchen wir die *Reibung*. Zurück auf den rauhen Boden!

Wir erkennen, daß, was wir »Satz«, »Sprache«, nennen, nicht die formelle Einheit ist, die ich mir vorstellte, sondern die Familie mehr oder weniger miteinander verwandter Gebilde. – Was aber wird nun aus der Logik? Ihre Strenge scheint hier aus dem Leim zu gehen. – Verschwindet sie damit aber nicht ganz? – Denn wie kann die Logik ihre Strenge verlieren? Natürlich nicht dadurch, daß man ihr etwas von ihrer Strenge abhandelt. – Das *Vorurteil* der Kristallreinheit kann nur so beseitigt werden, daß wir unsere ganze Betrachtung drehen. (Man könnte sagen: Die Betrachtung muß gedreht werden, aber um unser eigentliches Bedürfnis als Angelpunkt.)

Die Philosophie der Logik redet in keinem andern Sinn von Sätzen und Wörtern, als wir es im gewöhnlichen Leben tun, wenn wir etwa sagen »hier steht ein chinesischer Satz aufgeschrieben«, oder »nein, das sieht nur aus wie Schriftzeichen, ist aber ein Ornament« etc.

Wir reden von dem räumlichen und zeitlichen Phänomen der Sprache; nicht von einem unräumlichen und unzeitlichen Unding. [*Randbemerkung.* Nur kann man sich in verschiedener Weise für ein Phänomen interessieren.] Aber wir reden von ihr so, wie von den Figuren des Schachspiels, indem wir Spielregeln für sie angeben, nicht ihre physikalischen Eigenschaften beschreiben.

Die Frage »Was ist eigentlich ein Wort?« ist analog der »Was ist eine Schachfigur?«

Richtig war, daß unsere Betrachtungen nicht wissenschaftliche Betrachtungen sein durften. Die Erfahrung, ›daß sich das oder das denken lasse, entgegen unserm Vorurteil‹ – was immer das heißen mag – konnte uns nicht interessieren. (Die pneumatische Auffassung des Denkens.) Und wir dürfen keinerlei Theorie aufstellen. Es darf nichts Hypothetisches in unsern Betrachtungen sein. Alle *Erklärung* muß fort, und nur Beschreibung an ihre Stelle treten. Und diese Beschreibung empfängt ihr Licht, d.i. ihren Zweck, von den philosophischen Problemen. Diese sind freilich keine empirischen, sondern sie werden durch eine Einsicht in das Arbeiten unserer Sprache gelöst, und zwar so, daß dieses erkannt wird: *entgegen* einem Trieb, es mißzuverstehen. Diese Probleme werden gelöst, nicht durch Beibringen neuer Erfahrung, sondern durch Zusammenstellung des längst Bekannten. Die Philosophie ist ein Kampf gegen die Verhexung unsres Verstandes durch die Mittel unserer Sprache.

»Die Sprache (oder das Denken) ist etwas Einzigartiges« – das erweist sich als ein Aberglaube (nicht Irrtum!), hervorgerufen selbst durch grammatische Täuschungen.

Und auf diese Täuschungen, auf die Probleme, fällt nun das Pathos zurück.

Die Probleme, die durch ein Mißdeuten unserer Sprachformen entstehen, haben den Charakter der *Tiefe*. Es sind tiefe Beunruhigungen; sie wurzeln so tief in uns wie die Formen unserer Sprache, und ihre Bedeutung ist so groß wie die Wichtigkeit unserer Sprache. – Fragen wir uns: Warum empfinden wir einen grammatischen Witz als *tief*? (Und das ist ja die philosophische Tiefe.)

Ein Gleichnis, das in die Formen unserer Sprache aufgenommen ist, bewirkt einen falschen Schein; der beunruhigt uns: »Es ist doch nicht *so*!« – sagen wir. »Aber es muß doch *so sein*!«

»Es ist doch *so* –« sage ich wieder und wieder vor mich hin. Es ist mir, als müßte ich das Wesen der Sache erfassen, wenn ich meinen Blick nur *ganz scharf* auf dies Faktum einstellen, es in den Brennpunkt rücken könnte.

Logisch-Philosophische Abhandlung 4.5: »Die allgemeine Form des Satzes ist: Es verhält sich so und so«. – Das ist ein

Satz von jener Art, die man sich unzählige Male wiederholt. Man glaubt, wieder und wieder der Natur nachzufahren, und fährt nur der Form entlang, durch die wir sie betrachten.

Ein *Bild* hielt uns gefangen. Und heraus konnten wir nicht, denn es lag in unsrer Sprache, und sie schien es uns nur unerbittlich zu wiederholen.

Wenn die Philosophen ein Wort gebrauchen – »Wissen«, »Sein«, »Gegenstand«, »Ich«, »Satz«, »Name« – und das *Wesen* des Dings zu erfassen trachten, muß man sich immer fragen: Wird denn dieses Wort in der Sprache, in der es seine Heimat hat, je tatsächlich so gebraucht? –
Wir führen die Wörter von ihrer metaphysischen, wieder auf ihre alltägliche Verwendung zurück.

Man sagt mir: »Du verstehst doch diesen Ausdruck? Nun also, – in der Bedeutung, die du kennst, gebrauche auch ich ihn.« – Als wäre die Bedeutung ein Dunstkreis, den das Wort mitbringt und in jederlei Verwendung hinübernimmt.

Wenn z. B. Einer sagt, der Satz »Dies ist hier« (wobei er vor sich hin auf einen Gegenstand zeigt) habe für ihn Sinn, so möge er sich fragen, unter welchen besonderen Umständen man diesen Satz tatsächlich verwendet. In diesen hat er dann Sinn.

Woher nimmt die Betrachtung ihre Wichtigkeit, da sie doch nur alles Interessante, d. h. alles Große und Wichtige, zu zerstören scheint? (Gleichsam alle Bauwerke; indem sie nur Steinbrocken und Schutt übrig läßt.) Aber es sind nur Luftgebäude, die wir zerstören, und wir legen den Grund der Sprache frei, auf dem sie standen.

Die Ergebnisse der Philosophie sind die Entdeckung irgendeines schlichten Unsinns und Beulen, die sich der

Verstand beim Anrennen an die Grenze der Sprache geholt hat. Sie, die Beulen, lassen uns den Wert jener Entdeckung erkennen.

Wenn ich über Sprache (Wort, Satz etc.) rede, muß ich die Sprache des Alltags reden. Ist diese Sprache etwa zu grob, materiell, für das, was wir sagen wollen? *Und wie wird denn eine andere gebildet?* – Und wie merkwürdig, daß wir dann mit der unsern überhaupt etwas anfangen können!

Daß ich bei meinen Erklärungen, die Sprache betreffend, schon die volle Sprache (nicht etwa eine vorbereitende, vorläufige) anwenden muß, zeigt schon, daß ich nur Äußerliches über die Sprache vorbringen kann.

Ja, aber wie können uns diese Ausführungen dann befriedigen? – Nun, deine Fragen waren ja auch schon in dieser Sprache abgefaßt; mußten in dieser Sprache ausgedrückt werden, wenn etwas zu fragen war!

Und deine Skrupel sind Mißverständnisse.

Deine Fragen beziehen sich auf Wörter; so muß ich von Wörtern reden.

Man sagt: Es kommt nicht aufs Wort an, sondern auf seine Bedeutung; und denkt dabei an die Bedeutung, wie an eine Sache von der Art des Worts, wenn auch vom Wort verschieden. Hier ist das Wort, hier die Bedeutung. Das Geld und die Kuh, die man dafür kaufen kann. (Anderseits aber: das Geld, und sein Nutzen.)

Man könnte meinen: wenn die Philosophie vom Gebrauch des Wortes »Philosophie« redet, so müsse es eine Philosophie zweiter Ordnung geben. Aber es ist eben nicht so; sondern der Fall entspricht dem der Rechtschreibelehre, die es auch mit dem Wort »Rechtschreibelehre« zu tun hat, aber dann nicht eine solche zweiter Ordnung ist.

Es ist eine Hauptquelle unseres Unverständnisses, daß wir den Gebrauch unserer Wörter nicht *übersehen*. – Unserer Grammatik fehlt es an Übersichtlichkeit. – Die übersichtliche Darstellung vermittelt das Verständnis, welches eben darin besteht, daß wir die ›Zusammenhänge sehen‹. Daher die Wichtigkeit des Findens und des Erfindens von *Zwischengliedern*.

Der Begriff der übersichtlichen Darstellung ist für uns von grundlegender Bedeutung. Er bezeichnet unsere Darstellungsform, die Art, wie wir die Dinge sehen. (Ist dies eine ›Weltanschauung‹?)

Ein philosophisches Problem hat die Form: »Ich kenne mich nicht aus.«

Die Philosophie darf den tatsächlichen Gebrauch der Sprache in keiner Weise antasten, sie kann ihn am Ende also nur beschreiben.

Denn sie kann ihn auch nicht begründen.

Sie läßt alles, wie es ist.

Sie läßt auch die Mathematik, wie sie ist, und keine mathematische Entdeckung kann sie weiterbringen. Ein »führendes Problem der mathematischen Logik« ist für uns ein Problem der Mathematik, wie jedes andere.

Es ist nicht Sache der Philosophie, den Widerspruch durch eine mathematische, logisch-mathematische, Entdekkung zu lösen. Sondern den Zustand der Mathematik, der uns beunruhigt, den Zustand *vor* der Lösung des Widerspruchs, übersehbar zu machen. (Und damit geht man nicht etwa einer Schwierigkeit aus dem Wege.)

Die fundamentale Tatsache ist hier: daß wir Regeln, eine Technik, für ein Spiel festlegen, und daß es dann, wenn wir den Regeln folgen, nicht so geht, wie wir angenommen hatten. Daß wir uns also gleichsam in unsern eigenen Regeln verfangen.

Dieses Verfangen in unsern Regeln ist, was wir verstehen, d. h. übersehen wollen.

Es wirft ein Licht auf unsern Begriff des Meinens. Denn es kommt also in jenen Fällen anders, als wir es gemeint, vorausgesehen, hatten. Wir sagen eben, wenn, z. B., der Widerspruch auftritt: »So hab' ich's nicht gemeint.«

Die bürgerliche Stellung des Widerspruchs, oder seine Stellung in der bürgerlichen Welt: das ist das philosophische Problem.

Die Philosophie stellt eben alles bloß hin, und erklärt und folgert nichts. – Da alles offen daliegt, ist auch nichts zu erklären. Denn, was etwa verborgen ist, interessiert uns nicht.

»Philosophie« könnte man auch das nennen, was *vor* allen neuen Entdeckungen und Erfindungen möglich ist.

Die Arbeit des Philosophen ist ein Zusammentragen von Erinnerungen zu einem bestimmten Zweck.

Wollte man *Thesen* in der Philosophie aufstellen, es könnte nie über sie zur Diskussion kommen, weil Alle mit ihnen einverstanden wären.

Die für uns wichtigsten Aspekte der Dinge sind durch ihre Einfachheit und Alltäglichkeit verborgen. (Man kann es nicht bemerken, – weil man es immer vor Augen hat.) Die eigentlichen Grundlagen seiner Forschung fallen dem Menschen gar nicht auf. Es sei denn, daß ihm *dies* einmal aufgefallen ist. – Und das heißt: das, was, einmal gesehen, das Auffallendste und Stärkste ist, fällt uns nicht auf.

Unsere klaren und einfachen Sprachspiele sind nicht Vorstudien zu einer künftigen Reglementierung der Sprache, – gleichsam erste Annäherungen, ohne Berücksichtigung der Reibung und des Luftwiderstands. Vielmehr stehen die Sprachspiele da als *Vergleichsobjekte*, die durch Ähnlichkeit und Unähnlichkeit ein Licht in die Verhältnisse unsrer Sprache werfen sollen.

Nur so nämlich können wir der Ungerechtigkeit, oder Leere unserer Behauptungen entgehen, indem wir das Vorbild als das, was es ist, als Vergleichsobjekt – sozusagen als Maßstab – hinstellen; und nicht als Vorurteil, dem die Wirklichkeit entsprechen *müsse*. (Der Dogmatismus, in den wir beim Philosophieren so leicht verfallen.)

Wir wollen in unserm Wissen vom Gebrauch der Sprache eine Ordnung herstellen: eine Ordnung zu einem bestimmten Zweck; eine von vielen möglichen Ordnungen; nicht *die* Ordnung. Wir werden zu diesem Zweck immer wieder Unterscheidungen *hervorheben*, die unsere gewöhnlichen Sprachformen leicht übersehen lassen. Dadurch kann es den Anschein gewinnen, als sähen wir es als unsre Aufgabe an, die Sprache zu reformieren.

So eine Reform für bestimmte praktische Zwecke, die Verbesserung unserer Terminologie zur Vermeidung von Mißverständnissen im praktischen Gebrauch, ist wohl möglich. Aber das sind nicht die Fälle, mit denen wir es zu tun haben. Die Verwirrungen, die uns beschäftigen, entstehen gleichsam, wenn die Sprache leerläuft, nicht wenn sie arbeitet.

Wir wollen nicht das Regelsystem für die Verwendung unserer Worte in unerhörter Weise verfeinern oder vervollständigen.

Denn die Klarheit, die wir anstreben, ist allerdings eine *vollkommene*. Aber das heißt nur, daß die philosophischen Probleme *vollkommen* verschwinden sollen.

* * *

Und sagt man denn vom Satz »Es regnet«, er sage: es verhält sich so und so? Welches ist denn der alltägliche Gebrauch dieses Ausdrucks in der gewöhnlichen Sprache?

Denn von diesem Gebrauch hast ja du ihn gelernt. Verwendest du ihn nun gegen seinen ursprünglichen Gebrauch und denkst, du spielest noch das alte Spiel mit ihm, so ist das, als wenn du mit Schachfiguren Dame spieltest und dir einbildetest, das Spiel habe noch etwas vom Geist des Schachs.

Ausdehnung eines Begriffs in einer *Theorie* (z. B. ›Wunschtraum‹).

Wer philosophiert, macht oft zu einem Wortausdruck die falsche, unpassende, Geste.

(Man sagt das *Gewöhnliche*, – mit der falschen Gebärde.)

Wie kommt es, daß die Philosophie ein so komplizierter Bau ist? Sie sollte doch gänzlich einfach sein, wenn sie jenes Letzte, von aller Erfahrung Unabhängige, ist, wofür du sie ausgibst. – Die Philosophie löst Knoten auf in unserm Denken: daher muß ihr Resultat einfach sein, das Philosophieren aber so kompliziert wie die Knoten, welche es auflöst.

(Wie man manchmal eine Musik nur im inneren Ohr reproduzieren kann, aber sie nicht pfeifen, weil das Pfeifen schon die innere Stimme übertönt, so ist manchmal die Stimme eines philosophischen Gedankens so leise, daß sie vom Lärm des gesprochenen Wortes schon übertönt wird und nicht mehr gehört werden kann, wenn man gefragt wird und reden soll.)

Plato: » – Wie? sagte er, die sollte nicht nutzen? Denn wenn doch einmal die Besonnenheit die Erkenntnis der Erkenntnisse ist und den andern Erkenntnissen vorsteht, so muß sie ja auch dieser sich auf das Gute beziehenden Erkenntnis vorstehen und uns so doch nutzen. – Macht auch sie uns, sprach ich, etwa gesund und nicht die Heilkunde? Und so auch mit den andern Künsten; verrichtet sie die

Geschäfte derselben und nicht vielmehr jede von ihnen das Ihrige? Oder haben wir nicht lange schon eingestanden, daß sie nur der Erkenntnisse und Unkenntnisse Erkenntnis wäre und keiner anderen Sache? – Allerdings wohl. – Sie also wird uns nicht die Gesundheit bewirken? – Wohl nicht. – Weil nämlich die Gesundheit für eine andere Kunst gehört? – Ja. – Also auch nicht den Nutzen, Freund, wird sie uns bewirken. Denn auch dieses Geschäft haben wir jetzt einer andern Kunst beigelegt. – Freilich. – Wie kann also die Besonnenheit nützlich sein, wenn sie uns gar keinen Nutzen bringt?«

(Der Philosoph ist nicht Bürger einer Denkgemeinde. Das ist, was ihn zum Philosophen macht.)

Manche Philosophen (oder wie man sie nennen soll) leiden an dem, was man »loss of problems«, »Problemverlust« nennen kann. Es scheint ihnen dann alles ganz einfach, und es scheinen keine tiefen Probleme mehr zu existieren, die Welt wird weit und flach und verliert jede Tiefe; und was sie schreiben, wird unendlich seicht und trivial. Russell und H. G. Wells haben dieses Leiden.

... quia plus loquitur inquisitio quam inventio ... (Augustinus.)

Philosophische Untersuchungen: begriffliche Untersuchungen. Das Wesentliche der Metaphysik: daß sie den Unterschied zwischen sachlichen und begrifflichen Untersuchungen verwischt.

Das Fundamentale grammatisch ausgedrückt: Wie ist es mit dem Satz »man kann nicht zweimal in den gleichen Fluß steigen«?

Man kann in gewissem Sinn mit philosophischen Irrtümern nicht vorsichtig genug umgehn, sie enthalten so viel Wahrheit.

* * *

Leute sagen gelegentlich, sie könnten das und das nicht beurteilen, sie hätten nicht Philosophie gelernt. Dies ist ein irritierender Unsinn; denn es wird vorgegeben, die Philosophie sei irgendeine Wissenschaft. Und man redet von ihr etwa wie von der Medizin. – Das aber kann man sagen, daß Leute, die nie eine Untersuchung philosophischer Art angestellt haben, wie die meisten Mathematiker z. B., nicht mit den richtigen Sehwerkzeugen für derlei Untersuchung oder Prüfung ausgerüstet sind. Beinahe, wie Einer, der nicht gewohnt ist, im Wald nach Blumen, Beeren oder Kräutern zu suchen, keine findet, weil sein Auge für sie nicht geschärft ist, und er nicht weiß, wo insbesondere man nach ihnen ausschauen muß. So geht der in der Philosophie Ungeübte an allen Stellen vorbei, wo Schwierigkeiten unter dem Gras verborgen liegen, während der Geübte dort stehenbleibt und fühlt, hier sei eine Schwierigkeit, obgleich er sie noch nicht sieht. – Und kein Wunder, wenn man weiß, wie lange auch der Geübte, der wohl merkt, hier liege eine Schwierigkeit, suchen muß, um sie zu finden.

Wenn etwas gut versteckt ist, ist es schwer zu finden.

15

Ethik, Leben, Glaube

Es geht, wie Sie wissen, um die Ethik, und dabei werde ich mir die Worterklärung zu eigen machen, die G. E. Moore in seinem Buch *Principia Ethica* gibt. Er sagt dort: »Die Ethik ist die allgemeine Untersuchung dessen, was gut ist.« Ich werde nun den Ausdruck »Ethik« in etwas weiterem Sinne gebrauchen, ja in einem Sinne, der den nach meiner Überzeugung wesentlichsten Teil dessen mit umfaßt, was man im allgemeinen Ästhetik nennt. Um möglichst deutlich sichtbar zu machen, was nach meiner Auffassung der Gegenstand der Ethik ist, werde ich Ihnen eine Reihe mehr oder weniger synonymer Ausdrücke vorlegen, die man jeweils an die Stelle der eben genannten Definition setzen könnte, und durch ihre Aufzählung möchte ich einen Effekt der gleichen Art erzielen wie Galton, als er dieselbe Platte mit den Aufnahmen verschiedener Gesichter belichtete, um so das Bild der typischen, allen gemeinsamen Merkmale zu erhalten. Und ebenso, wie ich durch Vorführen einer solchen Kollektivphotographie deutlich machen könnte, wie etwa das typische Chinesengesicht aussieht, so werden Sie durch Betrachtung der vorgelegten Synonymenreihe hoffentlich imstande sein, die charakteristischen Merkmale zu erkennen, die allen diesen Ausdrücken gemein sind, und dies sind eben die charakteristischen Merkmale der Ethik. Anstelle der Formulierung »Die Ethik ist die allgemeine Untersuchung dessen, was gut ist« hätte ich sagen können, die Ethik sei die Untersuchung dessen, was Wert hat, bzw. dessen, was wirklich wichtig ist. Oder ich hätte sagen können, in der Ethik gehe es darum, den Sinn des Lebens zu erkunden, zu untersuchen, was das Leben lebenswert macht, oder zu erforschen, welches die rechte Art zu leben ist. Ich nehme an, wenn Sie sich alle diese Formulierungen anschauen, werden Sie eine ungefähre Vorstellung davon gewinnen, womit sich die Ethik beschäftigt. Das erste, was einem nun bei allen diesen Ausdrücken auffällt, ist, daß jeder von ihnen eigentlich in zwei ganz verschiedenen Bedeutungen verwendet wird. Einerseits, werde ich sagen, verwenden wir sie im hausbackenen oder relativen Sinn, andererseits im ethischen oder absoluten Sinn. Behaupte ich z. B., dies sei ein *guter* Stuhl, so heißt das: dieser Stuhl erfüllt einen gewissen im voraus bestimmten Zweck, und das Wort »gut« hat hier nur insoweit Bedeutung, als dieser Zweck vorher festgelegt worden ist. Im Grunde bedeutet das Wort »gut« im relativen Sinne schlicht das gleiche wie: einem vorher festgelegten Maßstab gerecht werden. Wenn wir sagen, dieser Mann hier sei ein guter Pianist, meinen wir demnach, daß er Stücke eines bestimmten Schwierigkeitsgrads mit einem gewissen Grad an Fingerfertigkeit spielen kann. Und wenn ich sage, es sei *wichtig* für mich, keinen Schnupfen zu bekommen, so meine ich dementsprechend, daß ein Schnupfen mir das Leben in dieser oder jener beschreibbaren Weise schwermacht; und wenn ich sage, daß dies die *richtige* Straße ist, so meine ich, es sei die richtige Straße mit Bezug auf ein gegebenes Ziel. So verwendet, werfen diese Ausdrücke keine schwierigen oder tiefen Probleme auf. Dies ist jedoch nicht die Weise, in der sie in der Ethik verwendet werden. Angenommen, ich könnte Tennis spielen, und einer von Ihnen beobachtete mich beim Spiel und sagte: »Na, Sie spielen aber ziemlich schlecht«, und ferner angenommen, ich erwiderte: »Das weiß ich, ich spiele schlecht, aber ich will gar nicht besser spielen«, dann bliebe dem anderen gar nichts anderes übrig als zu antworten: »Schon recht, dann ist ja alles in Ordnung.« Aber denken wir uns, ich hätte einen von Ihnen aberwitzig angelogen, und nun käme er auf mich zu und sagte: »Sie benehmen sich abscheulich.« Wenn ich darauf erwiderte: »Ich weiß, daß ich mich schlecht benehme, aber ich will mich gar nicht besser benehmen«, könnte der andere dann antworten: »Schon recht, dann ist ja alles in Ordnung«? Nein, das ginge bestimmt nicht, sondern er würde sagen: »Na, dann *sollten* Sie sich aber besser benehmen wollen.« Hier haben wir es mit einem absoluten Werturteil zu tun, während der erste Fall ein Beispiel für ein relatives Werturteil war. Im wesentlichen, scheint es, läuft dieser Unterschied offenbar auf folgendes hinaus: Jedes relative Werturteil ist bloß eine Aussage über Faktisches und kann daher so ausgedrückt werden, daß es auch der Form nach nicht mehr wie ein Werturteil wirkt: Anstelle des Satzes »Dies ist der richtige Weg nach Granchester« hätte ich ebensogut sagen können: »Dies ist der richtige Weg, den Sie nehmen müssen, wenn Sie in möglichst kurzer Zeit Granchester erreichen wollen«; »Dieser Mann ist ein guter Läufer« bedeutet schlicht und einfach, daß er soundso viele Meilen in soundso viel Minuten zurücklegt, usw. Nun möchte ich folgende Behauptung aufstellen: Alle relativen Werturteile sind zwar, wie sich zeigen läßt, bloße Aussagen über Faktisches, doch keine Faktenaussage kann je ein absolutes Werturteil abgeben oder implizieren. Lassen Sie mich das erklären: Angenommen, einer von Ihnen wäre allwissend; er kennt also die Bewegungen aller toten oder lebendigen Körper in der Welt, und er kennt auch sämtliche Bewußtseinszustände aller Menschen, die je gelebt haben, und falls er alles, was er weiß, in ein großes Buch eintrüge, so enthielte dieses Buch die gesamte Beschreibung der Welt. Ich möchte nun darauf hinaus, daß dieses Buch nichts enthielte, was wir ein *ethisches* Urteil nennen würden, bzw. nichts, was ein solches Urteil logisch implizierte. Freilich enthielte es alle relativen Werturteile sowie alle wahren wissenschaftlichen Sätze und sogar alle wahren Aussagen, die sich überhaupt artikulieren lassen. Doch alle diese beschriebenen Fakten stünden gleichsam auf derselben Ebene, und ebenso stehen sämtliche Sätze auf derselben Ebene. Es gibt keine Sätze, die in einem absoluten Sinne erhaben, wichtig oder belanglos sind. Nun werden einige von Ihnen damit vielleicht einverstanden sein und dabei an Hamlets Worte denken: »An sich ist nichts weder gut noch böse; das Denken macht es erst dazu.« Aber auch das könnte wieder zu einem Mißverständnis führen. Aus dem, was Hamlet sagt, scheint zu folgen, daß das Gute und das Böse zwar keine Eigenschaften der Welt außer uns, wohl aber Attribute unserer Bewußtseinszustände sind. Ich meine jedoch, daß ein Bewußtseinszustand, soweit wir darunter eine beschreibbare Tatsache verstehen, in keinem ethischen Sinne gut oder böse ist. Wenn wir z. B. in unserem Welt-Buch die Schilderung eines Mordes mit sämtlichen physischen und psychischen Einzelheiten lesen, wird die bloße Beschreibung dieser Fakten nichts enthalten, was wir als *ethischen* Satz bezeichnen könnten. Der Mord wird auf genau derselben Ebene stehen wie jedes sonstige Ereignis, etwa das Fallen eines Steins. Gewiß, es kann sein, daß die Lektüre dieser Schilderung Kummer oder Zorn oder sonst ein Gefühl in uns hervorruft, oder es wäre möglich, daß wir etwas über den Kummer oder den Zorn lesen, die durch diesen Mord bei anderen hervorgerufen wurden, als sie davon hörten, doch das sind bloß Fakten, Fakten und nochmals Fakten, aber keine Ethik. Und nun muß ich sagen, daß dieses Resultat im Grunde in die Augen springt, sobald ich mir überlege, was die Ethik eigentlich sein müßte, wenn es eine derartige Wissenschaft überhaupt gäbe. Es liegt, wie mir scheint, auf der Hand, daß nichts, was wir je zu denken oder zu sagen imstande wären, *die* Sache sein könnte; daß wir kein wissenschaftliches Buch schreiben können, dessen Gegenstand womöglich an und für sich erhaben und etwas Höheres wäre als alle anderen Gegenstände. Ich kann mein Gefühl nur mit Hilfe dieser Metapher schildern: Wäre jemand imstande, ein Buch über Ethik zu schreiben, das wirklich ein Buch über Ethik wäre, so würde dieses Buch mit einem Knall sämtliche anderen Bücher auf der Welt vernichten.

Werden unsere Wörter so verwendet wie in der Wissenschaft, sind sie Gefäße, die nichts weiter zu enthalten und mitzuteilen vermögen als Bedeutung und Sinn, *natürliche* Bedeutung und *natürlichen* Sinn. Die Ethik ist, sofern sie überhaupt etwas ist, übernatürlich, und unsere Worte werden nur Fakten ausdrücken; so, wie in eine Teetasse eben nur eine Teetasse voll Wasser hineingeht, und wenn ich's literweise darübergösse. Soweit es um Tatsachen und Sätze geht, gibt es wie gesagt nur relativen Wert und relativ Gutes, Richtiges usw. Und ehe ich fortfahre, möchte ich dies an einem recht naheliegenden Beispiel veranschaulichen. Die richtige Straße ist die Straße, die zu einem willkürlich im voraus festgelegten Ziel führt, und es ist uns allen völlig klar, daß es keinen Sinn hat, unabhängig von einem solchen vorher bestimmten Ziel über die richtige Straße zu reden. Nun wollen wir einmal schauen, was wir möglicherweise unter dem Ausdruck »*die* absolut richtige Straße« verstehen könnten. Ich nehme an, es wäre die Straße, die *jeder*, wenn er sie erblickte, *mit logischer Notwendigkeit* gehen müßte; ginge er sie nicht, müßte er sich schämen. Das gleiche gilt für das *absolut Gute*; wäre es ein beschreibbarer Sachverhalt, müßte ihn jeder – unabhängig von seinen jeweiligen Vorlieben und Neigungen – *notwendig* herbeiführen oder sich schuldig fühlen, weil er ihn nicht herbeiführt. Ein solcher Sachverhalt, möchte ich behaupten, ist ein Hirngespinst. Es gibt keinen Sachverhalt, der – wie ich es einmal nennen möchte –, die Zwangsgewalt eines absoluten Richters besitzt. Aber was ist dann das, was uns allen vorschwebt, die, wie ich selbst, dennoch versucht sind, Ausdrücke wie »das absolut Gute«, »absoluter Wert« usw. zu verwenden – was ist das, was wir uns bemühen zum Ausdruck zu bringen? Immer, wenn ich mir dies klarzumachen versuche, kommen mir natürlich Fälle in den Sinn, in denen ich diese Ausdrücke gewiß verwenden würde, und dann befinde ich mich in der gleichen Situation, in der Sie sich befänden, wenn ich nun einen Vortrag über den psychologischen Begriff des Genießens hielte. Sie würden dann nämlich versuchen, sich eine typische Situation ins Gedächtnis zu rufen, in der Sie stets Genuß empfinden. Denn wenn Sie sich diese Situation vorstellen, würde alles, was ich sagte, konkret und sozusagen überprüfbar. Der eine würde als Paradebeispiel vielleicht an die Situation denken, in der er an einem schönen Sommertag spazierengeht. Wenn ich mich nun darauf konzentrieren möchte, was ich unter absolutem oder ethischem Wert verstehe, bin ich ebenfalls in einer solchen Lage. Und da geschieht es mir, in meinem eigenen Fall, immer wieder, daß mir die Vorstellung eines ganz bestimmten Erlebnisses in den Sinn kommt, und das ist daher gewissermaßen mein Erlebnis par excellence, weshalb ich jetzt, indem ich zu Ihnen spreche, dieses Erlebnis als mein erstes und wichtigstes Beispiel anführen werde. (Dies ist, wie gesagt, eine ganz persönliche Sache, und andere würden andere Beispiele eher frappierend finden.) Dieses Erlebnis will ich beschreiben, um Sie nach Möglichkeit dazu anzuregen, sich das gleiche oder ähnliche Erlebnisse ins Gedächtnis zu rufen, so daß wir eine gemeinsame Grundlage haben für unsere Untersuchung. Am ehesten läßt sich dieses Erlebnis, glaube ich, mit den Worten beschreiben, daß ich, wenn ich es habe, *über die Existenz der Welt staune*. Dann neige ich dazu, Formulierungen der folgenden Art zu verwenden: »Wie sonderbar, daß überhaupt etwas existiert«, oder »Wie seltsam, daß die Welt existiert«. Hier werde ich gleich anschließend ein weiteres Erlebnis erwähnen, das mir ebenfalls vertraut ist und das womöglich auch manchem von Ihnen bekannt ist. Dies könnte man das Erlebnis der *absoluten* Sicherheit nennen. Damit meine ich den Bewußtseinszustand, in dem man zu sagen neigt: »Ich bin in Sicherheit, nichts kann mir weh tun, egal, was passiert.« Nun möchte ich diese Erlebnisse näher betrachten, denn sie legen meines Erachtens genau die Merkmale an den Tag, über die wir uns klar zu werden versuchen. Und da muß ich als allererstes feststellen, daß der sprachliche Ausdruck dieser Erlebnisse

Unsinn ist! Wenn ich sage: »Ich staune über die Existenz der Welt«, mißbrauche ich die Sprache. Lassen Sie mich das erklären: Es ist völlig sinnvoll und klar, wenn man sagt, man staune darüber, daß etwas der Fall sei; wir alle verstehen, was mit der Äußerung gemeint ist, daß ich über die riesige Gestalt eines Hundes staune, der größer ist als jeder andere, den ich bisher gesehen habe, bzw. daß ich über sonst etwas staune, was im gewöhnlichen Sinne des Wortes aus dem Rahmen fällt. In jeder derartigen Situation staune ich darüber, daß etwas der Fall ist, wovon ich mir vorstellen *könnte*, das es *nicht* der Fall wäre. Ich staune über die Größe dieses Hundes, weil ich mir einen Hund von anderer, nämlich der normalen Statur vorstellen könnte, über den ich dann nicht staunen würde. Die Aussage »Ich staune darüber, daß das und das der Fall ist« hat nur dann Sinn, wenn ich mir vorstellen kann, daß es nicht der Fall sei. In diesem Sinne kann man etwa über die Existenz eines Hauses staunen, wenn man es nach langer Zeit der Abwesenheit erblickt und sich ausgemalt hat, es sei in der Zwischenzeit abgerissen worden. Dagegen ist es unsinnig zu sagen, daß ich über die Existenz der Welt staune, denn ich kann mir gar nicht vorstellen, daß sie nicht existierte. Freilich könnte ich darüber staunen, daß die Welt um mich herum so ist, wie sie ist. Hätte ich dieses Erlebnis z. B., während ich den blauen Himmel betrachte, könnte ich darüber staunen, daß der Himmel blau ist – im Gegensatz etwa zu dem Fall, in dem er bewölkt ist. Darum geht es mir jedoch nicht, sondern ich staune über das Dasein des Himmels, *egal, wie er aussieht.* Man könnte versucht sein zu sagen, daß das, worüber ich hier staune, eine Tautologie ist, nämlich daß der Himmel blau oder nicht blau ist. Doch es ist ebenfalls nichts weiter als Unsinn zu behaupten, daß man über eine Tautologie staune. Das gleiche gilt nun für das andere Erlebnis, das ich genannt habe, das Erlebnis der absoluten Sicherheit. Wir alle wissen, was es im Alltag heißt, in Sicherheit zu sein. In meinem Zimmer bin ich sicher, denn dann kann ich nicht vom Bus überfahren werden. Sicher bin ich auch, wenn ich schon einmal Keuchhusten gehabt habe und ihn deshalb nicht noch einmal bekommen kann. Sicher sein heißt im wesentlichen, es sei physisch ausgeschlossen, daß mir bestimmte Dinge passieren, und deshalb ist es Unsinn zu behaupten, ich sei sicher, *egal*, was passiert. Dies ist wieder ein Mißbrauch des Wortes »sicher«, ebenso, wie in dem anderen Beispiel die Wörter »Existenz« oder »staunen« mißbraucht worden sind. Nun möchte ich Sie überzeugen, daß sich ein bestimmter charakteristischer Mißbrauch der Sprache durch *alle* ethischen und religiösen Ausdrucksformen hindurchzieht. Alle diese Ausdrucksweisen *scheinen* auf den ersten Blick bloß *Gleichnisse* zu sein. So scheint es, daß das, was wir mit dem Gebrauch des Wortes *richtig* im ethischen Sinne meinen, zwar nicht das Richtige im hausbackenen Sinne ist, aber etwas diesem Ähnliches, und daß in der Äußerung »Er ist ein guter Kerl« das Wort »gut« zwar nicht das gleiche bedeutet wie in dem Satz »Er ist ein guter Fußballspieler«, aber dennoch eine gewisse Ähnlichkeit damit aufweist. Und wenn wir sagen: »Dieser Mensch hat ein wertvolles Leben gehabt«, meinen wir die Äußerung zwar nicht im gleichen Sinne, in dem wir von wertvollem Schmuck reden würden, aber dennoch scheint so etwas wie eine gewisse Ähnlichkeit zu bestehen. Bei allen religiösen Begriffen hat es den Anschein, als würden sie in diesem Sinne als Gleichnisse oder Allegorien verwendet. Denn wenn wir von Gott sagen, er sehe alles, und wenn wir vor ihm niederknien und ihn anbeten, scheinen alle unsere Begriffe und Handlungen zu einer umfassenden und komplizierten Allegorie zu gehören, die ihn wie einen Menschen darstellt, der große Macht besitzt und dessen Gnade wir zu erringen trachten, usw. usw. Aber diese Allegorie beschreibt ebenfalls das Erleben, das ich vorhin genannt habe. Denn das erste dieser Erlebnisse ist, glaube ich, genau das, worauf sich die Menschen früher bezogen, wenn sie sagten, Gott habe die Welt erschaffen. Und das Erlebnis der absoluten

Sicherheit ist mit den Worten beschrieben worden, daß wir uns in Gottes Hand geborgen fühlen. Ein drittes Erlebnis der gleichen Art ist das des Schuldgefühls, und dies wiederum hat man mit der Formulierung gekennzeichnet, Gott mißbillige unser Benehmen. In der ethischen und religiösen Sprache verwenden wir also, wie es scheint, ständig Gleichnisse. Doch ein Gleichnis muß ein Gleichnis *für etwas* sein. Und wenn ich eine Tatsache mit Hilfe eines Gleichnisses beschreiben kann, muß ich ebenfalls imstande sein, das Gleichnis wegzulassen und die Fakten ohne es zu beschreiben. Sobald wir nun in unserem Fall versuchen, das Gleichnis wegzulassen und schlicht die zugrundeliegenden Tatsachen wiederzugeben, merken wir, daß es gar keine derartigen Tatsachen gibt. Und so scheint, was zunächst wie ein Gleichnis wirkte, nichts weiter zu sein als Unsinn. Nun haben die drei genannten Erlebnisse (denen ich noch weitere hätte hinzufügen können) für diejenigen, die sie – wie ich selbst etwa – aus eigener Erfahrung kennen, allem Anschein nach gewissermaßen einen inneren, absoluten Wert. Doch wenn ich sage, es seien Erlebnisse, dann sind es ja wohl auch Tatsachen; sie haben dann und dort stattgefunden, sie haben eine bestimmte Zeit in Anspruch genommen, und folglich sind sie beschreibbar. Daher muß ich aufgrund dessen, was ich vorhin gesagt habe, zugeben, daß es unsinnig ist, ihnen absoluten Wert zuzuschreiben. Ja ich möchte meine These noch pointierter formulieren, indem ich sage: »Das Paradoxe ist, daß ein Erlebnis – ein Faktum – übernatürlichen Wert zu haben scheint.« Nun gibt es eine gewisse Art und Weise, in der ich versucht wäre, mich diesem Paradoxon zu stellen. Doch zunächst möchte ich noch einmal unser erstes Erlebnis des Staunens über die Existenz der Welt betrachten und es in wenig abgeänderter Form beschreiben: Wir alle wissen, was man im Alltag als Wunder bezeichnen würde. Ein Wunder ist offenbar nichts weiter als ein Ereignis, dergleichen wir noch nie erlebt haben. Nun wollen wir annehmen, ein solches Ereignis habe sich zugetragen. Setzen wir den Fall, einem von Ihnen wachse plötzlich ein Löwenkopf und er begänne zu brüllen. Etwas Ungewöhnlicheres kann ich mir kaum ausmalen. Sobald wir uns von unserer Überraschung erholt haben, würde ich vorschlagen, einen Mediziner zu holen und den Fall wissenschaftlich zu untersuchen; und wenn es nicht weh täte, würde ich eine Vivisektion vornehmen lassen. Und was wäre dann aus dem Wunder geworden? Sobald wir die Sache in dieser Weise betrachten, ist alles Wunderbare offenbar verschwunden, es sei denn, wir verstehen unter einem Wunder nichts weiter als eine Tatsache, die noch nicht wissenschaftlich erklärt ist, was seinerseits nichts anderes bedeutet, als daß es uns bisher nicht gelungen ist, diese Tatsache mit anderen in einem wissenschaftlichen System zusammenzustellen. Dies zeigt, daß es absurd ist zu sagen: »Die Wissenschaft hat bewiesen, daß es keine Wunder gibt.« Die Wahrheit ist, daß die wissenschaftliche Betrachtungsweise einer Tatsache nicht die gleiche ist, in der man sie als Wunder ansieht. Denn welche Tatsache man sich auch vorstellen mag, als solche hat sie nichts Wunderbares im absoluten Sinne dieses Ausdrucks an sich. Jetzt sehen wir nämlich, daß wir das Wort »Wunder« sowohl in einem relativen als auch in einem absoluten Sinne verwendet haben. Und nun möchte ich das Erlebnis des Staunens über die Existenz der Welt mit den Worten beschreiben: Es ist das Erlebnis, bei dem man die Welt als Wunder sieht. Nun bin ich versucht zu sagen, der richtige sprachliche Ausdruck für das Wunder der Existenz der Welt sei kein *in* der Sprache geäußerter Satz, sondern der richtige Ausdruck sei die Existenz der Sprache selbst. Aber was heißt es dann, sich des Wunders bei manchen Gelegenheiten bewußt zu sein, ein andermal dagegen nicht? Denn indem ich die Artikulierung des Wunderbaren vom Ausdruck *mit Hilfe* der Sprache auf den Ausdruck *mittels der Existenz* der Sprache verlagere, sage ich wieder nichts weiter, als daß wir außerstande sind, das, was wir ausdrücken wollen, zum Ausdruck zu bringen, und daß alles, was wir über das absolut Wunderbare *sagen*, weiterhin Unsinn bleibt. Nun wird vielen von Ihnen die Antwort auf all dies völlig einleuchtend erscheinen. Sie werden sagen: Na gut, wenn bestimmte Erlebnisse uns ständig verlocken, ihnen eine Eigenschaft zuzuschreiben, die wir absoluten oder ethischen Wert und Rang nennen, so zeigt das eben, daß wir mit diesen Worten *nicht* etwas Unsinniges meinen, sondern daß, was wir mit der Aussage, ein Erlebnis habe absoluten Wert, meinen, *bloß eine Tatsache wie andere Tatsachen ist*, was wiederum auf nichts weiter hinausläuft, als daß es uns bisher nicht gelungen ist, die richtige logische Analyse dessen zu finden, was wir mit unseren ethischen und religiösen Ausdrucksformen meinen. Sobald man mir diesen Einwand vorhält, sehe ich sofort deutlich – es geht mir sozusagen blitzartig ein Licht auf darüber –, daß nicht nur keine erdenkliche Beschreibung imstande wäre zu schildern, was ich unter absolutem Wert verstehe, sondern daß ich jede sinnvolle Beschreibung, die überhaupt jemand möglicherweise vorschlagen könnte, von vornherein und eben aufgrund ihrer Sinnhaftigkeit ablehnen würde. Das bedeutet: Ich sehe jetzt, daß diese unsinnigen Ausdrücke nicht deshalb unsinnig waren, weil ich die richtigen Ausdrücke noch nicht gefunden hatte, sondern daß ihre Unsinnigkeit ihr eigentliches Wesen ausmacht. Denn ich wollte sie ja gerade dazu verwenden, über die Welt – und das heißt: über die sinnvolle Sprache – *hinauszugelangen*. Es drängte mich, gegen die Grenzen der Sprache anzurennen, und dies ist, glaube ich, der Trieb aller Menschen, die je versucht haben, über Ethik oder Religion zu schreiben oder zu reden. Dieses Anrennen gegen die Wände unseres Käfigs ist völlig und absolut aussichtslos. Soweit die Ethik aus dem Wunsch hervorgeht, etwas über den letztlichen Sinn des Lebens, das absolut Gute, das absolut Wertvolle zu sagen, kann sie keine Wissenschaft sein. Durch das, was sie sagt, wird unser Wissen in keinem Sinne vermehrt. Doch es ist ein Zeugnis eines Drangs im menschlichen Bewußtsein, das ich für mein Teil nicht anders als hochachten kann und um keinen Preis lächerlich machen würde.

* * *

Das Christentum ist keine Lehre, ich meine, keine Theorie darüber, was mit der Seele des Menschen geschehen ist und geschehen wird, sondern eine Beschreibung eines tatsächlichen Vorgangs im Leben des Menschen. Denn die ›Erkenntnis der Sünde‹ ist ein tatsächlicher Vorgang, und die Verzweiflung desgleichen und die Erlösung durch den Glauben desgleichen. Die, die davon sagen (wie Bunyan), beschreiben einfach, was ihnen geschehen ist, was immer einer dazu sagen will.

* * *

Wenn man z. B. gewisse bildhafte Sätze als Dogmen des Denkens für die Menschen festlegt, so zwar, daß man damit nicht Meinungen bestimmt, aber den *Ausdruck* aller Meinungen völlig beherrscht, so wird dies eine sehr eigentümliche Wirkung haben. Die Menschen werden unter einer unbedingten, fühlbaren Tyrannei leben, ohne doch sagen zu können, sie seien nicht frei. Ich meine, daß die katholische Kirche es irgendwie ähnlich macht. Denn das Dogma hat die Form des Ausdrucks einer Behauptung, und es ist an ihm nicht zu rütteln, und dabei *kann* man jede praktische Meinung mit ihm in Einklang bringen; freilich manche leichter, manche schwerer. Es ist keine *Wand* die Meinung zu beschränken, sondern wie eine *Bremse*, die aber praktisch den gleichen Dienst tut; etwa als hängte man, um Deine Bewegungsfreiheit zu beschränken, ein Gewicht an Deinen Fuß. Dadurch nämlich wird das Dogma unwiderlegbar und dem Angriff entzogen.

* * *

Man kann von religiösen Gleichnissen sagen, sie bewegen sich am Rande des Abgrundes. Z. B., von der Allegorie B⟨unyan⟩'s. Denn wie, wenn wir bloß dazusetzen: »und alle diese Fallen, Sümpfe, Abwege, sind vom Herrn des Weges angelegt, die Ungeheuer, Diebe, Räuber von ihm geschaffen worden«? Gewiß, das ist nicht der Sinn des Gleichnisses! aber diese Fortsetzung liegt zu nahe! Sie nimmt dem Gleichnis, für Viele und für mich, seine Kraft.

Dann aber besonders, wenn dies – sozusagen – verschwiegen wird. Anders wäre es, wenn auch Schritt und Tritt offen gesagt würde: ›Ich brauche dies als Gleichnis, aber schau: hier stimmt es nicht‹. Dann hätte man nicht das Gefühl, daß man hintergangen wird, daß jemand versucht mich auf Schleichwegen zu überzeugen. Man kann Einem z. B. sagen: »Danke Gott für das Gute, was Du empfängst, aber beklage Dich nicht über das Übel: wie Du es natürlich tätest, wenn ein Mensch Dir abwechselnd Gutes und Übles widerfahren ließe.« Es werden Lebensregeln in Bilder gekleidet. Und diese Bilder können nur dienen, zu *beschreiben*, was wir tun sollen, aber nicht dazu, es zu *begründen*. Denn um begründen zu können, dazu müßten sie auch weiter stimmen. Ich kann sagen: »Danke diesen Bienen für ihren Honig, als wären sie gute Menschen, die ihn für Dich bereitet haben«; das ist *verständlich* und beschreibt, wie ich wünsche, Du sollest Dich benehmen. Aber nicht: »Danke ihnen, denn sieh', wie gut sie sind!« – denn sie können Dich im nächsten Augenblick stechen.

Die Religion sagt: *Tu dies! – Denk so!* – aber sie kann es nicht begründen, und versucht sie es auch nur, so stößt sie ab; denn zu jedem Grund, den sie gibt, gibt es einen stichhaltigen Gegengrund. Überzeugender ist es, zu sagen: »Denke so! – so seltsam dies scheinen mag.« Oder: »Möchtest Du das nicht tun? – so abstoßend es ist.«

Gnadenwahl: So darf man nur schreiben unter den fürchterlichsten Leiden – und dann heißt es etwas ganz anderes.

Aber darum darf dies auch niemand als Wahrheit zitieren, es sei denn, er selbst sage es unter Qualen. – Es ist eben keine Theorie. – Oder auch: Ist dies Wahrheit, so ist es nicht die, die damit auf den ersten Blick ausgesprochen zu sein scheint. Eher als eine Theorie, ist es ein Seufzer, oder ein Schrei.

* * *

Die Quelle, die in den Evangelien ruhig und durchsichtig fließt, scheint in den Briefen des Paulus zu *schäumen*. Oder, so scheint es *mir*. Vielleicht ist es eben bloß meine eigene Unreinheit, die hier die Trübung hineinsieht; denn warum sollte diese Unreinheit nicht das Klare verunreinigen können? Aber *mir* ist es, als sähe ich hier menschliche Leidenschaft, etwas wie Stolz oder Zorn, was sich nicht mit der Demut der *Evangelien* reimt. Als wäre hier *doch* ein Betonen der eigenen Person, *und zwar als religiöser Akt*, was dem Evangelium fremd ist. Ich möchte fragen – und möge dies keine Blasphemie sein –: »Was hätte wohl Christus zu Paulus gesagt?« Aber man könnte mit Recht darauf antworten: Was geht Dich das an? Schau, daß *Du* anständiger wirst! Wie Du bist, kannst Du überhaupt nicht verstehen, was hier die Wahrheit sein mag.

In den Evangelien – so scheint mir – ist alles *schlichter*, demütiger, einfacher. Dort sind Hütten; bei Paulus eine Kirche. Dort sind alle Menschen gleich und Gott selbst ein Mensch; bei Paulus gibt es schon etwas wie eine Hierarchie; Würden und Ämter. – So sagt quasi mein GERUCHSINN.

* * *

Kierkegaard schreibt: Wenn das Christentum so leicht und gemütlich wäre, wozu hätte Gott in seiner Schrift Himmel und Erde in Bewegung gesetzt, mit *ewigen* Strafen gedroht? – Frage: Warum aber ist dann diese Schrift so undeutlich? Wenn man jemand vor furchtbarer Gefahr warnen will, tut man es, indem man ihm ein Rätsel zu raten gibt, dessen Lösung etwa die Warnung ist? – Aber wer sagt, daß die Schrift wirklich undeutlich ist: ist es nicht möglich, daß es hier wesentlich war, ›ein Rätsel aufzugeben‹? Daß eine direktere Warnung dennoch die *falsche* Wirkung hätte haben müssen? Gott läßt das Leben des Gottmenschen von *vier* Menschen berichten, von jedem anders, und widersprechend – aber kann man nicht sagen: Es ist wichtig, daß dieser Bericht nicht mehr als sehr gewöhnliche historische Wahrscheinlichkeit habe, *damit* diese nicht für das Wesentliche, Ausschlaggebende gehalten werde. Damit der *Buchstabe* nicht mehr Glaube fände, als ihm gebührt und der *Geist* sein Recht behalte. D. h.: Was Du sehen sollst, läßt sich auch durch den besten, genauesten Geschichtsschreiber nicht vermitteln; *darum* genügt, ja ist vorzuziehen, eine mittelmäßige Darstellung. Denn, was Dir mitgeteilt werden soll, kann die auch mitteilen. (Ähnlich etwa, wie eine mittelmäßige Theaterdekoration besser sein kann, als eine raffinierte, gemalte Bäume besser als wirkliche, – die die Aufmerksamkeit von dem ablenken, worauf es ankommt.)

Das Wesentliche, für Dein Leben Wesentliche, aber legt der Geist in diese Worte. Du SOLLST gerade nur das deutlich sehen, was auch *diese* Darstellung deutlich zeigt. (Ich weiß nicht sicher, wie weit dies alles genau im Geiste Kierkegaards ist.)

In der Religion müßte es so sein, daß jeder Stufe der Religiosität eine Art des Ausdrucks entspräche, die auf einer niedrigeren Stufe keinen Sinn hat. Für den jetzt auf der niedrigern Stufe Stehenden ist diese Lehre, die auf der höheren Bedeutung hat, null und nichtig; sie *kann* nur *falsch* verstanden werden, und dabei gelten diese Worte für diesen Menschen *nicht*.

Die Lehre, z. B., von der Gnadenwahl bei Paulus ist auf meiner Stufe Irreligiosität, ein häßlicher Unsinn. Daher gehört sie nicht für mich, da ich das mir gebotene Bild nur falsch anwenden kann. Ist es ein frommes und gutes Bild, dann für eine ganz andere Stufe, auf der es gänzlich anders im Leben muß angewandt werden, als ich es anwenden könnte.

Das Christentum gründet sich nicht auf eine historische Wahrheit, sondern es gibt uns eine (historische) Nachricht und sagt: jetzt glaube! Aber nicht, glaube diese Nachricht mit dem Glauben, der zu einer geschichtlichen Natur gehört, – sondern: glaube, durch dick und dünn und das kannst Du nur als Resultat eines Lebens. *Hier hast Du eine Nachricht, – verhalte Dich zu ihr nicht, wie zu einer anderen historischen Nachricht!* Laß sie eine *ganz andere* Stelle in Deinem Leben einnehmen. – Daran ist nichts *Paradoxes*!

Niemand kann mit Wahrheit von sich selbst sagen, daß er Dreck ist. Denn wenn ich es sage, so kann es in einem Sinne wahr sein, aber ich kann nicht selbst von dieser Wahrheit durchdrungen sein: sonst müßte ich wahnsinnig werden, oder mich ändern.

So sonderbar es klingt: Die historischen Berichte der Evangelien könnten, im historischen Sinn, erweislich falsch sein, und der Glaube verlöre doch nichts dadurch: aber *nicht*, weil er sich etwa auf ›allgemeine Vernunftwahrheiten‹ bezöge!, sondern, weil der historische Beweis (das historische Beweis-Spiel) den Glauben gar nichts angeht. Diese Nachricht (die Evangelien) wird glaubend (d. h. liebend) vom Menschen ergriffen. *Das* ist die Sicherheit dieses Fürwahr-haltens, nicht *Anderes*.

Der Glaubende hat zu diesen Nachrichten *weder* das Verhältnis zur historischen Wahrheit (Wahrscheinlichkeit), *noch* das zu einer Lehre von ›Vernunftwahrheiten‹. Das gibt's. – (Man hat ja sogar zu verschiedenen Arten dessen, was man Dichtung nennt, ganz verschiedene Einstellungen!)

Ich lese: »Und niemand kann Jesum einen Herrn heißen, außer durch den heiligen Geist.« – Und es ist wahr: ich kann ihn keinen *Herrn* heißen; weil mir das gar nichts sagt. Ich könnte ihn ›das Vorbild‹, ja ›Gott‹ nennen – oder eigentlich: ich kann verstehen, wenn er so genannt wird; aber das Wort »Herr« kann ich nicht mit Sinn aussprechen. *Weil ich nicht glaube*, daß er kommen wird, mich zu richten; weil mir *das* nichts sagt. Und das könnte mir nur etwas sagen, wenn ich *ganz* anders lebte.

Was neigt auch mich zu dem Glauben an die Auferstehung Christi hin? Ich spiele gleichsam mit dem Gedanken. – Ist er nicht auferstanden, so ist er im Grab verwest, wie jeder Mensch. *Er ist tot und verwest.* Dann ist er ein Lehrer, wie jeder andere und kann nicht mehr *helfen*; und wir sind wieder verwaist und allein. Und können uns mit der Weisheit und Spekulation begnügen. Wir sind gleichsam in einer Hölle, wo wir nur träumen können, und vom Himmel, durch eine Decke gleichsam, abgeschlossen. Wenn ich aber WIRKLICH erlöst werden soll, – so brauche ich *Gewißheit* – nicht Weisheit, Träume, Spekulation – und diese Gewißheit ist der Glaube. Und der Glaube ist Glaube an das, was mein *Herz*, meine *Seele* braucht, nicht mein spekulierender Verstand. Denn meine Seele, mit ihren Leidenschaften, gleichsam mit ihrem Fleisch und Blut, muß erlöst werden, nicht mein abstrakter Geist. Man kann vielleicht sagen: Nur die *Liebe* kann die Auferstehung glauben. Oder: Es ist die *Liebe*, was die Auferstehung glaubt. Man könnte sagen: Die erlösende Liebe glaubt auch an die Auferstehung; hält auch an der Auferstehung fest. Was den Zweifel bekämpft, ist gleichsam die *Erlösung*. Das Festhalten an *ihr* muß das Festhalten an diesem Glauben sein. Das heißt also: sei erst erlöst und halte an Deiner Erlösung (halte Deine Erlösung) fest – dann wirst Du sehen, daß Du an diesem Glauben festhältst. Das kann also nur geschehen, wenn Du Dich nicht mehr auf die Erde stützt, sondern am Himmel hängst. Dann ist *alles* anders und es ist ›kein Wunder‹, wenn Du dann kannst, was

Du jetzt nicht kannst. (Anzusehen ist freilich der Hängende wie der Stehende, aber das Kräftespiel in ihm ist ja ein ganz anderes und er kann daher ganz anderes tun, als der Stehende.)

* * *

A miracle is, as it were, a *gesture* which God makes. As a man sits quietly and then makes an impressive gesture, God lets the world run on smoothly and then accompanies the words of a saint by a symbolic occurrence, a gesture of nature. It would be an instance if, when a saint has spoken, the trees around him bowed, as if in reverence. – Now, do I believe that this happens? I don't.

The only way for me to believe in a miracle in this sense would be to be *impressed* by an occurrence in this particular way. So that I should say e. g.: »It was *impossible* to see these trees and not to feel that they were responding to the words.« Just as I might say »It is impossible to see the face of this dog and not to see that he is alert and full of attention to what his master is doing«. And I can imagine that the mere report of the *words* and life of a saint can make someone believe the reports that the trees bowed. But I am not so impressed.

When I came home I expected a surprise and there was no surprise for me, so, of course, I was surprised.

Menschen sind in dem Maße religiös, als sie sich nicht so sehr *unvollkommen*, als *krank* glauben.

Jeder halbwegs anständige Mensch glaubt sich höchst unvollkommen, aber der religiöse glaubt sich *elend*.

Glaube Du! Es schadet nicht.

* * *

Die Weisheit ist etwas Kaltes, und insofern Dummes. (Der Glaube dagegen, eine Leidenschaft.) Man könnte auch sagen: Die Weisheit *verhehlt* Dir nur das Leben. (Die Weisheit ist wie kalte, graue Asche, die die Glut verdeckt.)

Scheue Dich *ja* nicht davor, Unsinn zu reden! Nur mußt Du auf Deinen Unsinn lauschen.

* * *

Es kommt mir vor, als könne ein religiöser Glaube nur etwas wie das leidenschaftliche Sich-entscheiden für ein Bezugssystem sein. Also obgleich es *Glaube* ist, doch eine Art des Lebens, oder eine Art das Leben zu beurteilen. Ein leidenschaftliches Ergreifen *dieser* Auffassung. Und die Instruktion in einem religiösen Glauben müßte also die Darstellung, Beschreibung jenes Bezugssystems sein und zugleich ein in's-Gewissen-reden. Und diese beiden müßten am Schluß bewirken, daß der Instruierte selber, aus eigenem, jenes Bezugssystem leidenschaftlich erfaßt. Es wäre, als ließe mich jemand auf der einen Seite meine hoffnungslose Lage sehen, auf der andern stellte er mir das Rettungswerkzeug dar, bis ich, aus eigenem, oder doch jedenfalls nicht von dem *Instruktor* an der Hand geführt, auf das zustürzte und es ergriffe.

* * *

Wenn Gott wirklich die zu errettenden Menschen *wählt*, dann ist kein Grund, warum er sie nicht nach Nationen, Rassen, oder Temperamenten wählen soll. Warum die Wahl nicht in den Naturgesetzen ihren Ausdruck haben soll. (Er *konnte* ja auch so wählen, daß die Wahl einem Gesetz folgt.)

Ich habe Auszüge aus den Schriften von St. John of the Cross gelesen, Leute seien zu Grunde gegangen, weil sie nicht das Glück hatten, im richtigen Moment einen weisen geistlichen Führer zu finden.

Und wie kann man dann sagen, Gott versuche den Menschen nicht über seine Kräfte?

Ich bin hier zwar geneigt, zu sagen, daß schiefe Begriffe viel Unheil angerichtet haben, aber die Wahrheit ist, daß ich gar *nicht weiß*, was Heil und was Unheil anstiftet.

* * *

»Gott hat es befohlen, also muß man's tun können.« Das heißt gar nichts. Hier ist kein ›*also*‹. Die beiden Ausdrücke könnten höchstens das *gleiche* bedeuten.

»Er hat es befohlen« heißt hier ungefähr: Er wird strafen, wer es nicht tut. Und daraus folgt nichts über das Können. Und *das* ist der Sinn der ›Gnadenwahl‹.

Das heißt aber nicht, daß es richtig ist, zu sagen: »Er straft, obgleich man nicht anders *kann*.« – Wohl aber könnte man sagen: Hier wird gestraft, wo der Mensch nicht strafen dürfte. Und der Begriff der ›Strafe‹ überhaupt ändert sich hier. Denn die alten Illustrationen lassen sich hier nicht mehr anwenden, oder müssen nun ganz anders angewendet werden. Sieh Dir nur eine Allegorie an, wie »The Pilgrim's Progress«, und wie hier alles – im menschlichen Sinne – nicht stimmt. – Aber stimmt sie nicht doch? D. h.: läßt sie sich nicht anwenden? Sie ist ja angewendet worden. (Auf den Bahnhöfen gibt es Zifferblätter mit zwei Zeigern; sie zeigen an, wann der nächste Zug abfährt. Sie schauen aus wie Uhren und sind keine; haben aber ihre Verwendung.) (Es gäbe hier ein besseres Gleichnis.)

Dem Menschen, der bei dieser Allegorie unwillig wird, könnte man sagen: Verwende sie anders oder kümmere Dich nicht um sie! (Aber *manchen* wird sie weit mehr verwirren, als sie ihm helfen kann.)

* * *

Denke, es würde Einem gelehrt: Es gibt ein Wesen, welches Dich, wenn Du das und das tust, so und so lebst, nach Deinem Tod an einen Ort der ewigen Qual bringen wird; die meisten Menschen kommen dorthin, eine geringe Anzahl an einen Ort der ewigen Freude. – Jenes Wesen hat von vornherein die ausgewählt, die an den guten Ort kommen sollen, und, da nur die an den Ort der Qual kommen, die eine bestimmte Art des Lebens geführt haben, die andern auch, von vornherein, zu dieser Art des Lebens bestimmt.

Wie so eine Lehre wohl wirken würde?

Es ist hier also von Strafe keine Rede, sondern eher von einer Art Naturgesetzlichkeit. Und, wem man es in diesem Lichte darstellt, der könnte nur Verzweiflung oder Unglauben aus dieser Lehre ziehen.

Diese Lehre könnte keine ethische Erziehung sein. Und wen man ethisch erziehen und dennoch so lehren wollte, dem müßte man die Lehre, *nach* der ethischen Erziehung, als eine Art unbegreiflichen Geheimnisses darstellen.

»Er hat sie, in seiner Güte, erwählt und er wird Dich strafen« hat ja keinen Sinn. Die beiden Hälften gehören zu verschiedenen Betrachtungsarten. Die zweite Hälfte ist ethisch und die erste ist es nicht. Und mit der ersten zusammen ist die zweite absurd.

* * *

Wenn der an Gott Glaubende um sich sieht und fragt »Woher ist alles, was ich sehe?«, »Woher das alles?«, verlangt er *keine* (kausale) Erklärung; und der Witz seiner Frage ist, daß sie der Ausdruck dieses Verlangens ist. Er drückt also eine Einstellung zu allen Erklärungen aus. – Aber wie zeigt sich die in seinem Leben?

Es ist die Einstellung, die eine bestimmte Sache ernst nimmt, sie aber dann an einem bestimmten Punkt doch nicht ernst nimmt, und erklärt, etwas anderes sei noch ernster.

So kann Einer sagen, es ist sehr ernst, daß der und der gestorben ist, ehe er ein bestimmtes Werk vollenden konnte; und in anderem Sinne kommt's darauf gar nicht an. Hier gebraucht man die Worte »in einem tiefern Sinne«.

Eigentlich möchte ich sagen, daß es auch hier nicht auf die *Worte* ankommt, die man ausspricht, oder auf das, was man dabei denkt, sondern auf den Unterschied, den sie an verschiedenen Stellen im Leben machen. Wie weiß ich, daß zwei Menschen das gleiche meinen, wenn jeder sagt, er glaube an Gott? Und ganz dasselbe kann man bezüglich der 3 Personen sagen. Die Theologie, die auf den Gebrauch *gewisser* Worte und Phrasen dringt und andere verbannt, macht nichts klarer (Karl Barth). Sie fuchtelt sozusagen mit Worten, weil sie etwas sagen will und es nicht auszudrücken weiß. *Die Praxis* gibt den Worten ihren Sinn.

Ein Gottesbeweis sollte eigentlich etwas sein, wodurch man sich von der Existenz Gottes überzeugen kann. Aber ich denke mir, daß die *Gläubigen*, die solche Beweise lieferten, ihren ›Glauben‹ mit ihrem Verstand analysieren und begründen wollten, obgleich sie selbst durch solche Beweise nie zum Glauben gekommen wären. Einen von der ›Existenz Gottes überzeugen‹ könnte man vielleicht durch eine Art Erziehung, dadurch, daß man sein Leben so und so gestaltet.

Das Leben kann zum Glauben an Gott erziehen. Und es sind auch *Erfahrungen*, die dies tun; aber nicht Visionen, oder sonstige Sinneserfahrungen, die uns die ›Existenz dieses Wesens‹ zeigen, sondern z. B. Leiden verschiedener Art. Und sie zeigen uns Gott nicht wie ein Sinneseindruck einen Gegenstand, noch lassen sie ihn *vermuten*. Erfahrungen, Gedanken, – das Leben kann uns diesen Begriff aufzwingen.

* * *

Wie Gott den Menschen beurteilt, das kann man sich gar nicht vorstellen. Wenn er dabei wirklich die Stärke der Versuchung und die Schwäche der Natur in Anschlag bringt, wen kann er dann verurteilen? Wenn aber nicht, so ergibt eben die Resultierende dieser beiden Kräfte das Ziel, zu dem er prädestiniert wurde. Er wurde also geschaffen, um entweder durch das Zusammenspiel der Kräfte zu siegen, oder unterzugehen. Und das ist überhaupt kein religiöser Gedanke, sondern eher eine wissenschaftliche Hypothese.

Wenn Du also im Religiösen bleiben willst, mußt Du *kämpfen*.

Textnachweise

Die Texte sind den folgenden Werken von Ludwig Wittgenstein entnommen:

Tractatus logico-philosophicus. In: Werkausgabe. Bd. 1. Frankfurt a. M.: Suhrkamp, 1984.

Philosophische Untersuchungen. Hrsg. von G. E. M. Anscombe, G. H. von Wright und Rush Rees. In: Werkausgabe. Bd. 1. Frankfurt a. M.: Suhrkamp, 1984.

Philosophische Grammatik. Hrsg. von Rush Rees. In: Werkausgabe. Bd. 4. Frankfurt a. M.: Suhrkamp, 1984. [5]1993. – © 1969 Basil Blackwell, Oxford.

Das Blaue Buch. Hrsg. von Rush Rees. In: Werkausgabe. Bd. 5. Frankfurt a. M.: Suhrkamp, 1984. [5]1991. – © 1958 Basil Blackwell, Oxford.

Bemerkungen über die Grundlagen der Mathematik. Hrsg. von G. E. M. Anscombe, Rush Rees und G. H. von Wright. In: Werkausgabe. Bd. 6. Frankfurt a. M.: Suhrkamp, 1984. [4]1991. – © 1956 Basil Blackwell, Oxford.

Bemerkungen über die Philosophie der Psychologie. Bd. 1. Hrsg. von G. E. M. Anscombe und G. H. von Wright. Bd. 2. Hrsg. von G. H. von Wright und Heikki Nyman. In: Werkausgabe. Bd. 7. Frankfurt a. M.: Suhrkamp, 1984. [4]1989. – © 1980 Basil Blackwell, Oxford.

Über Gewißheit. Hrsg. von G. E. M. Anscombe und G. H. von Wright. In: Werkausgabe. Bd. 8. Frankfurt a. M.: Suhrkamp, 1984. [5]1992.

Zettel. Hrsg. von G. E. M. Anscombe und G. H. von Wright. In: Werkausgabe. Bd. 8. Frankfurt a. M.: Suhrkamp, 1984. [5]1992.

Vermischte Bemerkungen. Eine Auswahl aus dem Nachlaß. Hrsg. von G. H. von Wright unter Mitarb. von Heikki Nyman. In: Werkausgabe. Bd. 8. Frankfurt a. M.: Suhrkamp, 1984. [5]1992.

Vortrag über Ethik. In: Vortrag über Ethik und andere kleine Schriften. Hrsg. und übers. von Joachim Schulte. Frankfurt a. M.: Suhrkamp, 1989. – © dieser Ausgabe 1989 Suhrkamp Verlag, Frankfurt a. M.

Philosophie. §§ 86–93 aus dem sogenannten »Big Typescript«. Hrsg. von Heikki Nyman. In: Revue Internationale de Philosophie 43 (1989) Nr. 169. S. 177–203.

Der in Kap. 1 abgedruckte *Tractatus logico-philosophicus* erscheint in gekürzter Form. Der Herausgeber hat sich dabei weitgehend von der Bemerkung zur Dezimalnumerierung leiten lassen, die Wittgenstein als Fußnote zu Beginn des *Tractatus* formuliert: »Die Dezimalzahlen als Nummern der einzelnen Sätze deuten das logische Gewicht der Sätze an, den Nachdruck, der auf ihnen in meiner Darstellung liegt. Die Sätze n.1, n.2, n.3, etc. sind Bemerkungen zum Satze No. n; die Sätze n.m1, n.m2, etc. Bemerkungen zum Satze No. n.m; und so weiter.« Die Auslassung numerierter Sätze ist jeweils durch einen Leerraum bezeichnet.

Die in Kap. 14, S. 315–338 abgedruckten Abschnitte aus dem sogenannten »Big Typescript« folgen dem von Heikki Nyman herausgegebenen Text des Typoskripts. Zwischen doppelten Schrägstrichen (//. . .//) stehen vom Autor in Maschinenschrift eingetragene Alternativen. Die von Nyman als Fußnoten mitgeteilten handschriftlichen Alternativen und Zusätze des Autors sind beim vorliegenden Abdruck in den Text übernommen und zwischen einfache Schrägstriche (/. . ./) gestellt worden.

Den eingangs aufgeführten Werken Ludwig Wittgensteins sind folgende Auszüge entnommen:

1
Tractatus logico-philosophicus

9–45: *Tractatus logico-philosophicus.*

2
Widerlegung des Logischen Atomismus

46–52: *Philosophische Grammatik* 202–207. 53–60: Ebd. 210–218. 60–62: *Das Blaue Buch* 36 f. 62 f.: *Philosophische Untersuchungen* 249 f. 63–65: Ebd. 276–278.

3
Bedeutung und Verstehen

66 f.: *Philosophische Untersuchungen* 237 f. 67 f.: Ebd. 251 f. 68–71: Ebd. 252–256. 71–77: *Das Blaue Buch* 15–21. 77–80: *Philosophische Grammatik* 44–46. 80–84: Ebd. 47–51.

4
Intentionalität

85–87: *Philosophische Grammatik* 102 f. 87–90: Ebd. 138–140. 90–93: Ebd. 141–144. 93–97: Ebd. 145–149. 97 f.: *Das Blaue Buch* 56 f. 98–105: Ebd. 63–68.

5
Regelfolgen

106 f.: *Philosophische Untersuchungen* 311 f. 107–111: Ebd. 313–318. 111–119: Ebd. 333–340. 119–127: Ebd. 342–351. 127 f.: *Zettel* 336 f. 128–134: Ebd. 340–346.

6
Denken

135–144: *Philosophische Untersuchungen* 380–390. 145 f.: *Das Blaue Buch* 48 f. 146–148: *Philosophische Untersuchungen* 392–395. 148–155: *Zettel* 290–297.

7
Der Wille

156–158: *Philosophische Untersuchungen* 457–459. 158–163: Ebd. 464–469. 163–165: *Bemerkungen über die Philosophie der Psychologie* 155–157. 165–167: Ebd. 164 f.

8
Privatsprache und private Erfahrung

168–190: *Philosophische Untersuchungen* 356–379. 190–194: *Vortrag über Ethik* 50–54. 194–197: Ebd. 57–59. 197–201: Ebd. 62–65. 201–205: Ebd. 70–73. 205–209: Ebd. 95–98.

9
Aspekt und Bild

210–220: *Bemerkungen über die Philosophie der Psychologie* 230–237. 220–226: *Philosophische Untersuchungen* 518–525. 226–229: Ebd. 551–554. 229 f. *Bemerkungen über die Philosophie der Psychologie* 165.

10
Die erste Person

231–233: *Das Blaue Buch* 98–100. 233–238: Ebd. 106–110. 238–245: *Philosophische Untersuchungen* 404–412. 245–253: Ebd. 509–517.

11
Das Innere und das Äußere

254–258: *Philosophische Untersuchungen* 565–570. 258–263: *Bemerkungen über die Philosophie der Psychologie* 111–115. 263–268: Ebd. 165–169. 268–271: Ebd. 170–172.

12
Notwendigkeit

272–274: *Zettel* 347–350. 275–285: *Bemerkungen über die Grundlagen der Mathematik* 79–89. 285–292: Ebd. 237–247. 292–294: Ebd. 253–255. 294: Ebd. 256.

13
Skepsis und Gewißheit

295 f.: *Über Gewißheit* 126 f. 296 f.: Ebd. 130 f. 297: Ebd. 135 f. 297 f.: Ebd. 144 f. 298–300: Ebd. 146–148. 300–304: Ebd. 149–154. 304–307: Ebd. 158–162. 307–312: Ebd. 165–171. 312–314: Ebd. 174 f.

14
Das Wesen der Philosophie

315–338: *Philosophie.* 338–340: *Philosophische Untersuchungen* 291–293. 340–347: Ebd. 297–305. 347–350: *Zettel* 378–381. 350: *Vermischte Bemerkungen* 489 f.

15
Ethik, Leben, Glaube

351–362: *Vortrag über Ethik* 10–19. 362: *Vermischte Bemerkungen* 488; 489. 363 f.: Ebd. 490 f. 364: Ebd. 492. 364–368: Ebd. 493–496. 368: Ebd. 513 f. (englische Absätze im Original). 369: Ebd. 530; 540 f. 369 f.: Ebd. 552 f. 370: Ebd. 559. 371: Ebd. 564 f. 371 f.: Ebd. 570 f. 373: Ebd. 572.

Register*

* Unter Verwendung des Registers der Originalausgabe bearbeitet von Joachim Schulte